高等院校财会专业应用技能特色规划系列教材

总主编 姜 波

初级财务管理

主编／任俊杰
副主编／郭琳琳

编者／郭琳琳 庞仙君
　　　任俊杰 张沛源

立信会计出版社
LIXIN ACCOUNTING PUBLISHING HOUSE

内 容 简 介

本教材立足应用型会计、财务管理专业，紧密结合企业财务管理岗位实际，注重专业知识的实用性、操作性、实践性，以及学历教育与执业资格教育相融合，内容包括总论、货币时间价值的计算和风险估价、财务分析、筹资方式、资本成本与资本结构、项目投资、证券投资、流动资产管理、股利分配管理、企业税务管理、财务预算和财务控制，科学地阐述了企业财务管理的基本理论、内容、方法和技能，可作为会计学、财务管理、审计学和金融学等专业财务管理课程教材，也可作为各相关专业学生学习财务管理课程和报考中级会计师财务管理科目的理想参考教材。

高等院校财会专业应用技能
特色规划系列教材
编写委员会

主　任　姜　波（博士、西安培华学院理事长）
副主任　杨定君　肖建军　袁放建
委　员　（按姓名拼音字母顺序排列）
　　　　段　婕　　冯芙蓉　　弓锋伟
　　　　顾田恩　　郭琳琳　　郭西强
　　　　郝北平　　何丽婷　　胡　宜
　　　　花　莹　　孟　君　　秦艺汉
　　　　权　婧　　任俊杰　　盛碧荷
　　　　宋　娇　　汪锁田　　王　彬
　　　　王彩霞　　王丽萍　　王西琴
　　　　王艳红　　王艳梅　　韦发友
　　　　吴振荣　　肖慧霞　　杨柏欢
　　　　杨敏茹　　杨孝安　　袁放建
　　　　袁小毅　　张　红　　张　慧
　　　　张　磊　　张立军　　张利军
　　　　张沛源　　张渭民　　张亚娜
　　　　赵佳薇　　赵　洁　　赵　婧
　　　　朱胜利

总 序

近10年来,由于各界的支持与厚爱,我校会计专业的建设及其教学工作成果显著并得到了社会的普遍认可。如今,该专业不仅具有管理学学士学位授予权,而且还先后荣获"陕西省省级特色专业"、"陕西省省级重点扶持专业"、"陕西省省级综合改革专业",会计实务课程教学还荣获了"陕西省省级会计实务教学团队"等称号。与此同时,对于我们这个以"应用技能型"定位的会计专业来说,也面临着深化教学改革,尤其是课程教学内容改革的巨大挑战。

实施课程教学内容改革,必须从教材切入。教材是教学的基本依据,是教学内容和教学方法的知识载体,是深化教学改革和提高教学质量的重要保证,也是实现我校"专业学历教育与会计执业认证教育多元融合"、"突出实践的'X+1'人才培养模式"、"强化过程考核的考试模式"等一系列教育、教学理念的重要支撑。为此,我们在认真调研并广泛讨论的基础上,投入了相当的资金资助,组织了50多名会计专业教师,总结多年教学经验,参考新的会计法规并吸收最新会计研究相关成果,编著出版了"高等院校财会专业应用技能特色规划系列教材",旨在通过教材及课程教学内容改革,提高教学质量及学生就业质量。

令人高兴的是,"高等院校财会专业应用技能特色规划系列教材"经过编写委员会1年多的努力终于诞生。这套教材承载着社会各界对我校会计专业持续发展的厚望,既是我校会计专业深化教学改革的必然,又是我校教学管理与专业建设理念的具体体现,还是我校近10年来广大教师针对应用技能型会计专业进行教学、科研的工作成果的系统展示。我们期望得到广大读者及社会各界的再次认可。愿我国的应用技能型会计专业教学改革能够与时俱进,不断创造新的辉煌。

感谢我校教务处与财会学院在策划组织以及广大教师在调研撰稿等方面所给予的大力支持与帮助,感谢立信会计出版社对这套教材的出版及投入使用所付出的辛勤努力。

姜波

姜波 经济学博士,曾留学海外10年,为我国引进高科技项目10余项,承担了多项省部级重点研究课题,出版专著多部。现任西安培华学院理事长、中华教育家协会副理事长、中国青少年发展研究中心副主任、中国教育发展战略学会常务理事、陕西省中华职业教育社副主任、陕西省青联副主席等职。

序

西安培华学院理事长姜波博士,让我为他们编写的"高等院校财会专业应用技能特色规划系列教材"写个序,我欣然接受了。

会计既是一项重要的经济管理活动,又是一个复杂的信息系统,具有核算、监督、分析预测及参与决策等多种职能。经济越发展,会计越重要。我国正在全面建设小康社会,各行各业需要大量高素质的会计人才;经济社会的快速发展对财会人才提出了更高的要求,他们既要掌握较扎实的理论知识和财经法规,更要具有良好的职业道德、专业素质和技能。这就要求我们普通高校要转变人才培养观念,找准定位,以满足经济社会发展对财会人才的需要。

西安培华学院把社会急需的这种财会人才定位为"高素质应用技能型",这个定位是准确的。该校在财会人才培养方面,有悠久的历史,有许多创新。西安培华学院的前身是1928年由陕西女子职业教育促进会筹办、陕西省教育厅批准设立的西安第一平民女子职业学校。1935年时就设立了会计班。新中国成立后更名为西安市财经学校,专门培养财会人才。1984年恢复建立"西安培华女子大学"时,开设了会计学专业。目前,该校会计学专业是"陕西省省级特色专业"、"陕西省省级重点扶持专业"、"陕西省省级综合改革专业"。近年来,该校着力开展教学改革,提出了"专业学历教育与会计执业认证教育多元融合"等许多先进理念,根据经济社会发展需要，准确定位人才培养目标，以课程资源建设为重点，培养基础知识扎实、动手能力强、综合素质高的应用技能型财会人才。课程资源建设以教材建设为教学内容改革的突破口，学校组织了一大批著名教授和业界专家，深入企业广泛调研，突出应用技能型目标要求，编写了"高等院校财会专业应用技能特色规划系列教材"，该套教材包括《会计基础》、《中级财务会计》、《成本会计》、《审计》、《初级财务管理》、《纳税会计》、《会计实务综合模拟教程》、《会计信息系统》、《经济法教程》、《市场营销》、《西方经济学》等。该套教材与财会人员岗位实践运用结合紧密，重基础、重实践、重规范、重应用、重能力培养，便于学生学习、应用和实践，相比传统的财会专业教材有较大突破与创新，是一套难得的好教材，对于提高财会人才的培养质量，一定会产生较大的促进作用。

当然，高素质应用技能型财会人才的培养是一个大课题，经济社会发展对财会人才的需要也在不断变化。因此，高素质应用技能型财会人才培养的教学改革就不是一朝一夕的事，更不是一蹴而就的事。西安培华学院的财会人才培养改革为我们提供了借鉴经验，希望能坚持下去。希望更多的高校重视财会人才的培养改革，为经济建设提供有力的人才保障。

张曼曼

张曼曼 国家审计署法规司副司级审计员，我国著名财务与审计工作专家，多年来主持了国家审计署的多项国家级大型审计工作，并在中央党校、中央企业和地方政府机关多次举办讲座，出版著作多部。

前 言

财务管理是指由企业再生产过程客观存在的财务活动和财务关系产生的,利用价值形式对企业生产经营过程进行管理,组织企业财务活动,处理企业与相关各方财务关系的一项综合性经济管理工作。财务管理是企业管理的核心,企业管理必须围绕财务管理为中心展开,企业的生存与发展离不开良好的财务管理环境和先进的财务管理手段。市场经济越发展,财务管理越重要。科学有效的财务管理是企业价值保持持续增长的基本前提。随着我国经济的迅猛发展,中国企业也在不断成长,新的财务管理思想和理念层出不穷,这种学科发展态势和丰富的成果积淀为我们的教材编写提供了深厚的理论支持,同时也对编写质量提出了更高的要求。

本教材立足三本院校会计、财务管理专业,紧密结合企业财务管理岗位实际,注重专业知识的实用性、操作性、实践性,培养三本院校学生独立解决实际问题的能力,为今后从事财务管理工作奠定基础。

本教材具有以下特点:

(1) 体系新颖、结构合理、内容严谨,便于学生在较短时间内掌握这门专业基础课,实现学历教育与职业资格教育(从业资格、专业技术职称、注册会计师执业资格)相融合,尤其要突出是什么和怎么做。做到逻辑方面层次清晰,通俗易懂,循序渐进。

(2) 以财务报表分析、财务管理的两个价值观念(时间价值和风险价值)等基础理论知识为出发点,系统、全面地阐述了企业的筹资管理、投资管理、营运资本管理、利润分配管理等相关内容,保证知识点的全面性,在体系、结构和内容上,既便于老师讲授,也便于学生的学习和理解。

(3) 充分体现了财政部已颁布或修订的最新《企业会计准则》、《企业财务通则》、《公司法》、《证券法》、《注册会计师职业准则及其指南》的规定和要求。

(4) 除第一章外,每章附有大量思考题、练习题,既便于学生在学习各章内容之后,明确把握各章的学习要点、巩固所学知识,也丰富了教师的课堂教学。做到实务训练充足,讲授练习结合。

本教材由任俊杰担任主编。郭琳琳担任副主编。各章的执笔人员为:第三、第八、第九章由任俊杰编写,第一、第四、第五章由郭琳琳编写,第二、第六、第七章由张沛源编写,第十、第十一、第十二章由庞仙君编写。各章初稿完成后,先后进行交叉审阅,最终由任俊杰、郭琳琳定稿。

感谢参编教师的努力和付出,感谢立信会计出版社给予的诸多支持和编辑付出的辛勤劳动!

教材的编写及其质量的提高是一个持续不断的过程。由于编者水平有限,教材中难免存在不足之处,我们恳请广大师生及其他读者朋友对本教材给予批评指正,并提出宝贵的意见和建议,以便我们进一步提高教材的质量,更好地适应教学的需要。

任俊杰

2012 年 8 月于西安

目 录

- 第一章　**总论** ………………………………………………………… 001
  - 第一节　财务管理概述 ………………………………………… 002
  - 第二节　财务管理的目标 ……………………………………… 007
  - 第三节　财务管理组织和体制 ………………………………… 011
  - 第四节　理财环境 ……………………………………………… 014
  - 第五节　财务管理的重要理财原则 …………………………… 018
  - 【本章小结】 …………………………………………………… 020
  - 【关键术语】 …………………………………………………… 021
  - 【思考题】 ……………………………………………………… 021
  - 【练习题】 ……………………………………………………… 021

- 第二章　**货币时间价值的计算和风险估价** ………………………… 023
  - 第一节　货币时间价值的计算 ………………………………… 023
  - 第二节　风险与收益 …………………………………………… 033
  - 【本章小结】 …………………………………………………… 040
  - 【关键术语】 …………………………………………………… 040
  - 【思考题】 ……………………………………………………… 040
  - 【练习题】 ……………………………………………………… 040

- 第三章　**财务分析** …………………………………………………… 043
  - 第一节　财务分析的含义及其内容 …………………………… 043
  - 第二节　偿债能力分析 ………………………………………… 048
  - 第三节　营运能力分析 ………………………………………… 053
  - 第四节　盈利能力分析 ………………………………………… 056
  - 第五节　发展能力分析 ………………………………………… 061
  - 第六节　财务综合分析 ………………………………………… 062

【本章小结】 ……………………………………………………………… 066
【关键术语】 ……………………………………………………………… 067
【思考题】 ………………………………………………………………… 067
【练习题】 ………………………………………………………………… 068

第四章　筹资方式 …………………………………………………… 073
第一节　筹资概述 ………………………………………………… 074
第二节　权益性筹资方式 ………………………………………… 081
第三节　长期债务性筹资方式 …………………………………… 091
第四节　混合筹资方式 …………………………………………… 099
第五节　短期筹资方式 …………………………………………… 103
【本章小结】 ……………………………………………………………… 112
【关键术语】 ……………………………………………………………… 112
【思考题】 ………………………………………………………………… 113
【练习题】 ………………………………………………………………… 113

第五章　资本成本与资本结构 …………………………………… 116
第一节　资本成本 ………………………………………………… 117
第二节　杠杆原理 ………………………………………………… 123
第三节　资本结构 ………………………………………………… 127
【本章小结】 ……………………………………………………………… 135
【关键术语】 ……………………………………………………………… 135
【思考题】 ………………………………………………………………… 135
【练习题】 ………………………………………………………………… 135

第六章　项目投资 …………………………………………………… 139
第一节　投资概述 ………………………………………………… 139
第二节　项目投资的现金流量分析 ……………………………… 141
第三节　项目投资决策评价指标及其计算 ……………………… 146
第四节　项目投资决策评价指标的运用 ………………………… 152
第五节　风险投资决策 …………………………………………… 158
【本章小结】 ……………………………………………………………… 165
【关键术语】 ……………………………………………………………… 166
【思考题】 ………………………………………………………………… 166

【练习题】 …… 166

☐ 第七章　证券投资 …… 169
　第一节　证券投资概述 …… 169
　第二节　债券投资 …… 172
　第三节　股票投资 …… 176
　【本章小结】 …… 181
　【关键术语】 …… 181
　【思考题】 …… 181
　【练习题】 …… 181

☐ 第八章　流动资产管理 …… 184
　第一节　现金管理 …… 184
　第二节　应收账款管理 …… 193
　第三节　存货管理 …… 201
　【本章小结】 …… 208
　【关键术语】 …… 209
　【思考题】 …… 209
　【练习题】 …… 209

☐ 第九章　股利分配管理 …… 213
　第一节　利润分配 …… 213
　第二节　股利政策 …… 215
　第三节　股利支付的方式与程序 …… 220
　【本章小结】 …… 223
　【关键术语】 …… 223
　【思考题】 …… 223
　【练习题】 …… 224

☐ 第十章　企业税务管理 …… 227
　第一节　税务管理概述 …… 228
　第二节　企业财务活动中的税务管理 …… 232
　【本章小结】 …… 249
　【关键术语】 …… 250
　【思考题】 …… 250

【练习题】……250

第十一章　财务预算　252
第一节　财务预算概述……252
第二节　财务预算的编制……255
【本章小结】……269
【关键术语】……270
【思考题】……270
【练习题】……270

第十二章　财务控制　272
第一节　财务控制的意义和种类……273
第二节　内部责任控制……275
第三节　内部转移价格……281
【本章小结】……284
【关键术语】……285
【思考题】……285
【练习题】……285

附录……288
《初级财务管理》教学大纲……288
《初级财务管理》实训大纲……298
模拟试题（一）……301
模拟试题（二）……304

附表1　复利终值系数表……308
附表2　复利现值系数表……310
附表3　普通年金终值系数表……312
附表4　普通年金现值系数表……314

参考文献……316

第一章 总 论

学习目的与要求:

(1) 理解财务管理基本概念。
(2) 熟悉财务管理的基本内容,了解财务管理工作环节。
(3) 理解财务管理目标的科学表达。
(4) 掌握不同利益相关者之间的冲突及协调。
(5) 了解财务管理环境,掌握金融环境的构成。
(6) 理解财务管理的原则。

重点:

财务管理概念,财务管理的目标,金融市场的类型和功能,利率的构成。

难点:

财务管理目标的理解,财务管理原则的理解。

导读:

我国企业目前已进入资本运营时代,企业之间的竞争也从产品的竞争演变成在资本市场上的激烈竞争。几乎企业所有的决策都必须考虑财务问题,大多数企业经营的失败也都可以归根于财务决策的失误。一个企业财务管理水平的高低,严重制约着企业的发展。

那么,到底什么是财务管理? 财务管理对于企业有什么重要意义? 如何做好财务管理工作? 本章内容就回答了这几个问题。

财务管理是一种价值管理,是对企业再生产过程中的价值运动进行管理。财务管理职能部门承担着会计核算、财务管理、资金管理等众多职能,是行使价值管理的核心部门。一个企业规范的财务管理体系的建立有助于企业的投资决策管理、企业的资金使用与控制以及企业的财务风险防范。企业的目标是要生存、发展和获利。财务管理以企业目标为导向,以实现企业价值最大化为目标,以预测、决策、预算、控制、分析为手段,包括了筹资管理、投资管理、资金营运管理和利润分配管理等四大内容。在实现财务管理目标的过程中,企业必须考虑其所处的各种理财环境,必须遵循财务管理中一些重要的理财原则。

第一节 财务管理概述

一、财务管理的概念

任何企业的生产经营活动,都是运用人力、资金、物资与信息等各项生产经营要素来进行的,其中包含了生产经营的业务活动和财务活动两个方面,与之相对应的,在企业中必然存在两种基本管理活动,即生产经营管理和财务管理。财务管理,是对企业财务进行的管理,是基于企业再生产过程中客观存在的财务活动和财务关系而产生的,是组织企业资金活动、处理企业同各方面的财务关系的一项企业经济管理工作,是企业管理的重要组成部分。理解企业财务管理的概念和财务管理的内容,必须理解资金运动中涉及的财务、资金、资本、资产几个基本概念,以及财务活动和财务关系等相关概念。

(一) 几个基本概念

1. 财务

财,《说文》中解:"财,人所宝也。"《广雅》中解:"财,货也。"也就是指金钱和物资的总称,如财宝、财富、钱财等。中国有这么一句俗语:"人为财死,鸟为食亡。"也说明了"财"的重要性。"务",形声,从力,表示要致力于某事。财务,即是指与"财"有关的活动、事务。

从经济学角度来看,财务是国民经济各部门、各单位在物质再生产过程中客观存在的资金运动及资金运动过程中所体现的经济关系。因财务大量发生在企业,故通常指企业财务。财务随着商品货币经济产生以后,在各个社会形态下都表现为资金运动。如进行商品生产,首先要筹集一定数量的货币资金,才能购买生产的三要素——劳动力、劳动资料和劳动对象。在生产过程中,工人使用劳动资料对劳动对象进行生产。工人除将已耗费的劳动对象和劳动资料的价值转移到产品中去以外,还创造新的价值。工人新创造的价值,一部分由企业通过工资形式支付给工人,另一部分形成企业的纯收入。产品生产完成后,通过销售收回产品的全部价值。企业取得产品销售收入的大部分,用以弥补生产耗费,其余部分要在投资者、企业和国家之间进行分配,用以弥补生产耗费的资金,又以货币形态开始继续参加生产周转,重新购买劳动对象,更新劳动资料,支付职工工资,实现产品再生产。这样,在企业的再生产过程中,一方面是物资运动,即物资的供应、生产和销售;另一方面是资金运动,即资金的筹集、使用、耗费、收回和分配。前者是经济活动,后者是财务活动。财务虽表现为资金运动,但它并不是资金,而是体现资金背后的经济关系,即财务关系。因此,国民经济各部门、各单位在物质资料再生产过程中客观存在的资金运动,是财务的表象,而由资金运动所体现的经济关系,是财务的本质。把两者统一起来,才构成完整的财务概念。

2. 资金

对于资金的定义有很多,具体有以下表述:

(1) 资金是垫支于社会再生产过程,用于创造新价值,并增加社会剩余产品价值的媒介价值。

(2) 资金是以货币形式表现,用来进行周转,满足创造社会物质财富需要的价值,它体现着以资料公有制为基础的社会主义生产关系。

(3) 资金是用于社会主义扩大再生产过程中的有价值的物资和货币。

(4) 资金是国民经济中财产物资的货币表现。

由此可以看出一些共性,那就是资金是一种货币表现,是流通中价值的一种货币表现。而企业的资金是指企业在生产经营过程中财产物资价值的货币表现。

3. 资本

资本是资金的来源,是被事先垫支的能够在运动中不断增值的资金。

(1) 在西方经济学理论中,资本是投入(生产资料)的一部分,投入包括劳务、土地、资本。根据现今主流宏观经济学观点,资本可以划分为物质资本、人力资本、自然资源、技术知识。按照马克思主义政治经济学的观点,资本是一种可以带来剩余价值的价值,它在资本主义生产关系中是一个特定的政治经济范畴,它体现了资本家对工人的剥削关系,因此,资本并不完全是一个存量的概念。然而今天我们来单独研究宏观经济存量核算时,资本泛指一切投入再生产过程的有形资本、无形资本、金融资本和人力资本。从投资活动的角度看,资本与流量核算相联系,而作为投资活动的沉淀或者累计结果,资本又与存量核算相联系。

(2) 从企业理论来讲,资本是指所有者投入生产经营、能产生效益的资金。资本是企业经营活动的一项基本要素,是企业创建、生存和发展的一个必要条件。企业创建需要具备必要的资本条件,企业生存需要保持一定的资本规模,企业发展需要不断地筹集资本。

4. 资产

资产是企业用于从事生产经营活动、为投资者带来未来经济利益的经济资源,出现在资产负债表的左侧,归企业所有。企业的所谓法人财产权,就是指企业对其控制的资产拥有的所有权。资本是资金的来源,资产则是资本运用的结果,是资本的去向。

(二) 财务活动

企业财务活动是以现金收支为主的企业资金收支活动的总称。在社会主义市场经济条件下,一切物资都具有一定量的价值,它体现着耗费于物资中的社会必要劳动量,社会再生产过程中物资价值的货币表现,就是资金。在市场经济条件下,拥有一定数额的资金,是进行生产经营活动的必要条件。企业生产经营过程,一方面表现为物资的不断购进和售出,另一方面则表现为资金的支出和收回,企业的经营活动不断进行,也就会不断产生资金的收支。企业资金的收支,构成了企业经济活动的一个独立方面,这便是企业的财务活动。企业财务活动可分为以下四个方面。

1. 企业筹资引起的财务活动

在商品经济条件下,企业要想从事经营,首先必须筹集一定数量的资金,企业通过发行股票、发行债券、吸收直接投资等方式筹集资金,表现为企业资金的收入。企业偿还借款,支付利息、股利以及付出各种筹资费用等,则表现为企业资金的支出。这种因为资金筹集而产生的资金收支,便是由企业筹资而引起的财务活动。

2. 企业投资引起的财务活动

企业筹集资金的目的是为了把资金用于生产经营活动以便取得盈利,不断增加企业价值。企业把筹集到的资金投资于企业内部用于购置固定资产、无形资产等,便形成企业的对内投资;企业把筹集到的资金投资于购买其他企业的股票、债券或与其他企业联营进行投资,便形成企业的对外投资。无论是企业购买内部所需各种资产,还是购买各种证券,都需要支出资金。而当企业变卖其对内投资的各种资产或收回其对外投资时,则会产生资金的收入。这种因企业投资而产生的资金的收支,便是由投资而引起的财务活动。

3. 企业经营引起的财务活动

企业在正常的经营过程中,会发生一系列的资金收支。首先,企业要采购材料或商品,以便从事生产和销售活动;同时,还要支付工资和其他营业费用。其次,当企业把产品或商品售出后,便可取得收入,收回资金。再次,如果企业现有资金不能满足企业经营的需要,还要采取短期借款方式来筹集所需资金。

4. 企业分配引起的财务活动

企业在经营过程中会产生利润,也可能会因对外投资而分得利润,这表明企业有了资金的增值或取得了投资报酬。企业的利润要按规定的程序进行分配。首先,要依法纳税。其次,要用来弥补亏损,提取公积金、公益金。最后,要向投资者分配利润。这种因利润分配而产生的资金收支便属于由利润分配而引起的财务活动。

上述财务活动的四个方面,不是相互割裂、互不相关的,而是相互联系、相互依存的。正是上述既互相联系又有一定区别的四个方面,构成了完整的企业财务活动。这四个方面也就是财务管理的基本内容:企业筹资管理、企业投资管理、营运资金管理、利润及其分配的管理。

(三) 财务关系

企业的财务活动是以企业为主体来进行的,企业作为法人在组织财务活动过程中,必然与企业内外部有关各方发生广泛的经济利益关系,这就是企业的财务关系。企业的财务关系可概括为以下几个方面。

1. 企业与国家行政管理者之间的财务关系

作为国家行政管理者——政府,担负着维护社会正常的秩序、保卫国家安全、组织和管理社会活动等任务。政府为完成这一任务,必然无偿参与企业利润的分配。企业则必然按照国家税法规定缴纳各种税款,包括所得税、流转税和计入成本的税金。这种关系体现为一种强制和无偿的分配关系。

2. 企业与投资者之间的财务关系

企业与投资者之间的财务关系主要是指企业的所有者向企业投入资本形成的所有权关系。企业的所有者主要有国家、个人和法人单位,它具体表现为独资、控股和参股关系。企业作为独立的经营实体,独立经营,自负盈亏,实现所有者资本的保值与增值。所有者以出资人的身份,参与企业税后利润的分配,体现为所有权性质的投资与受资的关系。

3. 企业与债权人之间的财务关系

企业与债权人之间的财务关系主要是指债权人向企业贷放资金,企业按借款合同的规定按时支付利息和归还本金所形成的经济关系。企业的债权人主要有金融机构、企业和个人。企业除利用权益资金进行经营活动外,还要借入一定数量的资金,以便扩大企业经营规模,降低资金成本。企业同债权人的财务关系在性质上属于债务与债权关系。在这种关系中,债权人不像资本投资者那样有权直接参与企业经营管理,对企业的重大活动不享有表决权,也不参与剩余收益的分配,但在企业破产清算时享有优先求偿权。因此,债权人投资的风险相对较小,收益也较低。

4. 企业与受资者之间的财务关系

企业与受资者之间的财务关系主要是指企业以购买股票或直接投资的形式向其他企业投资所形成的经济关系。随着市场经济的不断深入，企业经营规模和经营范围的不断扩大，这种关系将会越来越广泛。企业与受资方的财务关系体现为所有权性质的投资与受资的关系。企业向其他单位投资，依其出资额，可形成独资、控股和参股情况，并根据其出资份额参与受资方的重大决策和利润分配。企业投资最终目的是取得收益，但预期收益能否实现，也存在一定的投资风险。投资风险大，要求的收益高。

5. 企业与债务人之间的财务关系

企业与债务人之间的财务关系主要是指企业将资金以购买债券、提供借款或商业信用等形式出借给其他单位所形成的经济关系。企业将资金借出后，有权要求其债务人按约定的条件支付利息和归还本金。企业同其他债务人的关系体现为债权与债务关系。企业在提供信用的过程中，一方面会产生直接的信用收入，另一方面也会发生相应的机会成本和坏账损失的风险，企业必须考虑两者的对称性。

6. 企业内部各单位之间的财务关系

企业内部各单位之间的财务关系主要是指企业内部各单位之间在生产经营各环节中相互提供产品或劳务所形成的经济关系。企业内部实行责任预算和责任考核与评价的情况下，企业内部各责任中心之间相互提供产品与劳务，应以内部转移价格进行核算。这种在企业内部形成的资金结算关系，体现了企业内部各单位之间的利益均衡关系。

7. 企业与职工之间的财务关系

企业与职工之间的财务关系主要是指企业向职工支付劳动报酬过程中所形成的经济关系。职工是企业的劳动者，他们以自身提供的劳动作为参加企业分配的依据。企业根据劳动者的劳动情况，用其收入向职工支付工资、津贴和奖金，并按规定提取公益金等，体现着职工个人和集体在劳动成果上的分配关系。

二、财务管理的内容

（一）筹资管理

企业筹资时，应研究筹资环境，讲求筹资的综合效益。筹资决策的主要内容包括：合理确定资本需要量，控制资本的投放时间；正确选择筹资渠道和筹资方式，努力降低资本成本；分析筹资对企业控制权的影响，保持企业生产经营的独立性；合理安排资本结构，适度运用负债经营。

（二）投资管理

企业投资时，应研究投资环境，讲求投资的综合效益。投资决策的主要内容包括：预测企业的投资规模，使之符合企业需求和偿债能力；确定合理的投资结构，分散资本投向，提高资产流动性；分析企业的投资环境，正确选择投资机会和投资对象；研究企业的投资风险，将风险控制在一定限度内；评价投资方案的收益和风险，进行不同的投资组合等。

（三）营运资金管理

企业在日常生产经营过程中，会发生一系列经常性的资本收付行为。如企业从事采购、生产和销售等经营活动，就要支付货款、工资及其他营业费用；产品或商品售出后，可取得收入，收回资本;若现有资本不能满足企业经营的需要,企业还要采取短期借款方式来筹集所需资本。这些因生产经营而引起的财务活动就构成了企业的资本营运活动。营运资本管理是企业财务管理中最经常的内容。

(四) 利润(股利)分配管理

企业通过投资必然会取得收入,获得资金的增值。分配总是作为投资的结果而出现的,它是对投资成果的分配。投资成果表现为取得各种收入,并在扣除各种成本费用后获得利润。所以,广义地说,分配是指对投资收入(如销售收入)和利润进行分割和分派的过程,而狭义的分配仅指对利润的分配。利润(股利)分配管理就是要解决在所得税缴纳后的企业获得的税后利润中,有多少分配给投资者,有多少留在企业作为再投资之用。如果利润发放过多,会影响企业再投资能力,使未来收益减少,不利于企业长期发展;如果利润分配过少,可能引起投资者不满。因此,利润(股利)决策的关键是确定利润(股利)的支付率。影响企业股利决策的因素很多,企业必须根据情况制定出企业最佳的利润(股利)政策。

上述四大财务活动相互联系、相互依存,共同构成了财务管理的基本内容。

三、财务管理的特点

企业生产经营活动的复杂性,决定了企业管理必须包括多方面的内容,如生产管理、技术管理、劳动人事管理、设备管理、销售管理、财务管理等。各项工作是互相联系、紧密配合的;同时又有科学的分工,具有各自的特点。财务管理的特点有如下几个方面:

(1) 财务管理是一项综合性管理工作。企业管理在实行分工、分权的过程中形成了一系列专业管理,有的侧重于使用价值的管理,有的侧重于价值的管理,有的侧重于劳动要素的管理,有的侧重于信息的管理。社会经济的发展,要求财务管理主要是运用价值形式对经营活动实施管理。通过价值形式,把企业的一切物质条件、经营过程和经营结果都合理地加以规划和控制,达到企业效益不断提高、财富不断增加的目的。因此,财务管理既是企业管理的一个独立方面,又是一项综合性的管理工作。

(2) 财务管理与企业各方面具有广泛联系。在企业中,一切涉及资金的收支活动,都与财务管理有关。事实上,企业内部各部门与资金不发生联系的现象是很少见的。每一个部门都会通过资金的使用与财务部门发生联系。每一个部门也都要在合理使用资金、节约资金支出等方面接受财务部门的指导,受到财务制度的约束,以此来保证企业经济效益的提高。

(3) 财务管理能迅速反映企业生产经营状况。在企业管理中,决策是否得当,经营是否合理,技术是否先进,产销是否顺畅,都可迅速地在企业财务指标中得到反映。例如,如果企业生产的产品适销对路,质量优良可靠,则可带动生产发展,实现产销两旺,资金周转加快,盈利能力增强,这一切都可以通过各种财务指标迅速地反映出来。财务部门应通过自己的工作,向企业领导及时通报有关财务指标的变化情况,以便把各部门的工作都纳入提高经济效益的轨道,努力实现财务管理的目标。

四、财务管理的环节

财务管理工作环节是指财务管理的工作步骤和一般程序。企业财务管理一般包括以下几个环节。

(一) 财务预测

财务预测是企业根据财务活动的历史资料(如财务分析),考虑现实条件与要求,运用特定方法对企业未来的财务活动和财务成果做出科学的预计或测算。财务预测是进行财务决策的基础,是编制财务预算的前提。

财务预测所采用的方法主要有两种:一是定性预测,是指企业缺乏完整的历史资料或在有关变量之间不存在较为明显的数量关系下,专业人员进行的主观判断与推测。二是定量预测,是指企业根据比较完备的资料,运用数学方法,建立数学模型,对事物的未来进行的预测。实际工作中,通常将两者结合起来进行财务预测。

(二) 财务决策

财务决策是企业财务人员按照企业财务管理目标,利用专门方法对各种备选方案进行比较分析,并从中选出最优方案的过程。在企业筹资管理中,要做筹资方式和最佳资本结构的决策;在企业的投资管理中,要做出项目是否投资的决策和选择价值被低估的证券;在营运资金的管理中,要确定最佳现金持有量,最佳信用政策和存货经济批量;在利润分配管理中,要选择股利分配政策。决策是一个提出问题、分析问题和解决问题的全过程。正确的决策可使企业起死回生,错误的决策可导致企业毁于一旦,所以财务决策是企业财务管理的核心。

(三) 财务预算

财务预算是指企业运用科学的技术手段和数量方法,对未来财务活动的内容及指标进行综合平衡与协调的具体规划。财务预算是以财务决策确立的方案和财务预测提供的信息为基础编制的,是财务预测和财务决策的具体化,是财务控制和财务分析的依据,贯穿企业财务活动的全过程。

(四) 财务控制

财务控制是在财务管理过程中,利用有关信息和特定手段,对企业财务活动所施加的影响和进行的调节。实行财务控制是落实财务预算、保证预算实现的有效措施,也是责任绩效考评与奖惩的重要依据。

(五) 财务分析

财务分析是根据企业核算资料,运用特定方法,对企业财务活动过程及其结果进行分析和评价的一项工作。财务分析既是本期财务活动的总结,也是下期财务预测的前提,具有承上启下的作用。通过财务分析,可以掌握企业财务预算的完成情况,评价财务状况,研究和掌握企业财务活动的规律,改善财务预测、财务决策、财务预算和财务控制,提高企业财务管理水平。

第二节 财务管理的目标

一、财务管理目标的含义

目标决定全局,没有明确目标,就无法判断一项决策的优劣。财务管理的目标决定了它所采用的原则、程序和方法。因此,财务管理的目标是建立其知识体系的逻辑起点。从基本上说，财务管理的目标取决于企业的目标，所以财务管理的目标和企业的目标是一致的。创立企业的目的是盈利，企业目标也称为企业的财务目标。财务管理目标是企业理财活动所希望实现的结果，是在特定的经济体制和财务管理环境中，通过对企业财务工作的科学组织和对资源的合理配置所要达到的具体标准，是评价企业理财活动是否合理的基本标准。确立合理的财务管理目标，无论在理论上还是在实践上，都有重要的意义。

二、企业财务管理目标理论

企业财务管理目标有如下几种具有代表性的理论。

（一）利润最大化

利润最大化就是假定企业财务管理以实现利润最大化为目标。

以利润最大化作为财务管理目标，其主要原因有三：一是人类从事生产经营活动的目的是为了创造更多的剩余产品，在市场经济条件下，剩余产品的多少可以用利润这个指标来衡量；二是在自由竞争的资本市场中，资本的使用权最终属于获利最多的企业；三是只有每个企业都最大限度地创造利润，整个社会的财富才可能实现最大化，从而带来社会的进步和发展。

利润最大化目标的主要优点是，企业追求利润最大化，就必须追求经济核算，加强管理，改进技术，提高劳动生产率，降低产品成本。这些措施都有利于企业资源的合理配置，有利于企业整体经济效益的提高。

但是以利润最大化作为财务管理目标存在以下缺陷：

（1）没有考虑货币时间价值。比如，甲项目投产当年即能产生100万元的利润，而乙项目第三年才能产生100万元的利润，该选择哪个项目进行投资呢？如果不考虑货币时间价值，两个项目产生的利润是相同的，那么就很难做出正确的选择。

（2）没有考虑风险问题。比如，甲、乙两家企业，实现利润都是500万元，但甲企业全部是现销，乙企业50%是赊销。赊销产生应收账款，并可能会发生坏账损失，那么两家企业哪一个财务目标实现得好呢？如果不考虑风险因素，那么可能就会做出错误的判断。

（3）没有反映创造的利润与投入资本之间的关系。比如，甲、乙两家企业，利润都是500万元，甲资本总额1 000万元，乙企业资本总额3 000万元，哪一个财务目标实现得好？如果不把利润与投入资本联系起来，那么就很难做出正确的判断。

（4）可能导致企业短期财务决策倾向，影响企业长远发展。由于利润指标通常按年计算，因此，企业决策也往往会服务于年度指标的完成或实现。管理者为追求自己的年度业绩考核，投资决策时往往会放弃那些只有长期才能显现出经济效益的项目。

（二）每股收益最大化（资本利润率最大化）

这种观点认为，应该把企业利润与投入的资本相联系，用资本利润率（每股利润）概括企业财务管理目标。其观点本身概念明确，将企业实现的利润与投入的资本或股本进行对比，可以在不同资本规模的企业或期间进行对比，揭示其盈利水平的差异。但是这种观点仍然存在着问题：一是没有考虑资金的时间价值；二是没有考虑风险问题；三是仍然会导致管理者的短期行为倾向。

（三）股东财富最大化

股东财富最大化是指企业财务管理以实现股东财富最大化为目标。在上市公司，股东财富是由其所拥有的股票数量和股票市场价格两方面决定的。在股票数量一定时,股票价格达到最高,股东财富也就达到最大。

与利润最大化相比,股东财富最大化的主要优点是:

(1) 考虑了风险因素,因为通常股价会对风险做出较敏感的反应。

(2) 在一定程度上能避免企业短期行为,因为不仅目前的利润会影响股票价格,与其未来的利润同样会对股价产生重要影响。

(3) 对上市公司而言,股东财富最大化目标比较容易量化,便于考核和奖惩。

以股东财富最大化作为财务管理目标也存在以下缺点:

(1) 通常只适用于上市公司,非上市公司难于应用,因为非上市公司无法像上市公司一样随时准确获得公司股价。

(2) 股价受众多因素影响,特别是企业外部的因素,有些还可能是非正常因素。股价不能完全准确地反映企业财务管理状况,如有的上市公司处于破产的边缘,但由于可能存在某些机会,其股票市价可能还在走高。

(3) 它强调得更多的是股东利益,而对其他相关者的利益重视不够。

(四) 企业价值最大化

企业价值最大化是指企业财务管理行为以实现企业的价值最大化为目标。企业价值可以理解为企业所有者权益的市场价值,或者是企业所能创造的预计未来现金流量的现值。未来现金流量这一概念,包含了资金的时间价值和风险价值两个方面的因素。因为未来现金流量的预测包含了不确定性和风险因素,而现金流量的现值是以资金的时间价值为基础对现金流量进行折现计算得出的。

企业价值最大化要求企业通过采用最优的财务政策,充分考虑资金的时间价值和风险与报酬的关系,在保证企业长期稳定发展的基础上使企业总价值达到最大。

以企业价值最大化作为财务管理目标,具有以下优点:

(1) 考虑了取得报酬的时间,并用时间价值的原理进行了计量。

(2) 考虑了风险与报酬的关系。

(3) 将企业长期、稳定的发展和持续的获利能力放在首位,能克服企业在追求利润上的短期行为,因为不仅目前利润会影响企业的价值,预期未来的利润对企业价值增加也会产生重大影响。

(4) 用价值代替价格,克服了过多受外界市场因素的干扰,有效地规避了企业的短期行为。

但是,以企业价值最大化作为财务管理目标也存在以下问题:

(1) 企业的价值过于理论化,不易操作。尽管对于上市公司,股票价格的变动在一定程度上揭示了企业价值的变化,但是,股价是多种因素共同作用的结果,特别是在资本市场效率低下的情况下,股票价格很难反映企业的价值。

(2) 对于非上市公司,只有对企业进行专门的评估才能确定其价值,而在评估企业的资产时,由于受评估标准和评估方式的影响,很难做到客观和准确。

近年来,随着上市公司数量的增加,以及上市公司在国民经济中地位、作用的增强,企业价值最大化目标逐渐得到了广泛认可。

三、不同利益主体目标的冲突与协调

企业从事财务管理活动，必然发生企业与各个方面的经济利益关系。在企业财务关系中最为重要的关系是所有者、经营者与债权人之间的关系。企业必须处理、协调好这三者之间的矛盾与利益冲突。

（一）所有者与经营者的矛盾与协调

企业是所有者的企业，企业价值最大化代表了所有者的利益。而经营者的目标是想要提高报酬，增加闲暇时间，以及在经营决策中避免风险。由于两者的具体行为目标不同，必然导致经营者出现背离股东目标的行径。比如，经营者在工作中为避免风险的不道德行为，即使造成不良的后果也不用承担法律责任；以工作为借口任意挥霍股东的钱等。

为防止经营者背离股东目标，从企业自身来看一般有两种方法。

1. 监督

经理背离股东目标的条件是，双方的信息不一致。经理掌握企业实际的经营控制权，对企业财务信息的掌握远远多于股东。为了协调这种矛盾，股东除要求经营者定期公布财务报表外，还应尽量获取更多信息，对经理进行必要的监督。但监督只能减少经理违背股东意愿的行为，因为股东是分散的，得不到充分的信息，全面监督实际上做不到，也会受到合理成本的制约。

2. 激励

激励，就是将经理的管理绩效与经理所得的报酬联系起来，使经理分享企业增加的财富，鼓励他们自觉采取符合股东目标的行为。一般激励方式有现金奖励、绩效股和股票期权等。但激励作用与激励成本相关，报酬太低，起不到激励作用；报酬太高，又会加大股东的激励成本，减少股东自身利益。通常情况下，企业采用监督和激励相结合的办法使经理的目标与企业目标协调起来，力求使监督成本、激励成本和经理背离股东目标的损失之和最小。

（二）所有者与债权人的矛盾与协调

企业的资本来自股东和债权人。债权人的投资回报是固定的，而股东收益随企业经营效益而变化。当企业经营得好时，债权人所得的固定利息仍然只是企业收益中的一小部分，不会获得额外收益，大部分利润归股东所有。当企业经营状况差陷入财务困境时，债权人却要承担资本无法追回的风险。这就使得所有者的财务目标与债权人可望实现的目标可能发生矛盾，从而导致出现股东损害债权人利益的行为。主要表现在：① 所有者可能未经债权人同意，要求经营者投资于比债权人预计风险要高的项目。② 所有者或股东未征得现有债权人同意，而要求经营者发行新债券或借新债。

所有者与债权人的上述矛盾协调，除了可以寻求立法保护，一般通过以下方式解决：

（1）在合同中加入限制性条款。它是通过对借款的用途限制、借款的担保条款和借款的信用条件来防止和迫使股东不能利用上述两种方法剥夺债权人的债权价值。

（2）收回借款不再借款。它是当债权人发现公司有侵蚀其债权价值的意图时，采取收回债权和不给予公司重新放款的方法，从而来保护自身的权益。

除债权人外，与企业经营者有关的各方都与企业有合同关系，都存在着利益冲突和限制条款。企业经营者若侵犯职工雇员、客户、供应商和所在社区的利益，都将影响企业目标的实现。

所以说企业是在一系列限制条件下实现企业价值最大化的。

第三节 财务管理组织和体制

一、企业组织类型

企业是从事经营活动的组织。企业的基本组织形式通常有三种,即个人独资企业、个人合伙企业和公司企业。这是国际上通行的企业组织形式分类。学习财务管理,必须了解企业组织形式及其特点。

(一)独资企业

独资企业,是一个自然人投资并兴办的企业,其业主享有全部的经营所得,同时对债务负有完全责任。这种企业的规模都较小,其优点是:① 经营者和所有者合一,经营方式灵活,建立和停业程序简单。② 经营性固定成本较低。③ 不用缴纳企业所得税。这类企业的缺点:① 对债务承担无限责任,如果债务超过了业主最初的投资额,需要用个人其他财产抵偿。② 企业存续年限受限于业主寿命。③ 筹资较难。

(二)合伙企业

合伙企业,是由两个或两个以上的自然人订立合伙协议,共同出资、合伙经营、共享收益、共担风险,并对合伙企业债务承担无限连带责任的营利性组织。合伙企业优点、缺点与个人独资企业类似,只是程度有些区别。

(三)公司制企业

公司是指以营利为目的,由许多投资者共同出资组建,股东以其投资额为限对公司债务负责,公司以其全部财产对外承担民事责任的企业法人。公司的两种主要形式是有限责任公司和股份有限公司。有限责任公司股东以其出资额为限对公司承担责任,公司以其全部资产对公司的债务承担责任。股份有限公司,其全部资本分成等额股份,股东以其所持股份为限对公司承担责任,公司以其全部资产对公司的债务承担责任。公司制企业的优点是:① 股东负有有限责任。② 股份可转让,流动性好。③ 可以募集大量资金。④ 公司可以无限存续。公司制企业的缺点是:① 创办手续复杂,费用高。② 存在代理问题。③ 社会负担重,要承担双重税赋。

在三种组织形式中,大部分的商业资金是由公司制企业控制的,因此财务管理通常把公司制企业的财务管理作为讨论的重点。

二、财务管理的组织

财务管理的组织是专门实施财务管理、处理各种财务关系的组织机构。从理论上讲,财务管理是企业管理工作中的一个重要组成部分,担负着十分重要的任务,有很强的专业性,已成为企业经营管理中相对独立的职能部门。因此,企业必须有其专门的组织机构和专门的办事人员。但是,国有企业财务在从属于国家财政的时期,企业财务管理的职能在于计划和监督国家下拨资金的使用,企业财务活动的业务手续已在会计核算中完成,财务管理机构的单独设置无关紧要,因此企业财务管理机构和会计核算机构合并设置。在大中型企业中,由总会计师核算机构合并设置。在大中型企业中,由总会计师领导财务管理部门;在不设总会计师的小型企业,由1名副厂长(副经理)领导财务会计部门。

在社会主市市场经济体制下,企业作为独立的商品生产者,其财务活动与以往大不相同,企业要处理的财务关系由于经济行为的多种多样而复杂化,财务管理的职能发生了根本变化,财务管理在企业生产经营中有着不可替代的作用,因此,产生了财务管理机构与会计核算机构分别设置的需要。在一些经济发达国家里,财务管理机构设置的典型做法是:在总经理下设置财务副总经理管理企业财务和部门,由财务长或财务主任(treasurer)和会计长或会计主任(controller)分别主管;财务部门和会计部门再根据需要分设若干具体业务部门。但这两个部门的不同职责是分明的,其中财务部门的职责主要为:① 负责资金筹集。② 负责固定资产投资。③ 负责营运资金管理。④ 负责证券投资与管理。⑤ 负责利润分配。⑥ 负责财务预测、财务计划与财务分析。小型企业中财务主管和会计主管可能由1人担任。

三、财务管理的体制

企业财务管理体制是明确企业各财务层级财务权限、责任和利益的制度,其核心问题是如何配置财务管理权限,企业财务管理体制决定着企业财务管理的运行机制和实施模式。

企业财务管理体制概括地说,可分为三种类型。

(一) 集权型财务管理体制

集权型财务管理体制是指企业对各所属单位的所有财务管理决策都进行集中统一,各所属单位没有财务决策权,企业总部财务部门不但参与决策和执行决策,在特定情况下还直接参与各所属单位的执行过程。

集权型财务管理体制下企业内部的主要管理权限集中于企业总部,各所属单位执行企业总部的各项指令。它的优点在于:企业内部的各项决策均由企业总部制定和部署,企业内部可充分展现其一体化管理的优势,利用企业的人才、智力、信息资源,努力降低资金成本和风险损失,使决策的统一化、制度化得到有力的保障。采用集权型财务管理体制,有利于在整个企业内部优化配置资源,有利于实行内部调拨价格,有利于内部采取避税措施及防范汇率风险等。它的缺点是:集权过度会使各所属单位缺乏主动性、积极性,丧失活力,也可能因为决策程序相对复杂而失去适应市场的弹性,丧失市场机会。

(二) 分权型财务管理体制

分权型财务管理体制是指企业将财务决策权与管理权完全下放到各所属单位,各所属单位只需对一些决策结果报请企业总部备案即可。

分权型财务管理体制下企业内部的管理权限分散于各所属单位,各所属单位在人、财、物、供、产、销等方面有决定权。它的优点是:由于各所属单位负责人有权对影响经营成果的因素进行控制,加之身在基层,了解情况,有利于针对本单位存在的问题及时做出有效决策,因地制宜地搞好各项业务,也有利于分散经营风险,促进所属单位管理人员和财务人员的成长。它的缺点是:各所属单位大都从本位利益出发安排财务活动,缺乏全局观念和整体意识,从而可能导致资金管理分散、资金成本增大、费用失控、利润分配无序。

（三）集权与分权相结合型财务管理体制

集权与分权相结合型财务管理体制，其实质就是集权下的分权，企业对各所属单位在所有重大问题的决策与处理上实行高度集权，各所属单位则对日常经营活动具有较大的自主权。

集权与分权相结合型财务管理体制意在以企业发展战略和经营目标为核心，将企业内重大决策权集中于企业总部，而赋予各所属单位自主经营权。其主要特点是：

（1）在制度上，企业内部应制定统一的内部管理制度，明确财务权限及收益分配方法，各所属单位应遵照执行，并根据自身的特点加以补充。

（2）在管理上，利用企业的各项优势，对部分权限集中管理。

（3）在经营上，充分调动各所属单位的生产经营积极性。各所属单位围绕企业发展战略和经营目标，在遵守企业统一制度的前提下，可自主制定生产经营的各项决策。为避免配合失误，明确责任，凡需要由企业总部决定的事项，在规定时间内，企业总部应明确答复，否则，各所属单位有权自行处置。

正因为具有以上特点，因此集权与分权相结合型的财务管理体制，吸收了集权型和分权型财务管理体制各自的优点，避免了两者各自的缺点，从而具有较大的优越性。

相关链接：   **财务总监与总会计师**

CFO(chief financial officer)财务总监，指公司首席财政官或财务总监，是现代公司中最重要、最有价值的顶尖管理职位之一，是掌握着企业的神经系统（财务信息）和血液系统（现金资源）的灵魂人物。

美国柯达公司执行副总裁首席财务官在接受国内新闻机构采访时，谈到了美国公司的首席财务官的职责。他认为，美国公司的 CFO 全盘管理公司的财务和会计事务。CFO 的一项重要职责，就是将公司的经营情况和财务结算报告传达给投资人，让投资人了解公司的实际运作情况。因此，CFO 也是公司与投资人沟通的一个"传声筒"。首席财务官负责财务、会计、投资、融资、投资关系和法律等事务。公司的财务部门、会计部门、信息服务部门都归 CFO 管理。除了负责公司与投资人的公共关系，CFO 要保证公司在发展过程中拥有足够的现金，要保证有足够的办公和生产经营空间，他们可以通过银行贷款，也可以在股市筹钱。此外，公司自身的投资事务和复杂的法律事务，也都由 CFO 来统筹管理。

中国的总会计师有哪些职责呢？修订后的《会计法》规定："总会计师的任职资格、任免程序、职责权限由国务院规定。"与《会计法》相配套的、由财政部颁布实施的《总会计师条例》规定，总会计师作为单位财务会计的主要负责人，全面负责本单位的财务会计管理和经济核算，参与本单位的重大经营决策活动，是单位负责人的参谋和助手。根据《总会计师条例》的规定，总会计师的职责有以下两类：一是由总会计师负责组织的工作。具体包括：组织编制和执行预算、财务收支计划、信贷计划，拟订资金筹措和使用规划，有效地使用资金；建立、健全经济核算制度，强化成本管理，分析生产经营活动，提高经济效益；负责本单位财务会计机构的设置和会计人员的配备，组织对会计人员进行业务培训和考核；支持会计人员依法行使职权等。二是总会计师协助、参与的工作。主要包括：协助单位负责人对本单位的生产经营和业务管理等问题做出决策；参与新产品开发、技术改造、项目研究、商品（劳务）价格和工资、奖金方案的制订；参与重大经济合同和经济协议的研究、审查等。

对上述观点和规定进行比较分析，可以发现，国外的 CFO 较之中国总会计师的职责、权限

要大,要广。比如公司许多与财务会计活动有关的事项(如法律事务)、部门(如信息部门),均由CFO直接管理,或者由其拍板决策,而国内的总会计师的管理范围相对小一些,对高层决策则只扮演参与角色,仅起协助作用。

第四节 理财环境

企业的财务管理环境又称理财环境,是指对企业财务活动和财务管理产生影响作用的企业内外部的各种条件。由于内部财务环境存在于企业内部,是企业可以从总体上采取一定的措施加以控制和改变的因素。而外部财务环境,由于存在于企业外部,它们对企业财务行为的影响企业难以控制和改变,更多的是适应和因势利导。因此,本节主要介绍外部财务环境。影响企业外部财务环境有多种因素,包括政治、经济、金融、法律、文化、技术等许多方面,其中最主要的有经济环境、法律环境和金融环境和技术环境。

一、经济环境

企业的理财活动必须融入宏观经济运行。微观理财主体的投入产出效益和宏观经济环境是密切相连的,因此,才有所谓股市是宏观经济的"晴雨表"之说。宏观经济环境也是一个十分宽泛的概念,大的方面包括世界经济环境、洲际经济环境、国家或地区的经济环境,小的方面包括行业经济环境、产品的市场经济环境等方面。无论是哪一方面,对其做出正确的分析、评估是企业采取适应性财务行为、规避风险的基本条件。

1. 经济周期

经济周期是指总体经济活动的扩张和收缩交替反复出现的过程,也称经济波动。每一个经济周期都可以分为上升和下降两个阶段。上升阶段也称为繁荣,最高点称为顶峰。然而,顶峰也是经济由盛转衰的转折点,此后经济就进入下降阶段,即衰退。衰退严重则经济进入萧条,衰退的最低点称为谷底。当然,谷底也是经济由衰转盛的一个转折点,此后经济进入上升阶段。经济从一个顶峰到另一个顶峰,或者从一个谷底到另一个谷底,就是一次完整的经济周期。

在市场经济条件下,企业家们越来越多地关心经济形势,也就是"经济大气候"的变化。一个企业生产经营状况的好坏,既受其内部条件的影响,又受其外部宏观经济环境和市场环境的影响。一个企业,无力决定它的外部环境,但可以通过内部条件的改善,来积极适应外部环境的变化,充分利用外部环境,并在一定范围内,改变自己的小环境,以增强自身活力,扩大市场占有率。因此,作为企业家对经济周期波动必须了解、把握,并能制定相应的对策来适应周期的波动,否则将在波动中丧失生机。

2. 经济发展状况

经济发展状况是指宏观经济的短期运行特征。国家统计部门会定期公布经济发展状况的各种经济指标,如经济增长速度、失业率、物价指数、进出口贸易额增长率、税收收入以及各个行业的经济发展状况指标等。对各种经济发展状况指标的跟踪观察有利于企业正确把握宏观经济运行的态势,及时调整财务管理策略。另外,经济发展中的通货膨胀也会给企业财务管理带来较大的不利影响,主要表现在:资金占用额迅速增加;利率上升,企业筹资成本加大;证券价格下跌,筹资难度增加;利润虚增、资金流失。

3. 宏观调控政策

宏观调控政策是政府对宏观经济进行干预的重要手段,主要包括产业政策、金融政策和财政政策等。政府通过宏观经济政策的调整,引导微观财务主体的经济行为,达到调控宏观经济的目的。这些宏观经济调控政策对企业财务管理的影响是直接的。所以,作为微观的市场竞争主体,企业必须关注宏观经济政策的取向及其对企业经济行为的影响;并根据宏观经济政策的变化及时调整自身的行为,以规避政策性风险对企业财务运行的影响。

二、法律环境

财务管理的法律环境是指企业和外部发生经济关系时所应遵守的各种法律法规和规章。一方面,法律提出了企业从事一切经济业务所必须遵守的规范,从而对企业的经济行为进行约束;另一方面,法律也为企业合法从事各项经济活动提供了保护。

(一) 企业组织法律规范

企业组织必须依法成立。组建不同的企业,要依照不同的法律规范。它们包括《中华人民共和国公司法》(以下简称《公司法》)、《中华人民共和国全民所有制工业企业法》、《中华人民共和国外资企业法》、《中华人民共和国中外合资经营企业法》、《中华人民共和国中外合作经营企业法》、《中华人民共和国个人独资企业法》、《中华人民共和国合伙企业法》等。这些法律规范既是企业的组织法,又是企业的行为法。

(二) 税务法律规范

任何企业都有法定的纳税义务。有关税收的立法分为三类:所得税的法规、流转税的法规、其他地方税的法规。税负是企业的一种费用,会增加企业的现金流出,对企业理财有重要影响。企业无不希望在不违反税法的前提下减少税务负担。税负的减少,只能靠精心安排和筹划投资、筹资和利润分配等财务决策,而不允许在纳税行为已经发生时去偷税漏税。精通税法,对财务主管人员有重要意义。

(三) 财务法律规范

财务法律规范主要是《企业财务通则》及有关财务制度。分为三个层次:第一层次是企业财务通则,明确了财政管理边界、投资者与经营者的游戏规则、财务制度的内涵和范围;第二层次是具体财务规范,是关于具体财务行为与财政资金相关的操作性规定;第三层次是企业财务管理指导意见,属服务性公共产品,引导企业形成共同的财务理念。《企业财务通则》是企业财务管理的基本准则,是各类企业进行财务活动、实施财务管理的基本规范。

三、金融环境

企业总是需要资金从事投资和经营活动。而资金的取得,除了自有资金外,主要从金融机构和金融市场取得。金融政策的变化必然影响企业的筹资、投资和资金运营活动。所以,金融环境是企业最主要的环境因素之一。

（一）金融市场

金融市场是指资金筹集的场所。广义的金融市场，是指一切资本流动（包括实物资本和货币资本）的场所，其交易对象为货币借贷、票据承兑和贴现、有价证券的买卖、黄金和外汇买卖、办理国内外保险、生产资料的产权交换等。狭义的金融市场一般是指有价证券市场，即股票和债券的发行和买卖市场。

1. 金融市场的分类

按不同的标准，金融市场可以分为不同的类别：

（1）按交易的期限分为短期资金市场和长期资金市场。短期资金市场是指期限不超过1年的资金交易市场。因为短期有价证券易于变成货币或作为货币使用，所以也叫货币市场，包括同业拆借市场、票据市场、大额定期存单市场和短期债券市场。长期资金市场是指期限在1年以上的股票和债券交易市场。因为发行股票和债券主要用于固定资产等资本货物的购置，所以也叫资本市场，包括股票市场和债券市场。

（2）按交易的性质分为发行市场和流通市场。发行市场是指从事新证券和票据等金融工具买卖的转让市场，也叫初级市场或一级市场。流通市场是指从事已上市的旧证券或票据等金融工具买卖的转让市场，也叫次级市场或二级市场。

（3）按交易的直接对象分为同业拆借市场、国债市场、企业债券市场、股票市场和金融期货市场等。

（4）按交割的时间分为现货市场和期货市场。现货市场是指买卖双方成交后，当场或几天之内买方付款、卖方交出证券的交易市场。期货市场是指买卖双方成交后，在双方约定的未来某一特定的时日才交割的交易市场。

2. 金融市场的功能

金融市场具有如下功能：

（1）金融市场为企业提供了良好的投资和筹资的场所。金融市场能够为资本所有者提供多种投资渠道，为资本筹集者提供多种可供选择的筹资方式。企业需要资金时，可以到金融市场选择适合自己需要的方式筹资。企业有了剩余的资金，也可以在市场上选择合适的投资方式，为其资金寻找出路。

（2）金融市场可以促进企业资本灵活转换。企业可通过金融市场将长期资金，如将股票、债券变现转为短期资金；也可以通过金融市场将短期资金转为长期资金，如购进股票、债券等。金融市场为企业的长短期资金相互转化提供了方便。

（3）金融市场为企业财务管理提供有意义的信息。金融市场的利率变动反映资金的供求状况，有价证券市场的行情反映投资人对企业经营状况和盈利水平的评价。这些都是企业生产经营和财务管理的重要依据。

（二）金融资产

金融资产是实物资产的对称，是指单位或个人所拥有的以价值形态存在的资产，是一种索取实物资产的无形的权利，是一切可以在有组织的金融市场上进行交易、具有现实价格和未来估价的金融工具的总称。金融工具对其持有者来说才是金融资产。金融资产具有以下特点。

1. 流动性

流动性也称变现性，是指金融资产在转换成货币时，其价值不会蒙受损失的能力。除货币以外，各种金融资产都存在着不同程度的不完全流动性。

2. 风险性

风险性是指投资于金融工具的本金是否会遭受损失的风险。风险可分为两类：一是债务人不履行债务的风险。这种风险的大小主要取决于债务人的信誉以及债务人的社会地位。二是风险是市场的风险，这是金融资产的市场价格随市场利率的上升而跌落的风险。一般来说，本金安全性与偿还期成反比，即偿还期越长，其风险越大。

3. 收益性

收益性是指金融工具能定期或不定期给持有人带来收益的特性。金融工具收益性的大小，是通过收益率来衡量的，其具体指标有名义收益率、实际收益率、平均收益率等。一般来说，金融资产流动性越大，其风险性越小，收益性也会越低。

（三）金融机构

金融机构包括银行业金融机构和其他金融机构。社会资金从资金供应者手中转移到资金需求者手中，大多要通过金融机构。

1. 中国人民银行

中国人民银行是我国的中央银行，它代表政府从事全国的金融机构和金融活动，管理国库。其主要职责是：制定和实施货币政策，保持货币币值稳定；依法对金融机构进行监督管理，维持金融业的合法、稳健运行；维护支付和清算系统的正常运行；持有、管理、经营国家外汇储备和黄金储备；代理国库和其他与政府有关的金融业务；代表政府从事有关的国际金融活动等。

2. 政策性银行

政策性银行是指由政府设立，以贯彻国家产业政策、区域发展政策为目的，不以营利为目的的金融机构。政策性银行与商业银行相比，其特点在于：不面向公众吸收存款，而以财政拨款和发行政策性金融债券为主要资金来源；其资本主要由政府拨付；不以营利为目的，经营时主要考虑国家的整体利益和社会效益；其服务领域主要是对国民经济发展和社会稳定有重要意义，而商业银行出于营利目的不愿借贷的领域；一般不普遍设立分支机构，其业务由商业银行代理。但是，政策性银行的资金并非财政资金，也必须有偿使用，对贷款也要进行严格审查，并要求还本付息、周转使用。

3. 商业银行

商业银行是以经营存款、放款、办理转账结算为主要业务，以营利为主要经营目标的金融企业。商业银行的建立和运行，受《中华人民共和国商业银行法》制约。

4. 非银行金融机构

目前，我国主要的非银行金融机构有金融资产管理公司、保险公司、信托投资公司、证券机构、财务公司、金融租赁公司等。

（四）金融市场利率

在金融市场上，利率是资金使用权的价格，其计算公式为：

$$利率＝纯利率＋通货膨胀附加率＋风险附加率$$

纯利率是指没有风险和通货膨胀情况下的平均利率。在没有通货膨胀时，国库券的利率可以视为纯利率。

通货膨胀附加率是由于通货膨胀会降低货币的实际购买力，为弥补其购买力损失而在纯利率的基础上加上通货膨胀附加率。

风险附加率是由于存在违约风险、流动性风险和期限风险而要求在纯利率和通货膨胀之外附加的利率。其中,违约风险附加率是指为了弥补因债务人无法按时还本付息而带来的风险,由债权人要求附加的利率;流动性风险附加率是指为了弥补因债务人资产流动性不佳而带来的风险,由债权人要求附加的利率;期限风险附加率是指为了弥补因偿债期长、不确定性因素较多而带来的风险,由债权人要求附加的利率。

四、技术环境

财务管理的技术环境是指财务管理得以实现的技术手段和技术条件,它决定着财务管理的效率和效果。目前,我国进行财务管理所依据的会计信息是通过会计系统所提供的,占企业经济信息总量的60%～70%。在企业内部,会计信息主要是提供给管理层决策使用,而在企业外部,会计信息则主要是为企业的投资者、债权人等提供服务。

目前,我国正全面推进会计信息化工作,力争通过5～10年的努力,建立健全会计信息化法规体系和会计信息化标准体系,全力打造会计信息化人才队伍,基本实现大型企事业单位会计信息化与经营管理信息化的融合,进一步提升企事业单位的管理水平和风险防范能力,做到数出一门、资源共享,便于不同信息使用者获取、分析和利用,进行投资和相关决策;基本实现大型会计师事务所采用信息化手段对客户的财务报告和内部控制进行审计,进一步提升社会审计质量和效率;基本实现政府会计管理和会计监督的信息化,进一步提升会计管理水平和监管效能。通过全面推进会计信息化工作,使我国的会计信息化达到或接近世界先进水平。我国企业会计信息化的全面推进,必将促使企业财务管理的技术环境进一步完善和优化。

第五节 财务管理的重要理财原则

财务管理原则是组织财务活动、处理各种财务关系所应遵循的基本规范,也称理财原则。然而目前人们对于理财原则的观点不尽相同,其中道格拉斯·R·爱默瑞和约翰·D·芬尼特对于理财原则的看法最具有代表性,他们提出了自利行为原则、期权原则、风险-报酬权衡原则等十二项原则。本教材只选择与本教材后面章节内容相关的几条重要原则。

一、自利行为原则

人们总是按照他们自己的利益行事。尽管可能存在个别的例外情况,人们的行动总是遵循着一种经济而理智的方式。自利行为原则的依据是理性的经济人假设。经济人假设认为,人们对每一项交易都会衡量其代价和利益,并且会选择对自己最有利的方案来行动。

自利行为原则并不认为钱是任何人生活中最重要的东西,或者说钱可以代表一切。问题是商业交易的目的是获利。在从事商业交易时人们总是为了自己的利益做出选择和决定,否则他们就不必进行商业交易了。

自利行为原则的一个重要应用是委托-代理理论。根据该理论,应该把企业看成是各种自利人的集合。企业和各种利益关系人之间的关系，大部分属于委托-代理关系。这种相互依赖又相互冲突的利益关系，需要通过制度来协调，最后形成企业内部控制制度、财务制度、行政管理制度等。因此，委托-代理理论是以自利行为原则为基础的。

自利行为原则的另一个重要应用是机会成本的概念。机会成本是由选择产生的。它是指在面临多方案选择时，被舍弃的选项中的最高价值者即是本次决策的机会成本。有一笔资金，可以把它存在银行里，也可以把它投入证券市场中。如果选择的是把它投资于某股票，投资股票的成本是什么呢？就是这笔资金储存在银行的利息收益。机会成本，对于投资者来说，就是指将资金进行某种形式的投资而放弃其他形式投资中所获得的最大收益。

二、信号传递原则

信号传递原则是指行动可以传递信息，并且比企业的声明更有说服力。信号传递原则是自利行为原则的延伸。

信号传递原则要求决策者根据公司的行为判断它未来的收益状况。例如，经常大量配股的公司可能自身的现金所产生的能力较差；大量购买国库券的公司可能缺少净现值为正数的投资机会；内部持股人出售股份，常常是公司盈利能力恶化的重要信号。信号传递原则要求公司在决策时不仅要考虑行动方案本身，还要考虑该项行动可能给人们所传达的信息，也就是交易的信息效应。

三、净增效益原则

净增效益原则是指财务决策建立在净增效益的基础上，一项决策的价值取决于它和替代方案相比所增加的净收益。一项决策的优劣是与其他可替代方案相比较而言的。如果一个方案的净收益大于替代方案，我们就认为它是一个比替代方案好的决策，其价值是增加的净收益。

净增效益原则的应用领域之一是差额分析法，也就是在分析投资方案时只分析它们有区别的部分，而省略其相同的部分。例如，一项新产品投产的决策引起的现金流量，不仅包括新设备投资，还包括动用企业现有非货币资源对现金流量的影响；不仅包括固定资产投资，还包括需要追加的营运资本；不仅包括新产品的销售收入，还包括对现有产品销售积极或消极的影响；不仅包括产品直接引起的现金流入和流出，还包括对公司税务负担的影响等。

净增效益原则的另一个应用是沉没成本概念。沉没成本是指已经发生、不会被以后的决策改变的成本。沉没成本与将要采纳的决策无关，因此在分析决策方案时应将其排除。

四、风险报酬权衡原则

风险报酬权衡原则是指风险和报酬之间存在一个对等关系，投资人必须对报酬和风险做出权衡，为追求较高报酬而承担较大风险，或者为减少风险而接受较低的报酬。所谓对等关系，是指高收益的投资机会必然伴随巨大风险，风险小的投资机会必然只有较低的收益。

在财务交易中，当其他一切条件相同时人们倾向于高报酬和低风险。如果两个投资机会除了报酬不同以外,其他条件(包括风险)都相同,那么人们会选择报酬较高的投资机会,这是自利行为原则所决定的。如果两个投资机会除了风险不同以外,其他条件(包括报酬)都相同,人们会选择风险小的投资机会,这是风险反感决定的。所谓"风险反感",是指人们普遍对风险有反感,认为风险是不利的事情。

五、投资分散化原则

投资分散化原则是指不要把全部财富投资于一个公司,而要分散投资。投资分散化原则的理论依据是投资组合理论。马克维茨的投资组合理论认为,若干种股票组成的投资组合,其收益是这些股票收益的加权平均数,但其风险要小于这些股票的加权平均风险,所以投资组合能降低风险。

例如,一个人把100万元投资于一个公司,这个公司因产品质量问题曝光,造成股价大跌50%,他就亏损了50万元。如果他投资于两家公司的股票,各投资50万元,该家公司股票大跌50%,他只亏损25万元。如果投资了10家公司股票,各投资10万元,该家公司股票大跌50%,他只亏损了5万元。所以,投资分散化可以减低风险。

投资分散化原则具有的普遍意义不仅仅适用于证券投资,公司各项决策都应注意分散化原则。凡是有风险的事项,都要贯彻分散化原则,以降低风险。

六、货币时间价值原则

一直以来,货币时间价值作为财务管理学的第一价值观念为大家所熟知。什么是货币时间价值?货币时间价值是指一定量的货币资金在不同时点上的价值量的差别。通常情况下,它相当于没有风险和通货膨胀情况下社会资金平均的利润率。货币时间价值应用贯穿于企业财务管理的方方面面:在筹资管理中,货币时间价值让我们意识到资金的获取是需要付出代价的,这个代价就是资本成本。资本成本直接关系到企业的经济效益,是筹资决策需要考虑的一个首要问题。在项目投资决策中,项目投资的长期性决定了必须考虑货币时间价值,净现值法、内涵报酬率法等都是考虑货币时间价值的投资决策方法。在证券投资管理中,折现法是证券估价的主要方法,同样要求考虑货币时间价值。

【本章小结】

企业财务就是企业再生产过程中的资金运动,它体现企业同各方面的经济关系。企业资金运动的经济内容体现为筹资、投资、资金营运和利润分配等四大财务活动。企业在资金运动中与各有关方面发生的经济关系,就是财务关系。财务管理则是组织企业财务活动、处理企业同各方面财务关系的一项经济管理工作。财务管理区别于其他管理的特点在于,它是一种价值管理,是对企业再生产过程中的价值运动(即资金运动)所进行的管理。

财务管理的目标是企业理财活动所希望实现的结果,包括利润最大化、每股收益(资本利润率)最大化、股东财务最大化、企业价值最大化、相关利益最大化。但被广泛接受的是股东财富最大化和企业价值最大化。不同利益相关者之间因其目标不同,难免产生冲突。最重要的两种利益冲突,一个是股东与经营者,另一个是股东与债权人。企业财务管理体制概括地说,可分为三种类型：集权型财务管理体制、分权型财务管理体制、集权与分权相结合型财务管理体制。

任何理财活动都是在一定环境之下开展的。所以，理财首先要分析财务管理环境的现状、变化及其趋势。影响企业的外部财务环境有各种因素，包括政治、经济、金融、法律、文化、技术等许多方面，其中最主要的有经济环境、法律环境和金融环境和技术环境。

财务管理原则是组织财务活动、处理各种财务关系所应遵循的基本规范，也称理财原则。本章重点介绍了自利行为原则、信号传递原则、净增效益原则、货币时间价值原则、风险报酬对等原则和投资分散化原则这六个原则。

【关键术语】

资金　资本　资产　财务管理　财务活动　财务关系　利润最大化　每股收益最大化　股东财富最大化　企业价值最大化　财务管理工作环节　金融环境　纯利率　通货膨胀补偿率　风险附加率　财务管理原则

【思考题】

1. 企业的财务活动包括哪些内容？
2. 财务管理有何特点？
3. 财务管理过程中应正确处理哪些方面的经济关系？
4. 你认为财务管理的目标是什么？为什么？
5. 简述金融市场的分类。
6. 你认为财务管理的原则有什么作用？

【练习题】

一、单项选择题

1. 企业支付股利属于由（　　）引起的财务活动。
   A. 投资　　　　　　B. 分配　　　　　　C. 筹资　　　　　　D. 资金营运
2. 下列项目中，属于狭义投资的是（　　）。
   A. 有价证券　　　　B. 固定资产　　　　C. 存货　　　　　　D. 应收账款
3. 财务关系是企业在组织财务活动过程中与有关各方所发生的（　　）。
   A. 经济往来关系　　　　　　　　　　　B. 经济协作关系
   C. 经济责任关系　　　　　　　　　　　D. 经济利益关系
4. 公司与政府间的财务关系体现为（　　）。
   A. 债权债务关系　　　　　　　　　　　B. 强制与无偿的分配关系
   C. 资金结算关系　　　　　　　　　　　D. 风险收益对等关系
5. 下列不属于财务管理环节的是（　　）。
   A. 财务预算　　　　B. 财务报告　　　　C. 财务决策　　　　D. 业绩评价
6. 我国财务管理的最优目标是（　　）。
   A. 产值最大化　　　B. 利润最大化　　　C. 每股利润最大化　D. 企业价值最大化
7. 每股利润最大化目标与利润最大化目标相比具有的优点是（　　）。
   A. 考虑了资金时间价值　　　　　　　　B. 考虑了风险因素

C. 可以用于同一企业不同时期的比较
D. 不会导致企业的短期行为

8. 股东和经营者发生冲突的重要原因有（　　）。
A. 信息的来源渠道不同
B. 所掌握的信息量不同
C. 素质不同
D. 具体行为目标不一致

9. 没有风险和通货膨胀情况下的均衡点利率是指（　　）。
A. 基准利率　　　　B. 固定利率　　　　C. 纯利率　　　　D. 名义利率

10. 按照证券的索偿权不同，金融市场分为（　　）。
A. 场内市场和场外市场
B. 一级市场和二级市场
C. 货币市场和资本市场
D. 债务市场和股权市场

二、多项选择题

1. 与独资企业和合伙企业相比，公司制企业的特点是（　　）。
A. 以出资额为限，承担有限责任
B. 权益资金的转让比较困难
C. 存在着对公司收益重复纳税的缺点
D. 更容易筹集资金

2. 下列各项中属于资金营运活动的有（　　）。
A. 采购原材料
B. 购买国库券
C. 销售商品
D. 支付现金股利

3. 下列各项中体现财务关系的有（　　）。
A. 企业与债权人之间
B. 企业与受资者之间
C. 企业与债务人之间
D. 企业与政府之间

4. 企业价值最大化目标的优点包括（　　）。
A. 考虑了投资的风险价值
B. 反映了资本保值增值的要求
C. 有利于克服管理上的片面性
D. 有利于社会资源的合理配置

5. 下列属于所有者与经营者矛盾协调措施的有（　　）。
A. 解聘
B. 限制性借款
C. "股票选择权"方式
D. 激励

6. 风险收益率包括（　　）。
A. 通货膨胀补偿率
B. 违约风险收益率
C. 流动性风险收益率
D. 期限风险收益率

7. 债权人为了防止其利益被伤害，通常采取的措施有（　　）。
A. 寻求立法保护
B. 规定资金的用途
C. 提前收回借款
D. 限制发行新债数额

8. 以利润最大化作为财务管理目标的不足之处有（　　）。
A. 没考虑实现利润的时间因素
B. 没考虑实现利润与投资的对比关系
C. 没考虑实现利润的风险因素
D. 不便于理解

9. 下列各项中属于对外投资的有（　　）。
A. 购买其他公司股票
B. 发行债券
C. 与其他企业联营
D. 购买零件

10. 金融环境是企业最为主要的环境因素，财务管理的金融环境包括（　　）。
A. 金融机构
B. 金融市场
C. 税收法规
D. 金融工具

第二章 货币时间价值的计算和风险估价

学习目标及要求：

(1) 了解风险的种类、风险与报酬的关系。
(2) 理解资金时间价值的含义。
(3) 掌握资金时间价值的计算和风险衡量的方法。

重点：

资金时间价值的计算及风险与报酬的度量。

难点：

各种年金终值、现值的计算以及风险估价。

导读：

时间价值是客观存在的经济范畴，任何企业的财务活动，都是在特定的时空中进行的。时间价值原理，正确地揭示了不同时点上资金之间的换算关系，是财务决策的基本依据。为此，财务人员必须了解时间价值的概念和计算方法。

第一节 货币时间价值的计算

一、货币时间价值的概念

我们把一定数额的货币资金存入银行，若干期后我们发现可以从银行拿到的资金数额比原来多了一些，这多出来的部分就是我们通常所说的利息。问题是，我们什么也没用做，钱为什么会有所增长？利息是银行支付给我们的，银行为什么要给我们支付利息？利息到底应该支付多少？我们如何确定这一数额的大小？从这些问题当中，我们就可以多少感知到货币时间价值的存在，以及它的现实意义。

货币的时间价值(time value of money)这个概念认为，目前拥有的货币比未来收到的同样金额的货币具有更大的价值，因为目前拥有的货币可以进行投资，在目前到未来这段时间里获得收益。即使没有通货膨胀的影响，只要存在投资机会，货币的现值就一定大于它的未来价值。

关于时间价值的概念，西方国家的传统说法是：即使在没有风险和没有通货膨胀的调价下，今天1元钱的价值亦大于1年以后1元钱的价值。股东投资1元钱，就牺牲了当时使用或消费这1元钱的机会或权利，按牺牲时间计算的这种牺牲的代价或报酬，就叫时间价值。但是这些概念都没有揭示时间价值的真正来源。

承接开篇我们提出的关于银行存款利息的问题，我们可以做进一步探讨，当把资金存入银行，我们虽然没有利用这部分资金，但是银行却没有让这部分资金闲置，而是将其充分地加以利用，或放贷，或再投资，从而创造出了更多的社会财富。我们作为最初资金的贡献者，理应参与到这些新财富的分配过程当中去，这便是银行存款利息的来源。至于利息的多少，取决于当前社会资金创造财富的一个平均水平。

综上所述，货币的时间价值的概念是在不考虑风险和通货膨胀条件下，资金被投入到生产经营和流通周转过程中创造出的新的社会财富，其大小通常为社会平均资金利润率或平均投资报酬率。

我们研究货币时间价值的目的在于，计算确定不同时间收到或付出货币之间的数量关系。现在的1元钱不等于1年后的1元钱，那么，现在的1元钱等于1年后的多少钱，而1年后的1元钱又等于现在的多少钱？这些都属于时间价值的计算问题。货币时间价值计算的关键是计算终值和现值，终值和现值的差额就是货币的时间价值。

二、一次性收付款项的终值和现值

(一) 相关概念

为便于时间价值的计算，我们首先对一些相关的名词概念做一解释。

1. 终值和现值

终值(the future value)，又称将来值，是指现在一定量的资金折算到未来某一时点所对应的金额，通常记作 F。现值(the present value)是指未来某一时点上的一定量资金折算到现在所对应的金额，通常记作 P。

现值和终值是一定量资金在前后两个不同时点上对应的价值，其差额即为资金的时间价值。现实生活中计算利息时所称本金、本利和的概念相当于资金时间价值理论中的现值和终值，利率(用 i 表示)可视为资金时间价值的一种具体表现；现值和终值对应的时点之间可以划分为 n 期($n \geqslant 1$)，相当于计息期。

2. 单利和复利

单利和复利是两种不同的计算利息的方式。单利，是只对最初的本金计算利息，以后各期所产生的利息不能复生利息。复利，以各期的本利和作为下一期的本金，反复计算利息，俗称"利滚利"。

对货币时间价值计算过程中的有关指标用符号表示如下：

P——现值；

F——终值；

I——利息额；

i——利息率；

n——期数。

（二）单利终值和现值的计算

1. 单利终值的计算

单利终值的计算公式为：

$$F = P + I = P(1 + n \times i)$$

【例 2-1】 一笔期限为 3 年，年利率为 6% 的 100 万元的贷款，按单利计算，利息总额和本利和分别为：

$$I = 100 \times 6\% \times 3 = 18(万元)$$
$$F = 100 \times (1 + 3 \times 6\%) = 118(万元)$$

2. 单利现值的计算

单利现值的计算公式为：

$$P = F/(1 + n \times i)$$

【例 2-2】 某人希望在第五年年末取得本利和 1 000 元，以支付一笔债务。当前利率为 5%，单利计息条件下，此人现在需要存入银行的资金为：

$$P = 1\,000/(1 + 5 \times 5\%) = 800(元)$$

（三）复利现值和终值的计算

1. 复利终值的计算

复利终值的计算公式为：

$$F = P \times (1 + i)^n$$

其中，$(1+i)^n$ 为复利终值系数，记作 $(F/P, i, n)$；n 为计息期，该系数可以在本教材附表 1 中查询到。

【例 2-3】 某人将 1 000 元存入银行，年利率为 7%，复利计息，5 年后此人可得本利和为：

$$F = 1\,000 \times (1 + 7\%)^5 = 1\,403(元)$$

或者可写成记号形式：

$$F = 1\,000 \times (F/P, 7\%, 5) = 1\,000 \times 1.403 = 1\,403(元)$$

2. 复利现值的计算

复利现值的计算公式为：

$$P = F/(1+i)^n = F \times (1+i)^{-n}$$

其中，$(1+i)^{-n}$ 为复利现值系数，记作 $(P/F, i, n)$；n 为计息期，该系数可以在本教材附表

2 中查询到。

【例 2-4】 某投资项目预计 6 年后可得收益 800 万元,按年折现率 12% 计算,则这笔收益的现值是:

$$P = F \times (1+12\%)^{-6} = 800 \times (P/F, 12\%, 6) = 800 \times 0.5066 = 405.28(万元)$$

三、年金终值和现值

以上四个公式都是针对一次性收付款项时间价值的计算。除此之外,现实经济生活中还存在一定时期内,多次收付款项,即系列收付款项的现象。年金就是这样一类特殊的分期收付款项的方式,它必须同时满足三个特性,即连续性、等额性和同期性。简言之,年金是指一定时期内每次等额收付的系列款项,通常记作 A。企业的财务活动中,许多款项的收支都表现为年金的形式,如租金、折旧费、保险费等。年金按具体收付款时间点的不同,又分为四种,即普通年金(后付年金)、即付年金(先付年金)、递延年金和永续年金。

(一) 普通年金

普通年金,又称后付年金,是指从第一期起,在一定时期内每期期末等额发生的系列收付款项。

1. 普通年金终值计算(已知年金 A,求终值 F)

一定时期内,每期期末等额收入或支出的本利和,也就是将每期的金额,按复利换算到最后一期期末的终值,然后加总,就是该年金终值,记作 $F = A(F/A, i, n)$。其推导过程如图 2-1 所示。

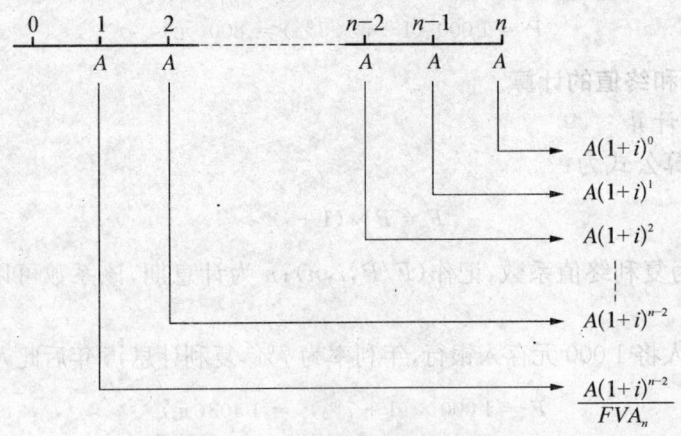

图 2-1 普通年金终值计算示意图

设每年的支付金额为 A,利率为 i,期数为 n,则按复利计算的年金终值 F 为:

$$F_n = A(1+i)^0 + A(1+i)^1 + A(1+i)^2 + \cdots + A(1+i)^{n-2} + A(1+i)^{n-1} = A\sum_{t=1}^{n}(1+i)^{t-1}$$

以上推导过程是等比数列的求和公式。为了简化计算,普通年金终值的计算公式也可以用下式:

$$F = A \times \frac{(1+i)^n - 1}{i}$$

其中 $\frac{(1+i)^n - 1}{i}$ 为普通年金终值系数,利率为 i,经过 n 期的年金终值记作 $(F/A, i, n)$,可查普通年金终值系数表(附表3)。

【例 2-5】 某企业在以后 5 年内于每年年末存入银行 3 000 元,银行的年复利率为 10%,要求计算 5 年后的本利和。

已知:$A = 3\,000; i = 10\%; n = 5$

$$F = 3\,000 \times \frac{(1+i)^n - 1}{i} = 3\,000 \times (F/A, 10\%, 5) = 3\,000 \times 6.105 = 18\,315(元)$$

2. 偿债基金的计算(已知终值 F,求年金 A)

偿债基金是指为了在约定的未来某一时点清偿某笔债务或积聚一定数额的资金而必须分次等额形成的存款准备金。由于每次形成的等额准备金类似于年金存款,因而同样可以获得按复利计算的利息,所以债务实际上等于年金终值,每年提取的偿债基金等于年金 A。也就是说,偿债基金的计算实际上是普通年金终值的逆运算。其计算公式为:

$$A = F / \frac{(1+i)^n - 1}{i} = F / (F/A, i, n)$$

【例 2-6】 某企业有一笔 4 年到期的借款,到期值为 1 000 万元。若存款年复利率为 10%,则为偿还该项借款应建立的偿债基金为:

$$A = 1\,000 / \frac{(1+10\%)^4 - 1}{10\%} = 1\,000 / (F/A, 10\%, 4) = 1\,000 / 4.641\,0 = 215(万元)$$

3. 普通年金现值计算(已知年金 A,求现值 P)

普通年金现值是指一定时期内,每期期末等额收入或支出款项的复利现值之和,记作 $P = A(P/A, i, n)$。推导如图 2-2 所示。

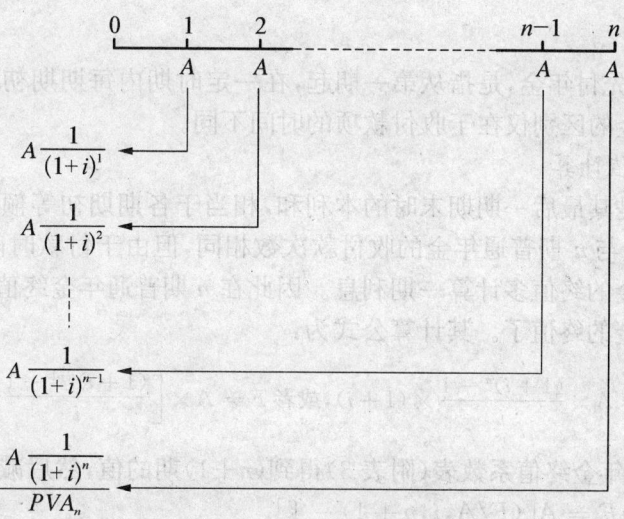

图 2-2 普通年金现值计算示意图

由图 2-2 可知，年金现值的计算公式为：

$$P = A\frac{1}{(1+i)^1} + A\frac{1}{(1+i)^2} + \cdots + A\frac{1}{(1+i)^{n-1}} + A\frac{1}{(1+i)^n} = A\sum_{t=1}^{n}\frac{1}{(1+i)^t}$$

以上推导过程是等比数列的求和公式。为了简化计算，普通年金现值的计算公式也可以用下式：

$$P = A \times \frac{1-(1+i)^{-n}}{i}$$

式中 $\frac{1-(1+i)^{-n}}{i}$ 为普通年金现值系数，利率为 i，经过 n 期的年金现值记作 $(P/A,i,n)$，可查普通年金现值系数表（附表 4）。先付年金现值的计算公式可写为：

$$P = A \times (P/A,i,n)$$

【例 2-7】 某企业计划租用一设备，租期为 6 年，合同规定每年年末支付租金 1 000 元，年利率为 5％，试计算 6 年租金的现值是多少？

已知：$A = 1\ 000$；$i = 5\%$；$n = 6$，求：$P = ?$

$$P = A(P/A,i,n) = A(1-(1+i)^{-n})/i = 1\ 000 \times 5.076 = 5\ 076(元)$$

4. 资本回收额（已知现值 P，求年金 A）

资本回收额是指在约定的时间内等额回收初始投入资本或清偿债务的金额。资本回收额的计算是普通年金现值的逆运算。其计算公式为：

$$A = P / \frac{1-(1+i)^{-n}}{i} = P/(P/A,i,n)$$

【例 2-8】 某企业借得 1 000 万元的贷款，在 10 年内以年利率 12％等额偿还，则每年应付的金额为：

$$A = 1\ 000 / \frac{1-(1+12\%)^{-10}}{12\%} = 1\ 000/(P/A,12\%,10) = 176.99(万元)$$

(二) 即付年金

即付年金，又称先付年金，是指从第一期起，在一定时期内每期期初等额发生的系列收付款项。它与普通年金的区别仅在于收付款项的时间不同。

1. 即付年金终值计算

即付年金终值是其最后一期期末时的本利和，相当于各期期初等额收付款项的复利终值之和。n 期先付年金与 n 期普通年金的收付款次数相同，但由于付款时间不同，n 期先付年金终值比 n 期普通年金的终值多计算一期利息。因此在 n 期普通年金终值的基础上乘以 $(1+i)$ 就得出 n 期先付年金的终值了。其计算公式为：

$$F = A \times \frac{(1+i)^n - 1}{i} \times (1+i), \text{ 或者 } F = A \times \left[\frac{(1+i)^{n+1} - 1}{i} - 1\right]$$

这样，通过查阅普通年金终值系数表（附表 3）得到 $(n+1)$ 期的值，然后减 1 便可得即付年金终值系数的数值，记作 $F = A[(F/A,i,n+1) - 1]$。

【例 2-9】 某人每年年初存入银行 1 000 元，银行年存款利率为 8％，则第十年年末的本利和是：

$$F = 1\,000 \times \left[\frac{(1+8\%)^{10+1}-1}{8\%} - 1\right] = 1\,000 \times [(F/A, 8\%, 10+1) - 1] =$$
$$1\,000 \times (16.645 - 1) = 15\,645(元)$$

2. 即付年金现值计算

即付年金现值是指每期期初收入或支出等额款项的复利现值之和，与 n 期普通年金现值相比，付款次数相同，但由于付款时间的不同，普通年金比即付年金多贴现一期。因此在 n 期普通年金现值的基础上乘以 $(1+i)$ 就得出 n 期先付年金的现值了，公式为：

$$P = A \times \frac{1-(1+i)^{-n}}{i} \times (1+i) = A \times \left[\frac{1-(1+i)^{-(n-1)}}{i} + 1\right]$$

这样，通过查阅普通年金现值系数表（附表4）得到 $(n-1)$ 期的值，然后加1便可得即付年金现值系数的数值，记作 $P = A[(P/A, i, n-1) + 1]$。

【例 2-10】 某企业租入一套生产线，预计在未来10年内每年初需要支付租金为50 000元，假如银行年复利率为12%，那么这笔租金相当于现值的金额数为：

$$P = 50\,000 \times \left[\frac{1-(1+12\%)^{-(10-1)}}{12\%} + 1\right] = 50\,000 \times [(P/A, 12\%, 10-1) + 1] =$$
$$50\,000 \times (5.328 + 1) = 316\,400(元)$$

（三）递延年金

递延年金，又称"延期年金"，是指第一次收付款项发生时间与第一期无关，而是若干期后等额的系列收付款项，它是普通年金的特殊形式，凡不是从第一期开始的年金都是递延年金。

1. 递延年金终值

递延年金终值的计算完全可以利用普通年金终值公式来计算（因为递延期内没有年金），假设发生等额收付款项的期数为 n，未发生等额收付款项的期数为 m，则递延年金终值的计算公式为：

$$F = A \times \frac{(1+i)^n - 1}{i} = A \times (F/A, i, n)$$

2. 递延年金现值计算

第一种方法：先按照普通年金计算出年金在 m 期期末的现值，然后再复利折现 m 期，也就是递延年金的现值。

计算公式为：

$$P = A \times (P/A, i, n) \times (P/F, i, m)$$

第二种方法：假设前 m 期也有年金发生，那么就构成了一个普通年金，按照 $m+n$ 期计算出年金现值后再减去假设存在的 m 期的年金现值就是递延年金的现值。

计算公式为：

$$P = A \times [(P/A, i, n+m) - (P/A, i, m)]$$

第三种方法：先按照普通年金终值的计算方法计算出递延年金的终值，然后再复利折现到零时点计算出递延年金的现值。

计算公式为:

$$P = A \times (F/A, i, n) \times (P/F, i, m+n)$$

具体结合图示讲解如下:

方法一:把递延期以后的年金套用普通年金公式求现值,这时求出来的现值是第一个等额收付前一期的数值,再往前推递延期期数就得出了递延年金的现值。如图2-3所示。

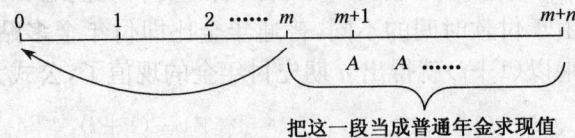

图2-3 递延年金现值计算方法一示意图

方法二:把递延期每期期末都当作有等额的收付,把递延期和以后各期看成是一个普通年金,计算这个普通年金的现值,再把递延期多算的年金现值减去即可,如图2-4所示。

方法三:先求递延年金的终值,再将终值换算成现值,如图2-5所示。

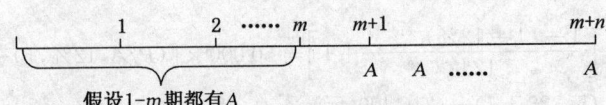

图2-4 递延年金现值计算方法二示意图

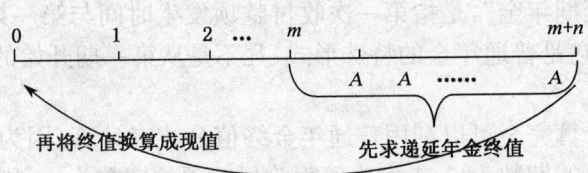

图2-5 递延年金现值计算方法三示意图

注意在计算递延年金现值时,如遇到期初问题可转化为期末问题处理,如从第四年年初开始支付,相当于从第三年年末开始支付。

【例2-11】 某人在年初存入一笔资金,存满5年后每年末取出1 000元,至第十年年末取完,银行存款利率为10%,则此人应在最初一次存入银行的金额数为:

已知:$m = 5, n = 5, i = 10\%, A = 1\,000$,求 $P = ?$

方法一:$P = 1\,000 \times (P/A, 10\%, 5) \times (P/F, 10\%, 5) = 1\,000 \times 3.790\,8 \times 0.620\,9 = 2\,354(元)$

方法二:$P = 1\,000 \times [(P/A, 10\%, 10) - (P/A, 10\%, 5)] = 1\,000 \times (6.144\,6 - 3.790\,8) = 2\,354(元)$

方法三:$P = 1\,000 \times (F/A, 10\%, 5) \times (P/F, 10\%, 10) = 1\,000 \times 6.105\,1 \times 0.385\,5 = 2\,354(元)$

(四) 永续年金

永续年金是指期限为无穷的年金,它也是普通年金的一种特殊形式。优先股的固定股利,存本取息都可以看作永续年金的例子,英国有一种没有到期日的国债,国债利息也可视为永续年金。由于永续年金没有具体的到期日,所以永续年金没有终值的计算问题。永续年金只能计算现值,而且永续年金现值的计算用途十分广泛,比如股票、债券的估价等。

永续年金现值的计算公式,可根据普通年金现值的计算公式推导如下:
根据年金现值的计算公式,我们知道:

$$P = \frac{1-(1+i)^{-n}}{i} \quad 当 n \to \infty 时, \frac{1}{(1+i)^n} \to 0$$

故

$$P = \frac{A}{i}$$

【例 2-12】 某企业的优先股股票每年定期支付股息 6 元。假设目前的市场利率为 10%,要求对该优先股股票进行定价。

$$P = 6/10\% = 60(元)$$

四、折现率的推算

在前面计算终值和现值时,都假定利率是给定的,但在现实财务管理活动中,经常会遇到已知计息期数、终值和现值,求贴现率的问题。

(一) 折现率的推算

一般来说,求贴现率可以分为两步:第一步求出换算系数;第二步根据系数和有关系数表求贴现率。

【例 2-13】 把 100 元存入银行,10 年后可获得本利和 259.4 元,问银行存款利率是多少?

$$(F/P, i, n) = 259.4/100 = 2.594$$

查复利终值系数表,与 10 年期相对应的贴现率中,10% 的系数为 2.594,因此,利息率应为 10%。

再以普通年金为例,说明推算折现率的步骤如下:

(1) 计算出 $(F/A, i, n)$ 的值,并令 $(F/A, i, n) = a$。

(2) 查普通年金终值系数表,沿着 n 所在的那一行自左向右横向查找,若恰好找到表中某一系数数值等于 a,则该系数所对应的利率便是所求的 i 值;若无法找到恰好等于 a 的系数值,则进入下一步。

(3) 还在 n 所对应的该行找出与 a 最接近的两个系数值 a_1, a_2,且满足 $a_1 < a < a_2$,利用 a_1, a_2 分别对应的利率 i_1, i_2 代入插值公式计算:

$$i = i_1 + \frac{a_1 - a}{a_1 - a_2} \times (i_2 - i_1)$$

【例 2-14】 现在起每年年末存入银行 2 000 元,要想 4 年后能得到本利和 10 000 元,存款利率应有多高?

$$(F/A, i, n) = 10\,000/2\,000 = 5$$

查询年金终值系数表,在 4 年所在的横行查找:当利率为 15% 时,系数为 4.993,当

利率为16%时,系数为5.066。所以要求的利率应在15%～16%之间。用插值法计算 i 的值为:

$$i = 15\% + \frac{4.993 - 5}{4.993 - 5.066} \times (16\% - 15\%)$$

$$i = 15\% + 0.096\% = 15.096\%$$

此外,还要说明几点:

(1) 对于即付年金利率 i 的推算,同样可采用上述方法进行。所不同的是,求出 $(F/A, i, n)$ 的值后,令 $a = (F/A, i, n) + 1$,然后在普通年金终值系数表中沿 $n+1$ 所在的行横向查找,找出与 a 相等或相近的系数,据以确定 i。

(2) 永续年金贴现率 i,可根据其现值计算公式直接求得。

$$P = \frac{A}{i} \Rightarrow i = \frac{A}{P}$$

(3) 一次性收付款的折现率,也可根据其复利终值(或现值)的计算公式直接求得,而无需查表。

(二) 有效年利率

1. 含义:有效年利率(EAR)是指在考虑复利效果后付出(或收到)的实际利率,不论1年当中复利的次数为多少,1年中实际上所得到的利率即为有效年利率。

2. 有效年利率的推算:如果未作特别说明,一般公布的就是年利率。当计息期短于1年,而运用的利率又是年利率时,则应将名义利率换算成有效年利率,复利终值和现值的计算公式也要做适当调整。计算有效年利率可按下列公式计算:

$$r = i/m$$
$$t = m \times n$$
$$F = P \times (1 + r/m)^{m \cdot n} = P \times (1 + i)^t$$

式中:r——名义利率;

m——每年复利次数;

n——年数;

i——有效年利率。

注意:复利的现值和终值可不求实际利率,相应调整名义利率再代入相关公式求解。

有效年利率和名义利率的关系:① 当计息周期为一年时,名义利率与有效年利率相等;计息周期短于1年时,有效年利率大于名义利率;计息周期长于1年时,有效年利率小于名义利率。② 名义利率越大,计息周期越短,有效年利率与名义利率的差异就越大。③ 名义利率不能完全反映资本的时间价值,有效年利率才能真正反映资本的时间价值。

【例2-15】某人准备在5年年末获得1000元收入,年利息率为10%。请计算每半年计息一次,现在应该存入多少钱?

如果每半年计息一次,即 $m=2$,则:

$$r = 10\%/2 = 5\%, \quad t = m \times n = 5 \times 2 = 10$$
$$P = 1000 \times (P/A, 5\%, 10) = 1000 \times 0.614 = 614(元)$$

第二节 风险与收益

一、收益的概念和类型

（一）收益的概念与表示形式

收益是资产投放后在一定时期的增值。一般情况下，有两种表述收益的方式：第一种方式是用绝对数表示，称为投资收益额，它以资产在一定期限内的增值量来表示。该增长量来源于两部分：一是期限内资产的现金净收入，表现为利息、红利或股息收益；二是资产的买卖价差，称为资本利得。第二种方式是用相对数表示，称为收益率或报酬率，是资产增量与期初资产价值的比值。该收益率也包括两部分：一是利息的收益率；二是资本利得的收益率。为了排除规模因素的影响，便于对不同投资项目的收益水平进行比较，一般会选择用相对数表示。

（二）收益率的类型

在实际的财务工作中，由于工作角度和出发点不同，收益率可以有以下类型：

（1）实际收益率——表示已经实现的或者确定可以实现的资产收益率。

（2）名义收益率——仅指在资产合约上表明的收益率，比如借款协议上的借款利率。

（3）预期收益率——也称期望收益率，指在不确定条件下，预测某项资产未来可能实现的收益率。

（4）必要收益率——也称最低必要报酬率或最低要求的收益率，通常指全体投资者共同认可的至少应得到的收益率。

（5）无风险收益率——也称无风险利率，它是指可以确定可知的无风险资产收益率，它由纯粹利率（资金时间价值）和通货膨胀补贴两部分组成。通常会用短期国债利率来近似的替代无风险收益率。

（6）风险收益率——指某资产持有者因承担该资产的风险而要求的超过无风险利率的额外收益，它等于必要收益率与无风险收益率之差。该收益率衡量了投资者从事风险投资得到"额外补偿"，它的大小取决于两个因素：风险的大小和投资者对风险的偏好。

二、风险的概念和类型

（一）风险的定义

风险是指在一定条件下和一定时期内，由于各种结果发生的不确定性而导致行为主体遭受损失的大小以及这种损失发生可能性的大小，风险是一个两位概念，风险以损失发生的大小与损失发生的概率两个指标进行衡量。财务管理中的风险是指企业在各项财务活动中由于各种难以预料和无法控制的因素，使企业在一定时期、一定范围内所获取的最终财务成果与预期的经营目标发生偏差，从而形成的使企业蒙受经济损失或更大收益的可能性。企业的财务活动贯穿于生产经营的整个过程中，筹措资金、长短期投资、分配利润等都可能产生风险。

风险的基本构成要素是风险因素、风险事件和风险结果。风险是由风险构成要素相互作用的结果。风险因素是风险形成的必要条件,是风险产生和存在的前提。风险事件是外界环境变量发生预料未及的变动从而导致风险结果的事件,它是风险存在的充分条件,在整个风险中占据核心地位。风险事件是连接风险因素与风险结果的桥梁,是风险由可能性转化为现实性的媒介。

（二）风险的性质

风险的客观性——风险是一种不以人的意志为转移、独立于人的意识之外的客观存在。因为无论是自然界的物质运动,还是社会发展的规律,都由事物的内部因素所决定,由超过人们主观意识所存在的客观规律所决定。

风险的不确定性——发生时间的不确定性。从总体上看,有些风险是必然要发生的,但何时发生却是不确定性的。例如,生命风险中,死亡是必然发生的,这是人生的必然现象,但是具体到某一个人何时死亡,在其健康时却是不可能确定的。

风险的偶然性——由于信息的不对称,未来风险事件发生与否难以预测。

风险的相对性——风险性质会因时空各种因素变化而有所变化。

风险的社会性——风险的后果与人类社会的相关性决定了风险的社会性,具有很大的社会影响。

（三）风险的类别

风险分类有多种方法,常用的有以下几种。

1. 按照风险的性质划分

按照风险的性质划分,可分为纯粹风险和投机风险。纯粹风险指只有损失机会而没有获利可能的风险;投机风险是指既有损失的机会也有获利可能的风险。

2. 按照产生风险的环境划分

按照产生风险的环境划分,可分为静态风险,即自然力的不规则变动或人们的过失行为导致的风险;动态风险,即社会、经济、科技或政治变动产生的风险。

3. 按照风险发生的原因划分

按照风险发生的原因划分,可分为自然风险,即自然因素和物力现象所造成的风险。社会风险,即个人或团体在社会上的行为导致的风险。经济风险,即经济活动过程中,因市场因素影响或者管理经营不善导致经济损失的风险。

4. 按照风险致损的对象划分

按照风险致损的对象划分,可分为财产风险,即各种财产损毁、灭失或者贬值的风险。人身风险,即个人的疾病、意外伤害等造成残疾、死亡的风险。责任风险,即法律或者有关合同规定,因行为人的行为或不作为导致他人财产损失或人身伤亡,行为人所负经济赔偿责任的风险。

5. 按风险涉及范围划分

按风险涉及范围划分,可分为特定风险,即与特定的人有因果关系的风险,即由特定的人所引起的,而且损失仅涉及特定个人的风险。基本风险,即其损害波及社会的风险。基本风险的起因及影响都不与特定的人有关,至少是个人所不能阻止的风险。与社会或政治有关的风险,与自然灾害有关的风险都属于基本风险。

企业决策者一般都讨厌风险,并尽可能地规避风险,愿意要肯定的某一报酬率,而不愿意要不肯定的某一报酬率,是决策者的共同心态,这种现象叫风险反感。既然存在着普遍的风险反感,为什么企业在实践中都要冒风险进行经营和投资呢？其主要原因在于进行风险投资具有双重效应,它是一种危险与机会并存的活动,风险与报酬紧密相连,进行风险投资的企业可以得到超过货币时间价值以上的额外报酬,即风险报酬。风险报酬可以用绝对数表示,也可用相对数表示,在财务管理中通常用相对数表示,即用风险报酬率加以计量。

三、单项资产的风险与收益

风险客观存在,广泛影响着企业的财务和经营活动收益。因此,正视风险并将风险予以量化,进行较为准确的衡量,便成为企业财务管理中的重要工作。风险与概率直接相关,并由此与期望值、离散程度等相联系。

(一) 确定概率分布

在现实生活中,某一事件在完全相同的条件下可能发生也可能不发生,既可能出现这种结果也可能出现那种结果,我们称这件事件为随机事件。用 X 表示随机事件,X_i 表示随机事件的第 i 种结果。研究随机试验,仅知道可能发生哪些随机事件是不够的,还需了解各种随机事件发生的可能性大小,以揭示这些事件的内在的统计规律性,从而指导实践。这就要求有一个能够刻画事件发生可能性大小的数量指标,这指标应该是事件本身所固有的,且不随人的主观意志而改变,人们称之为概率(probability),P_i 表示随机事件某种结果出现的相应概率。

根据概率的定义,概率有如下基本性质:

(1) 对于任何事件 A,有 $0 \leqslant P_i \leqslant 1$。

(2) $\sum_{i=1}^{n} P_i = 1$。

(3) 必然事件的概率为 1,即 $P(\Omega)=1$;不可能事件的概率为 0,即 $P(\phi)=0$。

【例 2-16】 某公司投资研发一种新产品准备投入市场,管理人员对未来市场的销售情况初步估计为很好、一般、较差三种情况。根据有关资料预测,各种销售情况的概率和报酬率的情况如表 2-1 所示。

表 2-1 市场预测和预期投资报酬率分析表

市 场 情 况	年平均报酬率 X_i(%)	概率 P_i
很好	35	0.2
一般	15	0.5
较差	5	0.3

(二) 计算期望报酬率

期望报酬率是各种可能的报酬率按其概率进行加权平均得到的报酬率,它是反映集中趋势的一种量度。其计算公式为:

$$\overline{K} = \sum_{i=1}^{n} K_i \cdot P_i$$

式中:$\overline{K}$——期望报酬率;

K_i——第 i 种可能结果的报酬率;

P_i——第 i 种可能结果的概率;

n——可能结果的个数。

【例 2-17】 某企业有 A、B 两个投资项目,两个投资项目的收益率及其概率分布情况如表 2-2 所示。请计算两个项目的期望收益率。

表 2-2 项目收益率及其概率分布表

项目实施情况	这种情况出现的概率		投资收益率	
	项目 A	项目 B	项目 A	项目 B
好	0.2	0.3	15%	20%
一般	0.6	0.4	10%	15%
差	0.2	0.3	0	−10%

根据公式分别计算两个项目的期望投资收益率为:

项目 A 的期望投资收益率 $=0.2\times15\%+0.6\times10\%+0.2\times0=9\%$

项目 B 的期望投资收益率 $=0.3\times20\%+0.4\times15\%+0.3\times(-10\%)=9\%$

从计算结果来看,两个项目的期望投资收益率相等,但是否说明两个项目是完全等同的呢?我们还需要进一步了解概率分布的离散情况,即计算标准离差和标准离差率。

(三) 计算标准离差

标准离差是各种可能的报酬率偏离期望报酬率的综合差异,是反映离散程度的一种量度。标准离差可按下列公式计算:

$$\delta=\sqrt{\sum_{i=1}^{n}(K_i-\overline{K})^2\cdot P_i}$$

式中:δ——期望报酬率的标准离差;

$\overline{K}$——期望报酬率;

K_i——第 i 种可能结果的报酬率;

P_i——第 i 种可能结果的概率;

n——可能结果的个数。

【例 2-18】 承接上例,分别计算 A、B 两个项目的投资收益率的标准离差。

$$\delta=\sqrt{\sum_{i=1}^{n}(K_i-\overline{K})^2\cdot P_i}$$

项目 A 的标准离差 $=\sqrt{0.2\times(0.15-0.09)^2+0.6\times(0.1-0.09)^2+0.2\times(0-0.09)^2}=\sqrt{0.0024}=0.049$

项目 B 的标准离差 $=\sqrt{0.3\times(0.2-0.09)^2+0.4\times(0.15-0.09)^2+0.3\times(-0.1-0.09)^2}=\sqrt{0.0159}=0.126$

以上结果表明项目 B 的风险要高于项目 A 的风险。

(四) 计算标准离差率

标准离差是反映随机变量离散程度的一个指标,但它是一个绝对值,而不是一个相对量,只能用来比较期望报酬率相同的项目的风险程度,无法比较期望报酬率不同的投资项目的风险程度。要对比期望报酬率不同的各个项目的风险程度,应该用标准离差率。标准离差率是标准离差同期望报酬率的比值。其计算公式为:

$$CV = \frac{\delta}{\overline{K}} \times 100\%$$

式中:CV——标准离差率;
　　　δ——标准离差;
　　　$\overline{K}$——期望报酬率。

【例 2-19】 沿用上例的数据,分别计算 A、B 两个项目的投资收益率的标准离差率为:

$$\text{项目 A 的标准离差率 } CV_A = \frac{0.049}{0.09} \times 100\% = 54.44\%$$

$$\text{项目 B 的标准离差率 } CV_B = \frac{0.126}{0.09} \times 100\% = 140\%$$

此例中,两个项目的期望投资收益率都相等,可以直接根据标准离差率来比较两个项目的风险水平。如果比较项目期望收益率不相同,则一定要计算标准离差率才能进行比较。

四、证券组合的风险与收益

(一)组合投资风险的分类

1. 可分散风险

可分散风险,也称非系统风险或非市场风险,是指某些因素对单一投资造成经济损失的可能性。一般来说,只要投资多样化,这种风险是可以被分散的。而且,随着证券种类的增加该风险也将逐渐减少,并最终降为零。此时,组合投资的风险只剩下不可分散风险了。但应强调的是,只有负相关的证券进行组合才能降低可分散风险,而正相关的证券进行组合不能降低可分散风险。完全是相关的两种股票以及由它们构成的证券组合的报酬情况如表 2-3 所示。

表 2-3 完全负相关($r=-1.0$)的两种股票以及由它们构成的证券组合的报酬情况

年(t)	W 股票 K_W	M 股票 K_M	WM 股票 K_{WM}
1995	40%	-10%	15%
1996	-10%	40%	15%
1997	35%	-5%	15%
1998	-5%	35%	15%
1999	15%	15%	15%
平均报酬率	15%	15%	15%
标准离差(σ)	22.60%	22.60%	0.00%

2. 不可分散风险

不可分散风险，也称系统风险或市场风险，是指某些因素对市场上所有投资造成经济损失的可能性。这种风险与组合投资中证券种类的多少没有关系，因而无法通过组合投资分散掉。系统性风险通常用 β 系数表示，如表 2-4、表 2-5 所示，用来说明某种证券（或某一组合投资）的系统性风险相当于整个证券市场系统性风险的倍数。

表 2-4　我国几家公司的 β 系数*

股票代码	公司名称	β 系数
600886	湖北兴化	0.590 5
600887	伊利股份	0.621 6
600742	一汽四环	0.707 6
600874	渤海化工	1.166 0
600871	仪征化纤	1.252 8
600872	中山火炬	1.354 8

* 本表中所列的 β 系数为中国人民大学 β 系数，由中国人民大学金融与证券研究所编制。
资料来源：《1997 年中国证券市场展望》，中国人民大学出版社 1997 年版。

表 2-5　美国几家公司的 β 系数

公司名称	β 系数
GENERAL MOTOR（通用汽车公司）	1.00
APPLE COMPUTER（苹果电脑公司）	1.25
STORAGE TECHNOLOGY（储存科技公司）	1.50
CHRYSLER（克莱斯勒汽车公司）	1.35
IBM（国际商用机器公司）	0.95
AT&T（美国电话电报公司）	0.85
DU PONT（杜邦公司）	1.10

资料来源：Value Line Investment Survey, May 31, 1991。

（二）证券组合的风险报酬

投资者进行证券组合投资与进行单项投资一样，都要求对承担的风险进行补偿，股票的风险越大，要求的报酬就越高。但是，与单项投资不同，证券组合投资要求补偿的风险只是不可分散风险，而不要求对可分散风险进行补偿。如果可分散风险的补偿存在，善于科学地进行投资组合的投资者将购买这部分股票，并抬高其价格，其最后的报酬率只反映不能分散的风险。因此，证券组合的风险报酬是投资者因承担不可分散风险而要求的，超过时间价值的那部分额外报酬。可用下列公式计算：

$$R_p = \beta_p (K_m - R_F)$$

式中：R_p——证券组合的风险报酬率；

β_p——证券组合的 β 系数；

K_m——所有股票的平均报酬率，也就是由市场上所有股票组成的证券组合的报酬率，简称市场报酬率；

R_F——无风险报酬率，一般用政府公债的利息率来衡量。

五、资本资产定价模型

通过对资产组合风险的分析可以看出，资产组合的风险不仅取决于单项资产的风险，更多地取决于组合中资产收益之间的变动关系。通过增加资产组合中的资产数目，可以分散单项资产的风险，甚至在资产数目足够多或进行有效的资产组合时，这些单项资产的风险可以完全分散掉。但是，还有一些风险是整个证券市场的变动所引起的，是分散不掉的。

（一）β 系数

β 系数是用以度量一项资产系统风险的指针，是用来衡量一种证券或一个投资组合相对总体市场的波动性(volatility)的一种风险评估工具。也就是说，如果一个股票的价格和市场的价格波动性是一致的，那么这个股票的 β 值就是 1。如果一个股票的 β 系数是 1.5，就意味着当市场收益上升 10% 时，该股票价格则上升 15%；而市场收益下降 10% 时，股票的价格亦会下降 15%。β 系数是通过统计分析同一时期市场每天的收益情况以及单个股票每天的价格收益来计算出的。

（二）资本资产定价模型

在市场均衡的条件下，证券的系统风险越大，投资者要求得到的期望报酬率越高。证券的期望收益率与系统风险之间的关系可以通过资本资产模型(capital asset pricing model，简称 CAPM)来反映。其计算公式为：

$$R_i = R_f + \beta(R_m - R_f)$$

式中：R_f(Risk free rate)——无风险回报率，纯粹的货币时间价值；

β——证券的风险系数；

R_m(expected market return)——市场期望回报率；

$R_m - R_f$(equity market premium)——市场风险溢价；

（三）资本资产定价模型的意义与应用

当 β 值处于较高位置时，投资者便会因为股份的风险高，而会相应提升股票的预期回报率。举个例子，如果一个股票的 β 值是 2.0，无风险回报率是 3%，市场回报率(market return)是 7%，那么市场溢价(equity market premium)就是 4%(7%～3%)，股票风险溢价(risk premium)为 8%(即 2×4%，用 β 值乘市场溢价)，那么股票的预期回报率则为 11%(即 8% + 3%，股票的风险溢价加上无风险回报率)。

【例 2-20】某公司的股票 β 系数为 1.2，无风险收益率为 7%，市场上所有股票的平均收益率为 10%。要求计算该公司股票的期望收益率。

$$R = 7\% + 1.2 \times (10\% - 7\%) = 10.6\%$$

【例 2-21】某投资者持有甲、乙、丙三种股票共 200 万元，其中：甲股票 100 万元，β 系数为 1.5；乙股票 70 万元，β 系数为 1；丙股票 30 万元，β 系数为 2。则甲、乙、丙三种股票的综合 β 系数是：

$$\beta = 50\% \times 1.5 + 35\% \times 1 + 15\% \times 2 = 1.4$$

若将其中的 100 万元的甲股票出手,同时买进相同金额的丁股票,其 β 系数为 1,则乙、丙、丁三种股票的综合 β 系数为:

$$\beta = 35\% \times 1 + 15\% \times 2 + 50\% \times 1 = 1.15$$

可见,构成组合的个别股票的 β 系数减小,则组合的综合 β 系数降低,使组合的投资风险也减少。以上的例子说明,一个风险投资者需要得到的溢价可以通过 CAPM 计算出来。换句话说,可通过 CAPM 来知道股票的价格是否与其回报相吻合。

【本章小结】

为实现企业价值最大化的目标,企业进行任何财务决策都必须考虑未来的现金流量及这些现金流量折算的现在价值。未来的现金流量在不同时间产生,因此需要计算其时间价值;资金时间价值的计算包括:单笔资金复利终值和现值的计算,各种年金的终值、现值的计算,以及偿债基金、资本回收额的计算。企业经营过程中面临的风险很多,概括起来有来自宏观环境的系统风险(也叫不可分散风险)和来自微观环境的非系统风险(也叫可分散风险)。风险是客观存在的,风险越大,要求获得的投资报酬率就越高,反之亦然。企业通过合理的投资组合可以分散掉其中的部分风险。决策方案未来收益的不确定性使企业必须考虑风险因素对企业价值的影响,兼顾风险与报酬的均衡。因此,资金时间价值、风险与报酬是企业进行财务决策的两个基本价值观念。必须明确货币时间价值的概念及计算方法,单项资产的风险与报酬、多项资产的风险与报酬的概念及相关计算问题。

【关键术语】

资金时间价值　终值　现值　年金　普通年金　即付年金　递延年金　永续年金　复利计息　偿债基金　资本回收额　风险收益　概率　期望　方差　标准差　标准离差率　证券组合　资本资产定价模型

【思考题】

1. 怎样理解资金时间价值的概念?
2. 什么是年金?常见的年金有哪几种?应如何计算?
3. 风险生产的原因是什么?试述风险衡量的基本步骤。
4. 什么是风险收益?单项投资的风险收益如何计算?
5. 什么是系统风险?什么是非系统风险?

【练习题】

一、单项选择题

1. 以下关于资金时间价值的说法正确的有(　　)。
   A. 资金时间价值包括风险价值和通货膨胀因素
   B. 资金时间价值不包括风险价值和通货膨胀因素
   C. 资金时间价值包括风险价值但不包括通货膨胀因素

D. 资金时间价值包括通货膨胀因素但不包括风险价值
2. 资金时间价值的实质是（　　）。
   A. 推迟消费时间的报酬　　　　　　　　　B. 放弃劳动偏好所得的报酬
   C. 资金周转使用后的增值额　　　　　　　D. 劳动手段的增值额
3. 某人现在存入银行 1 000 元，利率 10%，复利计息，5 年年末的本利和为（　　）元。
   A. 1 611　　　　　　B. 2 434.5　　　　　　C. 2 416.5　　　　　　D. 5 000
4. 在复利终值和计息期确定的情况下，折现率越高，则复利现值（　　）。
   A. 越大　　　　　　B. 越小　　　　　　　C. 不变　　　　　　　D. 不一定
5. 有一项年金，前 3 年无流入，后 5 年每年年初流入 500 万元。假设年利率为 10%，其现值为（　　）万元。
   A. 1 994.59　　　　B. 1 565.68　　　　　C. 1 813.48　　　　　D. 1 423.21
6. 年金是指在一定时期内每期收付相等金额的款项。其中，每期期初收付的年金是（　　）。
   A. 即付年金　　　　B. 延期年金　　　　　C. 普通年金　　　　　D. 永续年金
7. 下列无法衡量风险大小的指标是（　　）。
   A. 标准离差　　　　B. 标准离差率　　　　C. 方差　　　　　　　D. 期望报酬率
8. 在期望值相同的条件下，标准差越大的方案，则风险（　　）。
   A. 越小　　　　　　B. 越小　　　　　　　C. 两者无关　　　　　D. 无法判断
9. 现有两个投资项目甲和乙，已知甲项目期望值为 20%。乙项目期望值为 30%，甲标准离差是 40%，乙项目标准离差是 50%，那么（　　）。
   A. 甲项目的风险程度大于乙项目　　　　　B. 甲项目的风险程度小于乙项目
   C. 甲项目的风险程度等于乙项目　　　　　D. 不能确定

二、多项选择题

1. 关于投资者要求的投资报酬率，下列说法中，正确的有（　　）。
   A. 风险程度越高，要求的报酬率越低
   B. 无风险报酬率越高，要求报酬率越高
   C. 无风险报酬率越低，要求的报酬率越高
   D. 风险程度、无风险报酬率越高，要求的报酬率越高
2. 关于衡量投资方案风险的下列说法中，正确的有（　　）。
   A. 预期报酬率的概率分布越窄，投资风险越小
   B. 预期报酬率的概率分布越窄，投资风险越大
   C. 预期报酬率的标准差越大，投资风险越大
   D. 预期报酬率的变异系数越大，投资风险越大
3. 递延年金的特点有（　　）。
   A. 年金的第一次支付发生在若干期以后　　B. 没有终止
   C. 是普通年金的一种特殊形式　　　　　　D. 既有终值也有现值
4. 下列年金中，可计算终值与现值的有（　　）。
   A. 普通年金　　　　B. 即付年金　　　　　C. 永续年金　　　　　D. 递延年金
5. 下列有关系数间的关系表述，正确的是（　　）。
   A. 年金终值系数与投资回收系数互为倒数
   B. 年金现值系数和偿债资金系数互为倒数
   C. 预付年金终值系数与普通年金终值系数相比期数加 1，系数减 1
   D. 预付年金现值系数与普通年金现值系数相比期数减 1，系数加 1
6. 证券投资组合的策略主要有（　　）。
   A. 保守型策略　　　B. 冒险性策略　　　　C. 适中型策略　　　　D. 稳健性策略

三、计算分析题

1. 1 000元存入银行3年期,年利率9%,一年复利一次,求3年的复利终值,若4个月复利一次,其终值是多少?
2. 年利率为10%,一年复利一次,5年后得1 000元,求复利现值?
3. 年利率为6%,半年复利一次,9年后得1 000元,求复利现值?
4. 某企业以10%的利率借入资金18 000元,投资于一个合作期限为5年的项目,问每年至少收回多少资金才是有利可图的?
5. 10年后你需要50 000元,你计划每年年末在银行账户存入等额资金,年利率为7%,问你每年应存入银行多少钱?
6. 某企业于2000年年初向银行借款150 000元,规定了2004年年底为还清借款利息的日期,该企业应从2000年到2004年年末存入银行等额的款项以便在2004年的年末还清借款本利,借款年利率为15%,存款年利率为12%,问每年年末需要向银行存入多少钱?
7. 某企业欲将部分闲置的资金对外投资,可供选择的A、B两公司股票的报酬率及其概率分布情况如表2-6所示。

表2-6 A、B公司股票报酬率及其概率分布情况

经济情况	概 率	报酬率(K_i)	
		A公司/%	B公司/%
繁 荣	0.20	40	70
一 般	0.60	20	20
衰 退	0.20	0	-30

要求:
(1) 分别计算A、B公司的期望报酬率。
(2) 分布计算A、B公司的标准离差。
(3) 若想投资与风险较小的公司,做出你的合理选择。

第三章 财务分析

学习目的与要求：

(1) 了解财务分析的基本含义和基本内容，掌握财务分析的基本方法。
(2) 掌握财务分析指标的计算和分析思路。
(3) 掌握企业偿债能力分析、营运能力分析、盈利能力分析和发展能力分析指标的计算和应用。
(4) 掌握财务报表的综合分析方法，能对企业财务状况和经营成果做出评价。

重点：

(1) 企业偿债能力分析、营运能力分析、盈利能力分析和发展能力分析指标的计算和应用。
(2) 财务报表的综合分析方法。

难点：

财务报表的综合分析方法。

导读：

财务报表分析是指以财务报表和其他资料为依据和起点，采用专门方法，系统分析和评价企业的过去和现在的经营成果、财务状况及其变动，目的是评价过去的经营业绩、衡量现在的财务状况、预测未来的发展趋势和财务前景，帮助信息使用者作出决策。

财务报表分析是判断企业的财务实力，评价和考核企业的经营业绩的重要依据；是挖掘潜力、改进工作、实现财务目标的重要手段；是合理实施企业生产经营决策、投资者的投资决策、债权人的信贷决策的重要步骤。

第一节 财务分析的含义及其内容

一、财务分析的基本含义

财务分析是指企业利益相关者以财务报告及其他相关环境信息为依据，采用一系列专门技术和方法,对企业财务运行的结果及其形成过程、形成原因进行评价,并在分析企业财务能力和潜力、预测未来财务趋势和发展前景的基础上,评估企业的预期收益和风险,为特定决策提供理性的财务信息支持。

(一)财务分析主体是企业利益相关者

利益相关者大致可以划分为现实利益相关者、潜在利益相关者和决策服务相关者三个层面。其中现实利益相关者是指目前与企业存在经济利益关系的经济组织和个人,主要包括企业股东、债权人及经营者等;潜在利益相关者是指将实施投资行为的资本持有人;决策服务相关者是指需要利用企业财务报告进行财务评价,为企业各利益主体的投资决策提供信息支持的有关组织和个人,如证券经纪公司、投资研究与咨询机构等。

(二)财务分析的依据是企业财务报告和相关环境信息

财务报告信息和相关环境信息是财务分析的主要依据。其中财务报告包括财务报表和报表附注;相关环境信息则是指非财务性质的,或受某些条件限制而在财务报告中无法披露的,对企业财务状况与经营业绩的现状及其变化趋势存在或将产生影响的各种环境信息,具体可分为企业内部环境信息和外部环境信息两个方面。

(三)财务分析的视角是多元的

从性质来看,财务分析的视角包括财务状况、经营业绩及各项财务能力(主要是偿债能力、盈利能力、营运能力、发展能力);从时间上看,财务分析的视角包括财务现状、财务趋势及财务前景;从与投资决策的相关性看,财务分析的视角则包括投资的预期收益与风险等。以上财务分析视角的内容是相互交叉和相互重叠的,例如,无论是财务现状与前景的分析,还是预期收益与风险的分析,均需要从财务状况、经营业绩及财务能力等方面分析,而财务状况、经营业绩及财务能力的每一个方面也都需要从现状、趋势、前景以及对预期收益与风险的影响等方面进行考察与分析。

(四)财务分析的目的在于为特定决策提供理性的财务信息

所谓理性财务信息是指能够反映企业财务各构成内容之间相互依存、相互制约的内在联系,能够揭示企业财务变化趋势和特征的财务分析与评价信息。由于财务报告所提供的财务信息和环境信息具有外在性的特征,其给予财务报告信息使用者的也只能是一种有关企业财务现象的外部联系的感性认识,是一种财务陈述性信息;而企业相关利益主体的"特定决策"是一种以预期收益与风险为依据,以获得对企业经营状况和财务状况的理性认识为前提的理性决策。财务分析正是实现财务信息从"感性"到"理性"的转化的主要手段。

▶二、财务分析视角与内容

一般认为,企业财务分析的内容包括偿债能力分析、盈利能力分析、营运能力分析、发展能力分析以及财务综合分析等方面。但由于财务分析主体不同、财务分析视特定决策而不同,财务分析的内容和侧重点也将有所不同。一般而言:① 以内部管理决策为视角的企业经营者财务分析。其内容侧重于经营业绩、盈利能力、营运能力以及杠杆效益等几个方面,其他方面(若财务状况、偿债能力)则属于辅助性分析内容。② 以长期股权投资决策为视角的投资人的财务分析,其内容侧重于经营能力、盈利能力、资本增值能力以及长期性投资价值方面,至于近期财务状况与经营业绩则处于相对次要的位置。③ 以短期股票投资决策为视角的投资人的财务分析，其内容侧重于近期的经营业绩以及反映短期性投资价值方面的内容（如每股收益、每股股利、市盈率等），而无需过多关注偿债能力、盈利能力、营运能力等具有内在性和长期影响性的内容。④ 以长期债权投资决策为视角的长期债权人的财务分析，其内容侧重于财务状况及长期偿债能力，而有关营运能力、盈利能力等方面属于辅助内容。⑤ 以短期债权投资决策为视角的短期债权人的财务分析，其内容侧重于短期偿债能力，而不会将重点放在长期偿债能力、营运能力、盈利能力等方面。

三、财务分析的基本程序

采用科学合理分析程序有助于提高财务分析工作的效率。尽管不同财务分析主体、财务分析目的、财务分析具体内容等方面将会导致财务分析具体程序存在一定的差异性，但是，一般来讲，财务分析的基本程序是相同，可归纳为三个阶段。

（一）财务分析的准备阶段

翔实的准备是进行具体财务分析的基础，也是决定财务分析成败的关键。在准备阶段应做好以下几项工作。

1. 明确财务分析目的

分析目的不同，所需要的相关信息、分析技术方法和分析侧重点不同，只有充分理解财务分析目的，才能够合理进行财务分析。

2. 成立财务分析机构、制定财务分析计划

对于大型的财务分析，仅仅凭借个人的能力是不够的，有必要成立由企业财务、销售、生产、研发等部门人员组成的财务分析机构，这样才能够对企业财务经营进行全面、深入的分析评价，同时也应结合分析目的和分析对象制定科学的分析计划，以便合理安排财务分析工作。

3. 搜集相关分析资料

财务分析所需要的资料是多方面的，从时间来看，既包括反映历史和现状的资料，又包括反映未来趋势和前景的资料；从空间来看，既有所分析企业的财务信息和相关环境信息，又有国内外同行业其他企业的相关财务资料；从性质来看，既要有财务核算资料，又要有相关的财务预算资料；从形态上看，既有定量方面的资料，又有定性资料。在搜集分析资料时应从特定视角的分析的实际需要出发，充分搜集与该分析视角相关的分析资料，不是多多益善。在分析资料的搜集的方法上也是灵活多样的，既可向有关企业直接索取，也可以利用报刊所披露的信息，对上市公司可以在上市公司网站或证券交易所网站下载。

4. 鉴别和整理分析资料

财务分析结论的客观性有赖于分析所依据资料的真实性和可靠性，因此，在对分析资料分析利用之前，必须对所收集资料的真实性和可靠性进行分析和鉴别。分析资料的鉴别主要是分析人员凭借其专业知识和经验，通过对财务报表各项目数据的构成及其在不同期间变化情况的考察，查明有无异常情况，若有异常情况，则应深入分析研究，以辨真伪，去伪存真。在对分析资料鉴别的基础上，也应对所收集资料分类整理，以便具体分析时运用。

（二）财务分析实施阶段

实施阶段是财务分析的重点，在这一阶段主要应作好下列工作。

1. 合理选择与正确计算相关财务指标

对于财务指标的选择与计算应注意以下三个方面：① 指标的选择应符合可比性、充分性、系统性等原则要求，并与分析视角配合，尽可能使财务指标形成一个合理的指标体系。② 合理界定指标的内涵和外延，所界定指标的内涵和外延要与财务指标体系具有内在的关联性。③ 由于涉及财务和相关信息较多，依靠手工运算工作量较大，因此，在财务分析时应充分运用现有财务分析软件或运用电子表格工具，提高财务分析效率。

2. 进行比较分析和因素分析

孤立考察企业某一个期间的财务指标，只能了解到企业在本期间的财务情况，既不能了解企业财务变化的趋势，也不能了解企业与其他企业存在的差距，因此，在财务分析时，应将财务指标在不同企业以及同一企业不同期间进行比较，揭示横向差异和纵向趋势。在此基础上，对差异的性质和形成原因进行深入分析，找出致使差异形成的各项因素，并确定是主观因素还是客观因素，是内部因素还是外部因素，以及这些因素对差异的影响程度。

（三）财务分析的总结阶段

总结阶段是财务分析工作的终结。在总结阶段应根据财务指标计算、比较分析和因素分析的结果，形成综合的分析结论，包括对企业过去期间经营绩效的分析和企业未来财务前景的分析两个方面。对于各决策服务主体的财务分析来讲，还需要将分析结论以分析报告的形式出具，以供决策主体使用。

四、财务分析的技术方法

（一）比较分析法

比较分析法是指通过将企业相关财务指标与设定的标准进行对比分析，以确定分析指标与设定标准间的差异或趋势的方法，是财务分析中实施定量分析的基本方法，其分析模式是：

$$绝对差异＝实际数－标准数$$
$$相对差异＝绝对差异/标准数×100\%$$

在应用比较分析时应注意以下几个方面：

（1）正确选择比较标准。财务分析目的不同，比较标准的选择也不同。以企业前期历史指标为标准，可以把握企业财务活动不同历史时期的发展变化趋势和管理水平的改善状况；以预算指标为比较标准，主要在于揭示预算完成的情况；以竞争对手（国内或国外同业）为比较标准，可以寻找与竞争对手的差距，以便更好地改善企业经营。

（2）比较指标可以是绝对数财务指标，也可以是相对数财务指标。绝对数指标的比较，揭示绝对数指标的数量差异；在财务分析中应用的相对数指标主要包括相关比率、构成比率和动态比率等；通过相关比率的比较分析，揭示财务指标的变化；运用结构比率的比较，判断财务结构的合理性；采用动态比率比较，预测企业财务经营状况变化的趋势和规律。

（3）财务趋势分析是比较分析法在财务分析中的一种应用。财务趋势分析主要是通过对企业连续几期的财务指标、财务比率和财务报告的比较，来了解企业财务状况的变动趋势，包括变动的方向、数额和幅度，从而据以预测企业未来财务活动的发展前景。常用的趋势分析包括比较财务报表、比较共同比财务报表和比较财务指标等形式。

（4）对比较结论进行合理描述。在采用比较分析时，对于分析比较的结论可采用文字描述法、图表法等形式。文字描述法比较灵活，受到撰写人文字表达能力的影响；图表法比较直观，但不能完全形成分析结论。因此，在财务比较分析时，应将图表分析与文字描述有机地结合起来。

（5）考虑比较指标的可比性。影响可比性的因素包括指标计算口径、计算方法、指标涵盖时间、会计核算方法、企业经济类型、财务规模、甚至企业的财务经营政策等多方面。比较时，应对比较指标间指标计算口径、计算方法、指标涵盖时间等主要可比性因素预先进行分析，如果不具可比性应进行调整。

（二）比率分析法

比率分析法是将两个具有相互联系的指标进行比值计算，借以考察、计量、评价企业经营财务状况的分析方法。财务比率按照反映的内容，包括偿债能力比率、营运能力比率、盈利能力比率、发展能力比率等；按照分析目的和作用不同，包括相关比率、效率比率、结构比率、动态比率等比率。

（1）相关比率分析。相关比率是将两个具有相关关系的财务指标数额计算比值，据以对企业财务状况进行分析的一种方法。财务分析中常用的相关比率主要包括流动比率、速动比率、资产周转率等。通过相关比率的分析，可以使财务分析更加深入、全面。

（2）效率比率分析。效率比率是反映企业财务经营中投入与产出的比值关系，运用效率比率可以评价企业经营的效率大小。在财务分析中将企业的人力、资产、资本的投入与其产出的报酬相比值，可以形成人均利润、资产报酬率、所有者权益报酬率、成本费用利润率、每股利润等盈利能力比率。分析时由于产出量一般为时期数、投入量一般为时点数，不能直接进行比值计算，应采用简单平均或加权平均的方法将时点数转化为时期数，这样才能进行比率计算与分析。

（3）结构比率分析。结构比率分析是指某财务指标的各构成部分数值占总体数值的百分比，通过结构比率的分析，可以判断各部分在总体中所占比重是否适当。财务分析中结构比率主要包括各资产项目占总资产的比率、各费用项目占总费用项目的比率、各利润项目占利润总额的比率、现金流量结构比率等比率。

（4）动态比率分析。动态比率分析是将企业某一财务指标不同历史时期指标值进行比较，计算发展速度、增长速度等动态比率，借以掌握财务指标长期发展规律和发展趋势。根据比较基础不同，可形成定基动态比率和环比动态比率；根据比率的表现形式不同，可形成发展速度和增长速度等比率。运用定基动态比率可以判断财务指标长期变化趋势，运用环比动态比率可以分析财务指标逐期变化趋势。

（三）因素分析法

因素分析法是指为深入分析某一指标，而将该指标按照构成因素进行分解，分别测定各因素变动对该项指标影响程度的一种分析方法。其作用在于揭示指标差异形成的成因，以便更深入、全面理解和认识企业财务状况和经营情况。因素分析法的应用程序是：① 确定指标实际值与标准值的差异。② 确定指标的构成因素以及各因素之间的相互关系，并根据其相互关系建立分析模型。③ 运用连环替代法或差额分析法计算各因素变动对指标差异的影响程度。④ 汇总各因素的影响，形成分析结论。因素分析法是以比较分析法的运用为前提，是对比较分析法所确定指标差异的进一步解析。

第二节 偿债能力分析

企业偿债能力是指企业偿还其债务的能力。通过偿债能力分析,能揭示企业财务风险的大小,有助于判断企业资金营运、资金周转和经营状况,也可以促使企业融通资金能力的提高。偿债能力也是企业持续经营的物质基础,任何企业如果不能够按期偿还债务,都会被宣告破产。偿债能力分析包括企业短期偿债能力分析和长期偿债能力分析两个方面。

一、短期偿债能力分析

短期偿债能力是指企业对1年内到期债务的清偿能力,由于到期债务一般均以现金清偿,因此短期偿债能力本质上是一种资产变现能力。

（一）流动比率

流动比率是流动资产与流动负债的比值,是衡量短期偿债能力的基本指标。其计算公式为:

$$流动比率 = 流动资产/流动负债$$

该指标从流动资产对流动负债的保障的角度说明企业短期偿债能力,其比率值越大,企业短期偿债能力强。从优化资本结构和提高资本金利用效率方面考虑,该比率并非越大越好,因为比率值过高,可能表明企业有较多的资金停留在流动资产上,未能较好利用,影响盈利能力;也可能表明企业负债较少,没有充分发挥负债的杠杆效应。通常认为,当企业流动比率为2时较为合适。

分析时,由于不同行业和不同经营特点下企业正常流动比率不同,分析时应考虑企业所处行业性质、经营特点甚至不同发展阶段。同时,由于企业存货、应收账款是企业流动资产主要组成部分,存货、应收账款的质量将会对流动比率产生十分重大的影响,分析时应结合存货和应收账款的周转速度进行。

（二）速动比率

速动资产是指流动资产扣除流动性较差或不能变现的存货、待摊费用、预付账款等项目后的余额,主要包括货币资金、短期投资、应收款项等,它是流动资产中变现能力强、流动好的资产。速动比率也称为酸性比率,是速动资产与流动负债的比值,是对流动比率的重要补充。其计算公式为:

$$速动比率 = 速动资产/流动负债$$

在计算速动比率时将存货等项目从流动资产中扣除,是由于预付账款、存货的变现速度较慢,待摊费用只能分期摊销,不能变现;存货可能已经丢失、报废,还未处理或部分存货已抵押给债权人;以及存货估价存在着成本与合理市价相差悬殊等原因。

该比率是从速动资产对流动负债的保障程度的角度说明企业的短期偿债能力,其比率值越大,表明速动资产对流动负债的保障程度越高,企业短期偿债能力越强。通常认为,当企业流动比率为1时较为合适。分析时,应结合应收账款的周转速度、信用政策和收款政策等因素进行综合分析；同时应考虑季节性经营情况下，财务报告中应收账款不能反映平均水平。

（三）现金流动负债比率

现金流动负债比率是企业一定时期的经营现金净流量同流动负债的比率。现金流动负债比率是从现金流动角度来反映企业当期偿付短期负债的能力。其计算公式为：

$$现金流动负债比 = 年经营现金净流量 / 年末流动负债$$

现金流动负债比率是从现金流入和流出的动态角度对企业实际偿债能力进行再次修正。由于有利润的年份不一定有足够的现金来偿还债务，所以利用以收付实现制为基础的现金流动负债比率指标，能充分体现企业经营活动所产生的现金净流入可以在多大程度上保证当期流动负债的偿还，直观地反映出企业偿还流动负债的实际能力，用该指标评价企业偿债能力更为谨慎；该指标较大，表明企业经营活动产生的现金净流入较多，能够保障企业按时偿还到期债务；但也不是越大越好，太大则表示企业流动资金利用不充分，收益能力不强。

以上指标分别从不同角度说明企业的短期偿债务能力，它们相互联系、相辅相成，共同构成了较为完善的短期偿债能力分析指标体系。

二、长期偿债能力分析

长期偿债能力是企业偿还长期债务的能力，表明企业对全部债务本息的承受和偿还能力，是衡量企业财务安全与稳定程度的重要标志，它受企业资本结构和未来盈利能力等方面的影响，包括债务本金的偿还和债务利息的支付两个方面，一般采用资产负债率和已获利息倍数等指标来衡量。

（一）资产负债率

资产负债率是指企业在一定时点（通常为期末）的负债总额对资产总额的比率。其计算公式为：

$$资产负债率 = 负债总额 / 资产总额 \times 100\%$$

该指标是从总资产对总负债的保障程度的角度来说明企业的长期偿债能力，相对而言，其比率值越小，表明企业资产对负债的保障程度越高，企业的偿债能力越强，否则相反。

不同分析主体对看待该指标的立场有所不同。从债权人角度来看，他们所关心的是贷款的安全程度，即能否按期足额收回贷款本金和利息，由于资产负债率与贷款安全程度具有反向关系，因此，作为企业债权人，他们总希望该比率越低越好。从股东角度来看，由于债务资本具有杠杆效应和节税作用，在总资本报酬率高于借款利率的情况下，股东总希望通过负债经营最大限度地利用债务资本获取杠杆利益，即资产负债率越高越好。从经营者角度来看，他们所关心的是如何实现收益与风险的最佳组合，即以适度的风险获取最大的收益；在他们看来，若负债规模过大，资产负债率过高，将会给人以财务状况不佳、融资空间和发展潜力有限的评价；反之，若负债规模过小，资产负债率过低，又给人以经营者缺乏风险意识、对企业发展前途缺乏信心的感觉。因此，他们进行负债筹资时，将会全面考虑和充分预计负债经营的收益和风险，并作出合理的权衡，以实现收益与风险的最佳组合。

资产负债率是国际公认的衡量企业债务偿还能力和财务风险的重要指标，比较保守的经验判断一般为不高于50%，国际上一般认为60%比较好。事实上，不同行业、企业不同生命周期、不同经营观念、不同宏观经济环境甚至不同社会文化环境对资产负债率的评价标准都会产生影响。实际分析时,应结合国家总体经济状况、行业发展趋势、企业所处竞争环境等具体条件进行客观判定。

(二) 已获利息倍数

已获利息倍数是企业一定时期息税前利润总额与利息支出的比值。已获利息倍数充分反映了企业收益对偿付债务利息的保障程度和企业的债务偿还能力。其计算公式为:

$$已获利息倍数 = 息税前利润 / 利息费用$$

其中   息税前利润 = 净利润 + 所得税 + 利息费用 = 税前利润 + 利息费用

已获利息倍数指标反映了当期企业收益是所需支付的债务利息的多少倍,从偿债资金来源角度考察企业债务利息的偿还能力。如果已获利息倍数适当,则表明企业偿付债务利息的风险较小。国外一般选择计算企业 5 年的已获利息倍数,以充分说明企业稳定偿付利息的能力。因企业所处的行业不同,已获利息倍数有不同的标准界限,国际上公认的已获利息倍数为 3。一般情况下,该指标如大于 1,则表明企业负债经营能够赚取比资金成本更高的利润,但这仅表明企业能维持经营,还远远不够;如小于 1,则表明企业无力赚取大于资金成本的利润,企业债务风险很大。该指标越高,表明企业的债务偿还越有保证;相反,则表明企业没有足够资金来源偿还债务利息,企业偿债能力低下。

上述资产负债率和已获利息倍数分别是从资产负债表静态角度和利润表动态角度来评价企业长期偿债能力。除此之外,还可构建和运用其他一些长期偿债能力指标,如所有者权益比率、产权比率、权益乘数、有形净值债务比率等进行长期静态偿债能力分析,也可以采用现金利息保障倍数、现金债务总额比率等进行长期动态能力分析。

三、影响偿债能力的其他因素

表外因素对企业偿债能力的分析具有十分重要的影响,表外因素主要包括或有项目、担保责任、长期的经营租赁、偿债能力声誉、可动用的银行贷款指标等项目。这些项目往往在财务报表的注释中有一定说明。

1. 或有项目

或有项目是指在未来某个或几个事件发生或不发生的情况下会带来收益或损失,但现在无法肯定是否发生的项目。或有项目一旦发生便会影响企业财务状况,因此企业应对其引起足够重视,在评价企业长期偿债能力时也要考虑其影响。

2. 担保责任

在经济活动中,企业由于种种原因,可能会以本企业的资产或信用为其他企业银行贷款、经济合同履行等提供法律担保。这种担保责任在被担保人无法履行合约时,就可能成为企业的负债,因此在进行财务分析时应予以考虑。

3. 长期的经营租赁

企业融资租赁的债务已经在财务报表中得到合理的反映;经营租赁其未来应付租金并未在财务报表中反映,如果经营租赁业务量较大、期限较长或者具有经常性,其报表未列示的租金将会对企业偿债能力产生较大影响,在进行财务分析时应予以考虑。

4. 偿债能力声誉

企业偿债声誉是影响企业未来再筹集资金能力的软指标,当一个企业偿债声誉较好时,即使存在暂时的财务危机,也可以通过筹集新的债务资本偿还原有债务,渡过财务危机,因此,在财务分析时也应予以考虑。

5. 可动用的银行贷款指标

可动用银行贷款指标是指银行已经批准尚未办理贷款手续的银行贷款限额。这种贷款指标可以随时使用,提高企业支付能力,缓解财务危机。

【例3-1】 SH公司为一汽车制造公司,2004、2005年资产负债表、利润表分别如表3-1、表3-2所示。该企业2004、2005年经营活动现金净流量分别为47 765.60万元和67 216.61万元,无资本化利息,财务费用全部为利息费用。

表3-1 SH公司资产负债表 单位:万元

资产	2004年	2005年	负债与股东权益	2004年	2005年
流动资产			流动负债		
货币资金	209 297.72	254 433.13	应付账款	156 339.3	218 571.68
短期投资	30 748.34	20 243.85	预收账款	566.78	2 991.42
应收账款	130 150.18	135 501.19	应付工资	3 302.91	1 314.40
其他应收款	9 128.22	3 032.42	应付福利费	1 960.79	1 671.53
预付账款	247.11	956.47	应交税金	17 923.75	−3 691.30
存货	25 710.15	32 840.13	其他应付款	7 351.48	10 347.54
			预提费用	6 455.01	4 166.67
流动资产合计	405 281.72	447 007.18	流动负债合计	193 900.02	235 371.93
长期投资			长期负债		
长期投资	106 736.17	117 433.70	长期负债		
固定资产			负债合计	193 900.02	235 371.93
固定资产原价	135 039.12	150 159.55	股东权益		
减:累计折旧	41 286.50	47 312.91	实收资本	200 000.00	200 000.00
固定资产净值	93 752.63	102 846.64	资本公积	63 095.24	63 690.41
在建工程	9 791.78	14 464.78	盈余公积	43 608.94	49 414.15
固定资产合计	103 544.41	117 275.61	未分配利润	122 117.33	140 013.51
无形资产			拟分配现金股利	15 000.00	15 000.00
无形资产	2 159.23	1 773.50	所有者权益合计	428 821.52	453 118.07
资产总计	622 721.53	688 490.00	负债和股东权益总计	622 721.53	688 490.00

表 3-2　SH 公司利润表　　　　　　　　　　　　单位：万元

年　度	2004 年	2005 年
一、主营业务收入	408 813.39	418 017.20
减：主营业务成本	358 902.38	384 393.99
营业税金及附加	632.78	596.73
二、主营业务利润	49 278.23	33 026.48
加：其他业务利润	1 032.89	1 117.96
减：营业费用	12 954.28	13 591.20
管理费用	24 887.16	16 050.91
财务费用	−2 887.22	−4 423.84
三、营业利润	15 356.90	8 926.17
加：投资收益	34 883.21	31 194.96
补贴收入	99.20	309.96
营业外收入	142.56	100.35
减：营业外支出	897.76	794.72
四、利润总额	49 584.11	39 736.72
减：所得税费用	3 707.25	1 035.34
五、净利润	45 876.86	38 701.38

根据 SH 公司 2004 年和 2005 年财务报表资料，企业偿债能力指标如表 3-3 所示。

表 3-3　SH 公司偿债能力分析表

序号	项　目	2004 年	2005 年	差　异
1	资产总额	622 721.53	688 490.00	65 768.46
2	其中：流动资产	405 281.72	447 007.18	41 725.46
3	减：预付账款	247.11	956.47	709.36
4	存货	25 710.15	32 840.13	7 129.98
5	速动资产(5＝2−3−4)	379 324.46	413 210.58	33 886.11
6	负债总额	193 900.02	235 371.93	41 471.91
7	其中：流动负债	193 900.02	235 371.93	41 471.91
8	所有者权益	428 821.52	453 118.07	24 296.55
9	经营活动现金净流量	47 765.60	67 216.61	19 451.01
10	财务费用	−2 887.22	−4 423.84	−1 536.62
11	税息前利润	46 696.88	35 312.88	−11 384.00

(续表)

序号	项 目	2004年	2005年	差 异
12	流动比率(12=2/7)	2.09	1.90	−0.19
13	速动比率(13=5/7)	0.94	0.92	−0.01
14	现金流动负债比率(14=9/7)	24.63%	28.56%	3.93%
15	资产负债率(15=6/1)	31.14%	−34.19%	3.05%
16	已获利息倍数(16=11/10)	−16.17	−7.98	8.19

从表3-3可以看出：① 企业短期偿债能力较强，也比较稳定。主要表现在流动比率基本维持在2左右、速动比率基本维持在1左右、现金流动负债比率从2004年的24.63%，提高到2005年的28.56%，呈现逐年增长的趋势，且偿债能力不断提高。② 企业长期偿债能力较强，也比较稳定。资产负债率基本保持在31.14%～34.19%之间，反映企业财务结构比较稳定，债务偿还能力强，对债权人债权的保障充分；由于持有大量的货币资金，其存款利息大于贷款利息费用，导致已获利息倍数均小于零，表明企业对债务利息的保障十分充分，有充足付息能力。③ 企业资产结构、债务结构有必要进一步优化。从企业流动资产构成来看，企业现金和短期投资项目的比例较高，将会增加资金的机会成本；从债务结构来看，货币资金持有过大，长期负债为零。因此，企业应在经营中不断优化企业资产结构、债务结构，适当降低货币资金持有、合理利用长期债务资本，提高企业收益水平。

第三节 营运能力分析

营运能力是指通过资产周转速度的有关指标所反映企业资产利用的效率。营运能力分析是指对企业总资产或部分资产的运用效率和周转情况所进行的分析，通过资金周转的分析，可以评价企业营业收入与各项营运资产是否保持合理关系，考察企业运用各项资产效率的高低，挖掘资金潜力，提高资金的使用效率。

一、总资产周转率分析

总资产周转率是指企业一定时期主营业务收入净额同平均资产总额的比值。总资产周转率是综合评价企业全部资产经营质量和利用效率的重要指标。一般可采用总资产周转次数和总资产周转天数来衡量，计算公式分别为：

总资产周转次数＝销售收入/总资产平均余额
总资产周转天数＝360×总资产平均余额/销售收入

其中　　　总资产平均余额＝(期初总资产＋期末总资产)/2

总资产周转率是考察企业资产运营效率的一项重要指标，体现了企业经营期间全部资产从投入到产出周而复始的流转速度，反映了企业全部资产的管理质量和利用效率。由于该指标是一个包容性较强的综合指标,因此,从因素分析的角度来看,它要受到流动资产周转率、应收账款周转率和存货周转率等指标的影响。该指标通过当年已实现的营业价值与全部资产进行比较,反映出企业一定时期的实际产出质量以及对每单位资产实现的价值补偿。通过该指标的对比分析,不但能够反映出企业本年度及以前年度总资产的运营效率及其变化,而且能发现企业与同类企业在资产利用上存在的差距,促进企业挖掘潜力、积极创收、提高产品市场占有率、提高资产利用效率。一般情况下,该指标数值越高,周转速度越快,资产利用效率越高。

二、流动资产周转率分析

流动资产周转率是指企业一定时期主营业务收入净额同平均流动资产总额的比值。流动资产周转率是评价企业资产利用效率的另一主要指标。一般可采用流动资产周转次数和流动资产周转天数来衡量,计算公式分别为:

流动资产周转次数＝销售收入/流动资产平均余额
流动资产周转天数＝360×流动资产平均余额/销售收入

其中　　　　流动资产平均余额＝(期初流动资产＋期末流动资产)/2

流动资产周转率反映了企业流动资产的周转速度,是从企业全部资产中流动性最强的流动资产角度对企业资产的利用效率进行分析,以进一步揭示影响企业资产质量的主要因素。该指标将主营业务收入净额与业务资产中最具活力的流动资产相比较,既能反映企业一定时期流动资产的周转速度和使用效率,又能进一步体现每单位流动资产实现价值补偿的高与低,以及补偿速度的快与慢。要实现该指标的良性变动,应以主营业务收入增幅高于流动资产增幅作为保证。在企业内部,通过对该指标的分析对比,一方面可以促进企业加强内部管理,充分有效地利用其流动资产,如降低成本、调动暂时闲置的货币资金用于短期投资创造收益等;另一方面也可以促进企业采取措施扩大销售,提高流动资产的综合使用效率。一般情况下,该指标越高,表明企业流动资产周转速度越快,利用得越好。在较快的周转速度下,流动资产会相对节约,其意义相当于流动资产投入的扩大,在某种程度上增强了企业的盈利能力;而周转速度慢,则需补充流动资金参加周转,形成资金浪费,降低企业盈利能力。

三、存货周转率分析

存货周转率是企业一定时期主营业务成本与存货平均余额的比率,是对流动资产周转率的补充说明,是衡量和评价企业购入存货、投入生产、销售收回等各环节管理状况的综合性指标。一般可采用存货周转次数和存货周转天数来衡量,计算公式分别为:

存货周转次数＝销售成本/存货平均余额
存货周转天数＝360×存货平均余额/销售成本

其中　　　　存货平均余额＝(期初存货＋期末存货)/2

存货周转率是评价企业从取得存货、投入生产到销售收回(包括现金销售和赊销)等各环节管理状况的综合性指标,用于反映存货的周转速度,即存货的流动性及存货资金占用量的合理与否。工商企业,尤其是商业企业中,存货在流动资产中所占比重较大,因此必须重视存货周转率的分析研究。本指标在于针对存货管理中存在的问题，促使企业在保证生产经营连续性的同时，提高资金的使用效率，增强企业的短期偿债能力。存货周转率在反映存货周转速度、存货占用水平的同时，也从一定程度上反映了企业销售实现的快慢。所以，一般情况下，该指标越高，表示企业资产由于销售顺畅而具有较高的流动性，存货转换为现金或应收账款的速度快，存货占用水平低。分析时还应综合考虑进货批量、生产销售的季节性变动以及存货结构等因素。

四、应收账款周转率分析

应收账款周转率是企业一定时期内主营业务收入净额同应收账款平均余额的比率。应收账款周转率是对流动资产周转率的补充说明，一般可采用应收账款周转次数和应收账款周转天数来衡量，计算公式分别为：

$$应收账款周转次数 = 赊销收入/应收账款平均余额$$
$$应收账款周转天数 = 360 \times 应收账款平均余额/赊销收入$$

其中
$$应收账款平均余额 = (期初应收账款 + 期末应收账款)/2$$

应收账款周转率反映了企业应收账款的流动速度，即企业本年度内应收账款转为现金的平均次数。应收账款在流动资产中占较大份额，及时收回应收账款，能够减少营运资金在应收账款上的呆滞占用，从而提高企业的资金利用效率。本指标目的在于促进企业通过合理制定赊销政策、严格销货合同管理、及时结算等途径加强应收账款的前后期管理，加快应收账款回收速度，活化企业营运资金。由于季节性经营、大量采用分期收款或现金方式结算等都可能使本指标结果失实，所以，应结合企业前后期间、行业平均水平进行综合评价。

将存货周转率与应收账款周转率分析相结合分析，大致可以说明企业所处的市场环境和营销策略。具体来讲，若应收账款周转率和存货周转率同时上升，表明企业的市场环境优越，前景看好；若应收账款周转率上升，而存货周转率下降，可能表明企业因预期市场看好，而扩大产购销规模或紧缩信用政策，或兼而有之；若存货周转率上升，而应收账款周转率下降，可能表明企业放宽了信用政策，扩大了赊销规模，这种情况可能隐含着企业对市场前景的预期不太乐观，应予警觉。

以上指标分别从不同角度说明企业营运能力，它们相互联系、相辅相成，共同构成了较为完善的营运能力分析指标体系。它们之间的关系可以概括为：

$$总资产周转率 = 流动资产周转率 \times 流动资产占总资产的比重$$
$$流动资产周转率 = 应收账款周转率 \times 应收账款占流动资产的比重$$
$$流动资产周转率 = (1 + 成本利润率) \times 存货周转率 \times 存货占流动资产的比重$$

以上关系表明，要加速总资产周转：一是要提高流动资产在总资产中所占比重；二是要加速应收账款和存货周转；三是要提高成本利润率。由于资产结构主要由行业性质和经营特点所决定，企业不能任意调整。因此，要加速总资产周转，从根本上来讲有赖于企业销售的增长、降低成本水平和降低流动资产占用。

【例3-2】 续[例3-1]，企业2003年应收账款、存货、流动资产和总资产分别为167 800.42万元、23 978.23万元、415 573.36万元、604 933.06万元。SH公司营运能力有关指标如表3-4所示。

表3-4 SH公司营运能力分析表

序号	项目	2004年	2005年	差异
1	主营业务收入(元)	408 813.39	418 017.20	9 203.81
2	主营业务成本(元)	358 902.38	384 393.99	25 491.61
3	主营业成本率(%)(3=2/1)	87.79	91.96	4.17
4	平均应收账款(元)	148 975.31	132 825.69	−16 149.63
5	平均存货(元)	24 844.19	29 275.14	4 430.95
6	平均流动资产(元)	410 427.56	426 144.45	15 716.89
7	平均总资产(元)	613 827.32	655 605.77	41 778.45
8	应收账款周转率(次/年)(8=1/4)	2.74	3.15	0.40
9	存货周转率(次/年)(9=2/5)	14.45	13.13	−1.32
10	流动资产周转率(次/年)(10=1/6)	1.00	0.98	−0.02
11	流动资产比例(%)	65.08	64.93	−0.16
12	总资产周转率(次/年)(12=1/7)	0.67	0.64	−0.03

从表3-4可以看出：① 企业应收账款周转率2005年较2004年提高0.4次，主要是由于应收账款平均占用降低16 149.62万元、降低率为10.84%，以及销售收入增加9 203.81万元、增长率为2.25%这两个原因引起，表明企业销售收入增加的同时应收账款管理水平有所提高。② 企业存货周转率2005年较2004年降低1.32次，主要原因是由于平均存货增加了4 430.95万元、增长率为17.83%和主营业务成本增加25 491.61万元、增长率为7.10%这两个原因引起，企业除需要进一步扩大产品销售、降低存货外，还应降低产品成本，提高存货管理水平和盈利水平。③ 企业流动资产周转率2005年较2004年降低了0.02次，流动资产平均占用增加15 716.91万元，流动资产占用增长率超过了销售收入增长率。因此企业应进一步加强流动资产的管理、优化流动资产结构。④ 企业总资产周转率2005年较2004年降低了0.03次，主要是由于流动资产周转率降低0.02次和流动资产的比重降低0.16个百分点导致。因此企业在经营活动过程中应合理安排资产结构，扩大销售的同时努力降低销售成本，提高流动资产的周转速度。

第四节 盈利能力分析

盈利能力是指企业获取利润的水平和能力。盈利能力分析是指对企业盈利能力和盈利分配情况所作的分析，它是企业财务结构和经营绩效的综合表现。通过盈利能力分析，评价判断企业的经营成果，分析变化原因，总结经验教训，不断提高企业获利水平。在企业财务分析中盈利能力是核心，也是企业生存和发展的物质基础。企业盈利能力的分析包括销售过程盈利能力分析、资产盈利能力分析以及对股份公司的盈利分析等方面。

一、净资产收益率分析

净资产收益率是指企业一定时期内的净利润同平均净资产的比率。净资产收益率充分体现了投资者投入企业的自有资本获取收益的能力，突出反映了投资与报酬的关系，是评价企业资本经营效益的核心指标。其计算公式为：

$$净资产收益率＝净利润/平均所有者权益×100\%$$

净利润是指企业未作任何分配前的税后利润，受各种政策等其他人为因素影响较少，能够比较客观、综合地反映企业的经济效益，准确体现投资者投入资本的获利能力。平均净资产是企业年初所有者权益同年末所有者权益的平均数。

该指标是评价企业自有资本及其积累获取报酬水平的最具综合性与代表性的指标，充分反映了企业资本运营的综合效益。该指标通用性强，适应范围广，不受行业局限，是国际上企业综合评价中使用率非常高的一个指标。通过对该指标的综合对比分析，可以看出企业获利能力在同行业中所处的地位，以及与同类企业的差异水平。一般认为，企业净资产收益率越高，企业自有资本获取收益的能力越强，运营效益越好，对企业投资人、债权人的利润保证程度越高。

影响净资产收益率的因素不仅有经营性因素，也有利润分配因素，同时也有资本结构因素。分析时应结合因素分析法进行具体因素分析，寻找提高净资产收益率的途径，具体分析见"杜邦分析体系"。

二、总资产报酬率分析

总资产报酬率是指企业一定时期内获得的报酬总额与平均资产总额的比率。总资产报酬率表示企业包括净资产和负债在内的全部资产的总体获利能力，是评价企业资产运营效益的重要指标。其计算公式为：

$$总资产报酬率＝息税前利润/平均资产总额×100\%$$

息税前利润总额是指企业当年实现的利润总额与利息支出的合计数；利润总额是指企业实现的全部利润，包括企业当年营业利润、投资收益、补贴收入、营业外收支净额等内容；利息支出是指企业在生产经营过程中实际支出的借款利息、债券利息等；平均资产总额是指企业资产总额年初数与年末数的平均值。

总资产报酬率表示企业全部资产获取收益的水平，全面反映了企业的获利能力和投入产出状况。通过该对指标的深入分析，可以增强各方面对企业资产经营状况的关注，促进企业提高单位资产的收益水平。一般情况下，企业可据此指标与市场资本利率进行比较，如果该指标大于市场利率，则表明企业可以充分利用财务杠杆，进行负债经营，获取尽可能多的收益。该指标越高，表明企业投入产出的水平越好，企业的全部资产总体运营效益越高。

在实际的财务分析中，总资产报酬率也可指资产净利润率，分析时应注意明确指标的内涵和外延。

三、主营业务利润率分析

主营业务利润率是指企业一定时期主营业务利润同主营业务收入净额的比率。它表明企业每单位主营业务收入能带来多少主营业务利润，反映了企业主营业务的获利能力，是评价企业经营效益的主要指标。其计算公式为：

主营业务利润率＝主营业务利润/主营业务收入净额×100%

主营业务利润是指企业主营业务收入扣除主营业务成本、主营业务税金及附加、经营费用后的利润，不包括其他业务利润、投资收益、营业外收支等因素。主营业务利润是企业全部利润中最为重要的部分，是影响企业整体经营成果的主要因素。

主营业务利润率是从企业主营业务的盈利能力和获利水平方面对资本金收益率指标的进一步补充，体现了企业主营业务利润对利润总额的贡献，以及对企业全部收益的影响程度。该指标体现了企业经营活动最基本的获利能力，没有足够大的主营业务利润率就无法形成企业的最终利润，为此，结合企业的主营业务收入和主营业务成本分析，能够充分反映出企业成本控制、费用管理、产品营销、经营策略等方面的不足与成绩。该指标越高，说明企业产品或商品定价科学，产品附加值高，营销策略得当，主营业务市场竞争力强，发展潜力大，获利水平高。

四、成本费用利润率分析

成本费用利润率是企业一定时期的利润总额同企业成本费用总额的比率。成本费用利润率表示企业为取得利润而付出的代价，从企业支出方面补充评价企业的收益能力。其计算公式为：

成本费用利润率＝利润总额/成本费用总额×100%

成本费用总额是指企业主营业务成本、营业费用、管理费用、财务费用之和。成本费用利润率是从企业内部管理等方面，对资本收益状况的进一步修正，该指标通过企业收益与支出直接比较，客观评价企业的获利能力。该指标从耗费角度补充评价企业收益状况，有利于促进企业加强内部管理，节约支出，提高经营效益。该指标越高，表明企业为取得收益所付出的代价越小，企业成本费用控制得越好，企业的获利能力越强。

五、盈余现金保障倍数分析

盈利现金保障倍数是企业一定时期经营现金净流量同净利润的比值。盈余现金保障倍数指标反映了企业净利润中现金收益的保障程度，真实地反映了企业盈余的质量。其计算公式为：

盈余现金保障倍数＝经营现金净流量/净利润

经营现金净流量指一定时期内，由企业经营活动所产生的现金及其等价物的流入量与流出量的差额。盈余现金保障倍数是从现金流入和流出的动态角度对企业收益的质量进行评价，对企业的实际收益能力进行再次修正。盈余现金保障倍数在收付实现制基础上，充分反映出企业净收益中有多少是有现金保障的,挤掉了收益中的水分,体现出企业当期收益的质量状况,同时,减少了权责发生制会计对收益的操纵。一般而言,当企业净利润大于 0 时,该指标应当大于 1。该指标越大,表明企业经营活动产生的净利润对现金的贡献越大。但是,由于指标分母变动较大,致使该指标的数值变动也比较大,所以,对该指标应根据企业实际效益状况有针对性地进行分析。

六、股份公司财务比率分析

对于股份公司进行财务分析时,除需对前述各基本财务比率进行分析和评价外,还应对反映股票投资价值的特定财务比率进行分析。其中每股收益、每股净资产和净资产收益率是证券信息机构定期进行上市公司排行的主要依据。

(一) 每股收益分析

每股收益是指本年净利润与年末普通股份总数的比值。其计算公式为:

$$每股收益 = 本年净利润/年末普通股份股数$$

(1) 每股收益计算时应注意:编制合并报表公司的企业,应按照合并数计算;企业若存在优先股时,计算时应从本年净利润中扣除优先股应分享的股利;年度内普通股股数发生变动时,分母应按照股份持续时间计算加权平均普通股股份数,计算加权平均每股收益;若存在除普通股和不可转换优先股外,还有可转换优先股、可转换债券和认股权证时应计算按规定计算稀释后每股收益。

(2) 每股收益分析时应注意:与同行业进行运用比较法评价企业每股收益的相对盈利能力;企业不同时期的比较可以评价企业盈利能力的变化趋势,也可以进行经营业绩和盈利预测;分析时应将企业每股收益与每股股利、股利支付率、市盈率等指标分析结合起来。

(二) 市盈率分析

市盈率是衡量公司盈利能力的另一个重要指标,它是普通股每股市价与每股收益的倍数。其计算公式为:

$$市盈率 = 普通股每股市价/普通股每股收益$$

该比率反映投资人对每元净利润所愿意支付的价格,可以用来估计股票的投资报酬和风险。它是市场对公司集体预期指标,市盈率越高,表明市场对公司未来越看好。在市价确定的情况下,每股收益越高,市盈率越低,投资风险越小;反之亦然。在每股收益确定的情况下,市价越高,市盈率越高,风险越大;反之亦然。仅从市盈率的横向比较看,高市盈率说明公司能获得社会信赖,具有良好的发展前景。

分析时应注意:① 该指标不能用于不同行业企业间的比较,充满扩展机会的新兴行业市盈率普遍较高,而成熟行业的市盈率普遍较低,这并不能说明后者的股票没有投资价值。② 在每股收益很小或亏损情况下,市价不会降为零,很高的市盈率往往不说明任何问题。③ 由于市价变动影响因素很多,包括投机等,因此观察市盈率的长期趋势很重要。④ 在资本市场发展比较完善的情况下,一般的期望报酬率为 5%～10%,所以正常的市盈率为 20—10;发展不完善的资本市场与发展完善的资本市场之间市盈率存在较大差别,通常要结合其他有关信息,才能运用市盈率指标判断股票的价值。

(三) 每股股票净资产分析

每股净资产,也称为每股账面价值、每股权益,是期末净资产与年末普通股股数的比值。其计算公式为:

$$每股净资产＝(期末股东权益－优先股权益)/年末普通股股数$$

该指标反映发行在外的每股普通股所代表的净资产成本即账面价值。因为该指标是建立在历史成本计量的基础上,并不能反映净资产的变现价值和产出能力,在投资分析时只能有限使用。

除上述几个指标外,为了更全面分析股份公司股票投资价值,还应对每股股利、股利支付率、股利报酬率、市净率、每股净资产、每股营业现金净流量等进行更深入的分析。

【例3-3】 续[例3-1]、[例3-2],SH公司盈利能力分析见表3-5所示。

表3-5　SH公司盈利能力分析表　　　　　　　　　　　　　　　　　　单位:元

序号	项　目	2004年	2005年	差　异
1	主营业务收入	408 813.39	418 017.20	9 203.81
2	成本费用总额	393 856.60	409 612.26	15 755.66
3	主营业务利润	49 278.23	33 026.48	－16 251.75
4	税息前利润	46 696.88	35 312.88	－11 384.00
5	利润总额	49 584.11	39 736.72	－9 847.39
6	净利润	45 876.86	38 701.38	－7 175.48
7	经营活动现金净流量	47 765.60	67 216.61	19 451.01
8	平均所有者权益	415 523.36	440 969.79	25 446.43
9	平均总资产	613 827.32	655 605.77	41 778.45
10	主营业务利润率(10=3/1)	12.05%	7.90%	－4.15%
11	成本费用利润率(11=5/2)	12.59%	9.70%	－2.89%
12	净资产收益率(12=6/8)	11.04%	8.78%	－2.26%
13	按照净利润计算的总资产报酬率(13=6/9)	7.47%	5.90%	－1.57%
14	按照息税前利润计算的资产报酬率(14=4/9)	7.61%	5.39%	－2.22%
15	盈余现金保障倍数(15=7/6)	1.04	1.70	0.70
16	每股收益	0.23	0.19	－0.04
17	每股净资产	2.14	2.27	0.12

从表3-5可以看出:① SH公司盈利能力呈现逐年下降趋势。表现在成本费用利润率、主营业务利润率、按息税前利润计算的资产报酬率、净资产收益率指标2005年分别比2004年下降2.89,4.15,2.22和2.26个百分点,每股收益比2004年下降了0.04元。② 导致盈利能力下降的原因主要是成本费用增长所造成。2005年主营业务收入增长率2.25%,对利润的增加具有一定的贡献;但是2005年主营业务成本增长率7.10%,超过了主营业务收入增长率,

是企业盈利能力下降的主要原因。③ 企业盈余现金保障倍数两年间均大于1,并且2005年比2004年增加了0.7,说明企业净利润中现金收益的保障程度较好,并有增加的趋势。

第五节　发展能力分析

企业的发展能力即企业的成长性,是企业通过自身的生产经营活动不断扩大积累而形成的发展潜能。企业发展能力衡量的核心是企业价值增长率,价值增长率可以销售增长率、资本积累率为基本指标,以3年资本平均增长率、3年销售平均增长率、技术投入比率等指标为辅助指标建立分析评价指标体系,进行企业发展能力分析。

一、销售增长率分析

销售增长率,也称为营业增长率,是指企业本年主营业务收入增长额同上年主营业务收入总额的比率。销售(营业)增长率表示与上年相比,企业主营业务收入的增减变动情况,是分析企业成长状况和发展能力的重要指标。其计算公式为:

销售增长率＝本年主营业务收入增长额/上年主营业务收入总额×100%

该指标是衡量企业经营状况和市场占有能力、预测企业经营业务拓展趋势的重要标志。不断增加的主营业务收入,是企业生存的基础和发展的条件。该指标若大于0,表示企业本年的主营业务收入有所增长,指标值越高,表明增长速度越快,企业市场前景越好;若该指标小于零,则说明产品或服务不适销对路、质次价高,或是在售后服务等方面存在问题,市场份额萎缩。在分析时,应结合企业历年的主营业务收入水平、企业市场占有情况、行业未来发展及其他影响企业发展的潜在因素进行前瞻性预测,或者结合企业前3年的销售(营业)增长率做出趋势性分析判断。

二、资本积累率分析

资本积累率是指企业本年所有者权益增长额同年初所有者权益的比率,该指标资本积累率表示企业当年资本的积累能力,是分析企业发展潜力的重要指标。其计算公式为:

资本积累率＝本年所有者权益增长额/年初所有者权益×100%

该指标是企业当年所有者权益总的增长率,反映了企业所有者权益在当年的变动水平;体现了企业资本的积累情况,是企业发展强盛的标志,也是企业扩大再生产的源泉,展示了企业的发展潜力;反映了投资者投入企业资本的保全性和增长性,该指标越高,表明企业的资本积累越多,企业资本保全性越强,应付风险、持续发展的能力越大。该指标如为负值,表明企业资本受到侵蚀,所有者利益受到损害,应予充分重视。

三、3年资本平均增长率分析

3年资本平均增长率表示企业资本连续3年的积累情况,在一定程度上反映了企业的持续发展水平和发展趋势。其计算公式为：

$$3\text{年资本平均增长率}=[(\text{年末所有者权益}/3\text{年前年末所有者权益})^{1/3}-1]\times100\%$$

由于一般增长率指标在分析时具有"滞后"性，仅反映当期情况，而利用该指标，能够反映企业资本积累或资本扩张的历史发展状况，以及企业稳步发展的趋势。该指标越高，表明企业所有者权益得到的保障程度越大，企业可以长期使用的资金越充足，抗风险和持续发展的能力越强。

四、3年销售平均增长率

3年销售平均增长率表明企业主营业务连续3年的增长情况，体现企业的持续发展态势和市场扩张能力。其计算公式为：

$$3\text{年销售平均增长率}=[(\text{当年主营业务收入}/3\text{年前主营业务收入})^{1/3}-1]\times100\%$$

主营业务收入是企业积累和发展的基础，该指标越高，表明企业积累的基础越牢，可持续发展能力越强，发展的潜力越大。利用3年销售平均增长率指标，能够反映企业的主营业务增长趋势和稳定程度，体现企业的连续发展状况和发展能力，避免因少数年份业务波动而对企业发展潜力的错误判断。该指标越高，表明企业主营业务持续增长势头越好，市场扩张能力越强。

五、技术投入比率

技术投入比率是指企业当年技术转让费支出与研究开发的实际投入与当年主营业务收入的比率。技术投入比率从企业的技术创新方面反映了企业的发展潜力和可持续发展能力。其计算公式为：

$$\text{技术投入比率}=\text{当年技术转让费支出与研发投入}/\text{当年主营业务收入净额}\times100\%$$

当年技术转让费支出与研发投入是指企业当年研究开发新技术、新工艺等具有创新性质项目的实际支出，以及购买新技术实际支出列入当年管理费用的部分。技术创新是企业在市场竞争中保持竞争优势、不断发展壮大的前提。技术投入比率集中体现了企业对技术创新的重视程度和投入情况，是评价企业持续发展能力的重要指标。该指标越高，表明企业对新技术的投入越多，企业对市场的适应能力越强，未来竞争优势越明显，生存发展的空间越大，发展前景越好。

第六节 财务综合分析

财务综合分析就是将偿债能力、营运能力、盈利能力、发展能力等诸方面的分析纳入到一个有机的整体之中，全面地对企业经营状况及财务状况进行解释和分析，从而对企业经济效益的优劣做出准确的评价与判断。

一、杜邦财务分析法

杜邦财务分析法,也称杜邦财务分析体系,是指利用各主要财务指标间的内在联系,对企业财务状况及经济效益进行综合系统分析评价的方法。该体系是以净资产利润率为龙头,以资产报酬率为核心,重点揭示企业盈利能力及其前因后果。因其最初由美国杜邦公司成功应用而得名。利用这种方法进行综合分析时,可把各项财务指标间的关系绘制成杜邦分析图,如图3-1所示。

(1)杜邦财务分析法的实质是以所有者权益净利率为基础,利用财务比率分解的方法,将反映企业盈利能力的销售净利润率、反映企业营运能力的资产周转率和反映企业偿债务能力的权益乘数或资产负债率有机地结合起来,并进一步考虑影响这些指标的具体财务报表项目,实现了财务分析的综合性。即:

净资产收益率＝资产净利润率×权益乘数＝销售净利润率×资产周转率×权益乘数＝
销售净利润率×资产周转率×1/(1－资产负债率)

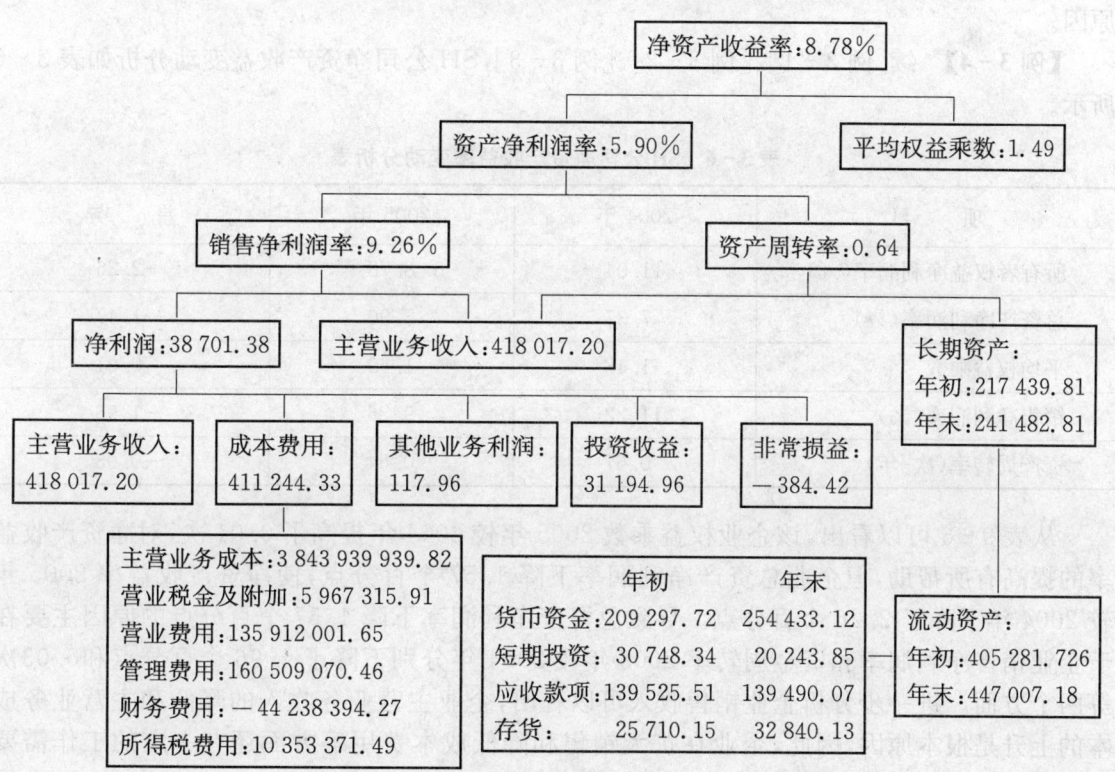

图3-1 SH公司杜邦分析图

(2)杜邦分析体系为企业改进经营管理和财务管理提供了依据。由杜邦分析体系可知,① 所有者权益净利率是一个综合性很强的财务分析指标,是杜邦分析体系的核心,是反映企业所有者投入资本的盈利,表明了企业筹资、投资、资产营运等各项财务及管理活动的质量。增加企业价值、提高所有者权益净利润率途径主要包括通过提高资产净利润率和权益乘数来进行。② 权益乘数与资产负债率之间存在着权益乘数＝1/(1－资产负债率)的关系,企业可以通过提高资产负债率来提高所有者权益的报酬,但提高资产负债率也会给企业带来一定的财务风险,导致企业资金成本的上升,降低企业价值,因此,企业负债经营时应将资产负债率控制在一个合适的范围。③ 提高资产净利润率的方式有两种,一是提高销售净利润率,二是加快资产周转速度。从提高销售净利润率的角度来看,企业可以通过扩大销售收入、控制成本费用、合理税务策划等方式来实现,通过分析收入的产品结构、地区结构等可以为企业制订合理的营销策略提供依据,通过分析成本费用的基本结构可以为企业加强成本费用管理指明方向。从提高资产周转率方面来讲,除扩大销售外,也要合理安排资产结构,一般来说,流动资产直接体现企业的偿债能力和变现能力,而长期资产则体现了企业的经营规模、发展潜力,两者之间有一个合理的比率关系。④ 杜邦分析体系较好地解释了指标变动的原因和趋势,为进一步采取具体措施指明了方向,而且还为决策者优化经营结构和理财结构,提高企业偿债能力和经营效益提供了基本思路,即要提高所有者权益净利润率的根本途径在于扩大销售,改善经营结构,节约成本费用开支,合理配置资源,加速资金周转,优化资本结构等。

(3) 结合因素分析法进行具体分析。通过因素分析,可以解释所有者权益变动的具体原因。

【例 3-4】 续[例 3-1]、[例 3-2]、[例 3-3],SH 公司净资产收益变动分析如表 3-6 所示。

表 3-6 SH 公司净资产收益率变动分析表

项 目	2004 年	2005 年	差 异
所有者权益净利润率(%)	11.04	8.78	－2.26
总资产净利润率(%)	7.37	5.90	－1.47
平均权益乘数	1.48	1.49	0.01
销售净利润率(%)	11.22	9.26	－1.96
资产周转率(次/年)	0.67	0.64	－0.03

从表 9-6 可以看出,该企业权益乘数 2005 年较 2004 年提高了 0.01 次,对净资产收益率的提高有所帮助,但企业总资产净利润率下降 1.57 个百分点,使净资产收益率 2005 年较 2004 年下降了 2.26 个百分点。导致总资产净利润率下降 1.57 个百分点的原因主要在于企业销售净利润率和资金周转率 2005 年较 2004 年分别下降了 1.96 个百分点和 0.03 次等两个方面。进一步分析企业销售收入可以看出,企业主营业务收入的降低和主营业务成本的上升是根本原因,因此,企业在扩大销售和降低成本费用等方面还有一定的工作需要进行。

二、综合评价法

亚历山大·沃尔在 20 世纪初出版的《信用晴雨表研究》和《财务报表比率分析》中提出了信用能力指数的概念,并用以进行综合分析与评价。现代社会与沃尔所处的时代相比,已有很大变化。一般认为,企业财务评价的内容主要是盈利能力,其次是偿债能力,此外还有发展能力。采用财务比率综合评分法,进行企业财务状况的综合分析,一般要遵循如下程序:

(1) 合理选定评价的财务比率。在选择财务比率时:一要具有全面性,要求反映企业的获利能力、偿债能力、营运能力和发展能力,这四大类财务比率都应当包括在内;二要具有代表性,即要选择能够说明问题的重要的财务比率;三要具有变化方向的一致性,即当财务比率增大时,表示财务状况的改善;反之,财务比率减小时,表示财务状况的恶化。

(2) 确定各财务指标的标准评分值。财务分析主体应结合分析目的,并考虑企业的经营活动的性质、企业的生产经营规模、市场形象等因素,以及各财务比率的重要程度,确定各指标的标准评分值(或权重性系数),各项财务比率的标准评分值之和应等于100分。一般来说,获利能力、偿债能力(含营运能力)和发展能力大致可按5:3:2来分配比重,并进一步分解到具体财务比率。

(3) 为了避免个别财务比率的异常给总分造成不合理的影响,应规定各项财务比率评分值的上限和下限,即最高评分值和最低评分值。上限可以设定为正常评分值的1.5倍,下限可以设定为正常评分值的0.5倍。

(4) 确定各财务比率的标准值。财务比率的标准值是指各项财务比率在本企业现时条件下最理想的数值,亦即最优值。财务比率的标准值,通常可以参照同行业的平均水平,并经过调整后确定。

(5) 计算每分比率的差。每分比率的差=(行业最高比率-标准比率)/(最高评分-标准评分值)

(6) 计算企业在一定时期各项财务比率的实际值,并与标准比率进行比较,计算差异(差异=实际比率-标准比率)和调整分(调整分=差异/每分比率的差)。

(7) 计算各指标的实际得分值和综合得分值,并形成评价结论。一般来讲,各指标的实际得分值等于标准评分值加上调整分;实际得分值高于最高评分时,应按最高评分值确定;实际得分值低于最高评分时,应按最低评分值确定。综合得分值等于各指标实际得分值的合计。如果综合得分等于或接近于100分,说明企业的财务状况是良好的,达到了预先确定的标准;如果综合得分低于100分很多,就说明企业的财务状况较差,应当采取适当的措施加以改善。

【例3-5】 表3-7、表3-8为某企业财务综合评价标准和企业财务情况评分[①]:

表3-7 某企业综合评分标准

指　标	标准评分值	标准比率(%)	行业最高比率	最高评分	最低评分	每分比率的差(%)
盈利能力:						
总资产净利润率	20.0	10.0	20.0	30.0	10.0	1.0
销售净利润率	20.0	4.0	20.0	30.0	10.0	1.6
所有者权益净利润率	10.0	16.0	20.0	15.0	5.0	0.8

---

① 选自:中国注册会计师协会.财务成本管理[M].北京:经济科学出版社,2005.

（续表）

指 标	标准评分值	标准比率（%）	行业最高比率	最高评分	最低评分	每分比率的差（%）
偿债能力：						
所有者权益比率	8.0	40.0	100.0	12.0	4.0	15.0
流动比率	8.0	150.0	450.0	12.0	4.0	75.0
应收账款周转率	8.0	600.0	1 200.0	12.0	4.0	150.0
存货周转率	8.0	800.0	1 200.0	12.0	4.0	100.0
成长能力						
销售增长率	6.0	15.0	30.0	9.0	3.0	5.0
净利润增长率	6.0	10.0	20.0	9.0	3.0	3.3
人均净利润增长率	6.0	10.0	20.0	9.0	3.0	3.3
合计	100.0			150.0	50.0	

表 3-8 某企业财务情况评分

指 标	实际比率(%)①	标准比率(%)②	差异③=①-②	每分比率的差④	调整分⑤=③/④	标准评分值⑥	得分⑦=⑤+⑥
盈利能力：							
总资产净利润率	7.40	10.00	-2.60	1.00	-2.60	20.00	17.40
销售净利润率	4.50	4.00	0.50	1.60	0.31	20.00	20.31
净资产收益率	14.90	16.00	-1.10	0.80	-1.38	10.00	8.62
偿债能力：							
所有者权益比率	49.00	40.00	9.00	15.00	0.60	8.00	8.60
流动比率	233.00	150.00	83.00	75.00	1.11	8.00	9.11
应收账款周转率	1 000.00	600.00	400.00	150.00	2.67	8.00	10.67
存货周转率	1 200.00	800.00	400.00	100.00	4.00	8.00	12.00
成长能力							
销售增长率	5.00	15.00	-10.00	5.00	-2.00	6.00	4.00
净利润增长率	-15.00	10.00	-25.00	3.30	-7.57	6.00	-1.57
人均净利润增长率	-18.00	10.00	-28.00	3.30	-8.48	6.00	-2.48
合计						100.00	86.66

从表 3-8 可以看出，企业综合财务评价得分为 86.66 分，属于中等偏下水平。

【本章小结】

财务分析主体包括企业现实利益相关者、潜在利益相关者和决策服务相关者三类，不同分析主体在运用企业财务报告和相关环境信息进行分析视角和内容有所侧重,一般包括偿债能力分析、盈利能力分析、营运能力分析、发展能力分析等方面。

从程序上来看,财务分析需要经过分析准备阶段、分析实施阶段和财务分析的总结阶段。从技术分析上来看,需要采用比较分析法、比率分析法、因素分析法等方法,比率分析在于计算相关财务比率,比较分析在于进行横向和纵向比较,因素分析在于对差异形成的原因进行具体因素分析,在财务分析时应结合运用。

企业偿债能力分析包括短期偿债能力和长期偿债能力分析两个方面。衡量企业短期偿债能力指标主要包括流动比率、速动比率、现金流动负债比率等,长期偿债能力一般可采用资产负债率、已获利息倍数等指标来衡量。在企业偿债能力分析时,不仅要关注财务报告所反映的偿债能力,更需要考虑表外因素等对偿债能力的影响,以便客观、全面地进行企业偿债能力分析。

营运能力可采用不同资产周转次数和周转天数来衡量,主要包括总资产周转率、流动资产周转率、存货周转率和应收账款周转率等方面;其中存货周转率和应收账款周转率是流动资产周转率的重要补充,加速流动资产的周转速度有助于提高总资产周转率。

净资产收益率、总资产报酬率、主营业务利润率、成本费用利润率等指标构成盈利能力分析指标体系,股份公司还需要对每股收益、市盈率、每股净资产等指标进行分析。在盈利能力分析时应对各指标的内涵和外延进行合理界定。

企业发展能力分析可建立以销售增长率、资本积累率为基本指标,以 3 年资本平均增长率、3 年销售平均增长率、技术投入比率为辅助指标相互联系、相辅相成的分析评价指标体系,对企业长期发展能力进行全面评价。

在财务分析时,不仅需要对偿债能力、营运能力、盈利能力、发展能力等方面进行单项分析,也需要运用杜邦财务分析法、综合评价法等方法进行财务综合分析,只有进行综合分析,才能够对企业财务状况和经营成果有一个全面的评价。

【关键术语】

财务分析 偿债能力 盈利能力 营运能力 发展能力 比较分析法 比率分析法 因素分析法 流动比率 速动比率 现金流量负债比 资产负债率 产权比率 权益乘数 利息保障倍数 应收账款周转率 存货周转率 流动资产周转率 总资产周转率 总资产报酬率 净资产收益率 每股收益 市盈率 市净率 每股净资产 杜邦财务分析体系 沃尔比重评分法

【思考题】

1. 什么叫财务报表分析?它具有哪些特征?
2. 简述企业债权人、投资人和经营者进行财务报表分析的目的。
3. 简述流动比率、速动比率的含义和分析意义。
4. 简述现金流量比率分析的意义。
5. 什么叫杜邦财务分析体系?它有什么特点?阐述其中的几种主要财务指标之间的关系。
6. 为什么说股东权益报酬率是杜邦分析体系的核心?

【练习题】

一、单项选择题

1. (　　)是企业财务目标实现的物质基础。
   A. 偿债能力　　B. 营运能力　　C. 盈利能力　　D. 财务弹性

2. 衡量企业偿还到期债务能力的直接标志是(　　)。
   A. 有足够的资产　　B. 有足够流动资产　　C. 有足够的存货　　D. 有足够的现金

3. 在计算速动资产时,之所以要扣除存货等项目,是由于(　　)。
   A. 这些项目价值变动较大
   B. 这些项目质量难以保证
   C. 数量不易确定
   D. 变现能力较差

4. 杜邦分析体系的核心指标是(　　)。
   A. 总资产报酬率　　B. 总资产周转率　　C. 所有者权益利润率　　D. 销售利润率

5. 流动比率大于1时,用银行存款归还银行借款后,会使流动比率(　　)。
   A. 上升　　B. 下降　　C. 不变　　D. 无法确定

6. 一般说,资产周转率越高,则(　　)。
   A. 周转速度越慢
   B. 营运能力越弱
   C. 资产的使用效率越低
   D. 周转期越短

7. 所有者权益利润率中的利润是指(　　)。
   A. 营业利润　　B. 利润总额　　C. 息税前利润　　D. 税后净利润

8. 在杜邦财务分析体系中,当权益乘数增加时,企业的负债程度(　　)。
   A. 增高　　B. 降低　　C. 不变　　D. 无法确定

9. 在下列项目中,企业短期债权人(如赊销商)主要关心企业(　　)。
   A. 资本的流动性
   B. 收益的稳定性
   C. 负债与权益比例
   D. 长期负债与短期负债的比例

10. ABC公司是一个有较多未分配利润的工业企业。下面是上年度发生的几笔经济业务,在这些业务发生前后,速动资产都超过了流动负债。请回答下列问题(即从每小题的备选答案中选择一个正确答案,将该答案的英文字母编号填入题内的括号)。

    (1) 长期债券投资提前变卖为现金,将会(　　)。
    A. 对流动比率的影响大于对速动比率的影响
    B. 对速动比率的影响大于对流动比率的影响
    C. 影响速动比率但不影响流动比率
    D. 影响流动比率但不影响速动比率

    (2) 将积压的存货若干转为损失,将会(　　)。
    A. 降低速动比率
    B. 增加营运资本
    C. 降低流动比率
    D. 降低流动比率,也降低速动比率

    (3) 收回当期应收账款若干,将会(　　)。
    A. 增加流动比率
    B. 降低流动比率
    C. 不改变流动比率
    D. 降低速动比率

    (4) 赊购原材料若干,将会(　　)。
    A. 增大流动比率
    B. 降低流动比率
    C. 降低运营资本
    D. 增大营运资本

    (5) 偿还应付账款若干,将会(　　)。
    A. 增大流动比率,不影响速动比率
    B. 增大速动比率,不影响流动比率
    C. 增大流动比率,也增大速动比率
    D. 降低流动比率,也降低速动比率

二、多项选择题

1. 财务分析的方法主要有（　　）。
   A. 趋势分析法
   B. 定基动态比率法
   C. 环比动态比率法
   D. 比率分析法
   E. 因素分析法

2. 如果流动比率过高,意味着企业存在以下几种可能（　　）。
   A. 存在闲置现金
   B. 存在存货积压
   C. 应收账款周转缓慢
   D. 偿债能力很差

3. 流动比率是（　　）。
   A. 流动资产与流动负债的比率
   B. 反映企业短期偿债能力
   C. 一般是1:1的比例最佳
   D. 比例越高对企业和债权人越有利
   E. 保持多高的水平要视企业对风险的态度而定

4. 分析企业长期偿债能力的指标是（　　）。
   A. 资产负债率
   B. 产权比率
   C. 利息保障系数
   D. 有形资产负债率
   E. 有形净值负债率

5. 利息保障倍数（　　）。
   A. 又称已获利息倍数
   B. 利息费用与息税前利润的比率
   C. 息税前利润与利息费用的比率
   D. 息税前利润不包括非正常项目
   E. 债务利息仅指费用化利息

6. 在计算应收账款周转率时,应收账款应该（　　）。
   A. 包括应收票据
   B. 不包括应收票据
   C. 扣减坏账准备
   D. 不扣减坏账准备
   E. 是应收账款的期末余额

7. 影响速动比率的因素有（　　）。
   A. 应收账款
   B. 存货
   C. 短期借款
   D. 应收票据
   E. 预付账款

8. 在其他条件不变的情况下,会引起总资产周转率指标上升的经济业务是（　　）。
   A. 用现金偿还负债
   B. 借入一笔短期借款
   C. 用银行存款购入一台设备
   D. 由银行存款支付1年的电话费

9. 在分析企业的盈利能力时不应包括的项目是（　　）。
   A. 市场季节性变动带来的影响
   B. 证券买卖等非正常项目
   C. 将要停止的营业项目
   D. 法律更改等特别项目
   E. 会计准则、制度变更带来的累积的影响

10. 从一般原则上讲,影响每股盈余指标高低的因素有（　　）。
    A. 企业采取的股利政策
    B. 企业购回的普通股股数
    C. 优先股股息
    D. 所得税税率
    E. 每股股利

三、计算题

1. 某企业承包1997年的财务报表的主要资料如表3-9所示。

表 3 – 9　某企业承包 1977 年财务报表主要资料　　　　　　　　　　单位：元

资　产	金　额	负债及所有者权益	金　额
现金（年初 1 146）	465	应付账款	774
应收账款（年初 1 734）	2 016	应付票据	504
存货（年初 1 050）	1 449	其他流动负债	702
固定资产净额（年初 1 755）	1 755	长期负债	1 539
		实收资本	2 166
资产总额（年初 5 685）	5 685	负债及所有者权益合计	5 685

该企业 1997 年的主营业务收入为 9 645 000 元，主营业务成本 8 355 000 元，管理费用 870 000 元，利息费用 147 000 元，所得税 108 000 元，实现净利润 165 000 元。

要求：

计算下列财务指标：① 流动比率。② 资产负债率。③ 已获利息倍数。④ 存货周转率。⑤ 应收账款周转率。⑥ 固定资产周转率。⑦ 总资产周转率。⑧ 销售净利率。⑨ 总资产报酬率。⑩ 所有者权益利润率。

2. 某企业年末速动比率为 2；长期负债是短期投资的 4 倍；应收账款 4 000 元，是速动资产的 50%，是流动资产的 25%，并与固定资产相等；所有者权益总额等于营运资金；实收资本是未分配利润的 2 倍。

要求：

根据上述资料编制该企业资产负债表，如表 3 – 10 所示。

表 3 – 10　资产负债表　　　　　　　　　　　　　　　　　单位：元

资　产	金　额	负债与所有者权益	金　额
货币资金		流动负债	
短期投资		长期负债	
应收账款		负债合计	
存货		实收资本	
流动资产合计		未分配利润	
固定资产		所有者权益合计	
合计		合计	

3. 某公司 2003 年年末有关数据如表 3 – 11 所示。

表 3 – 11　资产负债表　　　　　　　　　　　　　　　　　单位：万元

项　目	金　额	项　目	金　额
货币投资	300	短期借款	300
短期投资	200	应付账款	200
应收票据	102（年初 168）	长期负债	975
应收账款	98（年初 82）	所有者权益	1 025（年初 775）

(续表)

项 目	金 额	项 目	金 额
存货	500(年初460)	主营业务收入	3 000
		主营业务成本	2 400
		财务费用	10
固定资产净值	1 286(年初214)	税前利润	90
无形资产	14	税后利润	54

要求:

(1) 据以上资料,计算该公司2003年的流动比率、速动比率、存货周转率、应收账款周转天数、资产负债率、已获利息倍数、销售净利率、净资产收益率。

(2) 假设该公司同行业的各项比率的平均水平如表3-12所示,试根据(1)计算结果,对本公司财务状况做出简要评价。

表3-12 同行业的各项比率的平均水平

比 率 名 称	同行业平均水平
流动比率	2
速动比率	1
存货周转率	6
应收账款周转天数(天)	30
资产负债率	40%
已获利息倍数	8
销售净利率	9%
净资产收益率	10%

4. ABC公司正处于免税期,2003年的销售额为62 500万元,比上年提高28%,有关的财务比率如表3-13所示。

表3-13 ABC公司有关的财务比率数据表

财 务 比 率	2002年同业平均	2002年本公司	2003年本公司
应收账款回收期(天)	35.00	36.00	36.00
存货周转率	2.50	2.59	2.11
销售毛利率	38%	40%	40%
销售营业利润率(息税前)	10%	9.6%	10.63%
销售利息率	3.73%	2.4%	3.82%
销售净利率	6.27%	7.2%	6.81%
总资产周转率	1.14	1.11	1.07

(续表)

财务比率	2002年同业平均	2002年本公司	2003年本公司
固定资产周转率	1.40	2.02	1.82
资产负债率	58%	50%	61.3%
已获利息倍数	2.68	4.00	2.78

要求：
(1) 运用杜邦财务分析原理，比较2002年公司与同业平均的净资产收益率，定性分析其差异的原因。
(2) 运用杜邦财务分析原理，比较本公司2003年与2002年的净资产收益率，定性分析其变化的原因。

第四章 筹资方式

学习目的与要求：

(1) 了解资金筹集的目的和要求，筹资的渠道和筹资方式的类型。
(2) 了解企业股权筹资和长期债务筹资的种类和特点；掌握普通股、长期借款、长期债券的筹资程序和方法。
(3) 掌握长期借款和长期债券筹资程序和方法。
(4) 理解租赁、优先股、认股权证和可转换债券的特征、筹资程序和优缺点，能够运用其进行有关筹资决策分析。
(5) 了解短期筹资方式的类型，掌握商业信用和短期银行借款的决策和控制方法。

重点：

(1) 普通股、长期借款、长期债券的筹资程序和方法。
(2) 租赁、优先股、认股权证和可转换债券的特征、筹资程序和优缺点。
(3) 三种营运资本筹资政策的含义、特点。
(4) 商业信用和短期银行借款的决策和控制方法。

难点：

(1) 租赁、认股权证和可转换债券的特征、筹资程序。
(2) 三种营运资本筹资政策的含义。
(3) 商业信用和短期银行借款的决策。

导读：

企业生产经营对于资金的需求是复杂的，企业在设立时需要注册资本金，在正常的经营过程中需要采购原材料，支付职工薪酬，为了扩大生产规模需要购置新的固定资产，为了多元化经营需要巨额的投资资本等。现金——资产——现金(增值)的循环，即为了维系企业正常生产经营运转所需要的基本循环就是企业的资金链。企业要持续经营，就必须保持这个良性循环不断运转。而筹资是保证资金链安全的重要环节。我国企业目前融资的现状是许多中小企业因为融资难、融资贵等原因缺乏资金而失去市场良机，但同时一些国有大型企业却将大量资金投资金融理财产品，资金利用率较低。对于企业来说，在需要资金的时候必须筹集资金，否则资金链断裂企业将不得不破产。筹资难固然有政策的原因，但企业更应该注重提高资金的利用效率，只有这样才能增加企业价值。那么合理确定资金需求量，选择经济有效的筹资方式就成为企业筹资管理的一个重要内容。

第一节 筹资概述

企业需要资金如同我们人类需要氧气一样,在生产经营活动中企业时刻需要资金以维持企业运营。企业资金的来源一部分靠企业资产自发的增长,但更多的资金需要企业筹集。企业筹集资金是资金运动的起点,是财务管理的一项基本职能。所谓企业筹资,是指企业根据运营需要,合理估计资金需求量,通过一定的渠道,采用适当的方式,获取资金的一种经济行为。

一、企业筹资的动机

企业的筹资动机和目的也多种多样,主要表现在以下几个方面。

(一) 新建筹资动机

我国《公司法》规定:"公司全体股东的首次出资额不得低于注册资本的百分之二十,也不得低于法定的注册资本最低限额,其余部分由股东自公司成立之日起两年内缴足;其中,投资公司可以在五年内缴足。有限责任公司注册资本的最低限额为人民币三万元。法律、行政法规对有限责任公司注册资本的最低限额有较高规定的,从其规定。"因此,企业在新建时必须提供规定限额以上的法定资本金,为满足正常生产经营活动需要购建固定的办公场所和生产场所,需要购建固定资产,需要垫支营运资金。新建筹资动机,就是在企业创建时为注册资本金和即将开展的生产经营业务所需投资在各项资产上的资金而产生的筹资动机。

(二) 扩张性筹资动机

企业在成长时期,往往因扩大生产经营规模或对外投资需要大量资金。企业生产经营规模的扩大有两种形式:一种是新建厂房、增加设备,这是外延式的扩大再生产;另一种是引进技术、改进设备,提高固定资产的生产能力,培训工人,提高劳动生产率,这是内涵式的扩大再生产。企业因扩大生产经营规模或追加对外投资而产生的筹资动机,叫做扩张性筹资动机。不管是外延式的扩大再生产还是内涵式的扩大再生产,都会发生扩张性的筹资机动。具有良好发展前景、处于成长时期的企业通常会产生这种筹资动机。扩张性筹资动机所产生的直接结果是使企业的资产规模有所扩大,但负债规模也有所增大,从而既给企业带来收益增长的机会,同时也带来了更大的风险。这是扩张性筹资动机的典型特征。

(三) 偿债性筹资动机

能够偿还到期债务是企业生存的一个基本条件,否则,将会面临破产清算的风险。当债务到期时,企业如果没有能力偿还,就不得不筹集资金以还旧债。企业为了偿还某项到期债务而形成了借款动机。如果企业现有的支付能力已不足以偿付到期旧债,被迫举借新债还旧债,这表明企业财务状况已经恶化。

(四) 调整性筹资动机

资本结构是企业的各种资金来源的比例构成,其合理与否决定了企业资本成本的高低和财务风险的大小。一个企业在不同时期由于筹资方式的不同组合会形成不尽相同的资本结构。随着企业所处环境的变化,现有的资本结构可能不再合理,需要企业通过筹资调整现有的资本结构,使之趋于合理。这种因调整现有资本结构的需要而产生的筹资动机成为企业的调整性筹资动机。

（五）混合筹资动机

企业同时既为扩张规模又为调整资本结构而产生的筹资动机,可称为混合性筹资动机。

二、筹资的原则

为了经济有效地筹集资金,企业筹资时必须遵循一定的原则。

（一）合法性原则

不论是直接筹资还是间接筹资,企业最终都通过筹资行为向社会获取资金。企业的筹资活动不仅为自身的生产经营提供资金来源,而且也会影响投资者的经济利益,影响社会经济秩序。企业的筹资行为和筹资活动必须遵循国家的相关法律法规,依法履行法律法规和投资合同约定的责任,合法合规筹资,依法信息披露,维护各方的合法权益。

（二）合理性原则

企业筹集资金,首先要合理预测资金的需要量。筹资规模与资金需要量应当匹配一致,既要避免因筹资不足影响生产经营的正常进行,又要防止筹资过多,造成资金闲置。其次要综合考虑股权资金与债务资金的关系、长期资金与短期资金的关系,合理安排资本结构,保持适当偿债能力,防范企业财务危机,提高筹资效益。

（三）及时性原则

企业筹集资金,还需要合理预测确定资金需要的时间。要根据资金需求的具体情况,合理安排资金的筹集时间,适时获取所需资金,使筹资与用资在时间上相衔接,既避免过早筹集资金形成的资金投放前闲置,又防止取得资金的时间滞后,错过资金投放的最佳时间。

（四）经济性原则

企业所筹集的资金都要付出资本成本的代价,不同的筹资渠道和筹资方式所取得的资金,其资本成本各有差异。企业应当在考虑筹资难易程度的基础上,针对不同来源资金的成本进行分析,尽可能选择经济、可行的筹资渠道与方式,力求降低筹资成本。

三、筹资的分类

企业筹资按不同的标准可以分为不同的类型。

（一）权益性筹资、债务性筹资及混合筹资

按企业所取得资金的属性不同,可分为权益性筹资、债务性筹资及混合筹资方式三类。这也是企业筹资方式最常见的分类方法。

权益性筹资形成股权资本,是企业依法长期拥有、能够自主调配运用的资本。在企业持续经营期间内,投资者不得抽回,因而也称之为企业的自有资本、主权资本或股东权益资本。企业的股权资本通过吸收直接投资、发行股票、利用留存收益等方式取得。股权资本由于一般不用还本,形成了企业的永久性资本,因而财务风险小,但付出的资本成本相对较高。

债务筹资,是企业通过借款、发行债券、融资租赁以及赊销商品或服务等方式取得的资金形成在规定期限内需要清偿的债务。由于债务筹资到期要归还本金和支付利息,对企业的经营状况不承担责任,因而具有较大的财务风险,但付出的资本成本相对较低。从经济意义上来说,债务筹资也是债权人对企业的一种投资,也要依法享有企业使用债务所取得的经济利益,因而也可以称之为债权人权益。

混合性筹资包括兼具股权与债务特性的混合融资和其他衍生工具融资。我国上市公司目前最常见的混合融资是可转换债券融资,最常见的其他衍生工具融资是认股权证融资。

(二) 直接筹资与间接筹资

按其是否以金融机构为媒介,企业筹资可分为直接筹资和间接筹资两种类型。

直接筹资,是企业直接与资金供应者协商融通资本的一种筹资活动。直接筹资方式主要有吸收直接投资、发行股票、发行债券等。通过直接筹资既可以筹集股权资金,也可以筹集债务资金。

间接筹资,是企业借助银行等金融机构融通资本的筹资活动。在间接筹资方式下,银行等金融机构发挥了中介的作用,资金所有者首先向银行等金融机构让渡资金的使用权,然后由银行等金融机构将资金提供给企业。间接筹资的基本方式是向银行或非银行金融机构借款,此外还有融资租赁等筹资方式。间接筹资形成的主要是债务资金,主要用于满足企业资金周转的需要。

(三) 内部筹资与外部筹资

按资金的来源范围不同,企业筹资可分为内部筹资和外部筹资两种类型。

内部筹资是指企业通过利润留存而形成的筹资来源。内部筹资数额的大小主要取决于企业可分配利润的多少和利润分配政策(股利政策),一般无需花费筹资费用,从而降低了资本成本。

外部筹资是指企业向外部筹措资金而形成的筹资来源。处于初创期的企业,内部筹资的可能性是有限的;处于成长期的企业,内部筹资往往难以满足需要。这就需要企业广泛地开展外部筹资,如发行股票、债券,取得商业信用、向银行借款等。企业向外部筹资大多需要花费一定的筹资费用,从而提高了筹资成本。

因此,企业筹资时首先应利用内部筹资,然后再考虑外部筹资。

(四) 长期筹资与短期筹资

按所筹集资金的使用期限不同,企业筹资可分为长期筹资和短期筹资两种类型。

长期筹资是指企业筹集使用期限在1年以上的资金的活动。长期筹资的目的主要在于形成和更新企业的生产和经营能力,或扩大企业的生产经营规模,或为对外投资筹集资金。长期筹资通常采取吸收直接投资、发行股票、发行债券、取得长期借款、融资租赁等方式,所形成的长期资金主要用于购建固定资产、形成无形资产、进行对外长期投资、垫支流动资金、产品和技术研发等。

短期筹资是指企业筹集使用期限在1年以内的资金的活动。短期资金主要用于企业的流动资产和日常资金周转,一般在短期内需要偿还。短期筹资经常利用商业信用、短期借款、短期融资券等方式来筹集。

(五) 表内筹资和表外筹资

按照筹资的结果是否在资产负债表上得到反映,可将筹资分为表内筹资和表外筹资。表内筹资是指直接引起资产负债表中负债与所有者权益发生变动的筹资。表外筹资是指不会引起资产负债表中负债与所有者权益发生变动的筹资,包括直接表外筹资和间接表外筹资。直接表外筹资是企业以不转移资产所有权的特殊借款形式直接筹资,最为常见的筹资方式有经营租赁、代销商品和来料加工等。间接表外筹资是用另一个企业的负债代替本企业负债,使得本企业表内负债保持在合理的限度内。企业还可以通过应收票据贴现、出售有追索权的应收账款、产品筹资协议等方式把表内筹资化为表外筹资。

四、筹资的渠道和方式

(一) 筹资的渠道

筹资渠道是指企业取得资金的方向和通道,它体现着资金来源的性质,旨在说明企业的资金是从哪些途径筹措的。我国企业目前筹资渠道主要有以下七种。

1. 国家财政资金

国家财政资金是指以国家财政为中心,它不仅包括中央政府和地方政府的财政收支,还包括与国家财政有关系的企业、事业和行政单位的货币收支。财政资金的一个很重要的投资领域,就是对为数众多的国有企业的直接投资。这类投资尽管在一些经济发达国家(特别是英、法等国)也同样存在,但在发展中国家最为突出,亦最为普遍,甚至成了政府干预经济的一种特殊方式。各国的经验和长期的实践表明,在现代市场经济条件下,对国有企业的投资选择,应根据不同的国情,采取分类指导、区别对待的办法。比如,对那些只能或只便于由国有资本进入的部门或行业中的企业,如国防、航天航空、造币等,主要采取财政投资的形式;对那些属于基础设施、基础产业性质的企(事)业,如城市公用事业、大型交通运输企业、邮电通讯等企业,可根据实际情况,分别采取国有独资、若干国有股股东联合持股、国有资本控股等多种形式投资进入。

2. 银行信贷资金

银行信贷资金是指银行用于发放贷款的资金。信贷资金的筹集和运用,采取有偿的存款和贷款的方式,其特点是有借有还和按期支付利息。银行信贷资金的来源由四部分组成:银行自有资金、各种存款、各单位委托银行办理结算的资金、发行的货币。各种存款是信贷资金的主要来源。信贷资金主要用于发放各种贷款,较少的部分用于金银储备和外汇储备。银行分为商业性银行和政策性银行。商业银行是以营利为目的,主要为各种企业提供商业贷款。政策性银行则是为某些企业提供政策性贷款。

3. 非银行金融机构资金

非银行金融机构是指除人民银行、商业银行和政策性银行以外的所有金融机构。它主要包括信托、证券、保险、融资租赁等机构以及农村信用社、财务公司等。非银行金融机构资金力量不如银行,但它们的资金供应比较灵活方便,不但从事信贷资金投放,而且可提供物资融通、证券承销等其他服务。

4. 其他法人单位资金

其他法人单位资金主要指企业经营过程中的闲置资金,为了提高资金收益率或其他目的进行相互投资而形成的资金来源。企业之间以商品交易为基础的商业信用而形成的借贷关系,也是形成企业资金的来源渠道之一。

5. 企业自留资金

企业自留资金是指企业内部形成的资金。它主要包括计提折旧、资本公积金、提取的盈余公积金、未分配利润等,还可以包括一些经常性的延期支付的款项,如应付职工薪酬、应交税费、应付股利等。这一渠道的资金除资本公积金外都属企业内部生产或转移,它一般并不增加企业资金总量,但可能增加可供周转的营运资金。它无须通过任何筹资活动,从该渠道取得最具主动性。

6. 居民个人资金

居民个人资金是指企业职工和城乡居民的节约货币未转化为银行储蓄的社会"游离"资金,这部分资金也可以用于对企业投资,如用于购买股票和公司债券,因而也是形成企业筹资的一项来源。

7. 外商资金

外商资金是指外国投资者以及我国港、澳、台投资者投入的资金。外国资金是中国境外的外国企业和外商投资企业的主要资金来源。

(二) 筹资方式

筹资方式是企业筹集资金所采取的具体形式,它旨在说明企业财务管理人员运用什么样的具体形式从各种渠道筹措所需的资金。不同的筹资方式各具特点,企业应根据自身条件选择适当的筹资方式以及各种不同筹资方式的有效组合,以达到提高筹资效益和降低筹资风险的目的。如前面我们所说,权益性资金的筹集方式有吸收直接投资、发行股票和利用留存收益,债务性资金的筹集方式有银行借款、发行债券、融资租赁、商业信用等。

筹资渠道解决的是资金来源问题,筹资方式则解决通过何种方式取得资金的问题,它们之间存在一定的对应关系。一定的筹资方式可能只适用于某一特定的筹资渠道,但是同一渠道的资金往往可采用不同的方式取得,同一筹资方式又往往适用于不同的筹资渠道。因此,企业在筹资时,应实现两者的合理配合。

五、资金需求量的预测

企业筹资要遵循合理性原则和经济性原则,而要做到筹资的合理与经济,企业需要预先知道自身的财务需求。即企业必须确定资金的需要量,使企业筹集的资金既能保证满足生产经营的需要,又不会造成资金的闲置,这样才能使得筹资经济、合理。资金需要量预测是指企业根据生产经营的需求,对未来所需资金的估计和推测。它是企业制定融资计划的基础,可以采用因素分析法、销售百分比法和资金习性预测法。

(一) 因素分析法

因素分析法,又称分析调整法,是指以有关项目基期年度的平均资金需要量为基础,根据预测年度的生产经营任务和资金周转加速的要求,进行分析调整,来预测资金需要量的一种方法。这种方法计算简便,容易掌握,但预测结果不太精确,通常用于品种繁多、规格复杂、用量较小、价格较低的资本平均占用项目的预测,也可用于匡算全部资本的需要量。

$$资金需要量=(基期资金平均占用额-不合理资金占用额)\times(1\pm预测期销售增减率)\times(1\pm预测期资金周转速度变动率)$$

这个变动率加速为减,减速为加。

【例 4-1】 A 公司上年度资金平均占用额为 2 200 万元,经分析,其中不合理部分 200 万元,预计本年度销售增长 5%,资金周转加速 2%,则:

预测年度资金需要量＝(2 200－200)×(1＋5%)×(1－2%)＝2 058(万元)

（二）销售百分比法

1. 销售百分比法的原理

销售百分比法是指假定收入、费用、资产、负债与销售收入存在稳定的百分比关系，并根据预计销售额和相应的百分比预计资产、负债和所有者权益变动，然后利用会计等式确定融资需求的一种方法。预测期随着销售收入的增长，负债和所有者权益也会随之增长，这一部分增长是自发性的增长，不属于筹资部分。

2. 销售百分比法的应用

预测的步骤如下。

1）确定随销售额而变动的资产和负债项目

销售百分比应用的一个前提就是假设资产负债表中的项目与销售收入之间存在固定的百分比关系。但某些项目如货币资金、应收账款、存货与销售收入之前成正比的关系，而有些项目如固定资产、长期股权投资等项目与销售收入之间并不成一定的比例关系。因此，使用销售百分比法的第一步就是要划分哪些是随销售额变动而变动的敏感项目，哪些是非敏感项目。

【例 4-2】 A 公司 2011 年实际销售收入 1 000 万元，资产负债表及敏感项目与销售收入的比率如表 4-1 所示。2012 年预计销售收入为 1 500 万元。预测 2012 年外部筹资额。

表 4-1　2011 年甲公司资产负债表　　　　　　　　　　　　　　　　单位：万元

项　目	金　额	占销售收入的百分比(%)	项　目	金　额	占销售收入的百分比(%)
现金	20	2	应付账款	50	5
应收账款	280	28	应付职工薪酬	150	15
存货	300	30	短期借款	100	—
固定资产净值	400	—	长期借款	200	—
			负债合计		
			实收资本	300	—
			留用利润	200	—
资产总额	1 000		负债和所有者权益合计	1 000	

在资产负债表中，资产方的现金、应收账款和存货都随销售收入的增加而增加，因为较多的销售量需要占用较多的现金、应收账款和存货，而固定资产因为之前存在闲置生产能力并不会随销售量的增加而增加。在负债与所有者权益方，应付账款和应付职工薪酬也会随着销售的增加而增加，但短期借款、实收资本、留用利润不会自动增加。

2）确定有关项目与销售收入的销售百分比

根据上年有关数据确定销售额与资产负债项目的百分比，销售百分比的计算结果列示在表 4-1 中。

资产项目与销售收入的销售百分比＝2%＋28%＋30%＝60%
负债项目与销售收入的销售百分比＝5%＋15%＝20%

假设这些项目的销售百分比在预测期保持不变。

3）预计资金总需求

资产与销售收入的百分比是60%，当销售收入从1 000万元增加到1 500万元，资产随销售收入的增长而增长的部分为：

60%×(1 500－1 000)＝300(万元)，即资产增加到1 300万元。

负债与销售收入的百分比为20%，负债随销售收入增长而增长的部分为：20%×(1 500－1 000)＝100(万元)，这部分负债的增长属于企业负债资金自发的增长，不属于筹资部分，那么负债与所有者权益的资金增长到1 100万元。

根据资产负债表基本等式，资产与负债权益项目不平衡，产生了资金的缺口。这个缺口就是企业的资金总需求。

资金总需求为＝300－100＝200(万元)

4）计算外部融资需求

企业产生200万元的资金总需求，可以通过企业内部来筹集，如果企业内部资金来源不能满足资金总需求，就得向外部融资。

企业内部资金的筹集方式就是利用留存收益的增加额。

留存收益增加额＝预计销售额×销售净利率×(1－股利支付率)

假设甲公司预计2012年销售净利率为20%，预计股利支付率为60%，

那么留存收益增加额＝1 500×20%×(1－60%)＝120(万元)

外部融资额＝资金总需求－留存收益增加＝200－120＝80(万元)

（三）资金习性预测法

资金习性是指资金变动与产销量变动之间的依存关系。按资金习性可将资金分为不变资金、变动资金和半变动资金。不变资金是指一定产销量范围内，不受产销量变动影响的资金；变动资金是指随产销量变动而同比例变动的资金；半变动资金是指虽然随产销量变动而变动，但不成正比例变动的资金。资金习性预测法是指根据资金习性预测未来资金需要量的方法。

1. 回归直线法

回归直线法是根据若干期业务量和资金占用的历史资料，运用最小平方法原理计算不变资金和单位销售额变动资金的一种资金习性分析方法。

设产销量为自变量x，资金占用为因变量y，它们之间关系可用下式表示：

$$y = a + bx$$

式中：a——不变资金；

　　　b——单位产销量所需变动资金。

根据历史资料和回归分析的最小二乘法可以求出直线方程的系数a和b，然后根据计划产销量和直线方程预计资金需求量的金额。

应用线性回归法必须注意以下几个问题：

① 资金需要量与营业业务量之间线性关系的假定应符合实际情况。② 确定a,b数值，应利用连续若干年的历史资料，一般要有3年以上的资料。③ 应考虑价格等因素的变动情况。

2. 高低点法

资金预测的高低点法是指根据企业一定期间资金占用的历史资料,按照资金习性原理和 $y=a+bx$ 直线方程式,选用最高收入期和最低收入期的资金占用量之差,同这两个收入期的销售额之差进行对比,先求 b 的值,然后再代入原直线方程,求出 a 的值,从而估计推测资金发展趋势。使用该方法,首先还是按照资金习性原理,假设:

$$资金总额(y) = 不变资金(a) + 变动资金(bx)$$

$$b = \frac{最高收入期资金占用量 - 最低收入期资金占用量}{最高销售收入 - 最低销售收入}$$

$$a = 最高收入期资金占用量 - b \times 最高销售收入$$

用高低点法分解半变动成本简便易算,只要有两个不同时期的业务量和成本,就可求解,使用较为广泛。但这种方法只根据最高、最低两点资料,而不考虑两点之间业务量和成本的变化,计算结果往往不够精确。一般在企业资金变动趋势比较稳定的情况下,较为适宜。

第二节 权益性筹资方式

一、企业资本金制度

(一) 企业资本金的含义

根据我国《企业财务通则》规定:"设立企业必须有法定的资本金。资本金是指企业在工商行政管理部门登记的注册资金。"企业资本金是投资者用以进行企业生产经营、承担民事责任而投入的资金。资本金在不同类型的企业表现形式不同,股份有限公司的资本金被称为股本,股份有限公司以外的一般企业的资本金被称为实收资本。

从性质上看,资本金是投资者创建企业所投入的资本,是原始启动资金;从功能上看,资本金是投资者用以享有权益和承担责任的资金,有限责任公司和股份有限公司以其资本金为限对所负债务承担有限责任;从法律地位来看,资本金要在工商行政管理部门办理注册登记,投资者只能按所投入的资本金而不是所投入的实际资本数额享有权益和承担责任,已注册的资本金如果追加或减少,必须办理变更登记;从时效来看,除了企业清算、减资、转让回购股权等特殊情形外,投资者不得随意从企业收回资本金,企业可以无限期地占用投资者的出资。

在市场经济条件下,企业的建立或者项目的开发,首先要具备一定数量的资本金,而这些资本金的筹集和补充必须在一定的规则或机制约束下进行,这些约束资本金筹集和补充的多种规则或机制的总和,就构成资本金制度。

(二) 资本金的筹集

1. 资本金的最低限额

有关法规制度规定了各类企业资本金的最低限额,如表 4-2 所示。

表 4-2 各类企业资本金最低限额表

公 司 类 型	注册资本的最低限额
股份有限公司	500 万元
上市的股份有限公司	3 000 万元
有限责任公司	3 万元
一人有限责任公司	10 万元
公司制的会计师事务所或资产评估机构	30 万元
采取股份有限公司形式设立保险公司	2 亿元
采取股份有限公司形式设立证券公司(经纪类)	5 000 万元
采取股份有限公司形式设立证券公司(综合类)	5 亿元

2. 资本金的出资方式

根据我国《公司法》等法律法规的规定,投资者可以采取货币资产和非货币资产两种形式出资。全体投资者的货币出资金额不得低于公司注册资本的 30%;投资者可以用实物、知识产权、土地使用权等依法转让的非货币财产作价出资;法律、行政法规规定不得作为出资的财产除外。

3. 资本金缴纳的期限

资本金缴纳的期限,通常有三种办法:一是实收资本制,在企业成立时一次筹足资本金总额,实收资本与注册资本数额一致,否则企业不能成立;二是授权资本制,在企业成立时不一定一次筹足资本金总额,只要筹集了第一期资本,企业即可成立,其余部分由董事会在企业成立后进行筹集,企业成立时的实收资本与注册资本可能不相一致;三是折衷资本制,在企业成立时不一定一次筹足资本金总额,类似于授权资本制,但规定了首期出资的数额或比例及最后一期缴清资本的期限。

我国的做法属于折衷资本制,资本金可以分期缴纳,但首次出资额不得低于法定的注册资本最低限额。股份有限公司和有限责任公司的股东首次出资额不得低于注册资本的 20%。

4. 资本金的评估

吸收实物、无形资产等非货币资产筹集资本金的,应按照评估确认的金额或者按合同、协议约定的金额计价。其中,为了避免虚假出资或通过出资转移财产,导致国有资产流失,国有及国有控股企业以非货币资产出资或者接受其他企业的非货币资产出资,需要委托有资格的资产评估机构进行资产评估,并以资产评估机构评估确认的资产价值作为投资作价的基础。经国务院、省政府批准实施的重大经济事项涉及的资产评估项目,分别由本级政府国有资产监管部门或者财政部门负责核准,其余资产评估项目一律实施备案制度。严格来说,其他企业的资本金评估时,并不一定要求必须聘请专业评估机构评估,相关当事人或者聘请的第三方专业中介机构评估后认可的价格也可成为作价依据。不过,聘请第三方专业中介机构来评估相关的非货币资产,能够更好地保证评估作价的真实性和准确性,有效地保护公司及其债权人的利益。

二、吸收直接投资

吸收直接投资是指企业按照"共同投资、共同经营、共担风险、共享收益"的原则,直接吸收国家、法人、个人和外商投入资金的一种筹资方式。吸收直接投资是非股份制企业筹集权益资本的基本方式,采用吸收直接投资的企业,资本不分为等额股份、无需公开发行股票。吸收直接投资实际出资额,注册资本部分形成实收资本;超过注册资本的部分属于资本溢价,形成资本公积。

(一)吸收直接投资的种类

1. 吸收国家投资

国家投资是指有权代表国家投资的政府部门或机构,以国有资产投入公司,这种情况下形成的资本叫国有资本。根据《公司国有资本与公司财务暂行办法》的规定,在公司持续经营期间,公司以盈余公积、资本公积转增实收资本的,国有公司和国有独资公司由公司董事会或经理办公会决定,并报主管财政机关备案;股份有限公司和有限责任公司由董事会决定,并经股东大会审议通过。吸收国家投资一般具有以下特点:① 产权归属国家。② 资金的运用和处置受国家约束较大。③ 在国有公司中采用比较广泛。

2. 吸收法人投资

法人投资是指法人单位以其依法可支配的资产投入公司,这种情况下形成的资本称为法人资本。吸收法人资本一般具有以下特点:① 发生在法人单位之间。② 以参与公司利润分配或控制为目的。③ 出资方式灵活多样。

3. 吸收外商直接投资

企业可以通过合资经营或合作经营的方式吸收外商直接投资,即与其他国家的投资者共同投资,创办中外合资经营企业或者中外合作经营企业,共同经营、共担风险、共负盈亏、共享利益。

4. 吸收社会公众投资

社会公众投资是指社会个人或本公司职工以个人合法财产投入公司,这种情况下形成的资本称为个人资本。吸收社会公众投资一般具有以下特点:① 参加投资的人员较多。② 每人投资的数额相对较少。③ 以参与公司利润分配为基本目的。

(二)吸收直接投资的出资方式

1. 以货币资产出资

以货币资产出资是吸收直接投资中最重要的出资方式。企业有了货币资产,便可以获取其他物质资源,支付各种费用,满足企业创建时的开支和随后的日常周转需要。我国《公司法》规定,公司全体股东或者发起人的货币出资金额不得低于公司注册资本的30%。

2. 以实物资产出资

实物出资是指投资者以房屋、建筑物、设备等固定资产和材料、燃料、商品产品等流动资产所进行的投资。实物投资应符合以下条件:① 适合企业生产、经营、研发等活动的需要。② 技术性能良好。③ 作价公平合理。

实物出资中实物的作价,可以由出资各方协商确定,也可以聘请专业资产评估机构评估确定。国有及国有控股企业接受其他企业的非货币资产出资,需要委托有资格的资产评估机构进行资产评估。

3. 以土地使用权出资

土地使用权是指土地经营者对依法取得的土地在一定期限内有进行建筑、生产经营或其他活动的权利。土地使用权具有相对的独立性,在土地使用权存续期间,包括土地所有者在内的其他任何人和单位,不能任意收回土地和非法干预使用权人的经营活动。企业吸收土地使用权投资应符合以下条件:① 适合企业科研、生产、经营、研发等活动的需要。② 地理、交通条件适宜。③ 作价公平合理。

4. 以工业产权出资

工业产权通常是指专有技术、商标权、专利权、非专利技术等无形资产。投资者以工业产权出资应符合以下条件:① 有助企业研究、开发和生产出新的高科技产品。② 有助于企业提高生产效率,改进产品质量。③ 有助于企业降低生产消耗、能源消耗等各种消耗。④ 作价公平合理。

(三) 吸收直接投资的优缺点

1. 优点

(1) 能够尽快形成生产能力。吸收直接投资不仅可以取得一部分货币资金,而且能够直接获得所需的先进设备和技术,尽快形成生产经营能力。

(2) 容易进行信息沟通。吸收直接投资的投资者比较单一,股权没有社会化、分散化,甚至于有的投资者直接担任公司管理层职务,公司与投资者易于沟通。

(3) 吸收投资的手续相对比较简便,筹资费用较低。

2. 缺点

(1) 资本成本较高。相对于股票筹资来说,吸收直接投资的资本成本较高。当企业经营较好,盈利较多时,投资者往往要求将大部分盈余作为红利分配,因为企业向投资者支付的报酬是按其出资数额和企业实现利润的比率来计算的。

(2) 企业控制权集中,不利于企业治理。采用吸收直接投资方式筹资,投资者一般都要求获得与投资数额相适应的经营管理权。如果某个投资者的投资额比例较大,则该投资者对企业的经营管理就会有相当大的控制权,容易损害其他投资者的利益。

(3) 不利于产权交易。吸收投入资本由于没有证券为媒介,不利于产权交易,难以进行产权转让。

三、普通股筹资

(一) 股票的概念和种类

1. 股票的概念

股票是股份公司在筹集资本时向出资人公开或私下发行的、用以证明出资人的股东身份和权利,并根据持有人所持有的股份数享有权益和承担义务的凭证。股票是一种有价证券,代表着其持有人(股东)对股份公司的所有权,每一股同类型股票所代表的公司所有权是相等的,即"同股同权"。股票可以公开上市,也可以不上市。在股票市场上,股票也是投资和投机的对象。

2. 股票的种类

股份有限公司根据有关法规的规定以及筹资和投资者的需要,可以发行不同种类的普通股。

1）普通股和优先股

按股东享有的权利和义务不同，可分为普通股和优先股。所谓普通股股票，就是持有这种股票的股东都享有同等的权利，他们都能参加公司的经营决策，其所分取的股息红利是随着股份公司经营利润的多寡而变化。所谓优先股股票，是指持有该种股票股东的权益要受一定的限制。优先股股票的发行一般是股份公司出于某种特定的目的和需要，且在票面上要注明"优先股"字样。优先股股东的优先权表现在两点：一是可优先于普通股股东以固定的股息分取公司收益；二是在公司破产清算时优先分取剩余资产。但优先股股东一般不能参与公司的经营活动。我国沪市和深市发行的股票都为普通股。

2）记名股和不记名股

按股票有无记名，可分为记名股和不记名股。记名股是在股票票面上记载股东姓名或名称的股票。这种股票除了股票上所记载的股东外，其他人不得行使其股权，且股份的转让有严格的法律程序与手续，需办理过户。不记名股是票面上不记载股东姓名或名称的股票。这类票的持有人即股份的所有人，具有股东资格，股票的转让也比较自由、方便无需办理过户手续。我国《公司法》规定，向发起人、国家授权投资的机构、法人发行的股票，应为记名股。

3）面值股票和无面值股票

按股票是否标明金额，可分为面值股票和无面值股票。面值股票是在票面上标有一定金额的股票。持有这种股票的股东，对公司享有的权利和承担的义务大小，依其所持有的股票票面金额占公司发行在外股票总面值的比例而定。无面值股票是不在票面上标出金额，只载明所占公司股本总额的比例或股份数的股票。无面值股票的价值随公司财产的增减而变动，而股东对公司享有的权利和承担义务的大小，直接依股票标明的比例而定。目前，我国《公司法》不承认无面值股票，规定股票应记载股票的面额，并且其发行价格不得低于票面金额。

4）国家股、法人股、个人股

按投资主体的不同，可分为国家股、法人股、个人股等。国家股是有权代表国家投资的部门或机构以国有资产向公司投资而形成的股份。法人股是企业法人依法以其可支配的财产向公司投资而形成的股份，或具有法人资格的事业单位和社会团体以国家允许用于经营的资产向公司投资而形成的股份。个人股是社会个人或公司内部职工以个人合法财产投入公司而形成的股份。

5）A股、B股、H股和N股

按发行对象和上市地区的不同，又可将股票分为A股、B股、H股和N股等。A股是供中国大陆地区个人或法人买卖的，以人民币标明票面金额并以人民币认购和交易的股票。B股、H股和N股是专供外国和中国港、澳、台地区投资者买卖的，以人民币标明票面金额但以外币认购和交易的股票。其中，B股在上海、深圳上市；H股在香港上市；N股在纽约上市。

（二）普通股股东享有的权利

持有普通股股份者为普通股股东。依照我国《公司法》的规定，普通股股东主要有如下权利：

（1）出席或委托代理人出席股东大会，并依公司章程规定行使表决权。这是普通股股东参与公司经营管理的基本方式。

（2）股份转让权。股东持有的股份可以自由转让，但必须符合《公司法》、其他法规和公司章程规定的条件和程序。

(3) 股利分配请求权。

(4) 对公司账目和股东大会决议的审查权和对公司事务的质询权。

(5) 分配公司剩余财产的权利。

(6) 公司章程规定的其他权利。

同时,普通股股东也基于其资格,对公司负有义务。我国《公司法》中规定了股东具有遵守公司章程、缴纳股款、对公司负有有限责任、不得退股等义务。

(三) 股票的发行

股份有限公司在设立时要发行股票。此外,公司设立之后,为了扩大经营、改善资本结构,也会增资发行新股。股份的发行,实行公平、公正的原则,必须同股同权、同股同利。同次发行的股票,每股的发行条件和价格应当相同。任何单位或个人所认购的股份,每股应支付相同的价款。同时,发行股票还应接受国务院证券监督管理机构的管理和监督。股票发行具体应执行的管理规定主要包括股票发行条件、发行程序和方式、销售方式等。

1. 股票发行的规定与条件

按照我国《公司法》和《证券法》的有关规定,股份有限公司发行股票,应符合以下规定与条件:

(1) 每股金额相等。同次发行的股票,每股的发行条件和价格应当相同。

(2) 股票发行价格可以按票面金额,也可以超过票面金额,但不得低于票面金额。

(3) 股票应当载明公司名称、公司登记日期、股票种类、票面金额及代表的股份数、股票编号等主要事项。

(4) 向发起人、国家授权投资的机构、法人发行的股票,应当为记名股票;对社会公众发行的股票,可以为记名股票,也可以为无记名股票。

(5) 公司发行记名股票的,应当置备股东名册,记载股东的姓名或者名称、住所、各股东所持股份、各股东所持股票编号、各股东取得其股份的日期;发行无记名股票的,公司应当记载其股票数量、编号及发行日期。

(6) 公司发行新股,必须具备下列条件:① 具备健全且运行良好的组织结构。② 具有持续盈利能力,财务状态良好。③ 最近3年财务会计文件无虚假记载,无其他重大违法行为。④ 证券监督管理机构规定的其他条件。

2. 股票初次发行的程序

(1) 提出募集股份申请。

(2) 公告招股说明书,制作认股书,签订承销协议和代收股款协议。

(3) 招认股份,缴纳股款。

(4) 召开创立大会,选举董事会、监事会。

(5) 办理设立登记,交割股票。

3. 股票发行方式、销售方式

公司发行股票筹资,应当选择适宜的股票发行方式和销售方式,并恰当地制定发行价格,以便及时募足资本。

1) 股票发行方式

股票发行方式,指的是公司通过何种途径发行股票。总的来讲,股票的发行方式可分为如下两类：① 公开间接发行。它是指通过中介机构，公开向社会公众发行股票。我国股份有限公司采用募集设立方式向社会公开发行新股时，须由证券经营机构承销的做法，就属于股票的公开间接发行。这种发行方式的发行范围广、发行对象多，易于足额募集资本；股票的变现性强，流通性好；股票的公开发行还有助于提高发行公司的知名度和扩大其影响力。但这种发行方式也有不足，主要是手续繁杂，发行成本高。② 不公开直接发行。它是指不公开对外发行股票，只向少数特定的对象直接发行，因而不需经中介机构承销。我国股份有限公司采用发起设立方式和以不向社会公开募集的方式发行新股的做法，即属于股票的不公开直接发行。这种发行方式弹性较大，发行成本低；但发行范围小，股票变现性差。

2) 股票的销售方式

股票的销售方式，指的是股份有限公司向社会公开发行股票时所采取的股票销售方法。股票销售方式有两类：自销和委托承销。① 自销方式。股票发行的自销方式是指发行公司自己直接将股票销售给认购者。这种销售方式可由发行公司直接控制发行过程，实现发行意图，并可以节省发行费用；但往往筹资时间长，发行公司要承担全部发行风险，并需要发行公司有较高的知名度、信誉和实力。② 委托承销方式。股票发行的承销方式是指发行公司将股票销售业务委托给证券经营机构代理。这种销售方式是发行股票所普遍采用的。我国《公司法》规定股份有限公司向社会公开发行股票，必须与依法设立的证券经营机构签订承销协议，由证券经营机构承销。股票承销又分为包销和代销两种具体办法。所谓包销，是根据承销协议商定的价格，证券经营机构一次性全部购进发行公司公开募集的全部股份，然后以较高的价格出售给社会上的认购者。对发行公司来说，包销的办法可及时筹足资本，免于承担发行风险（股款未募足的风险由承销商承担）；但股票以较低的价格售给承销商会损失部分溢价。所谓代销，是证券经营机构代替发行公司代售股票，并由此获取一定的佣金，但不承担股款未募足的风险。

4. 普通股发行定价

股票的发行价格是股票发行时所使用的价格，也就是投资者认购股票时所支付的价格。股票的发行价格可以和股票的面额一致，但多数情况下不一致。股票的发行价格一般有以下两种：溢价和平价。所谓平价，就是以股票的票面额为发行价格，也称为等价发行。溢价又分为时价和中间价。时价就是以本公司股票在流通市场上买卖的实际价格为基准确定的股票发行价格。中间价就是以时价和等价的中间值确定的股票发行价格。我国《公司法》规定，股票发行价格可以等于票面金额（等价），也可以超过票面金额（溢价），但不得低于票面金额（折价）。

根据我国《证券法》规定，首次公开发行股票时，发行价格应由发行人与承销的证券公司协商确定。在实际工作中，股票发行价格的确定方法主要有三种。

1) 市盈率法

市盈率定价法是指依据注册会计师审核后的发行人的盈利情况计算发行人的每股收益，然后根据二级市场的平均市盈率、发行人的行业状况、经营状况和未来的成长情况拟定其市盈率，是新股发行定价方式的一种。① 根据注册会计师审核后的盈利预测计算出发行公司的每股净收益，每股净收益＝净利润/发行前总股本数。② 根据二级市场的平均市盈率、发行公司所处行业的情况、发行公司的经营状况及其成长性等拟定发行市盈率。③ 依发行市盈率与每股收益之乘积决定发行价，发行价＝每股净收益×发行市盈率。合理市盈率定价法是有一定适用范围的,有些公司就不能采用这种方法定价,如业绩太差甚至亏损的公司,流通股市盈率已经低于合理市盈率的公司,以及在该定价方式下国有股价格低于每股净资产的公司等。

2) 净资产倍率法

净资产倍率法,又称资产净值法,是指通过资产评估和相关会计手段,确定发行公司拟募股资产的每股净资产值,然后根据证券市场的状况将每股净资产值乘以一定的倍率,以此确定股票发行价格的方法。

净资产倍率法是属于会计评估模式的一种方法,公司价值为公司资产与公司负债的差额。这种价值评估方法只反映了寿险公司的账面价值,是一种历史价值,随着时间的流逝和经济条件的变化,公司评估价值可能会受到扭曲。

以净资产倍率法确定发行股票价格的计算公式是:发行价格＝每股净资产值×溢价倍数。

净资产倍率法在国外常用于房地产公司或资产现值要重于商业利益的公司的股票发行,但在国内一直未采用。以此种方式确定每股发行价格不仅应考虑公平市值,还需考虑市场所能接受的溢价倍数。

3) 现金流量折现法

现金流量折现法是通过预测公司未来的盈利能力,据此计算出公司净现值,并按一定的折现率折算,从而确定股票发行价格的方法。其步骤是:首先用市场接受的会计手段预测公司每个项目若干年内每年的净现金流量,再按照市场公允的折现率,分别计算出每个项目未来的净现金流量的净现值。公司的净现值除以公司股份数,即为每股净现值。采用此法时需注意,由于未来收益存在不确定性,发行价格通常要对每股净现值折让20%～30%。这一方法在国际主要股票市场上主要用于新上市公路、港口、电厂等基建公司的估值发行的定价。

(四) 股票上市

股票上市指的是股份有限公司公开发行的股票经批准在证券交易所进行挂牌交易。经批准在交易所上市交易的股票则称为上市股票。按照国际通行做法,非公开募集发行的股票或未向证券交易所申请上市的非上市证券,应在证券交易所外的店头市场(over the counter market,简称 OTC market)上流通转让;只有公开募集发行并经批准上市的股票才能进入证券交易所流通转让。

1. 股票上市的条件

公司公开发行的股票进入证券交易所挂牌买卖(即股票上市),须受严格的条件限制。我国《证券法》规定,股份有限公司申请其股票上市,必须符合下列条件:

(1) 股票经国务院证券监督管理机构核准已公开发行。

(2) 公司股本总额不少于人民币 3 000 万元。

(3) 公开发行的股份达到公司股份总数的 25% 以上;公司股本总额超过人民币 4 亿元的公开发行的比例为 10% 以上。

(4) 公司最近 3 年无重大违法行为,财务会计报告无虚假记载。

此外,公司股票上市还应符合证券交易所规定的其他条件。

2. 股票上市的目的和不利之处

股份公司申请股票上市,一般出于以下的一些目的:

(1) 资本大众化,分散风险。股票上市后,会有更多的投资者认购公司股份,公司则可将部分股份转售给这些投资者,再将得到的资金用于其他方面,这就分散了公司的风险。

(2) 提高股票的变现力。股票上市后便于投资者购买,自然提高了股票的流动性和变现力。

(3) 便于筹措新资金。股票上市必须经过有关机构的审查批准并接受相应的管理,执行各种信息披露和股票上市的规定,这就大大增强了社会公众对公司的信赖,使他们乐于购买公司的股票。同时,由于一般人认为上市公司实力雄厚,也便于公司采用其他方式(如负债)筹措资金。

(4) 提高公司知名度,吸引更多顾客。股票上市公司,为社会所知,并被认为经营优良,会带来良好声誉,吸引更多的顾客,从而扩大销售量。

(5) 便于确定公司价值。股票上市后,公司股价有市价可循,便于确定公司的价值,有利于促进公司财富最大化。

但股票上市也有对公司不利的一面。这主要指:公司将负担较高的信息披露成本;各种信息公开的要求可能会暴露公司的商业秘密;股价有时会歪曲公司的实际状况,丑化公司声誉;可能会分散公司的控制权,造成管理上的困难。

(五) 股权再融资

股权再融资的方式包括向现有股东配股和增发新股融资。

1. 配股

配股是指向原普通股股东按其持股比例、以低于市价的某一特定价格配售一定数量新发行股票的融资行为。

1) 配股除权价格的计算

通常配股股权登记日后要对股票进行除权处理。除权后股票的理论除权基准价格为:

$$配股除权价格 = \frac{配股前股票市值 + 配股价格 \times 配股数量}{配股前股数 + 配股数量} = \frac{配股前每股价格 + 配股价格 \times 股份变动比例}{1 + 股份变动比例}$$

当所有股东都参与配股时,此时股份变动比例(也即实际配售比例)等于拟配售比例。

除权价只是作为计算除权日股价涨跌幅度的基准,提供的只是一个基准参考价。如果除权后股票交易市价高于该除权基准价格,这种情形使得参与配股的股东财富较配股前有所增加,一般称为"填权";反之,股价低于除权基准价格则会减少参与配股股东的财富,一般称之为"贴权"。

2) 配股权价值

一般来说,老股东可以以低于配股前股票市场的价格购买所配发的股票,即配股权的执行价格低于当前股票价格,此时配股权是实值期权,因此配股权具有价值。利用除权后股票的价值可以估计配股权价值。配股权的价值为:

$$配股权价值 = \frac{配股后股票价格 - 配股价格}{购买一股新股所需的配股权数}$$

【例 4-3】 A 公司采用配股的方式进行融资。2011 年 3 月 21 日为配股除权登记日,以公司 2010 年 12 月 31 日总股本 100 000 股为基数,拟每 10 股配 2 股。配股价格为配股说明书公布前 20 个交易日公司股票收盘价平均值的 5 元/股的 80%,即配股价格为 4 元/股。

假定在分析中不考虑新募集投资的净现值引起的企业价值的变化。

要求：在所有股东均参与配股的情况下，计算配股后每股价格和每一份优先配股权的价值；

$$配股除权价格 = \frac{500\,000 + 20\,000 \times 4}{100\,000 + 20\,000} = 4.833(元/股)$$

$$配股权价值 = \frac{4.833 - 4}{5} = 0.167(元)$$

2. 增发新股

增发新股指上市公司为了筹集权益资本而再次发行股票的融资行为。

1) 增发新股的定价

增发新股的定价有两种方式：① 公开增发。上市公司公开增发新股的定价通常按照"发行价格应不低于公告招股意向书前20个交易日公司股票均价或前1个交易日的均价"的原则确定增发价格。② 非公开增发。非公开发行股票的发行价格应不低于定价基准日前20个交易日公司股票均价的90%。

2) 增发新股的认购方式

增发新股的认购方式也有两种：① 公开增发。公开增发新股的认购方式通常为现金认购。② 非公开增发。非公开增发新股的认购方式不限于现金，还包括权益、债券、无形资产、固定资产等非现金资产。

（六）普通股融资的特点

1. 普通股融资的优点

与其他筹资方式相比，普通股筹措资本具有如下优点：

（1）发行普通股筹措资本具有永久性，无到期日，不需归还。这对保证公司对资本的最低需要、维持公司长期稳定发展极为有益。

（2）发行普通股筹资没有固定的股利负担，股利的支付与否和支付多少，视公司有无盈利和经营需要而定，经营波动给公司带来的财务负担相对较小。由于普通股筹资没有固定的到期还本付息的压力，所以筹资风险较小。

（3）发行普通股筹集的资本是公司最基本的资金来源，它反映了公司的实力，可作为其他方式筹资的基础，尤其可为债权人提供保障，增强公司的举债能力。

（4）由于普通股的预期收益较高并可一定程度地抵销通货膨胀的影响（通常在通货膨胀期间，不动产升值时普通股也随之升值），因此普通股筹资容易吸收资金。

2. 普通股融资的缺点

但是，运用普通股筹措资本也有一些缺点：

（1）普通股的资本成本较高。首先，从投资者的角度讲，投资于普通股风险较高，相应地要求有较高的投资报酬率。其次，对于筹资公司来讲，普通股股利从税后利润中支付，不像债券利息那样作为费用从税前支付，因而不具有抵税作用。此外，普通股的发行费用一般也高于其他证券。

（2）以普通股筹资会增加新股东，这可能会分散公司的控制权，削弱原有股东对公司的控制。

四、利用留存收益

留存收益筹资是指企业将留存收益转化为投资的过程,将企业生产经营所实现的净收益留在企业,而不作为股利分配给股东,其实质为原股东对企业追加投资。

(一)留存收益筹资的渠道

1. 盈余公积

盈余公积是企业按照规定从净利润中提取的各种积累资金,包括法定公积金、任意公积金等。

2. 未分配利润

未分配利润是指企业实现的净利润经过弥补亏损、提取盈余公积和向投资者分配利润后留存在企业的、历年结存的利润。

(二)留存收益筹资的优缺点

1. 优点

1)不发生实际的现金支出

不同于负债筹资,不必支付定期的利息,也不同于股票筹资,不必支付股利。同时还免去了与负债、权益筹资相关的手续费、发行费等开支。但是这种方式存在机会成本,即股东将资金投放于其他项目上的必要报酬率。

2)保持企业举债能力

留存收益实质上属于股东权益的一部分,可以作为企业对外举债的基础。先利用这部分资金筹资,减少了企业对外部资金的需求,当企业遇到盈利率很高的项目时,再向外部筹资,而不会因企业的债务已达到较高的水平而难以筹到资金。

3)企业的控制权不受影响

增加发行股票,原股东的控制权分散;发行债券或增加负债,债权人可能对企业施加限制性条件。而采用留存收益筹资则不会存在此类问题。

2. 缺点

1)期间限制

企业必须经过一定时期的积累才可能拥有一定数量的留存收益,从而使企业难以在短期内获得扩大再生产所需资金。

2)与股利政策的权衡

如果留存收益过高,现金股利过少,则可能影响企业的形象,并给今后进一步的筹资增加困难。利用留存收益筹资须要考虑公司的股利政策,不能随意变动。

第三节 长期债务性筹资方式

一、长期借款

长期借款是指企业向银行或其他非银行金融机构借入的使用期超过1年的借款,主要用于购建固定资产和满足长期流动资金占用的需要。

（一）长期借款的种类

长期借款的种类很多，各企业可根据自身的情况和各种借款条件选用。我国目前各金融机构的长期借款主要有：

（1）按照用途，分为固定资产投资借款、更新改造借款、科技开发和新产品试制借款等。

（2）按照提供贷款的机构，分为政策性银行贷款、商业银行贷款等。此外，企业还可从信托投资公司取得实物或货币形式的信托投资贷款、从财务公司取得各种中长期贷款等。

（3）按照有无担保，分为信用贷款和抵押贷款。信用贷款指不需企业提供抵押品，仅凭其信用或担保人信誉而发放的贷款。抵押贷款指要求企业以抵押品作为担保的贷款。长期贷款的抵押品常常是房屋、建筑物、机器设备、股票、债券等。

（二）取得长期借款的条件

金融机构对企业发放贷款的原则是：按计划发放、择优扶植、有物资保证、按期归还。企业申请贷款一般应具备的条件是：

（1）独立核算、自负盈亏、有法人资格。

（2）经营方向和业务范围符合国家产业政策，借款用途属于银行贷款办法规定的范围。

（3）借款企业具有一定的物资和财产保证，担保单位具有相应的经济实力。

（4）具有偿还贷款的能力。

（5）财务管理和经济核算制度健全，资金使用效益及企业经济效益良好。

（6）在银行设有账户，办理结算。

具备上述条件的企业欲取得贷款，先要向银行提出申请，陈述借款原因与金额、用款时间与计划、还款期限与计划。银行根据企业的借款申请，针对企业的财务状况、信用情况、盈利的稳定性、发展前景、借款投资项目的可行性等进行审查。银行审查同意贷款后，再与借款企业进一步协商贷款的具体条件，明确贷款的种类、用途、金额、利率、期限，还款的资金来源及方式，保护性条件，违约责任等，并以借款合同的形式将其法律化。借款合同生效后，企业便可取得借款。

（三）长期借款的保护性条款

由于长期借款的期限长、风险大，按照国际惯例，银行通常对借款企业提出一些有助于保证贷款、按时足额偿还的条件。这些条件写进贷款合同中，形成了合同的保护性条款。归纳起来，保护性条款大致有如下两类。

1. 一般性保护条款

一般性保护条款应用于大多数借款合同，但根据具体情况会有不同内容。主要包括：① 对借款企业流动资金保持量的规定，其目的在于保持借款企业资金的流动性和偿债能力。② 对支付现金股利和再购入股票的限制，其目的在于限制现金外流。③ 对资本支出规模的限制，其目的在于减小企业日后不得不变卖固定资产以偿还贷款的可能性，仍着眼于保持借款企业资金的流动性。④ 限制其他长期债务，其目的在于防止其他贷款人取得对企业资产的优先求偿权。⑤ 借款企业定期向银行提交财务报表，其目的在于及时掌握企业的财务情况。⑥ 不准在正常情况下出售较多资产，以保持企业正常的生产经营能力。⑦ 如期缴纳税费和清偿其他到期债务，以防被罚款而造成现金流失。⑧ 不准以任何资产作为其他承诺的担保或抵押，以避免企业过重的负担。⑨ 不准贴现应收票据或出售应收账款，以避免或有负债。

⑩ 限制租赁固定资产的规模，其目的在于防止企业负担巨额租金以致削弱其偿债能力，还在于防止企业以租赁固定资产的办法摆脱对其资本支出和负债的约束。

2. 特殊性保护条款

特殊性保护条款是针对某些特殊情况而出现在部分借款合同中的。主要包括：① 贷款专款专用。② 不准企业投资于短期内不能收回资金的项目。③ 限制企业高级职员的薪金和奖金总额。④ 要求企业主要领导人在合同有效期间担任领导职务。⑤ 要求企业主要领导人购买人身保险等。

此外，"短期借款筹资"中的周转信贷协定、补偿性余额等条件，也同样适用于长期借款。

（四）长期借款的偿还方式

长期借款的偿还方式不一，包括：定期支付利息、到期一次性偿还本金的方式；如同短期借款那样的定期等额偿还方式；平时逐期偿还小额本金和利息、期末偿还余下的大额部分的方式。第一种偿还方式会加大企业借款到期时的还款压力，而定期等额偿还又会提高企业使用贷款的实际利率。

（五）长期借款筹资的特点

1. 优点

与其他长期负债筹资相比，长期借款筹资的特点为：

（1）筹资速度快。长期借款的手续比发行债券简单得多，得到借款所花费的时间较短。

（2）借款弹性较大。借款时企业与银行直接交涉，有关条件可谈判确定；用款期间发生变动，亦可与银行再协商。而债券筹资所面对的是社会广大投资者，协商改善筹资条件的可能性很小。

（3）借款成本较低。长期借款利率一般低于债券利率，且由于借款属于直接筹资，筹资费用也较少。

2. 缺点

（1）财务风险较大。企业举借长期借款，必须定期付息到期还本，在经营不利的情况下，可能会产生不能偿付的风险，甚至会导致破产。

（2）限制性条款较多。企业与债权人签订的借款合同中，一般都有较多的限制性条款。这些限制性条款制约着借款的使用，可能会影响企业的经营活动。

二、发行债券

债券是经济主体为筹集资金而发行的，用以记载和反映债权债务关系的有价证券。由企业发行的债券称为企业债券或公司债券。这里所说的债券，指的是期限超过1年的公司债券，其发行目的通常是为建设大型项目筹集大笔长期资金。

（一）债券的种类

公司债券有很多形式，大致有如下分类。

1. 记名债券和无记名债券

按债券上是否记有持券人的姓名或名称，债券可分为记名债券和无记名债券。这种分类类似于记名股票与无记名股票的划分。在公司债券上记载持券人姓名或名称的为记名公司债券；反之，为无记名公司债券。两种债券在转让上的差别也与记名股票、无记名股票相似。

2. 可转换债券和不可转换债券

按能否转换为公司股票,债券可分为可转换债券和不可转换债券。若公司债券能转换为本公司股票,为可转换债券;反之,为不可转换债券。一般来讲,前种债券的利率要低于后种债券。

3. 抵押债券和信用债券

按有无特定的财产担保,债券可分为抵押债券和信用债券。发行公司以特定财产作为抵押品的债券为抵押债券;没有特定财产作为抵押,凭信用发行的债券为信用债券。抵押债券又分为:一般抵押债券,即以公司产业的全部作为抵押品而发行的债券;不动产抵押债券,即以公司的不动产为抵押而发行的债券;设备抵押债券,即以公司的机器设备为抵押而发行的债券;证券信托债券,即以公司持有的股票证券以及其他担保证书交付给信托公司作为抵押而发行的债券等。

4. 分期付息债券和到期一次还本付息债券

按照偿还方式,债券可分为到期一次债券和分期债券。发行公司于债券到期日一次集中清偿本息的,为到期一次还本付息债券;一次发行而分期付息,到期还本的债券为分期付息债券。

5. 参加公司债券和不参加公司债券

按是否参加公司盈余分配,债券可分为参加公司债券和不参加公司债券。债权人除享有到期向公司请求还本付息的权利外,还有权按规定参加公司盈余分配的债券,为参加公司债券;反之,为不参加公司债券。

6. 固定利率债券和浮动利率债券

按利率的不同,债券可分为固定利率债券和浮动利率债券。将利率明确记载于债券上,按这一固定利率向债权人支付利息的债券,为固定利率债券;债券上明确利率,发放利息时利率水平按某一标准(如政府债券利率、银行存款利率)的变化而同方向调整的债券,为浮动利率债券。

7. 其他分类

按照其他特征,债券可分为收益公司债券、附认股权债券、附属信用债券等。收益公司债券是只有当公司获得盈利时方向持券人支付利息的债券。这种债券不会给发行公司带来固定的利息费用,对投资者而言收益较高,但风险也较大。附认股权债券是附带允许债券持有人按特定价格认购公司股票权利的债券。这种认购股权通常随债券发放,具有与可转换债券类似的属性。附认股权债券与可转换公司债券一样,票面利率通常低于一般公司债券。附属信用债券是当公司清偿时,受偿权排列顺序低于其他债券的债券;为了补偿其较低受偿顺序可能带来的损失,这种债券的利率高于一般债券。

(二) 发行债券的条件

我国《证券法》规定,公开发行公司债券的公司必须具备以下条件:

(1) 股份有限公司的净资产额不低于人民币3 000万元,有限责任公司的净资产额不低于人民币6 000万元。

(2) 累计债券总额不超过公司净资产额的40%。

(3) 最近3年平均可分配利润足以支付公司债券1年的利息。

(4) 所筹集资金的投向符合国家产业政策。

（5）债券的利率不得超过国务院限定的利率水平。

（6）国务院规定的其他条件。

另外，发行公司债券所筹集的资金，必须用于核准的用途，不得用于弥补亏损和非生产性支出，否则会损害债权人的利益。

（三）债券的发行价格

债券的发行价格是债券发行时使用的价格，亦即投资者购买债券时所支付的价格。公司债券的发行价格通常有三种：平价、溢价和折价。

平价是指以债券的发行价格等于债券面值；溢价是指发行价格高于债券面值；折价是指发行价格低于债券面值。债券发行价格的形成受诸多因素的影响，其中主要是票面利率与市场利率的一致程度。债券的票面金额、票面利率在债券发行前即已参照市场利率和发行公司的具体情况确定下来，一并载明于债券之上。但在发行债券时已确定的票面利率不一定与当时的市场利率一致。为了协调债券购销双方在债券利息上的利益，就要调整发行价格，即：当票面利率高于市场利率时，以溢价发行债券；当票面利率低于市场利率时，以折价发行债券；当票面利率与市场利率一致时，则以平价发行债券。

债券发行价格的计算公式为：

$$发行价格 = \sum_{t=1}^{n} \frac{I}{(1+市场利率)^t} + \frac{M}{(1+市场利率)^n}$$

式中：n——债券期限；

t——付息期数。

市场利率指债券发行时的市场利率。

（四）债券的信用等级

公司公开发行债券通常需要由债券评信机构评定等级。债券的信用等级对于发行公司和购买人都有重要影响。

国际上流行的债券等级是3等9级。AAA级为最高级，AA级为高级，A级为上中级，BBB级为中级，BB级为中下级，B级为投机级，CCC级为完全投机级，CC级为最大投机级，C级为最低级。

我国的债券评级工作正在开展，但尚无统一的债券等级标准和系统评级制度。根据中国人民银行的有关规定，凡是向社会公开发行的企业债券，需要经由中国人民银行认可的资信评级机构进行评信。这些机构对发行债券企业的企业素质、财务质量、项目状况、项目前景和偿债能力进行评分，以此评定信用级别。

（五）债券筹资的优缺点

1. 债券筹资的优点

（1）债券筹资的成本较低。从投资者角度来讲，投资于债券可以受限制性条款的保护，其风险较低，相应地要求较低的回报率，即债券的利息支出成本低于普通股票的股息支出成本；从筹资公司来讲，债券的利息是在所得税前支付，有抵税的好处，显然债券的税后成本低于股票的税后成本；从发行费用来讲，债券一般也低于股票。债券投资在非破产情况下对公司的剩余索取权和剩余控制权影响不大，因而不会稀释公司的每股收益和股东对公司的控制。

（2）不会分散股东的控股权。债券持有人无权干涉企业的管理事务，对于原有股东来说不用担心其控股权会被分散。

(3) 债券投资具有杠杆作用。不论公司盈利多少,债券持有人只收回有限的固定收入,而更多的收益则可用于股利分配和留存公司以扩大投资。

2. 债券筹资的缺点

(1) 财务风险大。债券筹资有固定的到期日,需定期支付利息,如不能兑现承诺则可能引起公司破产。

(2) 限制条件多。公司债券通常需要抵押和担保,而且有一些限制性条款,这实质上是取得一部分控制权,削弱经理控制权和股东的剩余控制权,从而可能影响公司的正常发展和进一步的筹资能力。

(3) 筹资额有限。利用债券筹资有一定的限度,我国《公司法》规定,发行公司流通在外的债券累计总额不得超过公司净资产的 40%。

三、融资租赁

租赁是指资产的所有者(出租人)授予另一方(承租人),使用资产的专用权并获取租金报酬的一种合约。租赁合约规定双方的权利与义务,其具体内容需要通过谈判确定,所以租赁的形式多种多样。

(一) 相关概念

租赁合约涉及的主要概念如下。

1. 租赁的当事人

租赁合约的当事人至少包括出租人和承租人两方,出租人是租赁资产的所有者,承租人是租赁资产的使用者。

按照当事人之间的关系,租赁可以划分为三种类型:

(1) 直接租赁。该种租赁是指出租方(租赁公司或生产厂商)直接向承租人提供租赁资产的租赁形式。直接租赁只涉及出租人和承租人两方。

(2) 杠杆租赁。该种租赁是有贷款者参与的一种租赁形式。在这种形式下,出租人引入资产时只支付引入所需款项(如购买资产的货款)的一部分(通常为资产价值的 20%~40%),其余款项则以引入的资产或出租权等为抵押,向另外的贷款者借入;资产租出后,出租人以收取的租金向债权人还贷。这样,出租人利用自己的少量资金就推动了大额的租赁业务,故称为杠杆租赁。对承租人(企业)来说,杠杆租赁和直接租赁没有什么区别,都是向出租人租入资产;而对出租人而言,其身份则有了变化,既是资产的出租者,同时又是款项的借入人。因此,杠杆租赁是一种涉及三方面关系人的租赁形式。

(3) 售后租回。该种租赁是指承租人先将某资产卖给出租人,再将该资产租回的一种租赁形式。在这种形式下,承租人一方面通过出售资产获得了现金,另一方面又通过租赁满足了对资产的需要,而租金却可以分期支付。

2. 租赁资产

租赁合约涉及的资产称为租赁资产。早期租赁涉及的资产主要是土地和建筑物,20 世纪 50 年代以后各种资产都进入了租赁领域,大到一个工厂、小到一部电话。企业生产经营中使用的资产,既可以通过购买取得其所有权,也可以通过租赁取得其使用权,它们都可以达到使用资产的目的。

3. 租赁期

租赁期是指租赁开始日至终止日的时间。根据租赁期的长短,可分为短期租赁和长期租赁,短期租赁的时间明显少于租赁资产的经济寿命,而长期租赁的时间接近租赁资产的经济寿命。

4. 租赁费用

租赁的基本特征是都是承租人向出租人承诺提供系列的现金支付。租赁费用报价形式和支付形式双方可以灵活安排,是协商一致的产物,而没有统一的标准。

租赁费用的经济内容包括出租人的全部出租成本和利润。出租成本包括租赁资产的购置成本、营业成本以及相关的利息。如果出租人收取的租赁费用超过其成本,剩余部分则成为利润。

租赁费用的报价形式有三种:

(1) 合同分别约定租金、利息和手续费。

(2) 合同分别约定租金和手续费。

(3) 合同只约定一项综合租金,没有分项的价格。此时,租金包括租赁资产的购置成本、相关利息、营业成本及出租人的利润。

(二) 经营租赁和融资租赁

在租赁业中,租赁可以分为经营租赁和融资租赁两大类。

1. 经营租赁

典型的经营租赁是指短期的、不完全补偿的、可撤销的毛租赁。经营租赁最主要的外部特征是租期短。由于租期短,租赁资产的成本就不会得到完全补偿;由于租期短,承租人不会关心影响资产寿命的维修和保养,因此大多采用毛租赁;由于合同可以撤销,租赁期就可能很短。

对于出租人来说,经营租赁是让渡资产使用权获取收入,属于经营活动,并因此称为"经营租赁"。经营租赁是如何利用资产的决策,例如自己拥有的房屋或汽车可以自己使用,也可出租给别人。对于承租人来说,经营租赁是购买资产的短期使用权,也属于经营活动。

2. 融资租赁

典型的融资租赁是指长期的、完全补偿的、不可撤销的净租赁。融资租赁最主要的外部特征是租期长。由于租期长,租赁资产的成本可以得到完全补偿;由于租期长,承租人更关心影响资产寿命的维修和保养,因此大多采用净租赁;由于合同不可以撤销,使较长的租赁期得到保障。

在实务中,有些租赁合约既有经营租赁的特征,也有融资租赁的特征,被称为混合租赁。

3. 经营租赁与融资租赁的比较

(1) 对权利的最终要求不同。经营租赁的最大特点在于承租人租赁资产的目的仅限于使用资产,在租赁期满后一般将资产如数归还给出租人,而不考虑最终取得资产的所有权。在融资租赁中,承租人不但考虑在租赁期间使用出租人的资产,而且其意在于租赁期届满时获得资产的所有权。通常,在租赁期满时,承租人可以根据租赁契约中规定的优先购买选择权,支付一笔为数不多的转让费,即可获得其所租赁的资产。从这个意义上讲,融资租赁实际上是一种融资行为。

(2) 在租约的可否撤销条款上不同。在经营租赁中,承租人有权在租赁期满前便撤销租赁契约,而中小企业融资租赁的契约通常是不可撤销的。

(3) 租赁期长短不同。由于经营租赁的目的主要是取得资产的使用权而并非最终获得资产,所以租赁期间较短,通常远远短于资产的有效经济寿命。而融资租赁的期限则较长,一般长于资产一半的有效经济寿命。

（4）租金总额是否接近于租赁资产的公允价值不同。经营租赁的租金总额往往只占租赁资产公允价值的一小部分，出租人的投资回收来源于不同的承租人支付的租金。而融资租赁类似于购买，因此其租金总额一般接近于甚至等于租赁资产的公允价值。

（5）履约成本的承担者不同。对于经营租赁，租赁资产有关的税金、保险费和修理费等一般不是由承租人承担。对于融资租赁来说，这些费用通常都是由承租人承担的。

（三）融资租赁租金的计算

1. 租金的构成

融资租赁每期租金的多少，取决于以下几项因素：① 设备原价及预计残值，包括设备买价、运输费、安装调试费、保险费等，以及该设备租赁期满后，出售可得的市价。② 利息，指租赁公司为承租企业购置设备垫付资金所应支付的利息。③ 租赁手续费，指租赁公司承办租赁设备所发生的业务费用和必要的利润。

2. 租金的支付方式

租金的支付方式有以下几种分类方式：① 按支付间隔期长短，分为年付、半年付、季付和月付等方式。② 按在期初和期末支付，分为先付和后付。③ 按每次支付额，分为等额支付和不等额支付。实务中，承租企业与租赁公司商定的租金支付方式，大多为后付等额年金。

3. 租金的计算

我国融资租赁实务中，租金的计算大多采用等额年金法。等额年金法下，通常要根据利率和租赁手续费率确定一个租费率，作为折现率。

【例 4-4】 某企业于 2007 年 1 月 1 日从租赁公司租入一套设备，价值 60 万元，租期 6 年，租赁期满时预计残值 5 万元，归租赁公司。年利率 10%。租金每年年末支付一次，则：

$$每年租金 = [600\,000 - 50\,000 \times (P/F, 10\%, 6)]/(P/A, 10\%, 6) = 131\,283(元)$$

（四）融资租赁的优缺点

1. 融资租赁筹资的优点

（1）在资金缺乏情况下，能迅速获得所需资产。融资租赁集"融资"与"融物"于一身，融资租赁使企业在资金短缺的情况下引进设备成为可能。特别是针对中小企业、新创企业而言，融资租赁是一条重要的融资途径。有时，大型企业对于大型设备、工具等固定资产，也需要融资租赁解决巨额资金的需要，如商业航空公司的飞机，大多是通过融资租赁取得的。

（2）财务风险小，财务优势明显。融资租赁与购买的一次性支出相比，能够避免一次性支付的负担，而且租金支出是未来的、分期的，企业无需一次筹集大量资金偿还。还款时，租金可以通过项目本身产生的收益来支付，是一种基于未来的"借鸡生蛋、卖蛋还钱"的筹资方式。

（3）融资租赁筹资的限制条件较少。企业运用股票、债券、长期借款等筹资方式，都受到相当多的资格条件的限制，如足够的抵押品、银行贷款的信用标准、发行债券的政府管制等。相比之下，租赁筹资的限制条件很少。

（4）租赁能延长资金融通的期限。通常为设备而贷款的借款期限比该资产的物理寿命要短得多，而租赁的融资期限却可接近其全部使用寿命期限；并且其金额随设备价款金额而定，无融资额度的限制。

(5) 免遭设备陈旧过时的风险。随着科学技术的不断进步，设备陈旧过时的风险很高，而多数租赁协议规定此种风险由出租人承担，承租企业可免受这种风险。

2. 融资租赁的缺点

融资租赁也有一定的缺点，其最主要的就是资本成本高。其租金通常比举借银行借款或发行债券所负担的利息高得多，租金总额通常要高于设备价值的 30%。尽管与借款方式比，融资租赁能够避免到期一次性集中偿还的财务压力，但高额的固定租金也给各期的经营带来了分期的负担。

第四节 混合筹资方式

一、发行可转换债券

可转换债券是一种特殊的债券，其持有者可以在一定时期内按一定比例或价格将之转换成一定数量的普通股的债券。

(一) 可转换债券的特点

可转换债券兼有债券和股票的特征，具有以下三个特点。

1. 债权性

与其他债券一样，可转换债券也有规定的利率和期限，投资者可以选择持有债券到期，收取本息。

2. 股权性

可转换债券在转换成股票之前是纯粹的债券，但在转换成股票之后，原债券持有人就由债权人变成了公司的股东，可参与企业的经营决策和红利分配，这也在一定程度上会影响公司的股本结构。

3. 可转换性

可转换性是可转换债券的重要标志，债券持有人可以按约定的条件将债券转换成股票。转股权是投资者享有的、一般债券所没有的选择权。可转换债券在发行时就明确约定，债券持有人可按照发行时约定的价格将债券转换成公司的普通股票。如果债券持有人不想转换，则可以继续持有债券，直到偿还期满时收取本金和利息，或者在流通市场出售变现。如果持有人看好发债公司股票增值潜力，在宽限期之后可以行使转换权，按照预定转换价格将债券转换成为股票，发债公司不得拒绝。正因为具有可转换性，可转换债券利率一般低于普通公司债券利率，企业发行可转换债券可以降低筹资成本。

(二) 可转换债券的要素

可转换债券有若干要素，这些要素基本上决定了可转换债券的转换条件、转换价格、市场价格等总体特征。

可转换证券的要素有许多个，其中最主要的是转换比例、转换期限和转换价格。

1. 转换比例

转换比例是指每一份可转换债券可以换取多少股普通股股票。从实质上看，转换比例也是转换价格的另一种表现。转换比例＝可转换债券面值/转换价格。

2. 转换期限

转换期限是指可转换债券持有者有权将债券转换成公司股份的有效时间区域。从实际看，转换期限通常为可转换债券发行日之后的若干年起至债券到期日止。我国《上市公司证券发行管理办法》规定，可转换公司债券的期限最短为1年，最长为6年，自发行结束之日起6个月方可转换为公司股票。

3. 转换价格

转换价格是指在发行可转换债券时即已确定的、将可转换债券转换为股票的价格。用公式表示为：

$$转换价格＝可转换债券面值/转换比例$$

转换价格一般不作任何调整，除非发生诸如发售新股、配股、送股、派息、股份的拆细与合并，以及公司兼并、收购等特殊情况。

4. 转换期

转换期是指可转换债券转换为股份的起始日至结束日的期间。可转换债券的转换期可以与债券的期限相同，也可以短于债券的期限。例如，某种可转换债券规定只能从其发行一定时间之后（如发行若干年之后）才能够行使转换权，这种转换期称为递延转换期，短于其债券期限。还有的可转换债券规定只能在一定时间内（如发行日后的若干年之内）行使转换权，超过这一段时间转换权失效，因此转换期也会短于债券的期限，这种转换期称为有限转换期。超过转换期后的可转换债券，不再具有转换权，自动成为不可转换债券（或普通债券）。

5. 赎回条款

赎回条款是可转换债券的发行企业可以在债券到期日之前提前赎回债券的规定。赎回条款一般包括不可赎回期、赎回期、赎回价格和赎回条件。发行公司在赎回债券之前，要向债券持有人发出通知，要求他们在将债券转换为普通股与卖给发行公司（即发行公司赎回）之间做出选择。一般而言，债券持有人会将债券转换为普通股。可见，设置赎回条款是为了促使债券持有人转换股份，因此又被称为加速条款；同时也能使发行公司避免市场利率下降后，继续向债券持有人支付较高的债券票面利率所蒙受的损失；或限制债券持有人过分享受公司收益大幅度上升所带来的回报。

6. 回售条款

回售条款是在可转换债券发行公司的股票价格达到某种恶劣程度时，债券持有人有权按照约定的价格将可转换债券卖给发行公司的有关规定。回售条款也具体包括回售时间、回售价格等内容。设置回售条款是为了保护债券投资人的利益，使他们能避免遭受过大的投资损失，从而降低投资风险。合理的回收条款，可以使投资者具有安全感，因而有利于吸引投资者。

7. 强制性转换条款

强制性转换条款是在某些条件具备之后，债券持有人必须将可转换债券转换为股票，无权要求偿还债券本金的规定。设置强制性转换条款，在于保证可转换债券顺利地转换成股票，实现发行公司扩大权益筹资的目的。

（三）公开发行可转换债券的条件

根据《发行管理办法》的规定，上市公司发行可转换债券，除了应当符合增发股票的一般条件之外，还应当符合以下条件：
（1）最近3个会计年度加权平均净资产收益率平均不低于6%。扣除非经常性损益后的净利润与扣除前的净利润相比，以低者作为加权平均净资产收益率的计算依据。
（2）本次发行后累计公司债券余额不超过最近一期末净资产额的40%。
（3）最近3个会计年度实现的年均可分配利润不少于公司债券1年的利息。

（四）可转换债券的优缺点
1. 优点
（1）与普通债券相比，可转换债券使得公司能够以较低的利率取得资金。降低了公司前期的筹资成本。可转换债券给予了债券持有人以优惠的价格转换公司股票的好处，故而其利率低于同一条件下的不可转换债券（或普通债券）的利率，降低了公司的筹资成本。此外，在可转换债券转换为普通股时，公司无须另外支付筹资费用，又节约了股票的筹资成本。
（2）与普通股相比，可转换债券使得公司取得了以高于当前股价出售普通股的可能性。由于可转换债券规定的可转换价格一般要高于其发行时的公司股票价格，因此在发行新股或配股时机不佳时，可以先发行可转换债券，然后通过转换实现较高价位的股权筹资。事实上，一些公司正是认为当前其股票价格太低，为避免直接发行新股而遭受损失，才通过发行可转换债券变相发行普通股的。这样，一来不至于因为直接发行新股而进一步降低公司股票市价；二来因为可转换债券的转换期较长，即使在将来转换股票时，对公司股价的影响也较温和，从而有利于稳定公司股票。

2. 缺点
（1）股价上涨风险。虽然可转换债券的转换价格高于其发行时的股票价格，但如果转换时股票价格大幅度上扬，公司只能以较低的固定转换价格换出股票，便会降低公司的股权筹资额。
（2）股价低迷风险。发行可转换债券后，如果股价没有达到转股所需要的水平，可转换债券持有者没有如期转换普通股，则公司只能继续承担债务。在订有回售条款的情况下，公司短期内集中偿还债务的压力会更明显。
（3）筹资成本高于纯债券。尽管可转换债券的票面利率比纯债券低，但是加入转股成本之后的总筹资成本比纯债券要高。

二、发行认股权证

（一）认股权证的含义
从法律角度分析，认股权证本质上为一权利契约，投资人于支付权利金购得权证后，有权于某一特定期间或期日，按约定的价格（行使价），认购或沽出一定数量的标的资产（如股票、股指、黄金、外汇或商品等）。认股权证是公司向股东发放的一种凭证，授权其持有者在一个特定期间以特定价格购买特定数量的公司股票。

（二）认股权证的种类
在国内外公司筹资实务中，认股权证形式灵活多样，可区分为不同种类：
（1）长期与短期认股权证。认股权证按允许购股的期限分为长期和短期。长期认股权证的购股期限通常持续几年，有时是永久性的。短期认股权证的认股期限比较短，一般在90天以内。

（2）单独发行与附带发行认股权证。按发行方式，认股权证可分为单独发行和附带发行。单独发行容易理解，附带发行是指依附于债券、优先股、普通股或短期票据发行认股权证。

（3）备兑认股权证与配股权证。备兑认股权证是每份备兑证按一定比例含有几家公司的若干股股票。配股权证是确认老股东配股权的证书，它按照股东持股比例定向派发，赋予其以优惠价格认购公司一定份数的新股。

（三）认股权证的作用

认股权证在筹资中的运用十分灵活，对发行公司具有一定的作用：

（1）为公司筹集额外现金。认股权证不论是单独发行还是附带发行，大多都为公司额外筹取一笔现金，从而增强公司的资本实力。

（2）促进其他筹资方式的运用。单独发行认股权证有利于将来发售股票。附带发行认股权证可促进相关证券筹资的效率。例如，认股权证依附债券发行，以促进债券的发售。

（四）认股权证的特点

认股权证一般具有融资便利、对冲风险、高杠杆等特点。具体来说它具有5个特点：

（1）权证的持有者有权利而无义务，两者都有期权的特征。在资金不足、股市形势不明朗的情况下，投资者可以购买权证而推迟购买股票，减少决策失误而造成的损失；

（2）风险有限，可控性强。从投资风险看，认股权证的最大损失是权证买入价，其风险锁定，便于投资者控制。

（3）权证为投资者提供了杠杆效应。投资人可用少量资金购买备兑权证，取得认购一定数量股份的权利，可能赢得一旦这些股份上市可获得的价差，具有以小搏大的特性。

（4）结构简单、交易方式单一。认股权证是一种个性化的最简单的期权。它的认购机理简单、交易方式与股票相同，产品创新的运作成本相对较低。大部分衍生产品都是以现金进行交割，而认股权证可以用实券交割，更符合衍生产品发展初期投资者的交易习惯。

（5）权证的发行不涉及发行新股或配股。它的发行是因为发行人已拥有大量已发行的股票，或通过市场吸纳了现有的股票，以备各备兑权证持有者行使权利，因此发行备兑权证具有套现的目的，它并不增加证券的总量，不会摊薄正股的每股盈利；而一般认购证因涉及发行新股或配股，所以在发行时都伴随着股本的扩张，具有集资的目的。

三、发行优先股

优先股是一种混合证券，有些方面与债券类似，另一些方面与股票相似，是介于债券和股票之间的一种证券。

（一）优先股的特点

1. 优先股的股利

优先股有一个面值，股利按面值的一定百分比或者每股几元表示，股利水平在发行时就确定了，公司的盈利超过优先股股利时不会增加其股利，与一般的债券类似。与普通股类似的是：公司盈利达不到支付优先股股利的水平时，公司就不必支付股利，不会因此导致公司破产。

2. 优先股的表决权

通常优先股在发行时规定没有表决权，与一般的债券类似。如果没有按时支付优先股股利,则其股东可行使有限的表决权。例如,规定优先股股东可以选举一定比例的公司董事等。这一点与普通股类似。

3. 优先股的到期期限

多数优先股规定有明确的到期期限,到期时公司按规定价格赎回优先股,与一般的债券类似。有些优先股是永久性的,没有到期期限,与普通股和永久债券类似。

4. 优先股的可转换性

有些优先股规定,可以转换为普通股,称为可转换优先股。有些则是不可转换优先股。这一点与债券类似。

5. 优先股的税务

对于发行公司来说,支付优先股息不能税前扣除,这一点与普通股类似。由于债券利息可以税前扣除,在利率相同的情况下优先股的筹资成本高于债务。

6. 优先股的筹资成本

优先股的股利基本上是固定的,因此优先股的筹资成本与债券类似。发行公司的优先股股利不能在税前扣除,与债券筹资不同。

(二) 优先股筹资的优点和缺点

1. 优点

(1) 与债券相比,不支付股利不会导致公司破产,优先股筹资的风险比债券小。

(2) 与普通股股东相比,优先股股东不参与公司经营管理,因此发行优先股一般不会稀释股东权益。

(3) 无期限的优先股没有到期期限,不会减少公司现金流,不需要偿还本金。

2. 缺点

(1) 优先股股利不可以税前扣除,其税后成本高于负债筹资。

(2) 优先股的股利通常被视为固定成本,与负债筹资没有什么差别,会增加公司的财务风险并进而增加普通股的成本。

第五节 短期筹资方式

一、短期筹资政策

短期筹资,也称营运资本筹资,是指筹集在1年内或超过1年的一个营业周期内到期的资金。其筹资政策包括营运资本持有政策和营运资本筹集政策,它们分别研究如何确定营运资本持有量和如何筹集营运资本两个方面的问题。

(一) 营运资本持有政策

营运资本概念包括流动资产和流动负债两部分,是企业日常财务管理的重要内容。流动资产随企业业务量的变化而变化,业务量越大,其所需的流动资产越多。但它们之间并非线性的关系。由于规模经济、使用效率等原因的作用,流动资产以递减的比率随业务量增长。这就产生了如何把握流动资产投资量的问题。

营运资本持有量的高低,影响着企业的收益和风险。较高的营运资本持有量,使企业有较大把握按时支付到期债务,及时供应生产用材料和准时向客户提供产品,从而保证经营活动平稳地进行,风险性较小。但是,由于流动资产的收益性一般低于固定资产,较高的营运资本持有量会降低企业的收益性;而较低的营运资本持有量带来的后果正好相反,企业的收益率较高,但较少的现金、有价证券量和较低的存货保险储备量却会降低偿债能力和采购的支付能力,造成信用损失、材料供应中断和生产阻塞,会加大企业的风险。

营运资本持有量的确定就是在收益和风险之间进行权衡。我们将持有较高的营运资本称为宽松的营运资本政策;而将持有较低的营运资本称为紧缩的营运资本政策。前者的收益、风险均较低;后者的收益、风险均较高。介于两者之间的,是适中的营运资本政策。在适中的营运资本政策下,营运资本的持有量不过高也不过低,恰好现金足够支付所需,存货足够满足生产和销售所用,除非利息高于资本成本(这种情况不大可能发生),一般企业不保留有价证券。也就是说,适中的营运资本政策对于投资者财富最大化来讲理论上是最佳的。各企业应当根据自身的具体情况和环境条件,按照适中营运资本政策的原则,确定适当的营运资本持有量。

(二)营运资本筹集政策

营运资本筹集政策,是营运资本政策的研究重点。研究营运资本的筹资政策,需要先对构成营运资本的两要素——流动资产和流动负债作进一步的分析,然后再考虑两者间的匹配。

1. 流动资产和流动负债分析

一般来说,我们经常按照周转时间的长短对企业的资金进行分类,即周转时间在一年以下的为流动资产,包括货币资金、短期投资、应收账款、应收票据、存货等。周转时间在一年以上的为长期资产,包括长期投资、固定资产、无形资产等。对于流动资产,如果按照用途再作区分,则可以分为临时性流动资产和永久性流动资产。临时性流动资产指那些受季节性、周期性影响的流动资产,如季节性存货、销售和经营旺季(如零售业的销售旺季在春节期间等)的应收账款;永久性流动资产则指那些即使企业处于经营低谷也仍然需要保留的、用于满足企业长期稳定需要的流动资产。

企业的负债则按照债务时间的长短,一般以1年为界限,分为短期负债和长期负债。短期负债包括短期借款、应付账款、应付票据等;长期负债包括长期借款、长期债券等。与流动资产按照用途划分的方法相对应,流动负债也可以分为临时性负债和自发性负债。临时性负债指为了满足临时性流动资金需要所发生的负债,如商业零售企业春节前为满足节日销售需要,超量购入货物而举借的债务;食品制造企业为赶制季节性食品,大量购入某种原料而发生的借款等。自发性负债指直接产生于企业持续经营中的负债,如商业信用筹资和日常运营中产生的其他应付款,以及应付职工薪酬、应付利息、应付税费等。

2. 流动资产和流动负债的配合

营运资本筹集政策,主要是就如何安排临时性流动资产和永久性流动资产的资金来源而言的,一般可以区分为三种,即配合型筹资政策、激进型筹资政策和稳健型筹资政策。

(1)配合型筹资政策。配合型筹资政策的特点是:对于临时性流动资产,运用临时性负债筹集资金满足其资金需要;对于永久性流动资产和固定资产(统称为永久性资产,下同),运用长期负债、自发性负债和权益资本筹集资金满足其资金需要。配合型筹资政策如图4-1所示。

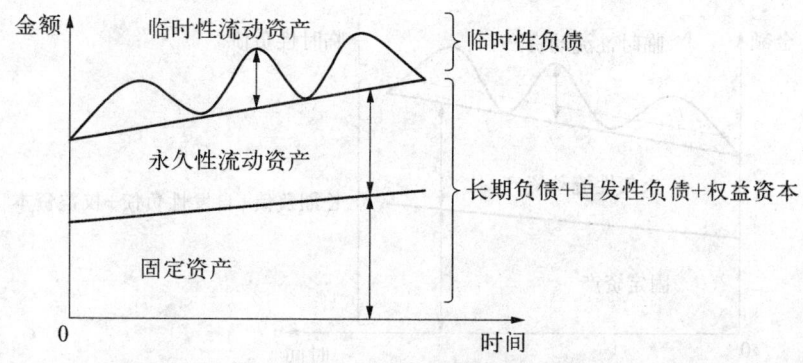

图4-1 配合型筹资政策

配合型筹资政策要求企业临时负债筹资计划严密,实现现金流动与预期安排相一致。在季节性低谷时,企业应当除了自发性负债外没有其他流动负债;只有在临时性流动资产的需求高峰期,企业才举借各种临时性债务。

配合型筹资政策是一种理想的、对企业有着较高资金使用要求的营运资本筹集政策。

(2)激进型筹资政策。激进型筹资政策的特点是:临时性负债不但融通临时性流动资产的资金需要,还解决部分永久性资产的资金需要。该筹资政策如图4-2所示。

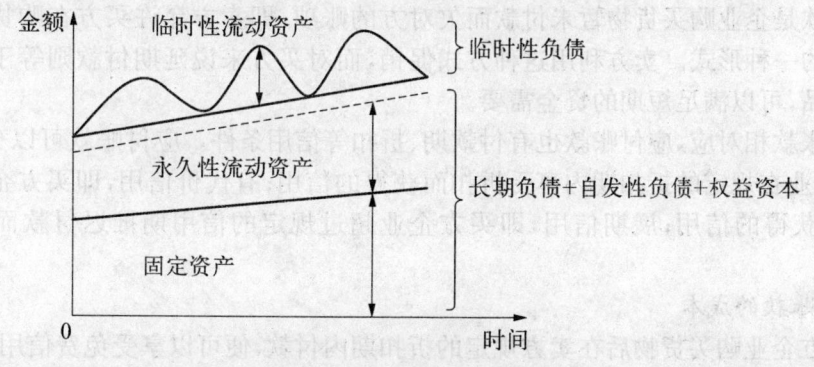

图4-2 激进型筹资政策

从图4-2可以看到,激进型筹资政策下临时性负债在企业全部资金来源中所占比重大于配合型筹资政策。激进型筹资政策是一种收益性和风险性均较高的营运资本筹资政策。

(3)稳健型筹资政策。稳健型筹资政策的特点是:临时性负债只融通部分临时性流动资产的资金需要,另一部分临时性流动资产和永久性资产,则由长期负债、自发性负债和权益资本作为资金来源,如图4-3所示。

从图4-3可以看到,与配合型筹资政策相比,稳健型筹资政策下临时性负债占企业全部资金来源的比例较小。稳健型筹资政策是一种风险性和收益性均较低的营运资本筹集政策。

一般地说,如果企业能够驾驭资金的使用,采用收益和风险配合得较为适中的配合型筹资政策是有利的。

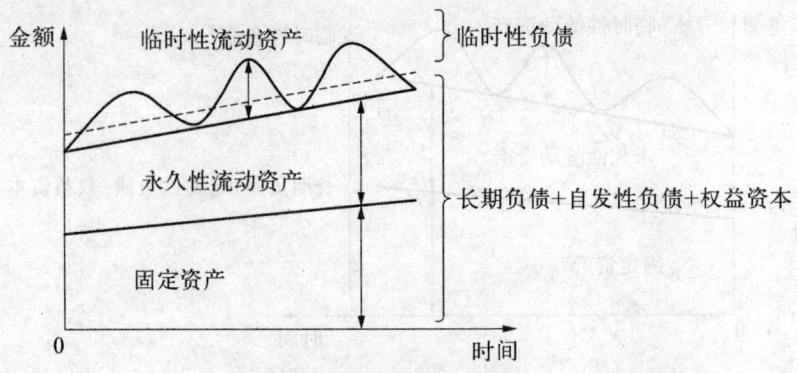

图 4-3 稳健型筹资政策

二、商业信用

商业信用是指在商品交易中由于延期付款或预收货款所形成的企业间的借贷关系。商业信用产生于商品交换之中,是所谓的"自发性筹资"。它运用广泛,在短期负债筹资中占有相当大的比重。商业信用的具体形式有应付账款、应付票据、预收账款等。

(一)应付账款

应付账款是企业购买货物暂未付款而欠对方的账项,即卖方允许买方在购货后一定时期内支付货款的一种形式。卖方利用这种方式促销,而对买方来说延期付款则等于向卖方借用资金购进商品,可以满足短期的资金需要。

与应收账款相对应,应付账款也有付款期、折扣等信用条件。应付账款可以分为:免费信用,即买方企业在规定的折扣期内享受折扣而获得的信用;有代价信用,即买方企业放弃折扣付出代价而获得的信用;展期信用,即买方企业超过规定的信用期推迟付款而强制获得的信用。

1. 应付账款的成本

倘若买方企业购买货物后在卖方规定的折扣期内付款,便可以享受免费信用,这种情况下企业没有因为享受信用而付出代价。

【例 4-5】 某企业按 2/10、n/30 的条件购入货物 10 万元。如果该企业在 10 天内付款,便享受了 10 天的免费信用期,并获得折扣 0.2 万元(10×2%),免费信用额为 9.8 万元(10-0.2)。

倘若买方企业放弃折扣,在 10 天后(不超过 30 天)付款,该企业便要承受因放弃折扣而造成的隐含利息成本。一般而言,放弃现金折扣的成本可由下式求得:

$$放弃现金折扣成本 = \frac{折扣百分比}{1-折扣百分比} \times \frac{360}{信用期-折扣期}$$

运用上式,该企业放弃折扣所负担的成本为:

$$\frac{2\%}{1-2\%} \times \frac{360}{30-10} = 36.7\%$$

公式表明,放弃现金折扣的成本与折扣百分比的大小、折扣期的长短同方向变化,与信用期的长短反方向变化。可见,如果买方企业放弃折扣而获得信用,其代价是较高的。然而,企业在放弃折扣的情况下,推迟付款的时间越长,其成本便会越小。比如,如果企业延至 50 天付款,其成本则为:

$$\frac{2\%}{1-2\%} \times \frac{360}{50-10} = 18.4\%$$

2. 利用现金折扣的决策

在附有信用条件的情况下,因为获得不同信用要负担不同的代价,买方企业便要在利用哪种信用之间做出决策。一般说来:

(1) 如果能以低于放弃折扣的隐含利息成本(实质是一种机会成本)的利率借入资金,便应在现金折扣期内用借入的资金支付货款,享受现金折扣。反之,企业应放弃折扣。

(2) 如果在折扣期内将应付账款用于短期投资,所得的投资收益率高于放弃折扣的隐含利息成本,则应放弃折扣而去追求更高的收益。当然,假使企业放弃折扣优惠,也应将付款日推迟至信用期内的最后一天,以降低放弃折扣的成本。

(3) 如果企业因缺乏资金而欲展延付款期,则需在降低了的放弃折扣成本与展延付款带来的损失之间作出选择。展延付款带来的损失主要是指因企业信誉恶化而丧失供应商乃至其他贷款人的信用,或日后招致苛刻的信用条件。

(4) 如果面对两家以上提供不同信用条件的卖方,应通过衡量放弃折扣成本的大小,选择信用成本最小(或所获利益最大)的一家。

(二) 应付票据

应付票据是企业进行延期付款商品交易时开具的反映债权债务关系的票据。根据承兑人的不同,应付票据分为商业承兑汇票和银行承兑汇票两种,支付期最长不超过 6 个月。应付票据可以带息,也可以不带息。应付票据的利率一般比银行的借款利率低,且不用保持相应的补偿余额和支付协议费,所以应付票据的筹资成本低于银行借款成本。但是应付票据到期必须归还,如若延期便要交付罚金,因而风险较大。

(三) 预收账款

预收账款是卖方企业在交付货物之前向买方预先收取部分或全部货款的信用形式。对于卖方来讲,预收账款相当于向买方借用资金后用货物抵偿。预收账款一般用于生产周期长、资金需要量大的货物销售。

此外,企业往往还存在一些在非商品交易中产生,但亦为自发性筹资的应付费用,如应付职工薪酬、应交税费、其他应付款等。应付费用使企业受益在前、费用支付在后,相当于享用了受款方的借款,一定程度上缓解了企业的资金需要。应付费用的期限具有强制性,不能由企业自由斟酌使用,但通常不需花费代价。

(四) 商业信用筹资的优缺点

1. 商业信用筹资的优点

商业信用筹资最大的优越性在于容易取得。首先,对于多数企业来说,商业信用是一种持续性的信用形式,且无须正式办理筹资手续。其次,如果没有现金折扣或使用不带息票据,商业信用筹资不负担成本。

2. 商业信用筹资的缺点

其缺陷在于期限较短，在放弃现金折扣时所付出的成本较高。

三、短期借款

短期借款指企业向银行和其他非银行金融机构借入的期限在1年以内的借款。

（一）短期借款的种类

我国目前的短期借款按照目的和用途分为若干种，主要有生产周转借款、临时借款、结算借款等。按照国际通行做法，短期借款还可依偿还方式的不同，分为一次性偿还借款和分期偿还借款；依利息支付方法的不同，分为收款法借款、贴现法借款和加息法借款；依有无担保，分为抵押借款和信用借款等。

（二）借款的信用条件

按照国际通行做法，银行发放短期借款往往带有一些信用条件，主要有以下几种。

1. 信贷限额

信贷限额是银行对借款人规定的无担保贷款的最高额。信贷限额的有效期限通常为1年，但根据情况也可延期1年。一般来讲，企业在批准的信贷限额内，可随时使用银行借款。但是，银行并不承担必须提供全部信贷限额的义务。如果企业信誉恶化，即使银行曾同意过按信贷限额提供贷款，企业也可能得不到借款。这时，银行不会承担法律责任。

2. 周转信贷协定

周转信贷协定是银行具有法律义务地承诺提供不超过某一最高限额贷款的协定。在协定的有效期内，只要企业的借款总额未超过最高限额，银行必须满足企业任何时候提出的借款要求。企业享用周转信贷协定，通常要就贷款限额的未使用部分付给银行一笔承诺费（commitment fee）。

【例4-6】某周转信贷额为1 000万元，承诺费率为0.5%，借款企业年度内使用了600万元，借款企业该年度就要向银行支付承诺费多少元？

$$(1\,000-600)\times 0.5\%=2(万元)$$

借款企业该年度就要向银行支付承诺费2万元，这是银行向企业提供此项贷款的一种附加条件。

周转信贷协定的有效期通常超过1年，但实际上贷款每几个月发放一次，所以这种信贷具有短期和长期借款的双重特点。

3. 补偿性余额

补偿性余额是银行要求借款企业在银行中保持按贷款限额或实际借用额一定百分比（一般为10%~20%）的最低存款余额。从银行的角度讲，补偿性余额可降低贷款风险，补偿遭受的贷款损失。对于借款企业来讲，补偿性余额则提高了借款的实际利率。

$$实际利率 = \frac{名义利率}{1-补偿性余额比率}$$

【例4-7】某企业按年利率8%向银行借款10万元，银行要求维持贷款限额15%的补偿性余额，那么企业实际可用的借款只有8.5万元，该项借款的实际利率则为：

$$\frac{8\%}{1-15\%}\times100\%=9.4\%$$

4. 借款抵押

银行向财务风险较大的企业或对其信誉不甚有把握的企业发放贷款,有时需要有抵押品担保,以减少自己蒙受损失的风险。短期借款的抵押品经常是借款企业的应收账款、存货、股票、债券等。银行接受抵押品后,将根据抵押品的面值决定贷款金额,一般为抵押品面值的30%~90%。这一比例的高低,取决于抵押品的变现能力和银行的风险偏好。抵押借款的成本通常高于非抵押借款,这是因为银行主要向信誉好的客户提供非抵押贷款,而将抵押贷款看成是一种风险投资,故而收取较高的利率。同时,银行管理抵押贷款要比管理非抵押贷款困难,为此往往另外收取手续费。企业向贷款人提供抵押品,会限制其财产的使用和将来的借款能力。

5. 偿还条件

贷款的偿还有到期一次偿还和在贷款期内定期(每月、季)等额偿还两种方式。一般来讲,企业不希望采用后一种偿还方式,因为这会提高借款的实际利率;而银行不希望采用前一种偿还方式,是因为这会加重企业的财务负担,增加企业的拒付风险,同时会降低实际贷款利率。

6. 其他承诺

银行有时还要求企业为取得贷款而做出其他承诺,如及时提供财务报表、保持适当的财务水平(如特定的流动比率)等。如企业违背所做出的承诺,银行可要求企业立即偿还全部贷款。

(三)短期借款利率及其支付方法

短期借款的利率多种多样,利息支付方法亦不一,银行将根据借款企业的情况选用。

1. 借款利率

借款利率分为三种:

(1)优惠利率。优惠利率是银行向财力雄厚、经营状况好的企业贷款时收取的名义利率,为贷款利率的最低限。

(2)浮动优惠利率。这是一种随其他短期利率的变动而浮动的优惠利率,即随市场条件的变化而随时调整变化的优惠利率。

(3)非优惠利率。非优惠利率是银行贷款给一般企业时收取的高于优惠利率的利率。这种利率经常在优惠利率的基础上加一定的百分比。比如,银行按高于优惠利率1%的利率向某企业贷款,若当时的最优利率为5%,向该企业贷款收取的利率即为6%。非优惠利率与优惠利率之间差距的大小,由借款企业的信誉、与银行的往来关系及当时的信贷状况所决定。

2. 借款利息的支付方法

一般来讲,借款企业可以用三种方法支付银行贷款利息。

(1)收款法。收款法是在借款到期时向银行支付利息的方法。银行向工商企业发放的贷款大都采用这种方法收息。

(2)贴现法。贴现法是银行向企业发放贷款时,先从本金中扣除利息部分,而到期时借款企业则要偿还贷款全部本金的一种计息方法。采用这种方法,企业可利用的贷款额只有本金减去利息部分后的差额,因此贷款的实际利率高于名义利率。

【例4-8】 某企业从银行取得借款100万元,期限1年,年利率(即名义利率)为6%,利息额为6万元;按照贴现法付息,企业实际可利用的贷款为94万元,该项贷款的实际利率为:

$$\frac{6}{100-6}\times 100\% = 6.38\%$$

(3) 加息法。加息法是银行发放分期等额偿还贷款时采用的利息收取方法。在分期等额偿还贷款的情况下,银行要将根据名义利率计算的利息加到贷款本金上,计算出贷款的本息和,要求企业在贷款期内分期偿还本息之和的金额。由于贷款分期均衡偿还,借款企业实际上只平均使用了贷款本金的半数,却支付全额利息。这样,企业所负担的实际利率便高于名义利率大约1倍。

【例4-9】 某企业借入(名义)年利率为10%的贷款20 000元,分12个月等额偿还本息。该项借款的实际利率为:

$$\frac{20\,000\times 10\%}{20\,000/2}\times 100\% = 20\%$$

(四) 企业对银行的选择

随着金融信贷业的发展,可向企业提供贷款的银行和非银行金融机构增多,企业有可能在各贷款机构之间作出选择,以图对己最为有利。

选择银行时,重要的是要选用适宜的借款种类、借款成本和借款条件,此外还应考虑下列有关因素:

(1) 银行对贷款风险的政策。通常银行对其贷款风险有着不同的政策,有的倾向于保守,只愿承担较小的贷款风险;有的富于开拓,敢于承担较大的贷款风险。

(2) 银行对企业的态度。不同银行对企业的态度各不一样。有的银行肯积极地为企业提供建议,帮助分析企业潜在的财务问题,有着良好的服务,乐于为具有发展潜力的企业发放大量贷款,在企业遇到困难时帮助其渡过难关;也有的银行很少提供咨询服务,在企业遇到困难时一味地为清偿贷款而施加压力。

(3) 贷款的专业化程度。一些大银行设有不同的专业部门,分别处理不同类型、行业的贷款。企业与这些拥有丰富专业化贷款经验的银行合作,会更多地受益。

(4) 银行的稳定性。稳定的银行可以保证企业的借款不致中途发生变故。银行的稳定性取决于它的资本规模、存款水平波动程度和存款结构。一般来讲,资本雄厚、存款水平波动小、定期存款比重大的银行稳定性好;反之则稳定性差。

(五) 短期借款筹资的优缺点

1. 短期借款筹资的优点

(1) 容易及时取得资金。银行资金充足实力雄厚,能随时为企业提供比较多的短期贷款。对于季节性和临时性的资金需求,采用银行短期借款尤为方便。而那些规模大、信誉好的大企业,更可以比较低的利率借入资金。

(2) 有较好的弹性。银行短期借款具有较好的弹性,可在资金需要增加时借入,在资金需要减少时还款。

2. 短期借款筹资的缺点

(1) 资金成本较高。采用短期借款成本相对比较高。不仅不能与商业信用相比,与短期融资券相比也高出许多。而抵押借款因需要支付管理和服务费用,成本更高。

(2) 限制较多。向银行借款,银行要对企业的经营和财务状况进行调查以后才能决定是否贷款,有些银行还要对企业有一定的控制权,要企业把流动比率、负债比率维持在一定的范围之内,这些都会构成对企业的限制。

四、短期融资券

短期融资券是由企业发行的无担保短期本票。是由企业依法发行的无担保短期本票。在我国,短期融资券是指企业依照《短期融资券管理办法》的条件和程序在银行间债券市场发行和交易的、约定在期限不超过1年内还本付息的有价证券。中国人民银行对融资券的发行、交易、登记、托管、结算、兑付进行监督管理。在银行间债券市场引入短期融资券是金融市场改革和发展的重大举措。短期融资券市场的健康发展有利于改变直接融资与间接融资比例失调的状况。

(一) 短期融资券的要素

1. 发行对象

融资券不对社会公众发行,只对银行间债券市场的机构投资人发行,在银行间债券市场交易。

2. 发行方式

融资券发行由符合条件的金融机构承销,企业自主选择主承销商,企业变更主承销商需报中国人民银行备案;需要组织承销团的,由主承销商组织承销团。企业不得自行销售融资券。承销方式及相关费用由企业和承销机构协商确定。

3. 发行价格

融资券发行利率或发行价格由企业和承销机构协商确定。

4. 发行期限

融资券的期限最长不超过365天,发行融资券的企业可在上述最长期限内自主确定每期融资券的期限。

5. 发行规模

企业发行的融资券将实行余额管理,即待偿还融资券余额不超过企业净资产的40%。

6. 投资风险

融资券的投资风险由投资人自行承担。

(二) 短期融资券的发行条件

企业申请发行融资券应当符合下列条件:① 在中华人民共和国境内依法设立的企业法人。② 具有稳定的偿债资金来源,最近一个会计年度盈利。③ 流动性良好,具有较强的到期偿债能力。④ 发行融资券募集的资金用于本企业生产经营。⑤ 近3年没有违法和重大违规行为。⑥ 近3年发行的融资券没有延迟支付本息的情形。⑦ 具有健全的内部管理体系和募集资金的使用偿付管理制度。⑧ 符合中国人民银行规定的其他条件。⑨ 信息披露行为在人民银行的统一监管之下,重要信息在"中国货币网"和"中国债券信息网"同时公布,银行间债券市场参与者可以很便捷地获取发行人披露的信息并进行分析。

(三) 发行短期融资券筹资的优缺点

1. 短期融资券筹资的主要优点:

(1) 短期融资券的筹资成本较低。相对于发行公司债券筹资而言,发行短期融资券的筹资成本较低。

（2）短期融资券筹资数额比较大。相对于银行借款筹资而言，短期融资券一次性的筹资数额比较大，短期内可以筹集更多的资金。

（3）发行短期融资券可以提高企业信誉和知名度。能在市场上发行短期融资券的都是著名的大公司，那么如果一家公司能发行短期融资券就说明该公司有较强的实力和较高的威望。同时，公司的信誉和知名度也将随之提高。

2. 短期融资券筹资的缺点

（1）发行短期融资券的风险比较大。短期融资券到期必须归还，一般不会有延期的可能。如果到期不归还，会对企业的信誉造成不良影响，并导致严重后果。

（2）发行短期融资券的弹性比较小。只有当企业的资金需求达到达到一定数量时才能发行短期融资券。另外，即使企业资金比较充裕，短期融资券一般不能提前偿还，必须到期才能偿还。

（3）发行短期融资券的条件比较严格。必须是具备一定信用等级的实力强的企业，才能发行短期融资券筹资。

【本章小结】

企业因为设立、扩张、偿还债务或调整资本结构而产生筹资的动机。企业筹资必须遵循一定的原则，如合法性原则、合理性原则、及时性原则和经济性原则。要做到筹资经济合理，必须先要预测资金的需求量，资金需求量的预测方法主要有销售百分比法、回归法和高低点法。企业要筹集资金，可以有不同的筹资渠道和筹资方式。权益性筹资方式按企业所取得资金的属性不同，可分为权益性筹资、债务性筹资及混合筹资方式三类。这也是企业筹资方式最常见的分类方法。

权益性筹资形成股权资本，是企业依法长期拥有、能够自主调配运用的资本。可以通过吸收直接投资、发行股票、利用留存收益等方式取得。股权资本由于一般不用还本，形成了企业的永久性资本，因而财务风险小，但付出的资本成本相对较高。

债务性筹资，是企业通过借款、发行债券、融资租赁以及赊销商品或服务等方式取得的资金形成在规定期限内需要清偿的债务。按期限的长短又可分为长期债务筹资和短期债务筹资。由于债务筹资到期要归还本金和支付利息，对企业的经营状况不承担责任，因而具有较大的财务风险，但付出的资本成本相对较低。

混合性筹资包括兼具股权与债务特性的混合融资和其他衍生工具融资，还包括优先股、可转换债券、认股权证等。我国上市公司目前最常见的混合融资是可转换债券融资，最常见的其他衍生工具融资是认股权证融资。

【关键术语】

筹资　筹资动机　筹资方式　筹资渠道　权益性筹资　债务性筹资　吸收直接投资　普通股　股票上市　股票增发　配股　长期借款　长期债券　融资租赁　优先股　可转换债券　认股权证　配合型筹资政策　激进型筹资政策　稳健型筹资政策　商业信用　短期借款　短期融资券

【思考题】
1. 企业筹资的动机是什么？资金的来源有哪些分类？
2. 目前我国企业筹资方式主要有哪几种？
3. 普通股股东具有哪些基本权利？优先股股东的优先权体现在什么地方？
4. 股票上市的目的是什么？条件有哪些？
5. 长期借款筹资有何优缺点？
6. 营运资金筹资政策有哪几种？各有什么特点？

【练习题】

一、单项选择题

1. 在下列各项中，能够引起企业自有资金增加的筹资方式有（ ）。
   A. 吸收直接投资   B. 发行公司债券
   C. 利用商业信用   D. 留存收益转增资本
2. 下列筹资方式中，不属于筹集长期资金的是（ ）。
   A. 吸收投资   B. 商业信用
   C. 融资租赁   D. 发行股票
3. 相对于负债融资方式而言，采用吸收直接投资方式筹措资金的优点是（ ）。
   A. 有利于降低资金成本   B. 有利于集中企业控制权
   C. 有利于降低财务风险   D. 有利于发挥财务杠杆作用
4. 相对于发行股票而言，发行公司债券筹资的优点为（ ）。
   A. 筹资风险小   B. 限制条款少
   C. 筹资额度大   D. 筹资成本低
5. 一般来说，在企业的各种资金来源中，资本成本最高的是（ ）。
   A. 优先股   B. 普通股   C. 债券   D. 长期银行借款
6. 可转换债券对投资者来说，可在一定时期内，依据特定的转换条件，将其转换为（ ）。
   A. 其他债券   B. 优先股
   C. 普通股   D. 收益债券
7. 相对于发行债券和利用银行借款购买设备而言，通过融资租赁方式取得设备的主要缺点是（ ）。
   A. 限制条款多   B. 筹资速度慢
   C. 筹资成本高   D. 财务风险大
8. 某企业按年利率4.5%向银行借款200万元，银行要求保留10%的补偿性余额，则该项借款的实际利率为（ ）。
   A. 4.95%   B. 5%   C. 5.5%   D. 9.5%
9. 在下列各项中，不属于商业信用融资内容的是（ ）。
   A. 赊购商品   B. 预收货款   C. 办理应收票据贴现   D. 用商业汇票购货
10. 某周转信贷协议额度为200万元，承诺费率为0.2%，借款企业年度内使用了180万元，则企业向银行支付的承诺费用为（ ）元。
    A. 600   B. 500   C. 400   D. 420

二、多项选择题

1. 企业资金需要量预测的方法有（ ）。
   A. 定性预测法   B. 销售百分比法
   C. 高低点法   D. 回归分析法

2. 下列各项中,属于"吸收直接投资"与"发行普通股"筹资方式所共有的缺点有( )。
   A. 限制条件多 B. 财务风险大
   C. 控制权分散 D. 资金成本高
3. 股票上市的不利之处在于( )。
   A. 信息公开可能暴露公司的商业秘密 B. 公开上市需要很高的费用
   C. 限制经理人员的操作自由 D. 可以改善公司的财务状况
4. 按我国《公司法》规定,股票发行价格可以( )。
   A. 等于票面金额 B. 低于票面金额
   C. 高于票面金额 D. 与票面金额无关
5. 对企业而言,长期借款筹集资金的缺点是( )。
   A. 增强公司筹资能力 B. 加大公司财务风险
   C. 提高公司资本成本 D. 限制条件多
6. 债券的发行价格( )。
   A. 等于面值 B. 低于面值
   C. 高于面值 D. 与面值无关
7. 下列属于银行借款的一般性保护条款的有( )。
   A. 借款企业定期向贷款机构报送财务报表 B. 不准贴现应收票据或转让应收账款
   C. 限制租赁固定资产的规模 D. 贷款专款专用
8. 融资租赁的优点是( )。
   A. 筹资速度快 B. 筹集成本低
   C. 借款弹性好 D. 限制条件少
9. 公司债券筹资与普通股筹资相比较( )。
   A. 普通股筹资的风险相对较低
   B. 债券筹资的资本成本相对较高
   C. 公司债券利息可以于税前列支,而普通股股利必须于税后支付
   D. 公司债券可利用财务杠杆作用
10. 相对于普通股股东而言,优先股的"优先"权主要表现在( )。
    A. 优先认股权 B. 优先表决权
    C. 优先分配股利权 D. 优先分配剩余财产权

三、计算题

1. 某公司 2011 年销售收入为 7 000 万元,利润总额为 2 000 万元,所得税税率为 25%,股利支付率为 40%,2011 年度资产负债表如表 4-3 所示。

表 4-3 资产负债表 单位:万元

资　产	金　额	负债及股东权益	金　额
		流动负债	
流动资产		应付账款	500
现金	200	应付票据	50
应收账款	350	小计	550
存货	600	长期负债	1 200

(续表)

资产	金额	负债及股东权益	金额
小计	1 150	股东权益	
固定资产净值	2 750	股本及资本公积	150
		留存收益	2 000
资产总计	3 900	小计	2 150
		负债及股东权益总计	3 900

2012年的销售收入预计增长20%，利息费用保持不变，所得税率和股利支付率均保持不变。成本、其他费用、流动负债和应付账款与销售收入保持同步增长。公司的生产能力得到充分利用，并且没有发行新的债务和股票。

要求：确定2012年度公司的外部融资需求是多少。

2. A公司采用配股的方式进行融资。2011年3月25日为配股除权登记日，以公司2010年12月31日总股本1 000 000股为基数，拟每10股配2股。配股价格为配股说明书公布前20个交易日公司股票收盘价平均值8元/股的85%，即配股价格为6.8元/股。

假定在分析中不考虑新募集投资的净现值引起的企业价值的变化。

要求：

(1) 所有股东均参与配股的情况下，计算配股的除权价格。

(2) 若配股后的股票市价与配股的除权价格一致，计算每一份配股权的价值。

第五章 资本成本与资本结构

学习目的与要求：

(1) 理解资本成本的含义，了解资本成本的用途。
(2) 掌握每种筹资方式资本成本的计算。
(3) 理解财务杠杆、经营杠杆、财务风险和经营风险，掌握财务杠杆、经营杠杆和复合杠杆的计量。
(4) 了解资本结构理论，理解资本结构的含义和影响因素，掌握最佳资本结构的计算方法。

重点：

(1) 个别资本成本、综合资本成本和边际资本成本的计算。
(2) 经营杠杆和财务杠杆的含义和计量。
(3) 最佳资本结构的决策。

难点：

(1) 边际资本成本的计算。
(2) 财务杠杆的含义和计算。

导读：

企业筹集资金，必须要付出一定的代价。筹资者的代价即是资金提供者要求的收益，也就是说使用筹集来的资金是有成本的，这个成本是投资者要求的必要报酬率。不同筹资方式筹集到的资金其资本成本是不同的。对于企业来说，权益性筹资方式筹集的资金其资本成本要高于债务性筹资方式筹集的资金资本成本。同样是债务性筹资方式，债券的资本成本要大于长期借款的资本成本。权益性筹资方式和债务性筹资方式筹集资金数额的比例又会影响到企业的资本结构，资本结构又进而影响企业的价值。因此，企业确定了资金的需求量后要确定筹资方案，筹资方案包括选择筹资方式和确定资本结构。筹资方案的确定必须要考虑每一种筹资方式的资本成本，同时，还要考虑筹资之后企业形成的新的资本结构对企业价值的影响。一个好的筹资方案是可以实现最佳资本结构的，如何确定最佳资本结构，这即是筹资管理的另一项重要内容。

第一节 资本成本

一、资本成本的内涵、作用和影响因素

（一）资本成本的内涵

《新帕尔格雷夫货币金融大辞典》对资本成本的解释是：资本成本是商业资产的投资者要求获得的预期收益率。它是一种机会成本，以价值最大化为目标的公司经理把资本成本作为评价投资项目的贴现率。它也称为最低可接受的收益率、投资项目的取舍收益率。在数量上它等于各项资本来源的成本加权计算的平均数，内容上来看它包括资金筹集费用和资金占用费。

资本成本可有多种计量形式。在比较各种筹资方式中，使用个别资本成本，包括普通股成本、留存收益成本、长期借款成本、债券成本；在进行资本结构决策时，使用加权平均资本成本；在进行追加筹资决策时，则使用边际资本成本。

资本成本的表现形式有绝对数形式和相对数形式，但一般是指相对数形式。所以，某种资金来源的资本成本即是其资本成本率。

（二）资本成本的作用

1. 选择筹资方案的依据

在评价各种筹资方式时，一般会考虑的因素包括对企业控制权的影响、对投资者吸引力的大小、融资的难易和风险、资本成本的高低等，而资本成本是其中的重要因素。公司要实现企业价值最大化，必须使所有的投入成本最小化，其中包括资本成本的最小化。所以，正确估计和合理降低资本成本是筹资决策的依据。在其他条件相同时，企业筹资应选择资本成本最低的方式。

2. 衡量资本结构是否合理的依据

企业财务管理目标是企业价值最大化，企业价值是企业资产带来的未来经济利益的现值。计算现值时采用的贴现率通常会选择企业的平均资本成本，当加权平均资本成本率最小时，企业价值最大，此时的资本结构是企业理想的最佳资本结构。

3. 评价投资项目可行性的主要标准

资本成本通常用相对数表示，它是企业对投入资本所要求的报酬率（或收益率），即最低必要报酬率。任何投资项目，只有它预期的投资报酬率超过该项目使用资金的资本成本率，则该项目在经济上才是可行的。因此，资本成本是企业用以确定项目要求达到的投资报酬率的最低标准。

4. 评价企业整体业绩的重要依据

一定时期企业资本成本的高低，不仅反映企业筹资管理的水平，还可作为评价企业整体经营业绩的标准。企业的生产经营活动，实际上就是所筹集资本经过投放后形成的资产营运，企业的总资产报酬率应高于其平均资本成本率，才能带来剩余收益。

（三）影响因素

1. 总体经济环境

总体经济环境和状态决定企业所处的国民经济发展状况和水平，以及预期的通货膨胀。

总体经济环境变化的影响,反映在无风险报酬率上,如果国民经济保持健康、稳定、持续增长,整个社会经济的资金供给和需求相对均衡且通货膨胀水平低,资金所有者投资的风险小,预期报酬率低,筹资的资本成本相应就比较低。相反,如果国民经济不景气或者经济过热,通货膨胀持续居高不下,投资者投资风险大,预期报酬率高,筹资的资本成本就高。

2. 资本市场条件

资本市场效率表现为资本市场上的资本商品的市场流动性。资本商品的流动性高,表现为容易变现且变现时价格波动较小。如果资本市场缺乏效率,证券的市场流动性低,投资者投资风险大,要求的预期报酬率高,那么通过资本市场筹集的资本其资本成本就比较高。

3. 企业经营状况和融资状况

企业内部经营风险是企业投资决策的结果,表现为资产报酬率的不确定性;企业融资状况导致的财务风险是企业筹资决策的结果,表现为股东权益资本报酬率的不确定性。两者共同构成企业总体风险,如果企业经营风险高,财务风险大,则企业总体风险水平高,投资者要求的预期报酬率高,企业筹资的资本成本相应就大。

4. 企业对筹资规模和时限的需求

在一定时期内,国民经济体系中资金供给总量是一定的,资本是一种稀缺资源。因此企业一次性需要筹集的资金规模越大、占用资金时限越长,资本成本就越高。当然,融资规模、时限与资本成本的正向相关性并非线性关系,一般说来,融资规模在一定限度内,并不引起资本成本的明显变化,当融资规模突破一定限度时,才引起资本成本的明显变化。

二、个别资本成本

个别资本成本是指使用各种长期资金的成本。这又分为长期借款成本、债券成本、普通股成本和保留盈余成本。前两种为债务资本成本,后两种为权益资本成本。

1. 银行借款资本成本的计算

银行借款资本成本包括借款利息和借款手续费用。利息费用税前支付,可以起抵税作用,一般计算税后资本成本率,税后资本成本率与权益资本成本率具有可比性。银行借款的资本成本率按一般模式计算为:

$$K_L = \frac{L \times i \times (1-T)}{L \times (1-f)}$$

式中:K_L——银行借款资本成本;

L——银行借款总额;

i——银行借款年利率;

f——筹资费用率;

T——所得税税率。

【例5-1】 某公司取得5年期长期借款500万元,年利率6%,每年付息一次,到期一次还本,借款费用率0.2%,企业所得税税率25%,该项借款的资本成本为:

$$K_L = \frac{500 \times 6\% \times (1-25\%)}{500 \times (1-0.2\%)} = 4.51\%$$

2. 长期债券资本成本的计算

长期债券资本成本包括债券利息和债券发行费用。其资本成本率按一般模式计算为：

$$K_b = \frac{I \times (1-T)}{B \times (1-f)}$$

式中：K_b——债券资本成本；
　　　B——债券实际筹资总额，按债券发行价格确定；
　　　I——债券年利息；
　　　f——筹资费用率；
　　　T——所得税税率。

【例 5 - 2】 某公司以 1 100 元的价格发行面值为 1 000 元，期限 5 年，票面利率为 10% 的公司债券一批。每年付息一次，到期一次还本，发行费用率 4%，所得税税率 25%。该批债券的资本成本率为：

$$K_b = \frac{1\,000 \times 10\% \times (1-25\%)}{1\,100 \times (1-4\%)} = 7.1\%$$

3. 普通股资本成本的计算

普通股资本成本主要是向股东支付的各期股利。由于各期股利并不一定固定，随企业各期收益波动，因此普通股的资本成本只能按贴现模式计算，并假定各期股利的变化具有一定的规律性。如果是上市公司普通股，其资本成本还可以根据该公司的股票收益率与市场收益率的相关性，按资本资产定价模型法估计。

1) 股利增长模型法

假定资本市场有效，股票市场价格与价值相等。假定某股票本期支付的股利为 D_0，未来各期股利按 g 速度增长。目前股票市场价格为 P_0，则普通股资本成本为：

$$K_s = \frac{D_0 \times (1+g)}{P_0 \times (1-f)} + g = \frac{D_1}{P_0 \times (1-f)} + g$$

【例 5 - 3】 某公司普通股发行价 30 元，筹资费用率 2%，本年发放现金股利每股 2 元，预期股利年增长率为 5%。则该公司股票资本成本为：

$$K_s = \frac{2 \times (1+5\%)}{30 \times (1-2\%)} + 5\% = 12.14\%$$

2) 资本资产定价模型法

假定资本市场有效，股票市场价格与价值相等。假定无风险报酬率为 R_f，市场平均报酬率为 R_m，某股票贝塔系数为 β，则普通股资本成本率为：

$$K_s = R_f + \beta(R_m - R_f)$$

【例 5 - 4】 某公司普通股 β 系数为 2，市场上无风险利率为 5%，市场平均报酬率为 10%，则该普通股资本成本率为：

$$K_s = 5\% + 2 \times (10\% - 5\%) = 15\%$$

3) 债券收益加风险溢价法

根据某项投资"风险越大,要求的报酬率越高"的原理,普通股股东对企业的投资风险大于债券投资者,因而会在债券投资者要求的收益率上再要求一定的风险溢价。依照这一理论,普通股资本成本的公式为:

$$K_s = K_b + RP_c$$

式中:K_b——债务成本;
RP_c——股东比债权人承担更大风险所要求的风险溢价。

债务成本(长期借款成本、债券成本等)比较容易计算,难点在于确定RP_c即风险溢价。风险溢价可以凭借经验估计。一般认为,某企业普通股风险溢价对其自己发行的债券来讲,在3%~5%之间,当市场利率达到历史性高点时,风险溢价通常较低,在3%左右;当市场利率处于历史性低点时,风险溢价通常较高,在5%左右;而通常情况下,常常采用4%的平均风险溢价。

即:$K_s = K_b + 4\%$

【例5-5】 某公司债券资本成本为8%,公司风险一般。该公司普通股资本成本为:

$$K_s = 8\% + 4\% = 12\%$$

4. 留存收益资本成本的计算

留存收益是企业税后净利形成的,是一种所有者权益,其实质是所有者向企业的追加投资。企业利用留存收益筹资无需发生筹资费用。如果企业将留存收益用于再投资,所获得的收益率低于股东自己进行一项风险相似的投资项目的收益率,企业就应该将其分配给股东。留存收益的资本成本率,表现为股东追加投资要求的报酬率,其计算与普通股成本相同,也分为股利增长模型法和资本资产定价模型法,不同点在于留存收益资本成本不考虑筹资费用。

5. 优先股资本成本的计算

企业发行优先股,其筹资费用即为股票的发行费用,用资费用为其定期支付的固定股利。这就与每期支付固定利息的永久性债券类似,不同之处在于债券利息的支付在税前,所以具有抵税作用,而优先股股利是从税后净利润中支付的,不具有抵税作用。其计算公式如下:

$$K_p = \frac{D}{P_0 \times (1-f)}$$

式中:K_p——优先股资本成本;
D——优先股每年股利;
P_0——发行优先股筹资总额;
f——优先股筹资费用率。

【例5-6】 某公司发行优先筹资500万元,筹资费用率为3%,每年支付10%的股利,则该公司优先股资本成本为:

$$K_p = \frac{500 \times 10\%}{500 \times (1-3\%)} = 10.31\%$$

三、加权平均资本成本

(一) 加权平均资本成本的计算

由于受多种因素的制约，企业不可能只使用某种单一的筹资方式，往往需要通过多种方式筹集所需资金。为进行筹资决策，就要计算确定企业全部长期资金的总成本——加权平均资本成本。加权平均资本成本一般是以各种资本占全部资本的比重为权数，对个别资本成本进行加权平均确定的。其计算公式为：

$$K_w = \sum_{j=1}^{n} K_j W_j$$

式中：K_w——加权平均资本成本；
K_j——第 j 种个别资本成本；
W_j——第 j 种个别资本占全部资本的比重（权数）。

【例 5-7】 某公司的长期资金共 2 000 万元，其中长期借款 300 万元，长期债券 500 万元，普通股 1 000 万元，优先股 200 万元；其成本分别为 4.51%、7.1%、12.14%、10.31%。该企业的加权平均资本成本为：

$$4.51\% \times \frac{300}{2\,000} + 7.1\% \times \frac{500}{2\,000} + 12.14\% \times \frac{1\,000}{2\,000} + 10.31\% \times \frac{200}{2\,000} = 9.55\%$$

(二) 权数的选择

上述计算中的个别资本占全部资本的权数，是按账面价值确定的。选用账面价值作为权数，其资料容易取得。而权数的确定除了账面价值外，还可以按市场价值或目标价值确定，分别称为市场价值权数、目标价值权数。

市场价值权数指债券、股票以市场价格确定权数。这样计算的加权平均资本成本能反映企业目前的实际情况。同时，为弥补证券市场价格变动频繁的不便，也可选用平均价格。

目标价值权数是指债券、股票以未来预计的目标市场价值确定权数。这种权数能体现期望的资本结构，而不是像账面价值权数和市场价值权数那样只反映过去和现在的资本结构，所以按目标价值权数计算的加权平均资本成本更适用于企业筹措新资金。然而，企业很难客观合理地确定证券的目标价值，又使这种计算方法不易推广。

四、边际资本成本

(一) 边际资本成本的概念

企业无法以某一固定的资本成本来筹措无限的资金，当其筹集的资金超过一定限度时，原来的资本成本就会增加。在企业追加筹资时，需要知道筹资额在什么数额上便会引起资本成本怎样的变化。这就要用到边际资本成本的概念。

边际资本成本是指资金每增加一个单位而增加的成本。边际资本成本也是按加权平均法计算的，是追加筹资时所使用的，加权平均成本。

(二)边际资本成本的计算

以下举例说明边际资本成本的计算。

【例 5-8】 某企业拥有长期资金 5 000 万元,产权比率为 2/3,企业拟筹集 1 200 万元新的资金,并维持目前的资本结构不变,随筹资额增加,各种资本成本变化如表 5-1 所示。

表 5-1 甲企业不同筹资方式下的资本成本变化表 单位:万元

资金种类	新筹资额	资本成本
长期借款	500 以内 500 以上	5% 7%
普通股	600 以内 600 以上	10% 12

确定追加筹资的资本成本。

1. 确定目标资本结构

根据产权比率=2/3。

长期借款占长期资金的比率=40%。

普通股占长期资金比率=60%。

2. 计算筹资突破点

花费一定的资本成本只能筹集到一定限度的资金,超过这一限度多筹集资金就要多花费资本成本,就会引起原资本成本的变化。在保持某资本成本的条件下可以筹集到的资金总限度称为现有资本结构下的筹资突破点。在筹资突破点范围内筹资,原来的资本成本不会改变;一旦筹资额超过筹资突破点,即便维持现有的资本结构,其资本成本也会增加。筹资突破点的计算公式为:

$$筹资突破点 = \frac{可用某一特定资本成本筹集到的某种资金额}{该种资金在资本结构中所占的比重}$$

按此方法,资料中各种情况下的筹资突破点的计算结果如表 5-2 所示。

表 5-2 甲企业筹资突破点计算表 单位:万元

资金种类	资本结构	新筹资额	资本成本	筹资突破点
长期借款	40%	0~500 500 以上	5% 7%	1 250
普通股	60%	0~600 600 以上	10% 12%	1 000

3. 计算边际资本成本

根据上一步计算出的筹资突破点,可以得到 3 组筹资总额范围,对每一组筹资总额范围分别计算加权平均资本成本,即可得到各种筹资总额范围的边际资本成本。计算结果如表 5-3 所示。

表 5-3 甲企业边际资本成本计算表　　　　　　单位：万元

筹资总额范围	资金种类	资本结构	资本成本	加权平均资本成本
1 000 以内	长期借款 普通股	40% 60%	5% 10%	8%
1 000~1 250	长期借款 普通股	40% 60%	5% 12%	9.2%
1 250 以上	长期借款 普通股	40% 60%	7% 12%	10%

当企业追加筹资 1 200 万元时，其资本成本为 9.2%。

第二节　杠杆原理

一、杠杆原理的基本概念

(一) 息税前利润

EBIT(Earnings Before Interest and Tax)，即息税前利润，从字面意思可知是扣除利息、所得税之前的利润。

计算公式有两种：

$$EBIT = 净利润 + 所得税 + 利息$$

或

$$EBIT = 经营利润 + 投资收益 + 营业外收入 - 营业外支出 + 以前年度损益调整$$

EBIT 通过剔除所得税和利息，可以使投资者评价项目时不用考虑项目适用的所得税率和融资成本，这样方便投资者将项目放在不同的资本结构中进行考察。而同一企业在分析不同时期盈利能力变化时，使用 EBIT 也较净利润更具可比性。

(二) 边际贡献

边际贡献一般可分为单位产品的边际贡献和全部产品的边际贡献。其计算方法为：

单位产品边际贡献 = 销售单价 - 单位变动成本

全部产品边际贡献 = 全部产品的销售收入 - 全部产品的变动成本

边际贡献率是指边际贡献在销售收入中所占的百分比。通常，边际贡献率是指产品边际贡献率，可以理解为每一元销售收入是边际贡献所占的比重，它反映产品给企业做出贡献的能力。

(三) 变动成本率

变动成本率也称为补偿率，是与边际贡献率相对应的概念，即变动成本在销售收入中所占的百分率。

变动成本率＝变动成本/销售收入×100％＝（单位变动成本×销售量）/（单价×销售量）×100％＝单位变动成本/单价×100％

由于销售收入被分为变动成本和边际贡献两部分，前者是产品自身的耗费，后者是给企业的贡献，两者百分率之和应当为1。

即 变动成本率＋边际贡献率＝1

变动成本率与边际贡献率之间是一种互补的关系，产品的变动成本率高，则边际贡献率低，创利能力小；反之，产品的变动成本率低，则边际贡献率高，创利能力高。

二、经营杠杆

（一）经营风险

经营风险，又称营业风险，是指在企业的生产经营过程中，供、产、销各个环节不确定性因素的影响所导致企业资金运动的迟滞，产生企业价值的变动。经营风险时刻影响着企业的经营活动和财务活动，企业必须防患于未然。对企业经营风险进行较为准确的计算和衡量，是企业财务管理的一项重要工作。影响企业经营风险的因素很多，主要有：

（1）产品需求。市场对企业产品的需求越稳定，经营风险就越小；反之，经营风险则越大。

（2）产品售价。产品售价变动不大，经营风险则小；否则经营风险便大。

（3）产品成本。产品成本是收入的抵减，成本不稳定，会导致利润不稳定，因此产品成本变动大的，经营风险就大；反之，经营风险则小。

（4）调整价格的能力。当产品成本变动时，若企业具有较强的调整价格的能力，经营风险就小；反之，经营风险则大。

（5）固定成本的比重。在企业全部成本中，固定成本所占比重较大时，单位产品分摊的固定成本额就多，若产品量发生变动，单位产品分摊的固定成本随之变动，最后导致利润更大幅度地变动，经营风险就大；反之，经营风险就小。

（二）经营杠杆系数

在其他因素不变的情况下，销售量增加10％（营业收入增加10％），则息税前利润增加幅度是大于、小于还是等于10％？

$$EBIT = (P-V)Q - F$$

根据息税前利润的计算公式，可以看出，当销量增加10％时，由于固定成本并不随之变动，所以息税前利润的变动幅度将会大于销量的变动。这种在企业生产经营中由于存在固定成本而使利润变动率大于产销量变动率的规律就叫做经营杠杆，又称营业杠杆或营运杠杆。

只要企业存在固定性生产成本，就一定存在经营杠杆。经营杠杆的大小一般用经营杠杆系数表示，经营杠杆系数（DOL），也称营业杠杆系数或营业杠杆程度，是指息税前利润（EBIT）的变动率相当于销售额变动率的倍数。

经营杠杆系数就是利润变动率相对于产销量变动率的倍数。计算公式有两个：

$$DOL = \frac{\Delta EBIT/EBIT}{\Delta Q/Q}$$

式中：DOL——经营杠杆系数；
　　　$\Delta EBIT$——息税前盈余变动额；
　　　$EBIT$——变动前息前税前盈余；
　　　ΔQ——销售变动量；
　　　Q——变动前销售量。

公式推导：

$$基期\ EBIT = (P-V) \times Q - F$$
$$EBIT_1 = (P-V) \times Q_1 - F$$
$$\Delta EBIT = (P-V) \times \Delta Q$$

所以，

$$DOL = \frac{\Delta EBIT/EBIT}{\Delta Q/Q} = \frac{[(P-V) \times \Delta Q]/[(P-V) \times Q - F]}{\Delta Q/Q} = \frac{(P-V) \times Q}{(P-V) \times Q - F}$$

即　　经营杠杆系数＝边际贡献/息税前利润＝(销售收入－变动成本)/(销售收入－变动成本－固定成本)

【例 5-9】 某企业生产 A 产品，固定成本为 60 万元，变动成本率为 40%，当企业的销售额分别为 400 万元、200 万元、100 万元时，经营杠杆系数分别为：

$$DOL(1) = (400 - 400 \times 40\%)/(400 - 400 \times 40\% - 60) = 1.33$$
$$DOL(2) = (200 - 200 \times 40\%)/(200 - 200 \times 40\% - 60) = 2$$
$$DOL(3) = (100 - 100 \times 40\%)/(100 - 100 \times 40\% - 60) \to \infty$$

从以上计算结果，我们可以得出：

第一，在固定成本不变的情况下，经营杠杆系数说明了销售额增长（减少）所引起利润增长（减少）的幅度。

第二，在固定成本不变的情况下，销售额越大，经营杠杆系数越小，经营风险也就越小；反之，销售额越小，经营杠杆系数越大，经营风险也就越大。在市场繁荣业务增长很快时，公司可通过增加固定成本投入或减少变动成本支出来提高经营杠杆系数，以充分发挥正杠杆利益用途。

三、财务杠杆

（一）财务风险

财务风险是由于企业运用了债务筹资方式而产生的丧失偿付能力的风险，而这种风险最终是要由股东承担的。债务利息固定，这对企业来说是一项固定的现金流出。企业增加债务比例时，固定的现金流出就会增加，特别是在利息费用的增加速度超过了息税前利润增加速度的情况下，导致净利润的减少，丧失偿债能力的概率增加，财务风险增加。债务资本的比例越高，财务风险越大。

（二）财务杠杆系数

在其他因素不变的情况下，如果息税前利润增加 10%，那么每股利润变动率是大于、小于还是等于10%？

根据每股收益的计算公式：

$$EPS = \frac{(EBIT - I) \times (1 - T)}{N}$$

当息税前利润增加时，由于利息并不随之增加，所以每股利润的变动率将会大于10%。这种由于固定筹资成本的存在而导致普通股每股利润变动大于息税前利润变动的杠杆效应，叫做财务杠杆。财务杠杆是指企业利用负债来调节权益资本收益的手段。合理运用财务杠杆给企业权益资本带来的额外收益，即财务杠杆利益。

与经营杠杆作用的表示方式类似，财务杠杆作用的大小通常用财务杠杆系数表示。财务杠杆系数（DFL），是指普通股每股税后利润变动率相当于息税前利润变动率的倍数，也叫财务杠杆程度，通常用来反映财务杠杆的大小和作用程度，以及评价企业财务风险的大小。财务杠杆系数越大，表明财务杠杆作用越大，财务风险也就越大。

财务杠杆系数的计算公式为：

$$DFL = \frac{\Delta EPS/EPS}{\Delta EBIT/EBIT}$$

式中：DFL——财务杠杆系数；
ΔEPS——普通股每股收益变动额；
EPS——变动前普通股每股收益；
$\Delta EBIT$——息前税前盈余变动额；
$EBIT$——变动前息前税前盈余。

上述公式也可以推导为：

$$DFL = \frac{EBIT}{EBIT - I}$$

如果有优先股股利，计算公式为：

$$DFL = \frac{EBIT}{EBIT - I - PD/(1-T)}$$

（三）财务杠杆的影响因素

由于财务风险随着财务杠杆系数的增大而增大，而且财务杠杆系数则是财务杠杆作用大小的体现，那么影响财务杠杆作用大小的因素，也必然影响财务杠杆利益（损失）和财务风险。财务杠杆大小的影响因素主要有以下三个。

1. 息税前利润率

由上述计算财务杠杆系数的公式可知，在其他因素不变的情况下，息税前利润率越高，财务杠杆系数越小；反之，财务杠杆系数越大。因而税前利润率对财务杠杆系数的影响呈相反方向变化。

2. 负债的利息率

在息税前利润率和负债比率一定的情况下，负债的利息率越高，财务杠杆系数越大；反之，财务杠杆系数越小。负债的利息率对财务杠杆系数的影响总是呈相同方向变化的。

3. 资本结构

负债比率即负债与总资本的比率也是影响财务杠杆利益和财务风险的因素之一。负债比率对财务杠杆系数的影响与负债利息率的影响相同。即在息税前利润率和负债利息率不变的情况下,负债比率越高,财务杠杆系数越大;反之,财务杠杆系数越小。也就是说,负债比率对财务杠杆系数的影响总是呈相同方向变化的。

四、复合杠杆

固定经营成本的存在,产生经营杠杆效应,产销量的变动会引起息税前利润的加速变动;而固定资本成本的存在,产生财务杠杆效应,息税前利润的变动会引起普通股每股收益的加速变动。因此,当两种固定成本同时发生作用时,就会产生连锁反应,即销售额(量)稍有变动,就会引起普通股每股收益的大幅度变动。这种作用叫复合杠杆作用。在复合杠杆作用下,当公司的产品销售量增加时,普通股每股收益会大幅度上升;当公司的产销量下降时,普通股每股收益会大幅度下降。复合杠杆系数越大,每股收益的波动就越大。由于复合杠杆作用使每股收益大幅度波动而造成的风险,就是复合风险。在其他因素不变的情况下,复合杠杆系数越大,复合风险就越大,复合杠杆系数越小,复合风险就越小。复合杠杆系数(DTL 表示),是指每股收益变动率相当于产销量变动率的倍数。

$$DTL = \frac{\Delta EPS/EPS}{\Delta S/S}$$

也可以写成经营杠杆和财务杠杆的乘积。即:

$$DTL = DOL \cdot DFL = \frac{Q(P-V)}{Q(P-V)-F-I}$$

【例 5-10】 甲公司的经营杠杆系数为 2,财务杠杆系数为 1.5,总杠杆系数即为:2×1.5=3

复合杠杆表明,首先它能够估计出销售变动对每股收益造成的影响。比如,如果 $DTL=3$,表明销售每增长(减少)1 倍,就会使每股收益增长(减少)3 倍。其次它表明了经营杠杆和财务杠杆之间的关系,即为了达到某一总杠杆系数,经营杠杆和财务杠杆可以有很多不同的组合。比如,经营杠杆度较高的公司可以在较低程度上使用财务杠杆,而经营杠杆度较低的公司可以在较高程度上使用财务杠杆等。这样,能使企业管理当局运用适当的杠杆系数,在公司负担的风险和预期收益之间进行权衡,使公司总风险降低到一个适当的期望水平。

第三节 资本结构

一、资本结构的理论观点

资本结构理论包括净收益理论、净营业收益理论、MM 理论、代理理论和等级筹资理论等。

(一)净收益理论

该理论认为,利用债务可以降低企业的综合资金成本。由于债务成本一般较低,所以,负债程度越高,综合资金成本越低,企业价值越大。当负债比率达到 100% 时,企业价值将达到最大,如图 5-1 所示。

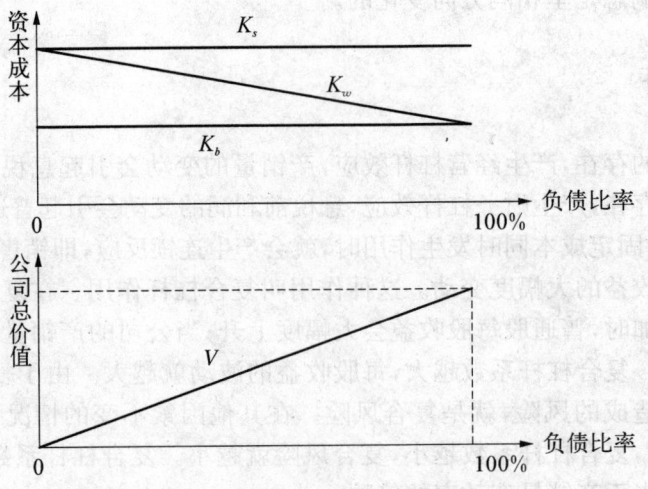

图 5-1 负债比率与企业价值的关系

(二) 净营业收益理论

该理论认为,资本结构与企业的价值无关,决定企业价值高低的关键要素是企业的净营业收益。尽管企业增加了成本较低的债务资金,但同时也加大了企业的风险,导致权益资金成本的提高,企业的综合资金成本仍保持不变。不论企业的财务杠杆程度如何,其整体的资金成本不变,企业的价值也就不受资本结构的影响,因而不存在最佳资本结构,如图 5-2 所示。

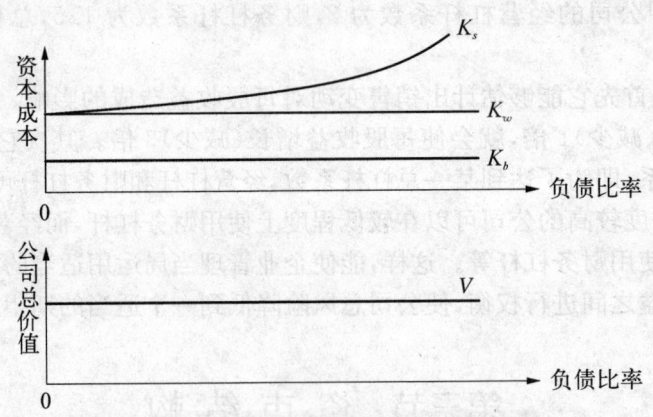

图 5-2 企业价值与资本结构的关系

(三) 传统理论

传统理论是一种介于净收益理论和营业收益理论之间的理论。传统理论认为,企业利用财务杠杆尽管会导致权益成本的上升,但在一定程度内却不会完全抵销利用成本率低的债务所获得的好处,因此会使加权平均资本成本下降,企业总价值上升。但是,超过一定程度地利用财务杠杆,权益成本的上升就不再能为债务的低成本所抵销,加权平均资本成本便会上升。以后,债务成本也会上升,它和权益成本的上升共同作用,使加权平均资本成本上升加快。加权平均资本成本从下降变为上升的转折点,是加权平均资本成本的最低点,这时的负债比率就是企业的最佳资本结构,如图5-3所示。

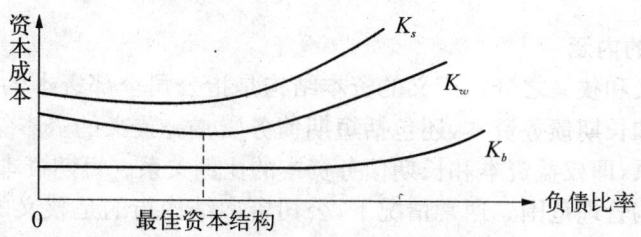

图5-3 负债比率与企业最佳资本结构

(四) MM理论

最初的MM理论,即由美国的Modigliani和Miller(简称MM)教授于1958年6月份发表于《美国经济评论》的"资本结构、公司财务与资本"一文中所阐述的基本思想。该理论认为,在不考虑公司所得税,且企业经营风险相同而只有资本结构不同时,公司的资本结构与公司的市场价值无关。或者说,当公司的债务比率由零增加到100%时,企业的资本总成本及总价值不会发生任何变动,即企业价值与企业是否负债无关,不存在最佳资本结构问题。修正的MM理论(含税条件下的资本结构理论),是MM于1963年共同发表的另一篇与资本结构有关的论文中的基本思想。他们发现,在考虑公司所得税的情况下,由于负债的利息是免税支出,可以降低综合资本成本,增加企业的价值。因此,公司只要通过财务杠杆利益的不断增加,而不断降低其资本成本,负债越多,杠杆作用越明显,公司价值越大。

(五) 代理理论

代理理论认为,企业资本结构会影响经理人员的工作水平和其他行为选择,从而影响企业未来现金收入和企业市场价值。该理论认为,债权筹资有很强的激励作用,并将债务视为一种担保机制。这种机制能够促使经理多努力工作,少个人享受,并且做出更好的投资决策,从而降低由于两权分离而产生的代理成本;但是,负债筹资可能导致另一种代理成本,即企业接受债权人监督而产生的成本。均衡的企业所有权结构是由股权代理成本和债权代理成本之间的平衡关系来决定的。

(六) 优序融资理论

优序融资理论认为:① 外部筹资的成本不仅包括管理和证券承销成本,还包括不对称信息所产生的"投资不足效应"而引起的成本。② 债务筹资优于股权筹资。由于企业所得税的节税利益,负债筹资可以增加企业的价值,即负债越多,企业价值增加越多,这是负债的第一种效应;但是,财务危机成本期望值的现值和代理成本的现值会导致企业价值的下降,即负债越多,企业价值减少额越大,这是负债的第二种效应。由于上述两种效应相抵消,企业应适度负债。③ 由于非对称信息的存在,企业需要保留一定的负债容量以便有利可图的投资机会来临时可发行债券,避免以太高的成本发行新股。

从成熟的证券市场来看,企业的筹资优序模式首先是内部筹资,其次是借款、发行债券、可转换债券,最后是发行新股筹资。但是,新兴证券市场具有明显的股权融资偏好。

二、资本结构的内涵与影响因素

（一）资本结构的内涵

资本结构有广义和狭义之分。广义的资本结构是指公司全部资本的构成及其比例关系，不仅包括权益资本和长期债务资本，还包括短期债务资本。狭义的资本结构是指公司长期资本的构成和比例关系，即权益资本和长期债务资本的比例关系。短期资本的需要量经常变化，因此不列入资本结构管理范围。通常情况下，公司资本结构指的是狭义的资本结构。资本结构是否合理会影响企业资本成本的高低、财务风险的大小以及投资者的得益，它是企业筹资决策的核心问题。企业资金来源多种多样，但总的来说可分成权益资金和债务资金两类，资本结构问题主要是负债比率问题，适度增加债务可能会降低企业资本成本，获取财务杠杆利益，同时也会给企业带来财务风险。

（二）资本结构的影响因素

1. 公司所处行业

不同行业的公司的资本结构会有很大差异，如金融业中的商业银行，其资产负债率一般在95％以上，而其他行业的负债率较低，如上市公司中食品饮料行业2001年的资产负债率是39.54％，纺织、服装、毛皮行业2001年的资产负债率是41.84％。因此，在进行资本结构决策时，应考虑行业背景，同时结合自身的具体情况进行资本结构决策。

2. 公司大股东和管理当局的态度

公司实质上为大股东所控制，资本结构决策在一定程度上取决于大股东的控制权是否受到威胁，如果股权分散，公司可能更多地采用权益资本融资以分散风险。如果股权集中，为防止股权稀释，公司一般倾向于负债融资。

从公司管理当局的角度看，负债比例越高，财务风险越大，一旦债务引发财务危机，则其利益将会受到重大影响，因此，稳健的管理当局会选择低负债资本结构。如果经营管理当局偏好风险，则其会尽量地通过负债融资，从而提高负债比例，影响资本结构。

3. 公司的财务状况和信用等级

公司能否以债务方式筹资和筹资多少，不仅取决于公司大股东和管理当局的态度，而且取决于公司的财务状况、信用等级和债权人的态度。如果财务状况良好、信用等级高，则会相对容易地获得债务资本。相反，如果财务状况欠佳，信用等级不高，债权人投资风险大，公司获得债务资本会比较困难，而且融资成本会比较高。

4. 公司的盈利能力

资本结构决策必须考虑公司的盈利能力，如果息税前利润率高于债务资本率，则举债经营能够使公司获得财务杠杆利益；反之，如果息税前利润率低于债务资本成本，则提高负债比例会使公司遭受财务杠杆损失。因此，公司必须将其盈利能力与资本成本进行比较，盈利能力强的公司可提高负债比率以获得更大的财务杠杆利益，盈利能力差的公司则应降低负债比例以降低财务风险。

5. 公司所处发展周期

在公司初创期，经营风险高，为了将总风险控制在一定水平上，就必须降低财务风险，将负债控制在较低水平上；在公司发展的成熟阶段，产品销量稳定，经营风险低，则可适当提高负债比例,发挥财务杠杆效应;在衰退期,产品市场占有率下降,经营风险较高,则应逐步降低负债比例,保证经营现金流量能够偿付到期债务,避免破产风险。

三、最佳资本结构决策

最佳资本结构应该同时满足以下几个条件:资本成本最低,每股收益最大,企业价值最大。因此,最佳资本结构的决策方法有以下几种。

(一) 比较资本成本法

比较资本成本法是指企业在筹资决策时,首先拟定多个备选方案,分别计算各个方案的加权平均资本成本,并相互比较来确定最佳资本结构。即:通过计算不同资本结构的综合资本成本率,并以此为标准相互比较,选择综合资本成本率最低的资本结构作为最佳资本结构的方法。运用比较资本成本法必须具备两个前提条件:一是能够通过债务筹资;二是具备偿还能力。

【例5-11】 某公司目前拥有资金2 000万元,其中,长期借款800万元,年利率10%;普通股1 200万元,上年支付的每股股利2元,预计股利增长率为5%,发行价格20元,目前价格也为20元,该公司计划筹集资金100万元,企业所得税率为25%,有两种筹资方案:

方案1:增加长期借款100万元,借款利率上升到12%,假设公司其他条件不变。

方案2:增发普通股40 000股,普通股市价增加到每股25元,假设公司其他条件不变。

要求:根据以上资料,用比较资金成本法确定该公司最佳的资金结构。

答案:

方案1:

原借款资本成本=10%×(1−25%)=7.5%

新借款资本成本=12%×(1−25%)=9%

普通股资本成本=2×(1+5%)/20+5%=15.5%

增加借款筹资方案的加权平均资本成本=7.5%×(800/2 100)+9%×(100/2 100)+15.5%×
(1 200/2 100)=12.15%

方案2:

原借款资本成本=10%(1−25%)=7.5%

普通股资本成本=[2×(1+5%)]/25+5%=13.4%

增加普通股筹资方案的加权平均资本成本=7.5%×(800/2 100)+13.4%×
(1 200+100)/2 100=11.16%

可以看出,该公司应选择方案2,即发行普通股筹资。

资本成本比较法测算过程简单,但缺点是:① 难以区别不同融资方案之间的财务风险因素差异。② 在实际计算中有时也难以确定各种融资方式的资本成本。

(二) 每股收益无差别点法

每股收益无差别点法,又称息税前利润-每股利润分析法(EBIT-EPS分析法),是在计算不同融资方案下企业的每股收益相等时所对应的盈利水平(EBIT)的基础上,通过比较在企业预期盈利水平下的不同融资方案的每股收益,进而选择每股收益最大的融资方案。

这种方法首先写出两种筹资方式每股收益的计算公式，令其相等，解出息税前利润。这个息税前利润就是每股收益无差别点。然后拿预期息税前利润与每股收益无差别点进行比较，如果预期的息税前利润大于每股收益无差别点的息税前利润，则运用负债筹资方式；反之，如果预期的息税前利润小于每股收益无差别点的息税前利润，则运用权益筹资方式。

每股收益 EPS 的计算为：

$$EPS = \frac{(S-VC-F-I)(1-T)}{N} = \frac{(EBIT-I)(1-T)}{N}$$

式中：S——销售额；

VC——变动成本；

F——固定成本；

I——债务利息；

T——所得税税率；

N——流通在外的普通股股数；

$EBIT$——息前税前利润。

在每股收益无差别点上，无论是采用负债融资，还是采用权益融资，每股收益都是相等的。若以 EPS_1 代表负债融资，以 EPS_2 代表权益融资，有：

$$EPS_1 = EPS_2$$

$$\frac{\overline{(EBIT-I_1)}(1-T)}{N_1} = \frac{\overline{(EBIT-I_2)}(1-T)}{N_2}$$

能使得上述条件公式成立的 $\overline{EBIT}$ 为每股收益无差别点息税前利润。

【例 5-12】 某公司原有资本 700 万元，其中债务资本 200 万元（每年负担利息 24 万元），普通股资本 500 万元（发行普通股 10 万股，每股面值 50 元）。由于扩大业务，需追加筹资 300 万元，其筹资方式有两种：一是全部发行普通股，即增发 6 万股，每股面值 50 元；二是全部筹借长期债务，即债务利率仍为 12%，利息 36 万元。

公司的变动成本率为 60%，固定成本为 180 万元，所得税税率为 25%。

将上述资料中的有关数据代入条件公式：

$$\frac{(S-0.6S-180-24)(1-33\%)}{10+6} = \frac{(S-0.6S-180-24-36)(1-33\%)}{10}$$

即

$$\frac{\overline{(EBIT-24)}(1-T)}{10+6} = \frac{\overline{(EBIT-24-36)}(1-T)}{10}$$

$$\overline{EBIT} = 120(万元)$$

此时的每股收益额为：

$$\frac{(120-24)(1-25\%)}{10+6} = 4.5(元)$$

上述每股收益无差别分析，可描绘如图 5-4 所示。

从图 5-4 可以看出，当息税前利润高于 120 万元（每股收益无差别点）时，运用负债筹资可获得较高的每股收益；当息税前利润低于 120 万元时，运用权益筹资可获得较高的每股收益。

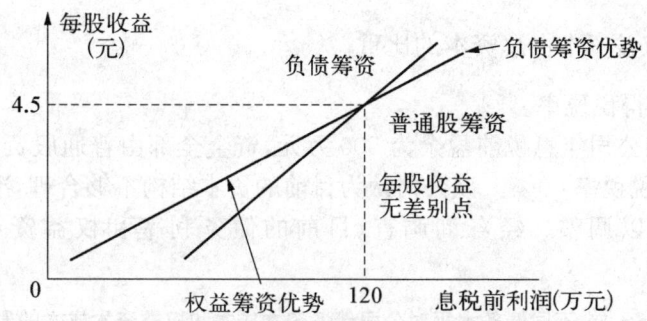

图 5-4 负债筹资与权益筹资比较

(三) 公司价值分析法

以上我们以每股收益的高低作为衡量标准对筹资方式进行了选择。这种方法的缺陷在于没有考虑风险因素。从根本上讲,财务管理的目标在于追求公司价值的最大化或股价最大化。然而只有在风险不变的情况下,每股收益的增长才会直接导致股价的上升,实际上经常是随着每股收益的增长,风险也加大。如果每股收益的增长不足以补偿风险增加所需的报酬,尽管每股收益增加,股价仍然会下降。所以,公司的最佳资本结构应当是可使公司的总价值最高,而不一定是每股收益最大的资本结构。同时,在公司总价值最大的资本结构下,公司的资本成本也是最低的。

公司价值分析法,是在考虑市场风险的基础上,以公司市场价值为标准,进行资本结构优化。即能够提升公司价值的资本结构,就是合理的资本结构。这种方法主要用于对现有资本结构进行调整,适用于资本规模较大的上市公司资本结构优化分析。同时,在公司价值最大的资本结构下,公司的平均资本成本率也是最低的。

设:V 表示公司价值,B 表示债务资本价值,S 表示权益资本价值。公司价值应该等于资本的市场价值,即:

公司的市场总价值 V 应该等于其股票的总价值 S 加上债券的价值 B,即:

$$V = S + B$$

假设公司的经营利润是可以永续的,股东和债权人的投入及要求的回报不变,股票的市场价值则可表示为:

$$S = \frac{(EBIT - I)(1 - T)}{K_S}$$

$$K_S = R_S = R_f + \beta(R_m - R_f)$$

而公司的资本成本,则应用加权平均资本成本(K_{WACC})来表示。其计算公式为:

$$K_{WACC} = K_b \frac{B}{V}(1 - T) + K_S \frac{S}{V}$$

式中:K_b——税前的债务资本成本;

$\frac{B}{V}$——债务资本占总资本的比重。

K_S——权益资本成本;

$\dfrac{S}{V}$——权益资本占总资本的比重；

T——所得税税率。

【例 5-13】 某公司年息税前盈余为 500 万元，资金全部由普通股资本组成，股票账面价值 2 000 万元，所得税税率 40%。该公司认为目前的资本结构不够合理，准备用发行债券购回部分股票的办法予以调整。经咨询调查，目前的债务利率和权益资本的成本情况如表 5-4 所示。

表 5-4 不同债务水平对公司债务资本成本和权益资本成本的影响

债券的市场价值 B(万元)	税前债务资本成本 K_b(%)	股票 β 值	无风险报酬率 R_f(%)	平均风险股票必要报酬率 R_m(%)	权益资本成本 K_s(%)
0	—	1.20	10	14	14.8
200	10	1.25	10	14	15.0
400	10	1.30	10	14	15.2
600	12	1.40	10	14	15.6
800	14	1.55	10	14	16.2
1 000	16	2.10	10	14	18.4

根据表 5-4 的资料，运用公式即可计算出筹借不同金额的债务时公司的价值和资本成本，如表 5-5 所示。

表 5-5 公司市场价值和资本成本

债券的市场价值 B(万元)	股票的市场价值 S(万元)	公司的市场价值 V(万元)	税前债务资本成本 K_b(%)	权益资本成本 K_s(%)	加权平均资本成本 K_{WACC}(%)
0	2 027	2 027	—	14.8	14.80
200	1 920	2 120	10	15.0	14.15
400	1 816	2 216	10	15.2	13.54
600	1 646	2 246	12	15.6	13.36
800	1 437	2 237	14	16.2	13.41
1 000	1 109	2 109	16	18.4	14.23

从表 5-5 中可以看到，在没有债务的情况下，公司的总价值就是其原有股票的市场价值。当公司用债务资本部分地替换权益资本时，一开始公司总价值上升，加权平均资本成本下降；在债务达到 600 万元时，公司总价值最高，加权平均资本成本最低；债务超过 600 万元后，公司总价值下降，加权平均资本成本上升。因此，债务为 600 万元时的资本结构是该公司的最佳资本结构。

理论上，任何企业都应存在最佳资本结构，但是，在实务中很难准确地确定这一最佳时点。而各种资本结构理论也只是提供了对企业资本结构优化问题进行分析研究的基本思路和框架，在实际工作中，不能仅仅依据纯理论模型进行分析，而必须充分考虑企业实际情况和所处的客观经济环境，在认真分析研究影响企业资本结构优化的各种因素的基础上，进行资本结构优化政策。

【本章小结】
　　资本成本是商业资产的投资者要求获得的预期收益率，它是一种机会成本。在比较各种筹资方式中，使用个别资本成本。个别资本成本是指单一融资方式的资本成本，包括银行借款资本成本、公司债券资本成本、融资租赁资本成本、普通股资本成本和留存收益成本等。在进行资本结构决策时，使用加权平均资本成本。加权平均资本成本一般是以各种资本占全部资本的比重为权数，对个别资本成本进行加权平均确定的。其计算中使用的权数有三种，账面价值权数、市场价值权数和目标价值权数。目标价值权数是最理想的，而实务中为简化计算往往采用账面价值权数。在进行追加筹资决策时，则使用边际资本成本。
　　公司的风险可分为经营风险和财务风险。经营风险是指公司因经营上存在固定性生产经营成本导致的息税前利润变动大于销量或销售收入变动的风险，可以用经营杠杆系数来衡量；财务风险是指由于使用固定性资本利息费用存在而导致的普通股每股收益变动大于息税前利润变动的风险，可以使用财务杠杆系数来衡量。经营杠杆和财务杠杆的共同作用称为联合杠杆，可以通过联合杠杆系数计量其作用的大小。
　　资本结构是指权益资本和债务资本的构成和比例关系。影响资本结构的因素很多，而确定最佳资本结构就是综合考虑各种因素，确定使公司综合资本成本最低、普通股每股收益最大、企业价值最大的适当的负债比例。以综合资本成本最低或每股收益最大为标准来衡量最优资本结构各有其不足之处，而综合分析法是使公司价值最大、综合资本成本最低的方法，是较为理想的方法。

【关键术语】
　　资本成本　个别资本成本　综合资本成本　边际资本成本　息税前利润　经营风险　经营杠杆　财务风险　财务杠杆　复合杠杆　每股收益无差别点　最佳资本结构

【思考题】
1. 什么是资本成本？资本成本在财务决策中的作用如何？
2. 结合当前资本市场，讨论分析影响资本成本的相关因素。
3. 为什么说留存收益是存在资本成本的？举例说明。
4. 什么是经营风险？影响因素有哪些？
5. 企业的财务风险包括哪些？
6. 什么是财务杠杆？
7. 什么是资本结构？其代表性理论有哪些？观点是什么？

【练习题】
一、单项选择题
1. 投资人投资于本公司的资本成本，也就是其要求的最低报酬率，它在数量上相当于（　　）。
   A. 放弃的其他投资机会报酬率中最低的一个
   B. 放弃的其他投资机会报酬率中最高的一个

C. 放弃的其他投资机会报酬率的算术平均数
D. 放弃的其他投资机会报酬率的加权平均数

2. 在计算个别资本成本时,需要考虑所得税抵减作用的筹资方式有( )。
   A. 银行借款   B. 留存收益
   C. 优先股   D. 普通股

3. 某种股票当前的市场价格为40元,每股股利是2元,预期的股利增长率是5%,则其普通股资本成本为( )。
   A. 5%   B. 5.5%   C. 10%   D. 10.25%

4. 不需要考虑发行成本影响的筹资方式有( )。
   A. 发行债券 B. 发行普通股 C. 发行优先股 D. 留存收益

5. 可以作为比较选择追加筹资方案重要依据的成本有( )。
   A. 个别资本成本   B. 综合资本成本
   C. 边际资本成本   D. 资本总成本

6. 某公司的经营杠杆系数为2,预计息税前盈余将增长10%,在其他条件不变的情况下,销售量将增长( )。
   A. 5%   B. 10%   C. 15%   D. 20%

7. 企业全部资本中,权益资本与债务资本各占50%,则企业( )。
   A. 只存在经营风险   B. 只存在财务风险
   C. 存在经营风险和财务风险 D. 经营风险和财务风险可以相互抵消

8. 某企业本期财务杠杆系数为2,本期息税前利润为500万元,则本期实际利息费用为( )万元。
   A. 100   B. 375   C. 500   D. 250

9. 某公司经营杠杆系数为2,财务杠杆系数为1.5,该公司目前每股收益为0.6元,若使销售量增加30%,则每股收益将增长为( )元。
   A. 0.9   B. 0.6   C. 1.14   D. 0.54

10. ( )是通过计算和比较各种资金结构下公司的市场总价值来确定最佳资金结构的方法。
    A. 比较资金成本法 B. 公司价值分析法 C. 每股利润无差别点法 D. 因素分析法

二、多项选择题

1. 资本成本的内容一般包括( )。
   A. 筹资费用   B. 投资费用
   C. 用资费用   D. 管理费用

2. 下列成本费用中,属于资金成本中的用资费用的有( )。
   A. 借款手续费   B. 股票发行费
   C. 利息   D. 股利

3. 在计算个别资金成本时,不需要考虑所得税影响的是( )。
   A. 债券成本   B. 银行借款成本
   C. 普通股成本   D. 优先股成本

4. 加权平均资金成本的权数,可选择的有( )。
   A. 票面价值   B. 账面价值
   C. 市场价值   D. 目标价值

5. 普通股成本是指筹集普通股资金所需要的成本,那么估计普通股成本的方法有( )。
   A. 布莱克-斯科尔斯模型   B. 资本资产定价模型
   C. 股利增长模型   D. 债券收益加风险溢价法

6. 下列关于留存收益成本的说法中,正确的有( )。

A. 留存收益不存在成本问题
B. 留存收益成本是一种机会成本
C. 留存收益成本不需考虑筹资费用
D. 留存收益成本相当于股东投资于某种股票所要求的必要报酬率

7. 下列关于经营杠杆系数表述中,正确的是( )。
A. 在固定成本不变的情况下,经营杠杆系数说明了销售额变动所引起息税前利润变动的幅度
B. 在固定成本不变的情况下,销售额越大,经营杠杆系数越大,经营风险也就越小
C. 当销售额达到盈亏临界点时,经营杠杆系数趋近于无穷大
D. 企业一般可以通过增加销售金额、降低产品单位变动成本、降低固定成本比重等措施使经营风险降低

8. 下列对财务杠杆的论述中,正确的是( )。
A. 在资本总额及负债比率不变的情况下,财务杠杆系数越高,每股盈余增长越快
B. 财务杠杆效益指利用债务筹资给企业带来的额外收益
C. 与财务风险无关
D. 财务杠杆系数越大,财务风险越大

9. 利用每股利润无差别点进行企业资本结构分析时,正确的选择是( )。
A. 当预计销售额高于每股利润无差别点时,采用负债筹资方式比采用权益筹资方式有利
B. 当预计销售额低于每股利润无差别点时,采用权益筹资方式比采用负债筹资方式有利
C. 当预计销售额低于每股利润无差别点时,采用负债筹资方式比采用权益筹资方式有利
D. 当预计销售额等于每股利润无差别点时,两种筹资方式的报酬率相同

10. 最佳资本结构的判断标准是( )。
A. 企业价值最大 B. 加权平均资本成本最低
C. 资本规模最大 D. 筹资风险最小

三、计算分析题

1. A公司没有发放优先股,20×1年的有关数据如下:每股账面价值为10元,每股盈余为1元,每股股利为0.4元,该公司预计未来不增发股票,并且保持经营效率和财务政策不变,现行A股票市价为15元,目前长期政府债券利率为4%,证券市场平均收益率为9%,A股票与证券市场的相关系数为0.5,A的标准差为1.96,证券市场的标准差为1。

要求:
(1) 用资本资产定价模型确定该股票的资本成本。
(2) 用股利增长模型确定该股票的资本成本。

2. 某企业计划筹集资本100万元,所得税税率为25%。有关资料如下:
(1) 向银行借款10万元,借款年利率7%,期限为3年,每年支付一次利息,到期还本。
(2) 溢价发行债券,债券面值总额14万元,发行价格总额15万元,票面利率9%,期限为5年,每年支付一次利息,到期还本。
(3) 发行普通股40万元,每股发行价格10元。预计第一年每股股利1.2元,以后每年按3%递增。
(4) 其余所需资本通过留存收益取得。

要求:
(1) 计算个别资本成本。
(2) 计算该企业加权平均资本成本。

3. 某公司2000年销售产品10万件,单价50元,单位变动成本30元,固定成本总额100万元。公司负债60万元,年利息率为12%,每年支付优先股股利10万元,所得税税率为33%。

要求:
(1) 计算2000年边际贡献。

(2) 计算 2000 年息税前利润总额。
(3) 计算该公司 2001 年复合杠杆系数。
4. 已知某公司当前资本结构如表 5-6 所示。

表 5-6　某公司当前资本结构表

筹资方式	金额(万元)
长期债券(年利率 8%)	1 000
普通股(4 500 万股)	4 500
留存收益	2 000
合计	7 500

因生产发展需要，公司年初准备增加资金 2 500 万元，现有两个筹资方案可供选择：甲方案为增加发行 1 000 万股普通股，每股市价 2.5 元；乙方案为按面值发行每年年末付息、票面利率为 10% 的公司债券 2 500 万元。假定股票与债券的发行费用均可忽略不计，适用的所得税税率为 33%。

要求：
(1) 计算两种筹资方案下每股利润无差别点的息税前利润。
(2) 计算处于每股利润无差别点时乙方案的财务杠杆系数。
(3) 如果公司预计息税前利润为 1 200 万元，指出该公司应采用的筹资方案。
(4) 若公司预计息税前利润在每股利润无差别点增长 10%，计算采用乙方案时该公司每股利润的增长幅度。

第六章 项目投资

学习目的与要求：

(1) 了解项目投资的概念及类型。
(2) 理解项目计算期的构成和现金流量的概念及构成内容。
(3) 掌握现金流量的含义及计算方法。
(4) 掌握项目投资决策指标的含义、特点及计算方法。
(5) 掌握项目投资决策评价指标的应用。

重点：

能够运用现金净流量的计算方法确定各项目投资方案的现金净流量。

难点：

能够运用项目投资决策指标，进行项目投资方案的决策分析。

导读：

在充满投资机会的现代社会，要想使筹集到的资金投放到收益高、回收快、风险小的项目上去，对企业的生存和发展十分重要。那么，如何来衡量一个项目的投资可行性呢？本章将为您介绍一系列评价指标和方法，帮您作出正确的项目投资决策。

第一节 投资概述

一、投资的含义和类型

投资是指特定经济主体（包括国家、企业和个人）为了在未来可预见的时期内获得收益或使资金增值，在一定时期向一定领域的标的物投放足够数额的资金或实物等货币等价物的经济行为。从特定企业角度看，投资就是企业为获取收益而向一定对象投放资金的经济行为。

投资的分类标准及分类特点如下：

（1）按照投资行为的介入程度，可分为直接投资和间接投资。直接投资是企业将资金直接投向生产经营性资产以期获得收益的行为，如投资固定资产、无形资产，垫付营运资金等；间接投资，又称证券投资，是指企业用资金购买股票、债券等金融资产而不直接参与其他企业生产经营管理的一种投资活动。

（2）按照投入的领域不同，可分为生产性投资和非生产性投资。生产性投资，又称为生产资料投资，这种投资的最终成果将形成各种生产性资产，包括形成固定资产的投资、形成无形资产的投资、形成其他资产的投资和流动资金投资。其中，前三项属于垫支资本投资，后者属于周转资本投资；非生产性投资最终成果为非生产性资产，不能形成生产能力。

（3）按照投资的方向不同，可分为对内投资和对外投资。从企业的角度看，对内投资就是项目投资，是指企业将资金投放于为取得供本企业生产经营使用的固定资产、无形资产、其他资产和垫支流动资金而形成的一种投资。

（4）按照投资的内容不同，可分为固定资产投资、无形资产投资、流动资金投资、房地产投资、有价证券投资、期货与期权投资、信托投资和保险投资等多种形式。

本章所讨论的投资，是指属于直接投资范畴的企业内部投资，即项目投资。

二、项目投资的特点

与其他形式的投资相比，项目投资具有以下特点：

一是投资内容独特（每个项目都至少涉及一项固定资产投资）；二是投资数额多；三是影响时间长（至少1年或1个营业周期以上）；四是发生频率低；五是变现能力差；六是投资风险大。

三、投资管理的程序

企业投资的程序主要包括以下步骤。

（一）提出投资领域和投资对象

这需要在把握良好投资机会的情况下，根据企业的长远发展战略、中长期投资计划和投资环境的变化来确定。

（二）评价投资方案的财务可行性

在分析和评价特定投资方案经济、技术可行性的基础上，需要进一步评价其是否具备财务可行性。

（三）投资方案比较与选择

在财务可行性评价的基础上，对可供选择的多个方案进行比较和选择。

（四）投资方案的执行

对已经做出的可行的投资项目，要积极筹措所需资金，在投资项目实施过程中要进行控制和监督，使之按质完工，投入生产，为企业创造经济效益。

（五）投资方案的再评价

在投资方案的执行过程中，应注意原来做出的投资决策是否合理、是否正确。一旦出现新的情况，要随时根据变化的情况做出新的评价和调整。

四、项目计算期的构成和资金投入方式

(一) 项目计算期

项目计算期是指投资项目从投资建设开始到最终清理结束整个过程的全部时间,包括建设期和经营期,建设期的第一年初称为建设起点,建设期的最后一年称为投产日。有些项目没有建设期,直接进入经营期,经营期的最后一年年末称为终结点,经营期又可分为前期的试产期和后期的达产期。

$$项目计算期＝建设期＋经营期$$

(二) 资金投入方式

原始总投资是反映项目所需现实资金的价值指标。从项目投资的角度看,原始总投资等于企业为使项目完全达到设计生产能力、开展正常经营而投入的全部现实资金。

投资总额是反映项目投资总体规模的价值指标。它等于原始总投资与建设期资本化利息之和。其中,资本化利息是指在建设期发生的与构建项目所需的固定资产、无形资产等长期资产相关的借款利息。投资主体将原始总投资注入具体项目的投入方式包括在建设起点一次投入和建设期内分次投入两种形式。

第二节　项目投资的现金流量分析

一、现金流量的作用

现金流量是评价长期项目投资可行性的主要依据和信息。现金流量信息所揭示的未来期间现实货币资金收支运动,可以序时动态地反映项目投资的流向与回收之间的投入产出关系,使决策者处于投资主体的立场上,便于更完整、准确、全面地评价具体投资项目的经济效益;摆脱了财务会计的权责发生制所面临的一系列由于计量方法不一致所造成的信息相关性差、可比性差的困境;排除了非现金收付内部周转的资本运动形式,简化了有关投资决策评价指标的计算过程。因此,估计投资项目的预期现金流量是投资决策的首要环节。

二、现金流量的构成

投资项目的现金流量包括现金流入量和现金流出量。流入量是指能够使投资方案的现实货币资金增加的项目,用"＋"表示,现金流出量是指能够使投资方案的现实货币资金减少或需要动用现金的项目,用"－"表示。

(一) 现金流入量的内容

1. 营业收入

营业收入是指项目投产后在生产经营期内每年实现的全部营业收入,为简化计算,假定每

期发生的赊销额与回收的应收账款大致相等。营业收入是经营期内主要的现金流入量项目。

2. 回收资金

回收资金是指在项目计算期的终结点收回的全部流动资产,包括固定资产残值回收和原来垫付的全部流动资金。

3. 其他现金流入量

其他现金流入量是指以上几项现金流入项目以外的现金流入,如多交的税金退回或是国家特殊项目的补贴等。

(二) 现金流出量的内容

1. 建设投资

建设投资是指在建设期内所发生的各类资产的投资。固定资产投资加上建设期贷款利息为固定资产原值,但建设期的利息并不支付,所以,不作为现金流出。建设投资是建设期发生的主要现金流出量。

2. 垫付流动资金

项目建成投产后,为正常经营活动而投放垫支在流动资产上的资金,以及为使机器设备正常运转而投入的维护修理费等。

3. 付现成本

付现成本是指在项目经营期内每年发生的用现金支付的成本,它是生产经营期内最主要的现金流出量。

4. 支付的各种税金

支付的各种税金是指在经营期内实际支付的各项税款,包括所得税、营业税等税款。

5. 其他现金流出

其他现金流出是指不包括以上内容中的现金流出项目。如营业外净支出、罚款等。

(三) 净现金流量的计算

净现金流量,又称现金净流量(NCF),是指项目计算期内每年的现金流入量与现金流出量的差额。即:

$$NCF = 该年的现金流入量 - 该年的现金流出量$$

1. 初始现金流量

初始现金流量是指项目投资开始时发生的现金流量,主要包括投放在固定资产项目上的资金,项目建成投产后,为正常经营活动而投放垫支在流动资产上的资金,以及为使机器设备正常运转而投入的维护修理费等。

$$建设期某年现金净流量 = NCF - 该年发生的投资额$$

2. 营业现金流量

营业现金流量是指固定资产项目投入使用后,在其使用寿命周期内由于生产经营所带来的现金流入和流出的数量。现金流入一般是指营业现金收入,现金流出是指营业现金支出和缴纳的税金。在加入所得税因素以后,现金流量的计算有三种方法可用。

(1) 根据现金流量的定义计算:

$$经营现金净流量(NCF) = 营业收入 - 付现成本 - 所得税$$

(2) 根据年末营业结果来计算：

$$营业现金流量＝息前税后利润＋折旧$$

另外若考虑开办费、无形资产的摊销额和项目终点时的残值、流动资金回收额，则上式还可以改写为：

$$营业现金流量(NCF)＝息前税后利润＋折旧＋开办费、无形资产摊销额＋终结点的回收额$$

(3) 根据所得税对收入和折旧的影响计算：

$$\begin{aligned}经营现金净流量(NCF)&＝息前税后利润＋折旧＝(收入－成本)\times(1-税率)＋\\&折旧＝(收入－付现成本－折旧)\times(1-税率)＋折旧＝\\&收入\times(1-税率)－付现成本\times(1-税率)－折旧\times\\&(1-税率)＋折旧＝收入\times(1-税率)－付现成本\times(1-税率)－\\&折旧＋折旧\times税率＋折旧＝收入\times(1-税率)－\\&付现成本\times(1-税率)＋折旧\times税率\end{aligned}$$

$$经营期某年现金净流量(NCF)＝营业现金收入－付现成本－所得税$$

或者：
$$经营期某年现金净流量 NCF＝净利润＋折旧额$$

3. 终结现金流量

终结现金流量是指固定资产项目投资完结时所发生的现金流量。主要包括固定资产项目的残值收入或变价收入、原有垫支在流动资产上的资金回收等。

$$终结点现金净流量(NCF)＝经营期现金净流量＋回收额$$

三、现金流量计算中的假设及应注意的问题

(一) 相关假设

1. 投资项目类型的假设

假设投资项目只包括单纯固定资产投资项目、完整工业投资项目和更新改造投资项目三种类型。

2. 财务可行性分析假设

假设项目已经具备技术可行性和国民经济可行性，确定现金流量就是为了进行项目财务可行性研究。

3. 项目投资假设

假设在确定项目现金流量时，站在企业投资者的立场，考虑全部投资的运动情况，而不具体区分为自有资金和借入资金等具体形式的现金流量。即使实际存在借入资金，也将其作为自有资金对待(但在计算固定资产原值和总投资时，还需要考虑借款利息因素)。

4. 经营期与折旧年限一致假设

为便于确定项目现金流量，假设经营期与折旧年限一致。

5. 时点指标假设

为便于利用资金时间价值的形式，不论现金流量具体内容所涉及的价值指标实际上是时点指标还是时期指标，均假设按照年初或年末的时点指标处理。其中建设投资在建设期内有关年度的年初或年末发生。流动资金投资则在年初发生；经营期内各年的收入、成本、折旧、摊

销、利润、税金等项目的确认均在年末发生;项目最终报废或清理均发生在终结点(但更新改造项目除外)。

6. 确定性因素假设

假设与项目现金流量有关的价格、产销量、成本水平、所得税税率等因素均为已知常数。

7. 产销平衡假设

假定运营期同一年的产量等于该年的销售量,假定按成本项目计算的当年成本费用等于按要素计算的成本费用。含义为当期成本费用全部进入当期利润表,不会出现跨期结转的问题。

(二) 计算投资项目现金流量时应注意的问题

1. 必须考虑现金流量的增量(相关性原则)

这里实际上是提出了相关现金流量的观点。相关现金流量,是指与某一特定项目相关联的现金流量,如果决定投资于某一项目,则会发生,如果不投资于某一项目,则不会发生。例如,某企业在投资某一项目之前,每年有营业收入100万元,投资某一项目后,营业收入为150万元,则相关现金流量就是50万元。相关现金流量表现为增量现金流量。

2. 尽量利用现有的会计利润数据

企业在项目论证时,一般要编制预计会计报表。尽管报表中的利润并不等于项目评价中的现金流量,但由于利润指标比较容易获得,因此,我们可以以利润指标为基础,经过适当的调整,使之转化为现金流量。

3. 不能考虑沉没成本因素(相关性原则,如设备更新决策)

4. 充分关注机会成本(相关性原则)

机会成本指在决策过程中选择某个方案而放弃其他方案所丧失的潜在收益。

5. 考虑项目对企业其他部门的影响

四、项目现金流量的估算

【例6-1】 某项目需投资1 200万元用于构建固定资产,另外在第一年初一次投入流动资金300万元,项目寿命5年,直线法计提折旧,5年后设备残值200万元,每年预计付现成本300万元,可实现销售收入800万元,项目结束时可全部收回垫支的流动资金,所得税税率为40%。要求:项目计算期内各年现金净流量。

每年的折旧额=(1 200-200)/5=200(万元)

销售收入	800
减:付现成本	300
减:折旧	200
税前净利	300
减:所得税	120
税后净利	180
营业现金流量	380

表 6-1 现金流量计算表   单位：万元

	0	1	2	3	4	5
固定资产投资	−1 200					
流动资产投资	−300					
营业现金流量		380	380	380	380	380
固定资产残值						200
收回流动资金						300
现金流量合计	−1 500	880	380	380	380	880

【例 6-2】 某企业投资新建一个分厂，投资均为贷款，固定资产总投资为 500 万元，建设期 2 年。第一年年初投入 300 万元，应计贷款利息 30 万元；第二年年初投入 200 万元，应计贷款利息 55 万元。第二年年末投入流动资产 92 万元，该项目的生产经营期 5 年，预期期满报废时残值收入 45 万元。固定资产按直线法计提折旧。生产经营期各年实现的税后利润分别为 21 万元、23 万元、38 万元、45 万元和 50 万元。

要求：计算该项目投资在项目计算期内各年的现金净流量。

固定资产原值=500+30+55=585(万元)
固定资产年折旧额=(585−45)/10=54(万元)
项目计算期=2+5=7(年)
NCF_0=−300(万元) NCF_1=−200(万元)
NCF_2=−92(万元) NCF_3=21+54=75(万元)
NCF_4=23+54=78(万元) NCF_5=38+54=92(万元)
NCF_6=45+54=99(万元) NCF_7=50+54+92+45=241(万元)

【例 6-3】 某公司购置一台设备，价值 530 万元，建设期一年，第一年年末投入流动资产 80 万元。该项目生产经营期 10 年，固定资产期末残值 30 万元，直线法计提折旧。预计投产后，前 5 年每年有 600 万元的营业收入，所得税税率为 40%，并发生付现成本 400 万元；后 5 年每年发生 900 万元的营业收入，并发生付现成本 600 万元。

要求：计算该项目投资在各年的现金净流量。

固定资产年折旧额=(530−30)/10=50(万元)
项目计算期=10+1=11(年)
经营期前 5 年每年应交所得税=[600−(400+50)]×40%=60(万元)
经营期后 5 年每年应交所得税=[900−(600+50)]×40%=100(万元)
NCF_0=−530(万元) NCF_1=−80(万元)
$NCF_{2\sim6}$=600−400−60=140(万元)
$NCF_{7\sim10}$=900−600−100=200(万元)
NCF_{11}=200+30+80=310(万元)

第三节 项目投资决策评价指标及其计算

投资决策评价指标,是指用于衡量和比较投资项目可行性,以便据以进行方案决策的定量化标准与尺度。项目投资决策的方法很多,按是否考虑资金时间价值,可以分为动态类指标,即考虑了时间价值的贴现类指标,以及静态类指标,即没有考虑时间价值的非贴现类指标。

一、静态评价指标

(一) 投资回收期(PP)

1. 投资回收期的含义

投资回收期(payback period,简称 PP),是指回收初始投资所需要的时间,一般以年为单位。投资回收期的计算,因每年的营业净现金流量是否相等而有所不同。

如果每年的营业净现金流量(NCF)相等,则投资回收期可按下式计算:

$$投资回收期 = 原始投资额 / 每年\ NCF$$

如果每年 NCF 不相等,那么,计算回收期要根据每年年末尚未回收的投资额加以确定。

2. 投资回收期的种类及计算公式

投资回收期分为包括建设期的回收期和不包括建设期的回收期,其中:

$$不包括建设期的回收期 = 原始投资额 / 每年相等的净现金流量$$
$$包括建设期的回收期 = 不包括建设期的回收期 + 建设期$$

包括建设期的投资回收期(PP)还可以用下面的公式直接计算:

$$PP = 累计现金净流量最后一项负值对应的年数 + \frac{累计现金净流量最后一项负值的绝对值}{下一年的现金净流量}$$

3. 静态投资回收期的特点

静态投资回收期的优点:① 能够直观地反映原始投资的返本期限。② 便于理解,计算简单。③ 可以直观地利用回收期之前的净现金流量信息。

静态投资回收期的缺点:① 没有考虑资金时间价值因素。② 不能正确反映投资方式的不同对项目的影响。③ 不考虑回收期满后继续发生的净现金流量。

4. 决策原则

$$包括建设期的回收期 \leqslant 计算期的\ 1/2$$
$$不包括建设期的回收期 \leqslant 运营期的\ 1/2$$

【例 6-4】 有三个投资机会,其有关部门数据如表 6-2 所示。

表 6-2 有关部门数据　　　　　　　　　　　　　　　　　　单位：元

时间(年)	0	1	2	3	4
方案 A：净收益		500	500		
净现金流量	−10 000	5 500	5 500		
方案 B：净收益		1 000	1 000	1 000	1 000
净现金流量	−10 000	3 500	3 500	3 500	3 500
方案 C：净收益		2 000	2 000	1 500	1 500
净现金流量	−20 000	7 000	7 000	6 500	6 500

三个方案的投资回收期计算过程如下：

表 6-3　A方案投资回收期计算表

	时间(年)	净现金流量(元)	回收额(元)	回收额(元)	回收时间(年)
方案 A	0	−10 000			
	1	5 500	5 500	4 500	1
	2	5 500	4 500	—	0.82

回收期(PP) = 1 + 4 500/5 500 = 1.82(年)

表 6-4　B方案回收期计算表

	时间(年)	净现金流量(元)	回收额(元)	回收额(元)	回收时间(年)
方案 B	0	−10 000			
	1	3 500	3 500	6 500	1
	2	3 500	3 500	3 000	1
	3	3 500	3 000	—	0.86

回收期(PP) = 1 + 1 + 3 000/3 500 = 2.86(年)

表 6-5　C方案回收期计算表

	时间(年)	净现金流量(元)	回收额(元)	为回收额(元)	回收时间(年)
方案 C	0	−20 000			
	1	7 000	7 000	13 000	1
	2	7 000	7 000	6 000	1
	3	7 000	6 000	—	0.86

回收期(PP) = 1 + 1 + 6 000/7 000 = 2.86(年)

(二) 投资收益率(ROI)

1. 投资收益率的含义与计算公式

投资收益率，又称投资报酬率，是指达产期正常年份的年息税前利润或运营期年均息税前利润占项目总投资的百分比。

投资收益率(ROI)＝年息税前利润或年均息税前利润/项目总投资

在使用投资收益率指标时应该注意两个问题：一是各年息税前利润不相等时，计算平均息税前利润(简单平均法计算)；二是项目总投资等于原始投资加上资本化利息。

2. 投资收益率的优缺点

该指标最大的优点就是计算公式简单。缺点在于：① 没有考虑资金时间价值因素。② 不能正确反映建设期长短、投资方式的不同和回收额的有无等条件对项目的影响。③ 分子、分母计算口径的可比性较差。④ 该指标的计算无法直接利用净现金流量信息。

3. 决策原则

$$投资收益率 \geq 基准投资收益率$$

【例 6-5】 根据[例 6-4]的资料，方案 A、B、C 的投资报酬率分别为：

投资报酬率(A)＝(500＋500)÷2/10 000＝5%

投资报酬率(B)＝(1 000＋1 000＋1 000＋1 000)÷4/10 000＝10%

投资报酬率(C)＝(2 000＋2 000＋1 500＋1 500)÷4/20 000＝8.75%

二、动态评价指标

(一) 净现值(NPV)

1. 净现值的含义

净现值是指在项目计算期内，按基准收益率或设定折现率计算的各年净现金流量现值的代数和。

$$净现值＝各年净现金流量现值合计－原始投资额现值$$

即

$$NPV = \left[\frac{NCF_1}{(1+k)^1} + \frac{NCF_2}{(1+k)^2} + \cdots + \frac{NCF_n}{(1+k)^n}\right] - C = \sum_{t=1}^{n} \frac{NCF_t}{(1+k)^t} - C$$

2. 净现值指标的优缺点

净现值的优点：① 考虑了资金时间价值。② 考虑了项目计算期全部的净现金流量和投资风险。净现值的缺点：① 无法从动态角度直接反映投资项目的实际收益率水平。② 计算比较繁琐。

3. 决策原则

前面我们已经分析过，计算终值的过程，是往现值上增加利息，计算现值，是从终值上扣减利息。在计算净现值时，我们用一个折现率扣减利息，如果净现值等于零，这意味着项目按照该折现率扣减利息之后，现金流入与现金流出相等。即项目的实际收益率正好等于该折现率。

如果净现值大于零，则表示项目的实际收益率高于折现率。

如果净现值小于零，则表示项目的实际收益率低于折现率。

如果净现值等于零，则表示项目的实际收益率等于折现率。

如果折现率我们用的是行业基准收益率，那么，当净现值大于或者等于零时，说明项目的实际收益率已经达到或者超过行业基准收益率，表示项目是可行的；如果净现值小于零，说明项目的实际收益率低于行业基准收益率，表示项目不可行。

由此,得出如下结论:

净现值(NPV)≥0 → 方案实际收益率≥折现率 → 方案可行

净现值(NPV)<0 → 方案实际收益率<折现率 → 方案不可行

【例6-6】 根据[例6-4]的资料,假设贴现率$i=10\%$,则三个方案的净现值为:

净现值(A)$=5\,500\times(P/A,10\%,2)-10\,000=5\,500\times1.753\,3-10\,000=-454.75$

净现值(B)$=3\,500\times(P/A,10\%,4)-10\,000=3\,500\times3.169\,9-10\,000=1\,094.65$

净现值(C)$=7\,000(P/A,10\%,2)+6\,500(P/A,10\%,2)(P/F,10\%,2)-20\,000=$
$7\,000\times1.735\,5+6\,500\times1.735\,5\times0.826\,4-20\,000=1\,094.65$

(二)净现值率($NPVR$)

1. 净现值率的含义

净现值率是指投资项目的净现值占原始投资现值的比率,亦可将其理解为单位原始投资的现值所创造的净现值。其计算公式为:

$$净现值率=NPV/原始投资的现值$$

2. 净现值率的特点

净现值率的优点:可以从动态的角度反映项目投资的资金投入与净产出之间的关系;在已经获得净现值的基础上计算过程比较简单。净现值率的缺点:无法直接反映投资项目的实际收益率。

3. 净现值率的决策原则

如果某个项目的净现值率$NPVR$≥0,则投资项目可行;反之,则项目不可行。

【例6-7】 承接[例6-6]的资料,则三个方案的净现值率为:

净现值率(A)$=-454.75/10\,000=-0.004\,54$

净现值率(B)$=1\,094.65/10\,000=0.109\,4$

净现值率(C)$=1\,094.65/20\,000=0.109\,4$

(三)获利指数(PI)

1. 获利指数的含义

获利指数是指投产后按基准收益率或设定折现率折算的各年净现金流量的现值合计与原始投资的现值合计之比。

$$获利指数(PI)=投产后各年净现金流量的现值合计/原始投资的现值合计$$

2. 获利指数与净现值的关系

$$净现值=投产后各年净现金流量的现值合计-原始投资的现值合计$$

(1)如果NPV大于0,则PI大于1。

(2)如果NPV等于0,则PI等于1。

(3)如果NPV小于0,则PI小于1。

3. 获利指数与净现值率的关系

$$净现值率=项目的净现值/原始投资现值合计=(投产后各年净现金流量现值合计-$$
$$原始投资现值合计)/原始投资现值合计=获利指数-1$$

所以： 获利指数＝1＋净现值率

4. 获利指数的优缺点

获利指数的优点：能够从动态的角度反映项目投资的资金投入与总产出之间的关系。获利指数的缺点：不能够直接反映投资项目的实际收益水平，计算相对复杂。

5. 决策原则

净现值大于等于零，投资项目可行。由此可以推出：获利指数大于等于1，投资项目可行；反之，则项目不可行。

【例6-8】 根据[例6-4]的资料，假设贴现率$i=10\%$，则三个方案的现值指数为：

现值指数(A)＝[5 500×(P/A,10%,2)]/10 000＝[5 500×1.753 3]/10 000＝0.964 3

现值指数(B)＝[3 500×(P/A,10%,4)]/10 000＝3 500×3.169 9/10 000＝1.109 4

现值指数(C)＝[7 000(P/A,10%,2)+6 500(P/A,10%,2)(P/F,10%,2)]/20 000＝
[7 000×1.735 5+6 500×1.735 5×0.826 4]/20 000＝1.074

（四）内部收益率(IRR)

1. 内含报酬率的含义

内部收益率(IRR)，是指项目投资实际可望达到的收益率。实质上，它是能使项目的净现值等于零时的折现率。

2. 计算方法

根据内部收益率的含义，即净现值等于零的折现率，在特殊条件下，净现值的计算式子中，只有一个包含未知量的年金现值系数，我们可以令净现值等于零，先求出年金现值系数，然后查表采用内插法计算出内部收益率。如果特殊条件中有一个不满足，则净现值的计算式子中，就出现了多于一个的系数。这样，采用先求系数的方法，就行不通了。这种情况下，无捷径可走，只能采用逐步测试法。即取一个折现率，计算NPV，如果NPV等于零，则所用的折现率即为内部收益率。但这种情况很少见到，多数情况下，NPV或者大于零，或者小于零。这样，就需要再次进行试算。试算的基本程序举例说明如下：

第一，取10%的折现率进行测试，如果NPV大于零，则说明内部收益率比10%高，因此，需要选取一个比10%高的折现率进行第二次测试。

第二，取12%的折现率进行第二次测试，如果NPV仍然大于零，则需要进行第三次测试。

第三，取14%的折现率进行第三次测试，如果NPV小于零，则说明内部收益率低于14%。

测试到此，可以判断出内部收益率在12%～14%之间，具体值为多少，采用内插法确定。

【例6-9】 ×公司一次投资200万元购置12辆小轿车用于出租经营，预计在未来8年中每年可获现金净流入量45万元，则该项投资的最高收益率是多少？

由于内部收益率是使投资项目净现值等于零时的折现率，因而：

$$NPV = 45 \times (P/A、i、8) - 200$$

令 $NPV=0$

则 $45 \times (P/A、i、8) - 200 = 0$

$(P/A、i、8) = 200 \div 45 = 4.444\ 4$

查年金现值系数表(附表四),确定 4.444 4 介于 4.487 3(对应的折现率 i 为 15%)和 4.343 6(对应的折现率 i 为 16%),可见内部收益率介于 15%~16%之间。

此时可采用插值法计算内部收益率:

$$IRR=15\%+\frac{4.487\ 3-4.444\ 4}{4.487\ 3-4.343\ 6}\times(16\%-15\%)=15.3\%$$

于是,该项投资收益率=15%+0.3%=15.3%。

【例 6-10】 中盛公司于 1997 年 2 月 1 日以每 3.2 元的价格购入 H 公司股票 500 万股,1998、1999、2000 年分别分派现金股利每股 0.25 元、0.32 元、0.45 元,并于 2000 年 4 月 2 日以每股 3.5 元的价格售出,要求计算该项投资的收益率。

首先,采用测试法进行测试,如表 6-6 所示。

表 6-6 项目 IRR 测试表

时 间	股利及出售股票的现金流量	测试 1		测试 2		测试 3	
		系数 10%	现 值	系数 12%	现 值	系数 14%	现 值
1997	-1 600.000	1.000	-1 600.000	1.000	-1 600.000	1.000	-1 600.000
1998	125.000	0.909	113.625	0.893	111.625	0.877	109.620
1999	160.000	0.826	132.160	0.797	127.520	0.769	123.040
2 000	1 975.000	0.751	1 483.225	0.712	1 406.200	0.675	1 333.125
净现值	—		129.010		45.345		-34.210

其次,采用插值法计算投资收益率。由于折现率为 12%时净现值为 45.345 万元,折现率为 14%时净现值为-34.21 万元,因此,该股票投资收益率必然介于 12%~14%之间。这时,可以采用插值法计算投资收益率:

$$IRR=12\%+\frac{45.345-0}{45.345-(-34.21)}\times(14\%-12\%)=13.14\%$$

于是,该项投资收益率为 13.14%。

3. 内部收益率指标的优缺点

内含报酬率的优点是:① 能从动态的角度直接反映投资项目的实际收益水平。② 计算过程不受基准收益率高低的影响,比较客观。其缺点是:① 计算过程复杂。② 当运营期出现大量追加投资时,有可能导致多个内部收益率出现,或偏高或偏低,缺乏实际意义。

4. 决策原则

只有当内含报酬率指标大于或等于基准收益率或资金成本的投资项目才具有财务可行性。

(五) 动态指标之间的关系

净现值、净现值率、获利指数和内部收益率指标之间存在同方向变动关系。即:

(1) 当净现值>0 时,净现值率>0,获利指数>1,内部收益率>基准收益率。

(2) 当净现值=0 时,净现值率=0,获利指数=1,内部收益率=基准收益率。

(3) 当净现值<0 时,净现值率<0,获利指数<1,内部收益率<基准收益率。

第四节 项目投资决策评价指标的运用

一、独立方案财务可行性评价及投资决策

（一）独立方案的含义

在财务管理中，将一组相互分离、互不排斥的方案称为独立方案。在独立方案中，选择某一方案并不排斥选择另一方案。

（二）独立方案财务可行性评价

对于这方面的决策就是要判断某一个方案是否具备财务可行性。不同的指标评价结果可能会不一致，这样就会出现评价的财务可行性程度的差异。根据差异的程度，方案的财务可行性有四种情况：即完全具备财务可行性、基本具备财务可行性、基本不具备财务可行性和完全不具备财务可行性。

1. 完全具备财务可行性的条件

如果某一投资项目的评价指标同时满足以下条件，则可以断定该投资项目无论从哪个方面看完全具备财务可行性，应当接受此投资方案。这些条件是：

净现值 $NPV \geqslant 0$

净现值率 $NPVR \geqslant 0$

获利指数 $PI \geqslant 1$

内部收益率 $IRR \geqslant ic$

包括建设期的静态投资回收期 $PP \leqslant n/2$（即项目计算期的一半）

不包括建设期的静态投资回收期 $PP' \leqslant P/2$（即运营期的一半）

投资收益率 $ROI \geqslant$ 基准投资收益率 i

2. 基本具备财务可行性的条件

若主要指标结论可行，而次要或辅助指标结论不可行，则基本具备财务可行性。

3. 基本不具备财务可行性的条件

若主要指标结论不可行，而次要或辅助指标结论可行，则基本不具备财务可行性。

4. 完全不具备财务可行性的条件

若主要指标结论不可行，次要或辅助指标结论也不可行，则完全不具备财务可行性。

注意：

（1）在对独立方案进行财务可行性评价的过程中，当次要或辅助指标与主要指标的评价结论发生矛盾时，应当以主要指标的结论为准。

（2）利用净现值、净现值率、获利指数和内部收益率指标对同一个独立项目进行评价，会得出完全相同的结论。

（三）独立方案的财务可行性与投资决策的关系

只有完全具备或基本具备财务可行性的方案：接受；完全不具备或基本不具备财务可行性的方案：拒绝。

二、多个互斥方案的比较决策

互斥方案是指互相关联、互相排斥的方案,即一组方案中的各个方案彼此可以相互代替,采纳方案组中的某一方案,就会自动排斥这组方案中的其他方案。

(一) 多个互斥方案比较决策的含义

多个互斥方案比较决策,是指在每一个入选方案已具备财务可行性的前提下,利用具体决策方法比较各个方案的优劣,利用评价指标从各个备选方案中最终选出一个最优方案的过程。

(二) 决策方法

对于互斥方案决策,教材中介绍了五种方法,这五种方法分别适用于不同的条件。因此,对于这一部分内容,不仅要掌握每种方法的基本原理,而且还要掌握每种方法的适用条件。

1. 净现值法

所谓净现值法,是指通过比较所有已具备财务可行性投资方案的净现值指标的大小来选择最优方案的方法。

这种方法适用于原始投资相同且项目计算期相等的多方案比较决策。在此法下,净现值最大的方案为优。

2. 现值指数法

所谓现值指数法,是指通过比较所有投资方案的现值指数指标的大小来选择最优方案的方法。在此法下,现值指数最大的方案为优。该方法可用于原始投资不同的投资方案的比较决策。

3. 差额投资内部收益率法

差额投资内部收益率法是指在两个原始投资额不同方案的差量净现金流量的基础上,计算出差额内部收益率,并与行业基准折现率进行比较,进而判断方案优劣的方法。

关于这种方法需要注意三个问题:

(1) 适用范围。该法适用于两个原始投资不相同,但项目计算期相同的多方案比较决策。

(2) 决策指标计算。差额内部收益率的计算与内部收益率指标的计算方法是一样的,只不过所依据的是差量净现金流量。

(3) 决策原则。当差额内部收益率指标大于或等于行业基准收益率或设定折现率时,原始投资额大的方案较优;反之,则投资少的方案为优。

该法经常被用于更新改造项目的投资决策中,当差额内部收益率大于或等于基准折现率或设定折现率时,应当进行更新改造;反之,就不应当进行更新改造。

【例6-11】 A项目与B项目为互斥方案,它们的项目计算期相同。A项目原始投资的现值为150万元,1~10年的净现值流量为29.97万元;B项目原始投资的现值为100万元,1~10年的净现值流量为20.18万元。行业基准折现率为10%。

要求:(1) 计算差量净现金流量 ΔNCF。(2) 计算差额内部收益率 ΔIRR。(3) 用差额投资内部收益率法做出比较投资决策。

解答:(1) 差量净现值流量为:

$$\Delta NCF_0 = -150-(-100)=-50(万元)$$

$$\Delta NCF_{1\sim10}=29.29-20.18=9.11(万元)$$

(2) 差额内部收益率 ΔIRR 为:

$$(P/A, \Delta IRR, 10) = 50/9.11 \approx 5.4885$$

因为 $(P/A, 12\%, 10) = 5.6502 > 5.4885$

$$(P/A, 14\%, 10) = 5.2161 < 5.4885$$

所以 $12\% < \Delta IRR < 14\%$,应用内插法,

$$\Delta IRR = 12\% + \frac{5.6502-5.4885}{5.6502-5.2161} \times (14\%-12\%) \approx 12.74\%$$

(3) 用差额投资内部收益率法作出比较投资决策:因为 $\Delta IRR = 12.74\% > ic = 10\%$,所以应当投资 A 项目。

4. 年等额净回收额法

年等额净回收额法是指通过比较所有投资方案的年等额净回收额(NA)指标的大小来选择最优方案的方法。

适用条件:原始投资不同,特别是项目计算期不同的多方案比较决策。

(1) 决策指标。其计算公式为:

年等额净回收额=方案净现值×资本回收系数=方案净现值/年金现值系数

年等额净回收额,实际上就是把一个方案的净现值平均分摊到项目计算期的各年。我们前面已经提到,净现值是反映一个项目总体盈利情况的指标。而年等额净回收额,实际上就是把反映项目总体盈利能力的指标,调整为每年盈利情况的指标。

(2) 决策原则。选择年等额净回收额最大的方案。

(3) 做题程序。首先,计算净现值。其次,用净现值除以年金现值系数(注意期数使用计算期),得出年等额净回收额。最后,根据年等额净回收额进行决策。

【例 6-12】 富强公司有两项投资方案,其现金净流量如表 6-7 所示。

表 6-7 两方案各年现金净流量数据表 单位:元

项目计算期	甲方案		乙方案	
	净收益	现金净流量	净收益	现金净流量
0		-200 000		-120 000
1	20 000	120 000	16 000	56 000
2	32 000	132 000	16 000	56 000
3			16 000	56 000

要求:如果该企业期望达到的最低报酬率为 12%,请做出决策。

解答：（1）计算甲、乙方案的 NPV。

$$NPV_{甲} = 12\,000 \times (P/F, 12\%, 1) + 13\,200 \times (P/F, 12\%, 2) - 200\,000 =$$
$$120\,000 \times 0.892\,9 + 132\,000 \times 0.797\,2 - 200\,000 = 12\,378.4(元)$$
$$NPV_{乙} = 56\,000 \times (P/A, 12\%, 3) - 120\,000 =$$
$$56\,000 \times 2.401\,8 - 120\,000 = 14\,500.8(元)$$

（2）计算甲、乙方案的年等额净现值。

$$甲方案年等额净现值 = \frac{12\,378.4}{(P/A, 12\%, 2)} = \frac{12\,378.4}{1.690\,1} = 7\,342.06(元)$$

$$乙方案年等额净现值 = \frac{14\,500.8}{(P/A, 12\%, 3)} = \frac{14\,500.8}{2.401\,8} = 6\,037.47(元)$$

（3）做出决策。因为甲方案年等额净现值 7 324.06 元＞乙方案年等额净现值 6 037.47 元，所以应选择甲方案。

三、固定资产更新决策

固定资产更新改造是指以新的固定资产替换到期报废的旧的固定资产，或以新的技术装备对原有的技术装备进行改造。这是实现以内涵为主的扩大再生产的重要方式。固定资产更新决策一般也采用差量分析法进行决策。其一般步骤为：

第一：从新设备的角度计算差量现金流量 ΔNCF_t。
第二：根据差量现金流量计算差量净现值 ΔNPV。
第三：当 $\Delta NPV \geqslant 0$，选择新设备；当 $\Delta NPV < 0$，继续使用旧设备。

【例 6-13】 某公司计划更新一台旧设备以减少成本，旧设备采用直线法计提折旧，新设备采用年数总和法折旧，公司的所得税税率为 33%，资金成本率为 10%。其他资料如表 6-8 所示。请做出判定：该公司是否应该进行更新决策？

表 6-8 设备更新的相关数据　　　　　　　　　　　　　　　　　　　单位：元

项　目	旧 设 备	新 设 备
原价	50 000	70 000
可用年限	10	4
已用年限	6	0
尚可使用年限	4	4
税法规定残值	0	7 000
目前变现价值	20 000	7 000
每年可获得的收入	40 000	6 000
每年付现成本	20 000	18 000
每年折旧额	直线法	年数总和法

(续表)

项 目	旧设备	新设备
第一年	5 000	25 200
第二年	5 000	18 900
第三年	5 000	12 600
第四年	5 000	6 300

下面采用差量分析法对设备更新问题做出决策。所有增减量均用希腊字母"Δ"表示。假设新旧设备是两个投资期不同的方案 A 和 B。

第一步：计算初始投资的差量。

$$\Delta 初始投资 = 70\,000 - 20\,000 = 50\,000(元)$$

第二步：计算各年营业现金流量的差量，如表 6-9 所示。

表 6-9　各年营业现金流量的差量　　　　　　　　　　　　　　　　单位：元

项　　目	第一年	第二年	第三年	第四年
Δ销售收入(1)	20 000	20 000	20 000	20 000
Δ付现成本(2)	−2 000	−2 000	−2 000	−2 000
Δ折旧额(3)	20 200	13 900	7 600	1 300
Δ税前利润(4)=(1)−(2)−(3)	1 800	8 100	14 400	20 700
Δ所得税(5)=(4)×33%	594	2 673	4 752	6 831
Δ税后净利(6)=(4)−(5)	1 206	5 427	9 648	13 869
Δ营业净现金流量(7)=(1)−(2)−(5)	21 406	19 327	17 248	15 169

第三步：计算两个方案现金流量的差量，如表 6-10 所示。

表 6-10　两个方案现金流量的差量　　　　　　　　　　　　　　　　单位：元

项　　目	第零年	第一年	第二年	第三年	第四年
Δ初始投资	−50 000				
Δ营业净现金流量		21 406	19 327	17 248	15 469
Δ终结现金流量					7 000
现金流量	−50 000	21 406	19 327	17 248	22 169

第四步：计算净现值的差量。

$$\Delta NPV = 21\,406 \times (P/F, 10\%, 1) + 19\,327 \times (P/F, 10\%, 2) + 17\,248 \times (P/F, 10\%, 3) + 22\,169 \times (P/F, 10\%, 4) - 50\,000 = 21\,406 \times 0.909 + 19\,327 \times 0.826 + 17\,248 \times 0.751 + 22\,169 \times 0.683 - 50\,000 = 13\,516.83(元)$$

因为固定资产更新后,将增加净现值 13 516.83 元,故应进行更新。

四、多方案组合排队投资决策

(一) 组合或排队方案的含义

如果一组方案中既不属于相互独立,又不属于相互排斥,而是可以实现任意组合或排队,则这些方案被称作组合或排队方案。独立方案和互斥方案属于两种极端的情况,组合或排队方案是处于两者之间的一种情况。

(二) 组合或排队方案决策的含义

这类决策分两种情况:① 在资金总量不受限制的情况下,可按每一项目的净现值 NPV 大小排队,确定优先考虑的项目顺序。② 在资金总量受到限制时,则需按净现值率 NPVR 或获利指数 PI 的大小,结合净现值 NPV 进行各种组合排队,从中选出能使 ΣNPV 最大的最优组合。

(三) 组合或排队方案决策的程序

在主要考虑投资效益的条件下,多方案比较决策的主要依据,就是能否保证在充分利用资金的前提下,获得尽可能多的净现值总量。

注意:组合排队决策包括两个方面的含义:一是确定方案组合;二是对该组合内的方案进行排队。

一般来说,如果考试涉及了组合或排队决策,不会给出太多的方案。因此,可以根据投资总额,对所有方案进行组合。然后,计算各个组合的累计净现值,累计净现值最大的组合,即为最优组合。排队时按照现值指数高低进行。

【例 6-14】 A、B、C、D 四个投资项目为相互排斥方案,具体以下资料。假定企业现在只有 2 500 万元可用于投资,如表 6-11 所示。要求:做出投资组合决策。

表 6-11 A、B、C、D 四个投资项目数据表　　单位:万元

项　目	原始投资	净现值	现值指数
A	550	97.89	1.178
B	690	70.24	1.102
C	1 136	217.26	1.191
D	1 550	182.87	1.118

按 A、B、C、D 的现值指数从大到小排序如表 6-12 所示。

表 6-12 投资项目排序表

序　号	项　目	现值指数	净现值	原始投资
1	C	1.191	217.26	1 136
2	A	1.178	97.89	550
3	D	1.118	182.87	1 550
4	B	1.102	70.14	690

企业在2 500万元原始投资额的限制下,可以选择的投资组合有:C+A+B;C+A;C+B;A+B;A+D;D+B。最优组合为:C+A+B,此时累计投资总额为1 136+550+690=2 376万元,但现实的净现值比所有其他组合都多。

第五节 风险投资决策

长期投资决策涉及的时间较长,因而对未来收益和成本都很难进行准确预测。或者说,存在不同程度的不确定性或风险性。为了简化问题,我们前几节内容都没有考虑风险因素,讨论了一些确定情况下投资政策问题。然而,风险是客观存在的,所以本节将专门讨论风险性投资决策问题。在此介绍的风险投资分析方法有两种:一是风险调整现金流量法;二是风险调整贴现率法。

一、调整现金流量法

按风险调整现金流量法是根据投资项目或方案风险的大小,采用适当的方法,将未来不确定的现金流量调整为确定的现金流量。由于调整后的现金流量中已考虑了风险因素,必将小于调整前的现金流量。并通过用较小的现金流量来计算有关评价指标,以达到谨慎决策的目的。在这种方法下,经常计算的决策评价指标是净现值,故净现值法的决策标准在此也继续使用。具体调整中,最常用的是肯定当量法。

(一) 肯定当量法的含义

所谓肯定当量法(surely-balanced method),是指在固定资产投资项目的风险分析中,预先用一个系数把有风险的现金收支调整为无风险的现金收支,再用无风险的贴现率去计算不同方案的净现值,然后用净现值法的规则判断投资机会可取程度的一种方法。其模型为:

$$NPV = \sum_{i=1}^{n}[(a_t \times A_t)/(1+i)^t] - C$$

式中:NPV——投资项目净现值;

a_t——肯定当量系数;

A_t——第t年的税后现金流入量;

i——预定的无风险贴现率;

C——投资现值。

在某一特定的投资项目中,如净现值为正数,说明该项目的预期报酬率大于预定的贴现率,属于可选项目,如净现值为负数则为不可选项目;如某投资项目同时可确认若干个投资方案,则净现值大的为可选方案,其余为淘汰方案。

肯定当量法的基本思路是先用一个系数把有风险的现金收支调整为无风险的现金收支,然后用无风险的贴现率去计算净现值,以便用净现值法的规则判断投资机会的可取程度。肯定当量法的原理虽然是比较净现值的大小,但该方法的核心与关键却在于肯定当量系数的确定。所谓肯定当量系数,是指把不肯定的1元现金流量折算成相当于使投资者满意的肯定现金流量的系数。

一般来讲,在肯定的1元和不肯定的1元之间,人们往往会选择前者,因为不肯定的1元,只相当于不足1元的金额,两者的差额,是缘于风险或不确定性的客观存在,风险或不确定性越高,未来现金流入量贬值的可能性越大。为此,在按净现值法判断投资项目或投资方案是否可取时,在未来现金流入量上乘上一个系数,相当于把含有风险或不确定性因素的现金流入量换算成剔除了风险或不确定性因素后的可以肯定的现金流入量,从而提高了投资可行性判断的准确程度。可见,肯定当量系数的实质是在现金流入量上应该乘上的一个折扣率。

(二) 肯定当量系数的分析

对于肯定当量系数,确定的方法一般有以下几种。

1. 理论系数法

该法能够说明肯定当量系数的理论意义,表明未来可以肯定的现金流量相当于现在计算的不肯定现金流量期望值的比率。因该公式的分子无法直接计算得出,在实际工作中难有应用价值,故称为理论系数。用公式表示为:

$$a_t = 肯定的现金流量 \div 不肯定的现金流量期望值$$

2. 经验系数法

经验系数法即以反映现金流量期望值风险程度的标准差率(亦称变异系数)表示现金流量的不确定程度,则标准差率与肯定当量系数的经验数据,如表6-13所示:

表6-13 有关投资机会数据表

标准差率(Q)	当量系数(a_t)
0.00~0.07	1
0.08~0.15	0.9
0.16~0.23	0.8
0.23~0.32	0.7
0.33~0.42	0.6
0.43~0.54	0.5
0.55~0.70	0.4

标准差率反映了投资项目的风险程度,风险越小,则标准差率越小,对应的肯定当量系数就大,可以肯定的现金流量也就越大;反之,风险越大,标准差率就越大,对应的肯定当量系数也就小,可以肯定的现金流量也小。实际应用中,需已知某投资项目的风险程度,并计算出反映投资项目风险程度的标准差率,方可找到对应的肯定当量系数。

3. 换算系数法

如无风险贴现率(i)和风险贴现率(K)之间的函数关系已知,即$i=K$,则可根据联立公式推算出肯定当量系数。方法如下。

因为,肯定当量法的现金流入现值为:

$$NPV = \sum_{i=1}^{n}[(a_t \times A_t)/(1+i)^t]$$

风险调整贴现率法的现金流入现值为：

$$NPV = \sum_{i=1}^{n}[A_t/(1+k)^t]$$

所以
$$[(a_t * A_t)/(1+i)^t] = [A_t/(1+K)^t]$$

解出：$a_t = (1+i)^t/(1+K)^t$ 即可满足计算净现值所需。

该法计算肯定当量系数的前提是应预先确知风险贴现率和无风险贴现率的对应关系，如没有这个前提，则此法便失去了存在的基础。

肯定当量法应用的最大难题是当量系数如何确定才能最大限度地符合实际。从前述确定当量系数的方法中，均存在主观性判断大于客观性判断的问题。我们认为，无论是经验系数还是换算系数，都是建立在对风险估计的基础上，计算上比较麻烦且又存在一定的不合理性。既然如此，何不采用比较简便易行和科学合理的方法，即只对未来的投资风险确定为高中低三个等级，同时确定与之相对应的当量系数。考虑到每一等级的风险中也还有程度的不同，故可确定相宜的系数范围，以便增强其可以选择的弹性。具体如表6-14所示。

表6-14 风险系数对照表

风险等级	当量系数
高	0.4～0.69
中	0.7～0.89
低	0.9～0.95

此法可命名为风险等级对照法，其先进性在于：它既吸收了经验系数法的长处，又克服了经验系数法本身的不合理性和计算上的麻烦，因为无论风险大小，当量系数即折扣率总不能为1(100%)，这意味着折扣率并无意义，问题在于只要有风险而不论大小，对未来现金流入量所打的折扣总为1是不合逻辑的；同时，又避免了换算系数法计算上的烦琐及无风险贴现率和风险贴现率之间存在函数关系的假定性。其合理性在于：各风险等级对应的当量系数均有一个选择的区间，可满足不同风险偏好的决策者所需。

(三) 肯定当量法的应用

【例6-15】 某公司有三个投资机会，预定的无风险贴现率(i)为6%，风险贴现率(k)分别为：A方案10%，B方案7.1%，C方案7.5%，其余资料如表6-15所示。

表6-15 有关投资机会数据表

项目	年份	1	2	3
A方案 C=4 000(元)	A_t(元)	3 000	8 000	13 000
	P_i	0.2	0.6	0.2
	E_t(元)			8 000
	D_t			3 162

(续表)

项目	年份	1	2	3
B方案 C=4 000(元)	A_t(元)			6 000　8 000　10 000
	P_i			0.1　0.8　0.1
	E_t(元)			8 000
	D_t			894
C方案 C=10 000(元)	A_t(元)	6 000　4 000 2 000	8 000　6 000 4 000	5 000　4 000 3 000
	P_i	0.25　0.5　0.25	0.2　0.6　0.2	0.3　0.4　0.3
	E_t(元)	4 000	6 000	4 000
	D_t	1 414.22	1 264.92	774.60

表中：C 为投资现值；A_t 为现金流入量；P_i 为概率；E_t 为现金流入量的风险期望值；D_t 为标准差。

$$E_t = \sum_{i=1}^{n}(A_t \times P_i)$$

$$D_t = \sum_{i=1}^{n}(A_t - E_t)^2 P_i$$

1. 按经验系数法计算

根据要求，确定肯定当量系数的前提是先计算反映各方案风险程度的标准差率，即变异系数 Q，以便寻求与之相对应的肯定当量系数。其标准差率的计算公式为：$Q = D/E$

$$Q_A = 3\,162 \div 8\,000 = 0.40$$
$$Q_B = 894 \div 8\,000 = 0.11$$
$$Q_C = \begin{cases} Q_{C1} = 1\,414.22 \div 4\,000 = 0.35 \\ Q_{C2} = 1\,264.92 \div 6\,000 = 0.21 \\ Q_{C3} = 774.60 \div 4\,000 = 0.19 \end{cases}$$

根据标准差率所对应的数据，即可查得各方案的肯定当量系数。

$$Q_A = 0.6$$
$$Q_B = 0.9 \quad Q_C = \begin{cases} Q_{C1} = 0.6 \\ Q_{C2} = 0.8 \\ Q_{C3} = 0.8 \end{cases}$$

据此即可计算出各方案的净现值：

$$NPV_A = [(0.6 \times 8\,000) \div (1+6\%)^3] - 4\,000 = 30(元)$$
$$NPV_B = [(0.9 \times 8\,000) \div (1+6\%)^3] - 4\,000 = 2\,145(元)$$
$$NPV_C = \begin{cases} [(0.6 \times 4\,000) \div (1+6\%)^1] + [(0.8 \times 6\,000) \div (1+6\%)^2] \\ + [(0.8 \times 4\,000) \div (1+6\%)^3] \end{cases} - 10\,000 = -778(元)$$

结论是 B>A>C,根据净现值法的判断规则应选择 B 方案。但该法对于反映风险程度的资料要进行详细的计算,否则便难以获得所需的经验资料。

2. 按换算系数法计算

如前所述,在有风险的贴现率和无风险的贴现率之间函数关系已知的前提下,可以换算出肯定当量系数。假设有风险的贴现率 $K_A=10\%,K_B=7.1\%,K_C=7.5\%$,相当于无风险的贴现率 $i=6\%$,则各方案的肯定当量系数分别为:

$$a_A = (1+6\%)^3 \div (1+10\%)^3 = 0.8954$$
$$a_B = (1+6\%)^3 \div (1+7.1\%)^3 = 0.9702$$
$$a_C \begin{cases} a_{C1} = (1+6\%) \div (1+7.5\%) = 0.9860 \\ a_{C2} = (1+6\%)^2 \div (1+7.5\%)^3 = 0.9722 \\ a_{C3} = (1+6\%)^3 \div (1+7.5\%)^3 = 0.9587 \end{cases}$$

据此可以计算出三个投资方案的净现值:

$$NPV_A = [(0.8954 \times 8000) \div (1+6\%)^3] - 4000 = 2014(元)$$
$$NPV_B = [(0.9702 \times 8000) \div (1+6\%)^3] - 4000 = 2516(元)$$
$$NPV_C = \begin{cases} [(0.986 \times 4000) \div (1+6\%)^1] + [(0.9722 \times 6000) \div (1+6\%)^2] \\ + [(0.9587 \times 4000) \div (1+6\%)^3] \end{cases} - 10000 = 2132(元)$$

此法计算结果也是 B>A>C,但其存在的问题有:一是当量系数的换算是建立在有风险的贴现率和无风险的贴现率相对应的前提下,主观性较强又较烦琐;二是计算结果较为接近,未能鲜明地反映出不同方案的风险程度,不易做出准确判断,使其在实践中的应用价值受到削弱。

3. 按风险等级对照法计算

若根据判断,A 方案有较大风险,B 方案风险较低,C 方案第一年风险较高,第二、第三年偏低,则可根据风险等级对应的当量系数直接计算各方案的净现值。为计算方便,设各方案对应的当量系数分别取中值为:

A=0.54,B=0.92,C 方案第一年为 0.54,第二、第三年为 0.79,则:

$$NPV_A = [(0.54 \times 8000) \div (1+6\%)^3] - 4000 = -372(元)$$
$$NPV_B = [(0.92 \times 8000) \div (1+6\%)^3] - 4000 = 2179(元)$$
$$NPV_C = \begin{cases} [(0.54 \times 4000) \div (1+6\%)^1] + [(0.79 \times 6000) \div (1+6\%)^2] \\ + [(0.79 \times 4000) \div (1+6\%)^3] \end{cases} - 10000 = -1091(元)$$

从计算结果看,与前述结论完全相同,仍应选择 B 方案。但该法的优点在于:一是计算过程大为简化,省略了标准差及换算系数的计算,却得到了与前述方法完全相同的结论;二是对各方案的风险程度从计算结果中可以看得非常清晰,便于做出比较准确的判断。因此可以想象,该法在实际的投资风险分析中应有广泛的推广和应用价值。

二、风险调整贴现率法

(一) 风险调整贴现率法的含义

风险调整贴现率法(risk-adjusted discount rate,简称 RADR),是将净现值法和资本资产定价模型结合起来,利用模型依据项目的风险程度调整基准折现率的一种方法。

风险调整贴现率法的基本思路是：对于高风险的项目采用较高的贴现率去计算净现值,低风险的项目用较低的贴现率去计算,然后根据净现值法的规则来选择方案。因此,此种方法的中心是根据风险的大小来调整贴现率。该方法的关键在于根据风险的大小确定风险调整贴现率(即必要回报率)。

（二）风险调整贴现率法的计算

风险调整贴现率的计算公式为：

$$K=i+bQ$$

式中：K——风险调整贴现率；

i——无风险贴现率；

b——风险报酬斜率；

Q——风险程度。

风险调整贴现率法的计算步骤：

1. 风险程度的计算

（1）计算方案各年的现金流入的期望值(E)。

（2）计算方案各年的现金流入的标准差(d)。

（3）计算方案现金流入总的离散程度,即综合标准差(D)。

（4）计算方案各年的综合风险程度,即综合变化系数(Q)。

2. 确定风险报酬斜率

（1）计算风险报酬斜率(b)。

（2）根据公式：$K=i+bQ$ 确定项目的风险调整贴现率。

（3）以"风险调整贴现率"为贴现率计算方案的净现值,并根据净现值法的规则来选择方案。

（三）风险调整贴现率法的案例分析

【例 6-16】 某企业的最低报酬率为 10%,要求的风险投资报酬率为 15%,现有 A、B、C 三个投资方案,原始投资额分别为 5 000、2 000、2 000 元。三个投资方案的现金流入量及概率如表 6-16 所示。

表 6-16 投资方案的现金流入量及概率分布表

t(年)	A方案		B方案		C方案	
	现金流入量(元)	概率	现金流入量(元)	概率	现金流入量(元)	概率
1	4 000	0.25				
	3 000	0.50				
	2 000	0.25				
2	4 000	0.20				
	3 000	0.60				
	2 000	0.20				
3	3 000	0.30	7 000	0.10	6 000	0.10
	2 000	0.40	6 000	0.60	5 000	0.70
	1 000	0.30	3 000	0.30	4 000	0.20

第一步,风险程度的计算。

A方案的现金流量的集中趋势用期望值计算:

$$X_1 = 4\,000 \times 0.25 + 3\,000 \times 0.50 + 2\,000 \times 0.25 = 3\,000(元)$$
$$X_2 = 4\,000 \times 0.20 + 3\,000 \times 0.60 + 2\,000 \times 0.20 = 3\,000(元)$$
$$X_3 = 3\,000 \times 0.30 + 2\,000 \times 0.40 + 1\,000 \times 0.30 = 2\,000(元)$$

A方案现金流入的离散程度用标准差计算:

$$\delta_1 = \sqrt{(4\,000+3\,000)^2 \times 0.25 + (3\,000-3\,000)^2 \times 0.50 + (2\,000-3\,000)^2 \times 0.25} = 707.11(元)$$
$$\delta_2 = \sqrt{(4\,000+3\,000)^2 \times 0.20 + (3\,000-3\,000)^2 \times 0.60 + (2\,000-3\,000)^2 \times 0.20} = 632.46(元)$$
$$\delta_3 = \sqrt{(4\,000+2\,000)^2 \times 0.30 + (3\,000-2\,000)^2 \times 0.40 + (1\,000-2\,000)^2 \times 0.30} = 774.60(元)$$

3年现金流入总的离散程度即综合标准差,可从概率统计学得知:

$$D(A) = \sqrt{\sum_{t=1}^{n} \frac{\delta t^2}{(1+i)^{2t}}} = \sqrt{\frac{(707.11)^2}{(1.1)^2} + \frac{(632.46)^2}{(1.1)^4} + \frac{(774.60)^2}{(1.1)^6}}$$

$$Q = \frac{综合标准差}{现金流入预期现值} = \frac{D}{EPV}$$

综合标准差算出后,应计算变化系数。为了综合各年的风险,对具有一系列现金流入的方案用综合变化系数计算:

$$A方案 EPV = \frac{3\,000}{1.1} + \frac{3\,000}{(1.1)^2} + \frac{2\,000}{(1.1)^3} = 6\,709.24(元)$$

所以,A方案的风险程度:

$$Q = \frac{1\,012.48}{6\,709.24} = 0.15$$

第二步,确定风险报酬斜率或贴现率。

b值是经验数据,可根据历史资料用高低或直线回归法求得。假设中等风险程度项目变化系数为0.5,则:

$$b = \frac{15\% - 10\%}{0.5} = 0.1$$

第一步已计算出了A方案的综合变化系数,A方案的风险调整贴现率为:

$$NPV = \frac{3\,000}{1.115} + \frac{3\,000}{1.115^2} + \frac{3\,000}{1.115^3} - 5\,000 = 2\,267.86(元)$$

根据同样方法,计算B、C方案:

$$x_B = 7\,000 \times 0.10 + 6\,000 \times 0.60 + 3\,000 \times 0.30 = 5\,200(元)$$
$$x_C = 6\,000 \times 0.10 + 5\,000 \times 0.70 + 4\,000 \times 0.20 = 4\,900(元)$$
$$\delta_B = \sqrt{(7\,000-5\,200)^2 \times 0.1 + (6\,000-5\,200)^2 \times 0.6 + (3\,000-5\,200)^2 \times 0.3} = 1\,469.69(元)$$
$$\delta_C = \sqrt{(6\,000-4\,900)^2 \times 0.1 + (5\,000-4\,900)^2 \times 0.6 + (4\,000-4\,900)^2 \times 0.3} = 981.83(元)$$
$$Q_B = \frac{1\,469.69}{5\,200} = 0.28$$

$$Q_C = \frac{538.52}{4\,900} = 0.11$$

$K_B = 10\% + 0.1 \times 0.28 = 12.8\%$

$K_C = 10\% + 0.1 \times 0.11 = 11.1\%$

$$NPV_B = \frac{5\,200}{1.128^2} - 2\,000 = 1\,623.06(元)$$

$$NPV_C = \frac{4\,900}{1.111^2} - 2\,000 = 1\,573.17(元)$$

考虑了投资风险后,方案选优次序为 B＞C＞A。如果不考虑投资风险,方案的优劣次序为 B＞A＞C,计算如下：

$$A 方案的净现值 = \frac{3\,000}{1.1} + \frac{3\,000}{1.1^2} + \frac{2\,000}{1.1^3} - 5\,000 = 1\,709.24(元)$$

$$B 方案的净现值 = \frac{5\,200}{1.1^3} - 2\,000 = 1\,906.84(元)$$

$$C 方案的净现值 = \frac{4\,900}{1.1^3} - 2\,000 = 1\,681.44(元)$$

风险调整贴现法比较符合逻辑,不仅为理论家认可,而且使用广泛。但是,把时间价值和风险价值混在一起,并据此对现金流量进行贴现,意味着风险随着时间的推延而加大,有时与事实不符,如饭店、果园等投资的前几年现金流量难以预测,越往后越有把握。

（四）风险调整贴现率法的优缺点

风险调整贴现率法的优点是比较符合逻辑,广泛使用；在竞争的市场环境中,每种项目效益在将来不同的经济状态下会发生变化,风险调整贴现率法能够通过调整项目在不同经济状态下的现金流贴现率,及时反映并规避市场风险。其优点是：在竞争的市场环境中,投资风险由整体经济情况决定,投资多项目的方法不一定能够降低市场风险。因此,较传统方法而言,通过风险调整贴现率法,可以让不同种类的项目具有不同的贴现率,从而投资于更具盈利能力或能更快收回投资成本的项目。风险调整贴现率法的缺点是：① 把时间价值和风险价值混在一起,并据此对现金流量进行折现,意味着风险随时间的推移而加大,夸大了远期风险。② 项目投资往往是期初投入,寿命期内收回,难以计算各年的必要回报率。传统的风险调整贴现率法在运用时假定各年的必要回报率均一致,这样的处理并不合理。

【本章小结】

项目投资是一种以特定项目为对象,直接与新建项目或更新改造项目有关的长期投资行为。项目投资的特点是投资金额大、影响时间长、变现能力差、投资风险大。因此项目投资决策必须严格遵守相应的投资程序。

现金流量是指与项目投资决策有关的现金流入和现金流出的数量,是评价投资方案是否可行时必须事先计算的一个基础性指标。现金流量包括现金流入量、现金流出量和现金净流量三个具体概念。

项目投资决策方法分为非贴现法和贴现法两大类。非贴现法包括平均报酬率法和投资回收期法。贴现法包括净现值法、现值指数法和内部报酬率法。

项目投资决策的应用分为：独立项目可行性评价决策、多个互斥方案的比较决策以及多方案组合排列投资决策。

【关键术语】

项目投资　现金流量　净现金流量　净现值　获利指数　内部收益率　插值法　风险投资　肯定当量法　风险调整贴现率法

【思考题】

1. 投资的定义及特点分别是什么？
2. 项目计算期的构成情况如何？
3. 原始总投资、建设投资、流动资金投资之间的关系如何？
4. 什么是现金流量？在长期投资决策过程中，为什么采用现金流量而不是采用会计利润作为评价基础？
5. 长期投资决策用到哪些指标？利用长期投资决策的不同指标进行投资决策时，为什么会得不出不同的投资结果？

【练习题】

一、单项选择题

1. 在财务管理中，将企业为使项目完全达到设计生产能力，开展正常经营而投入的全部现实资金成为（　　）。
   A. 投资总额　　　B. 现金流量　　　C. 建设投资　　　D. 原始总投资
2. 项目投资决策中，完整的项目计算期是指（　　）。
   A. 建设期　　　　B. 经营期　　　　C. 建设期和达产期　　D. 建设期和经营期
3. 一个投资档案年营业收入 300 万元，年营业成本 210 万元，其中折旧 85 万元，所得税税率为 40％，则该方案年现金净流量为（　　）万元。
   A. 90　　　　　　B. 139　　　　　　C. 175　　　　　　D. 54
4. 下列各项中，属于长期投资决策静态评价指标是（　　）。
   A. 投资利润率　　B. 获利指数　　　C. 净现值　　　　D. 内含报酬率
5. 下列各项中，其数值越小越好的指标是（　　）。
   A. 现值指数　　　B. 获利指数　　　C. 投资回收期　　D. 内含报酬率
6. 公司投资一项目 10 万元，投资后年营业收入 48 000 元，付现成本 13 000 元，预计有效期 5 年，按直线法计提折旧，无残值，所得税税率为 25％，则该项目（　　）。
   A. 回收期 2.86 年　　　　　　　　　B. 回收期 3.33 年
   C. 回收期 3.2 年　　　　　　　　　D. 回收期 43.56 年
7. 当某方案的净现值大于零时，其内涵报酬率（　　）。
   A. 可能小于零　　　　　　　　　　B. 一定小于零
   C. 一定大于设定的折射率　　　　　D. 不确定
8. 在单一方案决策过程中，与净现值评价结论可能发生矛盾的评价指标是（　　）。
   A. 现值指数　　　B. 投资回收期　　C. 内含报酬率　　D. 净现值率
9. 在投资项目评价指标中，起主导作用的评价指标有（　　）。
   A. 投资回收期　　B. 投资报酬率　　C. 内含报酬率　　D. 净现值
10. 某投资方案，当折现率为 16％时，其净现值为 338 元，当折现率为 18％，其净现值为－22 元。则利用内插法计算该方案的报酬率为（　　）。

A. 18.88% B. 16.12% C. 17.88% D. 18.14%

二、多项选择题

1. 当新建项目的建设期不为0时,建设期内各年的净现金流量可能( )。
   A. 小于0 B. 等于0 C. 大于0 D. 大于1
2. 下列项目中,属于经营期现金流入项目的有( )。
   A. 营业收入 B. 回收流动资金 C. 回收固定资产余额 D. 其他现金流入
3. 下列各项中,既属于原始投资额,又构成项目投资总额有( )。
   A. 固定资产投资 B. 无形资产投资 C. 资产化利息 D. 垫支的流动资金
4. 下列指标中,属于动态指标的有( )。
   A. 投资利润率 B. 获利指数
   C. 净现值 D. 内含报酬率
5. 在建设期不为零的完整工业投资项目中,分次投入的垫支流动资金的实际投资时间可以发生在( )。
   A. 建设起点 B. 建设期末 C. 试产期内 D. 终结点

三、计算分析题

1. 航运公司准备购入一设备以扩充生产能力。现有甲、乙两个方案可供选择,甲方案需投资20 000年,使用寿命为5年,采用直线法计提折旧。5年后设备无残值。5年中每年销售收入8 000元,每年的复现成本为3 000元。乙方案需投资24 000元,使用寿命为5年,采用直线法计提折旧,5年后有残值收入4 000元。5年中每年销售收入10 000元。付现成本,第一年为4 000元,以后逐年增加修理费200元,另垫支营运资金3 000元。假设所得税税率为40%。

   要求:
   计算两方案每年的现金净流量。

2. 某公司有一投资项目,需要投资6 000元(5 400元用于购置设备,600元用于追加流动资金)。预期该项目可使企业销售收入增加:第一年为2 000元,假设公司所得税税率为40%,固定资产按直线法3年内计提折旧并不计残值。该公司要求的最低报酬率为10%。

   要求:
   (1) 计算确定每年的现金净流量。
   (2) 计算项目的净现值。
   (3) 计算项目的投资回收期。
   (4) 你认为该项目是否可行?

3. 某公司计划购入一套生产设备,成本为11 000元,设备投产后第一年至第十年的预计现金流量均为2 400元,投资资本为10%。

   要求:
   计算该方案的净现值,内含报酬率和投资回收期

4. 红星公司两个项目的现金流量如表6-17所示,该企业的资本成本为10%。

表6-17 项目的现金流量表 单位:元

	0	1	2	3	4	5
甲方案 固定资产投资	-6 000					
营业现金流量		2 200	2 200	2 200	2 200	2 200
合计	-6 000	2 200	2 200	2 200	2 200	2 200

(续表)

	0	1	2	3	4	5
乙方案						
固定资产投资	−8 000					
流动资产垫支	−2 000					
营业现金流量		2 800	2 500	2 200	1 900	1 600
固定资产残值						2 000
营运资金回收						2 000
合计	−10 000	2 800	2 500	2 200	1 900	5 600

要求：

(1) 分别计算两个方案的净现值。
(2) 分别计算两个方案的获利指数。
(3) 分别计算两个方案的投资回收期。
(4) 分别计算两个方案的投资报酬率。

第七章 证券投资

学习目的与要求：

(1) 了解证券投资的种类与程序。
(2) 理解证券投资的风险与收益。
(3) 掌握股票、债券的估价方法及收益率计算。
(4) 理解证券投资组合的意义，掌握资本资产定价模型。

重点：

证券的概念，证券投资的种类，债券的价值和收益率的计算，股票的价值和收益率的计算。

难点：

债券的价值和收益率的计算，股票的价值和收益率的计算。

导读：

证券投资的概念是指企业为获取投资收益或特定经营目的而买卖有价证券。它是企业进行对外投资的主要形式。在现代金融市场上，股票、债券是最基本的金融工具，也是企业进行对外投资的主要形式。本章主要对股票投资和债券投资的估价方法、投资特点及相关问题进行阐述。

第一节 证券投资概述

证券投资即有价证券投资（quoted securities investment），是指企业或个人用积累起来的货币购买股票、债券等有价证券，借以获得收益的行为。对金融机构而言则是指以有价证券为经营对象的业务，证券投资对象主要是政府债券、企业债券以及股票的发行和购买。

▶ 一、证券投资的动机

1. 利用闲置资金，增加企业收益

企业在生产经营中，应该拥有一定数量的现金，以满足日常经营的需要。但是现金这种资产又不能给企业带来收益,现金余额过多是一种浪费。因此,企业可以利用暂时闲置的现金进行短期证券投资,以获得一定的收益。当企业需要现金时再出售证券,满足经济需要。短期证券投资实际上就是现金的替代品,它既能满足企业的现金之需,又能在一定程度上增加企业的收益。

2. 与筹集长期资金相配合

处于成长扩张期的公司,一般每隔一段时间就会发行长期证券获得一些长期资金,但是这些长期资金并不会一次用完,而是逐渐、分次使用。这样,暂时不用的资金可投资于有价证券,以获取一定的收益,而当企业进行投资需要资金时,则可出售有价证券获取现金。

3. 满足未来财务需求

如果企业在不久的未来需要新建厂房或归还到期债务,则可将现有现金投资于有价证券,以便到时出售,满足所需现金。

4. 获得对相关企业的控制权

公司进行股票投资的目的除了获取收益外,还可能出于战略控制的需要。例如,一家汽车制造企业欲控制一家钢铁公司,以便获得稳定的原材料供应,就可通过股票市场或协议购买该钢铁公司的一定数额的股份,以控制其财务和经营活动。

二、证券投资的种类

(一) 按证券发行主体不同分为政府证券、金融证券和公司证券

政府证券是指政府财政部门或其他代理机构为筹集资金,以政府名义发行的证券,主要包括国库券和公债两大类。一般国库券是由财政部发行,用以弥补财政收支不平衡。公债是指为筹集建设资金而发行的一种债券,有时也将两者统称为公债。中央政府发行的称国家公债,地方政府发行的称地方公债。金融证券是银行及非银行金融机构为筹集资金而发行的证券。公司证券是指公司、企业等经济法人为筹集投资资金或与筹集投资资金直接相关的行为而发行的证券。主要包括公司股票、公司债券、优先认股权证和认股证书等。

(二) 按投资期限长短分为短期证券和长期证券

短期证券是指准备在短期内(通常在1年以内)转让出去以获取现金所购买的有价证券。长期证券是指企业准备长期持有,期限超过1年,不准备在短期内转让出去的有价证券。

(三) 按有价证券的性质分为债权性证券和权益性证券

债权性证券是一种反映证券持有者对其发行者拥有债权的凭证,如企业债券。权益性证券,是一种反映证券持有者对发行公司拥有所有权的凭证,如股票。

(四) 按证券收益率分为固定收益证券和非固定收益证券

固定收益证券是指在证券票面规定有固定收益率。非固定收益证券是指收益率大小无事先规定,随企业经营状况而变化的证券。

(五) 按是否直接进行证券投资分为直接证券投资和间接证券投资

直接证券投资是指直接购买股票、债券和存单等有价证券。间接证券投资是指购买基金证券,再由基金投资公司投资于市场上的有价证券。

三、证券投资风险

进行证券投资时期望获得收益,但由于证券价格具有很大的波动性和不确定性,投资者不得不承受与收益共存的风险。证券投资风险,就是投资者在投资期内不能获得预期收益率或遭受损失的可能性。

(一) 违约风险

违约风险,又称信用风险,是指证券发行人在证券到期时无法还本付息而使投资者遭受损失的风险,它通常针对债券而言。违约风险越高,投资者则要求发行人为高风险支付更多利率。一般而言,政府证券违约风险较小,金融证券的违约风险次之,工商企业发行的证券风险较大。

(二) 利息率风险

利息率风险是指由于利率变动引起证券价格的波动而使投资者遭受损失的风险。证券的价格随利息率的变动而变动。一般而言,银行利率下降,证券价格上升;银行利率上升,证券价格下降。因此,即使是没有违约风险的国库券,也会有利息率风险。证券的到期时间越长,利息率风险就越大。

(三) 购买力风险

购买力风险,又称通货膨胀风险,是指由于通货膨胀、货币贬值给投资者带来实际收益水平下降的风险。在通货膨胀情况下,物价普遍上涨,证券价格也会上升,投资者的货币收入有所增加。但由于货币贬值,货币购买力水平下降,投资者的实际收益不仅没有增加,反而有所减少。一般可通过计算实际收益率来分析购买力风险。其计算公式为:

$$实际收益率 = 名义收益率 - 通货膨胀率。$$

(四) 流动性风险

流动性风险是指因市场成交量不足或缺乏愿意交易的对手,导致未能在理想的时点完成买卖的风险。第一,流动性极度不足。流动性的极度不足会导致银行破产,因此流动性风险是一种致命性的风险。但这种极端情况往往是其他风险导致的结果。例如,某大客户的违约给银行造成的重大损失可能会引发流动性问题和人们对该银行前途的疑虑,这足以触发大规模的资金抽离,或导致其他金融机构和企业为预防该银行可能出现违约而对其信用额度实行封冻。两种情况均可引发银行严重的流动性危机,甚至破产。第二,短期资产价值不足以应付短期负债的支付或未预料到的资金外流。从这个角度看,流动性是在困难条件下帮助争取时间和缓和危机冲击的"安全垫"。第三,筹资困难。从这一角度看,流动性指的是以合理的代价筹集资金的能力。

(五) 期限性风险

期限性风险是指由于证券期限长而给投资者带来的风险。一项投资,到期日越长,投资者遭受的不确定性因素就越多,承担的风险越大。比如,同一家企业发行的 10 年期债券要比 1 年期债券的风险大,这便是证券的期限性风险。

四、证券投资的程序

(一) 进行可行性分析,选择投资对象

企业进行证券投资首选要选择合适的投资对象,即选择投资于何种证券,投资于哪家企业

的证券。投资对象的选择是证券投资最关键的一步,它直接关系到投资的成败。

(二) 开户与委托

投资者在进行证券买卖之前,首先要到证券营业部或证券登记机构开立证券账户。证券账户用来记载投资者进行证券买卖和拥有证券的数额和品种的情况。投资者在开户并选择好投资于何种证券后,就可以选择合适的证券经纪人,委托其买卖证券。

(三) 交割与清算

投资者委托证券经纪人买卖各种证券之后,就要及时办理证券交割。所谓证券交割,是指买入证券方交付价款领取证券,卖出证券方交出证券收取价款的收缴活动。

(四) 过户

证券过户是投资人从证券市场上买到证券后,到该证券发行公司办理变更股东名簿记载的活动,是证券所有权的转移。证券有记名与不记名两种。不记名证券可以自由转让,记名证券的转让必须办理过户手续。在证券市场上流通的证券基本上都是记名证券,都应该在办理过户手续才能生效。

第二节 债券投资

一、债券的构成要素

债券的基本要素主要由以下几个方面构成:
(1) 债券的票面价值。债券要注明面值,而且都是整数,还要注明币种。
(2) 债券票面利率。债券是按照规定的利率定期支付利息的。利率主要是双方按法规和资金市场情况进行协商确定下来,共同遵守。
(4) 债券的价格。债券是一种可以买卖的有价证券,它有价格。债券的价格,从理论上讲是由面值、收益和供求决定的。
(5) 还本期限。债券的特点是要按原来的规定,期满归还本金。
此外,债券还有提前赎回规定、税收待遇、拖欠的可能性、流通性等方面的规定。

二、债券估价

债券作为一种投资,现金流出是其购买价格,现金流入是利息和归还的本金,或者出售时得到的现金。债券的价值或债券的内在价值是指债券未来现金流入量的现值,即债券各期利息收入的现值加上债券到期偿还本金的现值之和。只有债券的内在价值大于购买价格时,才值得购买。

(一) 一般债券估价模型

典型的债券是固定利率、每年计算并支付利息、到期归还本金。在此情况下,按复利方式计算的债券价值的基本模型是:

$$V = \sum_{t=1}^{n} \frac{I}{(1+i)^t} + \frac{M}{(1+i)^t} = I \times (P/A, i, n) + M \times (P/F, i, n)$$

式中：V——债券价值；
$\quad\quad I$——定期计算的利息；
$\quad\quad M$——债券票面价值；
$\quad\quad i$——必要投资收益率；
$\quad\quad n$——计息期数；
$\quad\quad t$——第 t 次。

【例7-1】 某公司拟于2002年2月1日购买一张面额为1 000元的债券,其票面利率为8%,每年2月1日计算并支付一次利息,并于5年后的1月31日到期。当时的市场利率为10%,债券的市值920元,应否购买该债券?

$$V = \frac{80}{(1+10\%)^1} + \frac{80}{(1+10\%)^2} + \frac{80}{(1+10\%)^3} + \frac{80}{(1+10\%)^4} + \frac{80}{(1+10\%)^5} =$$
$$80 \times (P/A, 10\%, 5) + 1\,000 \times (P/S, 10\%, 5) = 80 \times 3.791 + 1\,000 \times 0.621 =$$
$$303.28 + 621 = 924.28(元) > 920(元)$$

由于债券的价值大于市价,如不考虑风险问题,购买此债券是合算的,它可获得大于10%的收益。

(二) 一次还本付息且单利计息的债券价值计算模型

一次还本付息且单利计息的债券价值的计算模型如下:

$$V = \frac{I \cdot n + M}{(1+i)^n}$$

【例7-2】 A公司欲购买B公司发行的利随本清、不计复利的债券。该债券面值为1 000元,5年期,票面利率为10%,当前市场利率为8%。若该债券目前发行价格为1 015元,问A公司应否购买该债券?

$$V = \frac{1\,000 \times 10\% \times 5 + 1\,000}{(1+8\%)^5} = 1\,020$$

由上述公式可知,因为该债券价值为1 020元,大于目前买价1 015元,所以A公司可以投资。

(三) 贴现发行时债券价值的计算

目前,我国有些债券是采用贴现方式发行,没有票面利率,到期按面值偿还。这种债券价值的计算公式为:

$$V = \frac{M}{(1+i)^n} = M \cdot (P/F, i, n)$$

【例7-3】 某债券面值为1 000元,期限为5年,以贴现方式发行,期内不计利息,到期按面值偿还,若企业要求的投资收益率为10%,问其价格为多少时,企业才能购买?

$$V = 1\,000 \times (P/F, 10\%, 5) = 1\,000 \times 0.621 = 621(元)$$

计算结果表明,只有当该债券价格低于621元时,企业才能购买。

三、债券价值的影响因素

总的来说,影响债券价值有两个层次的因素:一方面是内在因素,包括债券期限、票面利率、是否可赎回、税收待遇、流动性(二级市场的活跃程度)、发债主体的信用度等;另一方面就是外在因素,包括供求状况、基础利率、市场利率风险(波动程度)、通货膨胀水平等因素。如表7-1、表7-2所示。

表7-1 债券内部因素对债券价值的影响

影响因素	变动方向(变动方向以其他因素不变为前提)	对债券价值的影响
票面利率	越高	内在价值越高
期限	越长	内在价值变化的可能性和幅度越大
税收待遇	税收越低(免税)	内在价值越大
流动性	越好	内在价值越大
发债主体信用	等级越高	内在价值越大
若可赎回	提前赎回可能性越高	内在价值越小

表7-2 债券外部因素对债券价值的影响

影响因素	变动方向	对债券价值的影响
供求状况	供大于求	整体价值越低
基础利率	提高	整体价值降低
市场利率风险	越大	整体价值越低
通胀水平	越高	整体价值越低

当基准利率提高时,投资者预期的收益率会相应提高,原因是投资者的预期收益由两部分构成:一部分是无风险收益;另一部分是风险溢价。基准利率的提高直接提高了无风险收益,不考虑其他影响,投资者的预期收益率也会相应提高。因此,投资者对债券的投资价值评估就会调低。这就解释了为什么债券价值朝市场利率相反的方向变动。

四、债券的到期收益率

所谓到期收益,是指将债券持有到偿还期所获得的收益,包括到期的全部利息。到期收益率,又称最终收益率,是投资购买国债的内部收益率,即可以使投资购买国债获得的未来现金流量的现值等于债券当前市价的贴现率。它相当于投资者按照当前市场价格购买并且一直持有到满期时可以获得的年平均收益率。

(一)短期债券到期收益率

对处于最后付息周期的附息债券、贴现债券和剩余流通期限在1年以内(含1年)的到期一次还本付息债券。到期收益率计算公式为：

$$到期收益率 = (到期本息和 - 债券买入价)/(债券买入价 \times 剩余到期年限) \times 100\%$$

各种不同债券到期收益率的具体计算方法分别列示如下。

1. 零息债券的计算

零息债券是指以贴现方式发行，不附息票，而于到期日时按面值一次性支付本利的债券。

$$零息债券到期收益率 = (债券年利息 + 债券面值 - 债券买入价)/(债券买入价 \times 剩余到期年限) \times 100\%$$

【例7-4】 某公司2003年1月1日以102元的价格购买了面值为100元、利率为10%、每年1月1日支付1次利息的1999年发行5年期国库券，持有到2004年1月1日到期，则：

$$债券到期收益率 = \frac{100 \times 10\% + (100 - 102)}{102 \times 1} \times 100\% = 7.84\%$$

2. 一次还本付息债券到期收益率的计算

$$到期收益率 = [债券面值(1 + 票面利率 \times 债券有效年限) - 债券买入价]/(债券买入价 \times 剩余到期年限) \times 100\%$$

【例7-5】 甲公司于2004年1月1日以1 250元的价格购买了乙公司于2000年1月1日发行的面值为1 000元、利率为10%、到期一次还本利息的5年期公司债券，持有到2005年1月1日，计算其投资收益率。

$$到期收益率 = \frac{1\,500 - 1\,250}{1\,250} \times 100\% = 20\%$$

3. 贴现债券到期收益率的计算

$$到期收益率 = (债券面值 - 债券买入价)/(债券买入价 \times 剩余到期年限) \times 100\%$$

（二）长期债券到期收益率

长期债券到期收益率采取复利计算方式（相当于求内部收益率）。

$$PV = \frac{I}{(1+Y)^1} + \frac{I}{(1+Y)^2} + \cdots + \frac{I}{(1+Y)^t} + \frac{M}{(1+Y)^t}$$

式中：Y——到期收益率；

PV——债券买入价；

M——债券面值；

t——剩余的付息年数；

I——当期债券票面年利息。

【例7-6】 H公司于2004年1月1日以1 010元价格购买了TTL公司于2001年1月1日发行的面值为1 000元、票面利率为10%的5年期债券。

要求：

（1）如该债券为一次还本付息，计算其到期收益率。

（2）如果该债券为分期付息，计算其到期收益率。

（1）一次还本付息。

根据 $1\,010 = 1\,000 \times (1 + 5 \times 10\%) \times (P/F, i, 2)$

可得 $(P/F, i, 2) = 1\,010/1\,500 = 0.673\,3$

查复利现值系数表可知：

当 $i = 20\%$, $(P/F, i, 2) = 0.694\,4$

当 $i = 24\%$, $(P/F, i, 2) = 0.650\,4$

采用插值法求得：$i = 21.92\%$

(2) 分期付息。

根据 $1\,010 = 1\,000 \times 10\% \times (P/A, i, 2) + 1\,000 \times (P/F, i, 2) = 100 \times (P/A, i, 2) + 1\,000 \times (P/S, i, 2)$

当 $i = 10\%$ 时，$NPV = 100 \times (P/A, 10\%, 2) + 1\,000 \times (P/F, 10\%, 2) - 1\,010 = 100 \times 1.735\,5 + 1\,000 \times 0.826\,4 - 1\,010 = -10.05(元)$

由于 NPV 小于零，需进一步降低测试比率。

当 $i = 8\%$ 时，$NPV = 100 \times (P/A, 8\%, 2) + 1\,000 \times (P/F, 8\%, 2) - 1\,010$
$NPV = 100 \times 1.783\,3 + 1\,000 \times 0.857\,3 - 1\,010 = 25.63(元)$

求得：$i = 9.44\%$。

第三节 股票投资

一、股票的相关概念

(一) 股票的定义

股票是有价证券的一种主要形式，是指股份有限公司签发的证明股东所持股份的凭证。股票有三个基本要素：发行主体、股份、持有人。

(二) 股票的特征

股票具有以下六个方面的特征。

1. 收益性

收益性是股票最基本的特征，它是指持有股票可以为持有人带来收益的特性。

2. 风险性

风险性是指股票可能产生经济利益损失的特性。持有股票要承担一定的风险。

3. 流动性

流动性是指股票可以自由地进行交易。

4. 永久性

永久性是指股票所载有权利的有效性是始终不变的，因为它是一种无期限的法律凭证。

5. 参与性

参与性是指股票持有人有权参与公司重大决策的特性。

6. 波动性

波动性是指股票交易价格经常性变化，或者说与股票票面价值经常不一致。

二、股票估价

(一) 股票价值的一般模型

通常投资者购买股票期望获得两种现金流:持有期间的股利和持有期末的预期股票价格,假定 V 为股票的内在价值,D_t 为每股股利,R 为贴现率,n 为持有股票的年数,P_n 为第 n 年出售股票时的价格,则股票股价的股利贴现模型为:

$$V = \sum_{t=1}^{n} \frac{D_t}{(1+R)^t} + \frac{P_n}{(1+R)^n}$$

显然,假定股票无限期持有,即时,则上式可演变为更典型的股利贴现模型:

$$V = \sum_{t=1}^{\infty} \frac{D_t}{(1+R)^t}$$

【例 7-7】 某公司准备购买一种股票,预计未来 2 年每年的股利为 4 元,2 年后市场价格为 30 元,投资者预期收益率为 12%。

要求:计算该股票的现值为多少?

根据股票价值的一般模型:

$$V = \sum_{t=1}^{n} \frac{D_t}{(1+R)^t} + \frac{P_n}{(1+R)^n} = \frac{4}{(1+12\%)^1} + \frac{4}{(1+12\%)^2} + \frac{30}{(1+12\%)^2} = 4 \times 0.8929 + 4 \times 0.7972 + 30 \times 0.7972 = 30.68(元)$$

即该股票的现值为 30.68 元。

此外,随着和赋值不同,股利贴现模型又可细分为零增长模型、稳定增长模型、复合增长模型等。

(二) 长期持有,股利固定增长的股票价值模型

这种长期持有,股利固定增长的股票价值模型,又被称作"戈登模型(Gordon model)"。在大多数理财学和投资学方面的教材中,戈登模型是一个被广泛接受和运用的股票估价模型。该模型通过计算公司预期未来支付给股东的股利现值,来确定股票的内在价值,它相当于未来股利的永续流入。戈登股利增长模型是股息贴现模型的特殊形式。

不变增长模型有三个假定条件:

(1) 股息的支付在时间上是永久性的。
(2) 股息的增长速度是一个常数。
(3) 模型中的贴现率大于股息增长率。

在戈登模型中,需要预测的是下一期股利及其年增长率,而不是预计每一期的股利,表 7-3 就是固定股利增长率政策下未来股利的流入量表。

表 7-3 债券内部因素对债券价值的影响

	第一期	第二期	第三期	…
股利	D_1	$D_1(1+g)^1$	$D_1(1+g)^2$	…
	00	01	02	03	…
V				…

将所有现金流折现到 0 点应用等比数列的求和公式为：

$$V = \frac{D_1}{(1+r)^1} + \frac{D_1(1+g)}{(1+r)^2} + \frac{D_1(1+g)^2}{(1+r)^3} + \cdots$$

上式可以简化为：

$$V = \frac{D_1}{r-g}$$

由于这个公式十分简单，因此人们很容易忘记这是一个无限项的运算。

根据这个模型，公司的股利政策会对股票价值产生影响。这个模型十分有用，原因之一就是它使投资者可以确定一个不受当前股市状况影响的公司的绝对价值或"内在价值"。其次，戈登模型对未来的股利（而不是盈余）进行计量，关注投资者预期可以获得的实际现金流量，有助于不同行业的企业之间进行比较。

【例 7-8】 某公司发行的股票，经分析属于固定成长型，预计获得的报酬率为 10%，最近一年的每股股利为 2 元，预计股利增长率为 6%，则该种股票的价值为：

$$股票价值 = \frac{2 \times (1+6\%)}{10\% - 6\%} = 53$$

若购入价格为 46 元，在不考虑风险的前提下，投资该股票是可行的。

(三) 零增长模型的公式

零增长模型假定股利增长率等于 0，即 $g = 0$，也就是说未来的股利按一个固定数量支付。贴现现金流模型的公式如下：

$$V = \frac{D_1}{(1+k)^1} + \frac{D_2}{(1+k)^2} + \frac{D_3}{(1+k)^3} + \cdots + \frac{D_t}{(1+k)^t}$$

式中：V——股票的内在价值；

D_t——在未来时期以现金形式表示的每股股利；

k——在一定风险程度下现金流的贴现率。

根据这个假定，我们用 D_0 来改换方程中的 D_t：

$$V = \sum_{t=1}^{\infty} \frac{D_0}{(1+k)^t} = D_0 \sum_{t=1}^{\infty} \frac{1}{(1+k)^t}$$

因为 $k > 0$，按照数学中无穷级数的性质，可知：

$$\sum_{t=1}^{\infty} \frac{1}{(1+k)^t} = \frac{1}{k}$$

代入公式中，得出零增长模型公式：

$$V = \frac{D_0}{k}$$

式中：V——股票的内在价值；

D_0——在未来无限时期支付的每股股利；

k——到期收益率。

【例 7-9】 假定某公司在未来无限时期支付的每股股利为 8 元,必要收益率为 10%,运用零增长模型公式,可知 1 股该公司股票的价值等于 8/0.10=80(元),而当时 1 股股票价格为 65 元,每股股票净现值等于 80-65=15(元),说明该股股票被低估 15 元,因此建议可以购买该种股票。

(四)多阶段增长的股票价值模型

多阶段增长又称非固定增长,有些公司的股票在一段时间内高速增长,在另一段时间里又正常固定增长或固定不变,在这种情况下,就要分段计算才能确定股票的价值。

【例 7-10】 通州公司持有永乐公司的股票,其必要报酬率为 10%,预计永乐公司未来 3 年股利高速增长,增长率为 20%,此后转为正常增长,增长率为 6%。永乐公司最近支付的股利为 3 元。

要求:计算该公司的股票价值。

首先,计算前 3 年的股利现值,如表 7-4 所示。

表 7-4 股利现值计算表 单位:元

年 份	股 利	复利现值系数	现 值
1	3×1.2=3.6	0.909 1	3.272 8
2	3.6×1.2=4.32	0.826 4	3.570 0
3	4.032×1.2=5.184	0.751 3	3.894 7
合计			10.737 5

其次,计算第三年年底的股票价值:

$$V_3 = d_3(1+g)/(R-g) = 5.184 \times (1+6\%)/(10\%-6\%) = 137.376(\text{元})$$

最后,计算股票目前的内在价值:

$$V = 137.376 \times (P/F, 10\%, 3) + 10.7375 = 137.376 \times 0.7513 + 10.7375 = 113.95(\text{元})$$

即该股票的价值为 113.95 元。

三、股票的收益率

股票持有期收益率是投资者持有股票期间的股息收入与买卖差价占股票买入价格的比率。

(一)短期持有股票的收益率

短期股票由于期限较短,一般不用考虑货币时间价值因素,只需考虑股票价差及利息,将其与投资额相比,即可求出短期股票收益率。

$$K = (S_1 - S_0 + d)/S_0 \times 100\% = (S_1 - S_0)/S_0 + d/S_0 = 预期资本利得收益率 + 股利收益率$$

式中:K——短期股票收益率;

S_1——股票出售价格;

S_0——股票购买价格;

d——股利。

【例 7-11】 2009 年 2 月 1 日,华商公司购买宏大公司每股市价 20 元的股票。2010 年 1

月,华商公司每股获得现金股利1元。2010年2月1日,华商公司将股票以每股22元的价格出售。计算该股票的收益率?

$$K = (S_1 - S_0 + d)/S_0 \times 100\% = (22 - 20 + 1)/20 \times 100\% = 15\%$$

即该股票的收益率为15%。

(二) 股票长期持有,股利固定增长的收益率的计算

$$K = D/P_0 + g$$

式中:P_0——股票的买价;
　　g——股利年增长率;
　　D——第1期的股利;
　　K——投资收益率。

【例7-12】 金龙公司发行的股票每股市价为40元,预期下一年度的股利为2.4元,预期股利增长率为6%,计算该股票的收益率?

$$K = D/V + g = 2.4 \div 40 + 6\% = 12\%$$

即股票的收益率为12%。

(三) 一般情况下股票投资收益率的计算

股票投资的收益率是使各期股利及股票售价的复利现值等于股票买价时的贴现率。

$$V = \sum_{t=1}^{n} \frac{d_t}{(1+K)^t} + \frac{V_n}{(1+K)^n}$$

式中:V——股票的买价;
　　d_t——第t期的股利;
　　K——投资收益率;
　　V_n——股票出售价格;
　　n——持有股票的期数。

【例7-13】 ABC公司在2002年1月1日以每股5.10元的价格购买A公司股票100万股,2002~2004年的3月31日,每股各分得现金股利0.5元、0.6元、0.8元,2004年3月31日以每股6元的价格将股票全部出售。问:投资收益率是多少?

用内插法进行计算,设$i = 16\%$、$i = 18\%$。分年计算净现值如表7-5所示。

表7-5 各年净现值计算表　　　　　　　单位:万元

年 份	当年现金流量	$i = 16\%$		$i = 18\%$	
		现值系数	现 值	现值系数	现 值
2002	100×0.5=50	0.826	43.10	0.874	43.70
2003	100×0.6=60	0.743	44.58	0.718	43.08
2004	100×0.8+100×6=680	0.641	435.88	0.609	414.12
合计			523.56		500.90

用内插法计算收益率如下：

$$K = 16\% + \frac{523.56 - 510}{523.56 - 500.90} \times (18\% - 16\%) = 17.2\%$$

即该股票的收益率为 17.2%。

【本章小结】

证券投资是指企业以获取投资收益或控股为目的将资金用于购买股票、债券等金融资产的投资行为。证券投资按其投资对象不同，可以分为债券投资、股票投资。

企业进行短期债券投资的目的主要是为了合理利用暂时闲置的资金，调节现金余额并获得收益。企业进行长期债券投资的目的主要是为了获得稳定收益。债券收益率和债券内在价值是债券投资决策使用的主要指标。

企业进行股票投资的目的主要有两种：一是获利，二是控股。企业应根据不同的投资目的作出与之相应的投资决策：即前者要分散投资，以降低投资风险；后者则要集中投资，已达到绝对控股的目的。

【关键术语】

证券投资　股票　债券　投资组合　股票估价　股票收益率　债券估价　债券收益率　股票投资风险

【思考题】

1. 什么是证券、证券投资？证券如何分类？证券投资有何风险？
2. 股票与债券各有什么特点？
3. 股票、债券的价值计算模型有哪些？如何应用？
4. 股票、债券的长期收益率如何计算？

【练习题】

一、单项选择题

1. 按照证券的收益可将证券分为（　　）。
  A. 凭证证券和有价证券　　　　　　　　B. 所有权证券和债权证券
  C. 原生证券和衍生证券　　　　　　　　D. 固定收益证券和变动收益证券
2. 长期债券投资的目的是（　　）。
  A. 合理利用暂时闲置的资金　　　　　　B. 调节现金余额
  C. 获得稳定收益　　　　　　　　　　　D. 获得企业的控制权
3. 证券投资者购买证券时，可以接受的最高价格是证券（　　）。
  A. 票面价格　　B. 到期价格　　C. 市场价格　　D. 内在价值
4. 在证券投资中，证券发行人无法按期支付利息或本金的风险称为（　　）。
  A. 利率风险　　B. 违约风险　　C. 购买力风险　　D. 流动性风险
5. 影响证券投资的主要因素是（　　）。
  A. 安全性　　B. 收益性　　C. 流动性　　D. 期限性
6. 某公司发型 5 年期债券，债券的面值为 1 000 元，票面利率 5%，每年付息一次，到期还本，投资者要求的必要报酬率为6%,则该债券的价值为( )元。
A. 784.67　　　　B. 769　　　　C. 1 000　　　　D. 957.92

7. 一张面额100元的长期股票,每年可获利10元,如果折现率为8%,则其估价为( )元。
A. 100　　　　B. 125　　　　C. 110　　　　D. 80

8. 企业以债券对外投资,从其产权关系看属于( )。
A. 债权投资　　B. 股权投资　　C. 证券投资　　D. 实物投资

9. 股票投资的特点是( )。
A. 收益稳定　　B. 价格波动小　　C. 收益率高　　D. 风险小

10. 当投资必要收益率等于无风险收益率时,风险系数应( )。
A. 大于1　　B. 等于1　　C. 小于1　　D. 等于0

二、多项选择题

1. 相对于实物投资而言,证券投资( )。
A. 流动性强　　B. 价值不稳定　　C. 投资风险较大　　D. 交易成本低

2. 证券投资的目的包括( )。
A. 暂时存放闲置资金　　B. 与筹集长期资金相配合
C. 满足季节性经营对现金的需求　　D. 获得对相关企业的控制权

3. 由影响所有公司的因素引起的风险,可称为( )。
A. 可分散风险　　B. 市场风险　　C. 不可分散风险　　D. 系统风险

4. 下列证券中,属于固定收益证券的有( )。
A. 公司债券　　B. 金融债券　　C. 优先股股票　　D. 普通股股票

5. 股票投资的优点有( )。
A. 投资风险高　　B. 收入稳定性强
C. 购买力风险低　　D. 拥有经营控制权

6. 按照资本资产定价模型,影响特定股票预期收益率的因素有( )。
A. 无风险的收益率　　B. 平均风险股票的必要收益率
C. 特定股票β系数　　D. 财务杠杆系数

7. 证券投资的收益包括( )。
A. 价差收益　　B. 股利收益　　C. 债券利息收益　　D. 出售收入

8. 有价证券按性质可以分为( )。
A. 债权性证券　　B. 权益性证券　　C. 混合型证券　　D. 收益性证券

9. 证券投资的风险主要有( )。
A. 违约风险　　B. 利息率风险　　C. 购买力风险　　D. 经营风险

10. 股票投资的缺点有( )。
A. 购买力风险高　　B. 求偿权居后
C. 价格不稳定　　D. 收入稳定性强

三、计算分析题

1. 某公司于2000年5月购买了一张面值1 000元的债券,其票面利率为8%,每年5月1日计算并支付一次利息。该债券于5年后的4月30日到期。试计算在市场利率为6%、8%、10%三种条件下债券的价值。

2. 某公司在2000年1月评价发行新债券,每张面值1 000元,票面利率10%,5年到期,每年12月31日付息。
要求:
(1) 2000年1月1日的到期收益率是多少?
(2) 假定2004年1月1日的市场利率下降到8%,那么此时债券的价值是多少?

(3) 假定 2004 年 1 月 1 日的市价为 900 元,此时购买该债券的到期收益率时多少?
(4) 假定 2002 年 1 月 1 日的市场利率为 12%,债券市价为 950 元,你是否购买该债券?

3. 某企业所持有的甲种股票,每股每年可获利 15 元,预计 3 年后每股售价可达 180 元,企业要求的最低期望收益率为 20%。

要求:

如果甲种股票现在的实际交易价格为 138 元,该企业是否应持有甲种股票。

4. 某煤矿由于矿藏逐渐枯竭,因此公司的收益和股利以每年 15% 的比例减少。若该煤矿上年支付的股利为 15 元/股,投资人要求的最低收益率为 12%。

要求:

计算该煤矿股票售价应为多少时投资人才会购买?

第八章 流动资产管理

学习目的与要求：

(1) 了解企业持有现金、存货、应收账款的目的。
(2) 理解现金管理、存货管理和应收账款管理的目标。
(3) 熟悉应收账款信用标准，熟悉存货成本的构成。
(4) 掌握最佳现金持有量的确定、最佳信用政策的确定和存货最佳经济批量的决策方法。
(5) 熟悉现金的日常管理、应收账款的日常管理和存货的日常管理。

重点：

(1) 最佳现金流量的确定方法。
(2) 存货最佳经济批量的决策。
(3) 应收账款信用政策的决策。

难点：

应收账款信用政策的决策。

导读：

　　流动资产是指企业生产经营过程中短期置存的资产，它是企业资产的重要组成部分。流动资产的特点主要有：投资回收期短，流动性强，具有并存性，具有波动性。流动资产的主要项目是现金、应收账款和存货，它们占用了绝大部分的流动资金。流动资金又称为营运资金，是指投放在流动资产上的资金，它有一个不断投入和收回的循环过程，这一过程没有终止的日期，这就使我们难以直接评价其投资的报酬率。因此，流动资金投资评价的基本方法是以最低的成本满足生产经营周转的需要。

第一节 现金管理

　　现金是指在生产过程中暂时停留在货币形态的资金，包括库存现金、银行存款、银行本票和银行汇票等。

现金是变现能力最强的资产,可以用来满足生产经营开支的各种需要,也是还本付息和履行纳税义务的保证。因此,拥有足够的现金对于降低企业的风险,增强企业资产的流动性债务的可清偿性有着重要的意义。但是,现金属于非盈利资产,即使是银行存款,其利率也非常低。现金持有量过多,它所提供的流动性边际效益便会随之下降,进而导致企业的收益水平降低。因此,企业必须合理确定现金持有量,使现金收支不但在数量上,而且在时间上相互衔接,以便在保证企业经营活动所需现金的同时,尽量减少企业闲置的现金数量,提高资金收益率。

一、现金管理的目的与内容

为了了解现金管理的目的,必须先了解企业持有现金的动机。

(一)企业持有现金的动机

企业持有一定数量的现金,主要基于以下三方面的动机。

1. 交易动机

交易动机即企业在正常生产经营秩序下应当保持一定的现金支付能力。企业为了组织日常生产经营活动,必须保持一定数额的现金余额,用于购买原材料、支付工资、缴纳税款、偿付到期债务、派发现金股利等。一般来说,企业为满足交易动机所持有的现金余额主要取决于企业销售水平。企业销售扩大,销售额增加,所需现金余额也随之增加。

2. 预防动机

预防动机即企业为应付紧急情况而需要保持的现金支付能力。由于市场行情的瞬息万变和其他各种不测因素的存在,企业通常难以对未来现金流入量与流出量做出准确的估计和预期。一旦企业对未来现金流量的预期与实际情况发生偏离,必会对企业的正常经营秩序产生极为不利的影响。因此,在正常业务活动现金需要量的基础上,追加一定数量的现金余额以应付未来现金流入和流出的随机波动,是企业在确定必要现金持有量时应当考虑的因素。企业为应付紧急情况所持有的现金余额主要取决于以下三个方面:一是企业愿意承担风险的程度;二是企业临时举债能力的强弱;三是企业对现金流量预测的可靠程度。

3. 投机动机

投机动机即企业为了抓住各种瞬息即逝的市场机会,获取较大的利益而准备的现金额。如利用证券市价大幅度跌落购入有价证券,以期在价格反弹时卖出证券获取高额资本利得(价差收入)等。投机动机只是企业确定现金余额时所需考虑的次要因素之一,其持有量的大小往往与企业在金额市场的投资机会及企业对待风险的态度有关。

企业除以上三种原因持有现金外,也会基于满足将来某一特定要求或者为在银行维持补偿性余额等其他原因而持有现金。企业在确定现金余额时,一般应综合考虑各方面的持有动机。但要注意的是,由于各种动机所需的现金可以调节使用,企业持有的现金总额并不等于各种动机所需现金余额的简单相加,前者通常小于后者。另外,上述各种动机所需保持的现金,并不要求必须是货币形态。也可以是能够随时变现的有价证券以及能够随时转换成现金的其他各种存在形态,如可随时借入的银行信贷资金等。

(二)现金管理的目的

企业现金管理的目的,就是要在资产的流动性和盈利能力之间进行权衡,以获取较好的长期利润。通常,企业应力求做到既保证生产经营所需资金,降低风险,又不使企业过多地闲置现金,以增加收益。企业缺乏必要的现金,将不能应付业务开支,使企业蒙受损失。企业由此造成的损失,称之为短缺现金成本。短缺现金成本不考虑企业其他资产的变现能力,仅仅就不能以充足的现金支付购买费用而言,包括丧失购买机会(甚至会因缺乏现金不能及时购买原材料,而使生产经营中断,造成停工损失)、造成信用损失和得不到折扣好处。但是,如果企业持有过多的现金,又会因这些资金不能投入生产经营的周转,无法取得盈利,而产生机会成本。

（三）现金管理的内容

现金管理的内容包括：

(1) 编制现金收支计划,以便合理地估计未来的现金需求。

(2) 对日常的现金收支进行控制,力求加速收款,延缓付款。

(3) 用特定的方法确定最佳的现金余额,当企业实际的现金余额与最佳的现金余额不一致时,采用短期融资策略或采用归还债务和投资于有价证券等策略来达到理想余额。

现金管理各部分内容的关系可用图 8-1 表示。

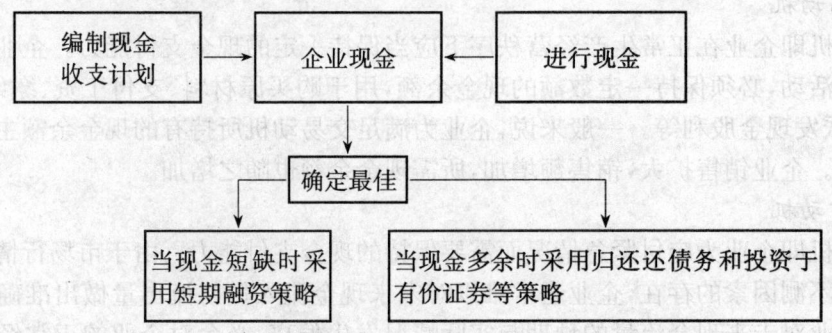

图 8-1　现金管理内容及其关系

（四）现金的成本

(1) 现金持有成本。现金持有成本是指持有现金所放弃的报酬,也是持有现金的机会成本,这种成本通常为有价证券的利息率,它的大小与现金余额成正比的变化。

(2) 现金转换成本。现金转换成本是指现金与有价证券转换的固定成本,如经纪人费用、捐税及其他管理成本,这种成本只与交易的次数有关,而与持有现金的金额无关。

(3) 现金短缺成本。现金短缺成本是指现金持有量不足而又无法及时通过有价证券变现加以补充而给企业造成的损失,包括直接损失与间接损失,现金的短缺成本与现金持有量呈反方向变动。

二、现金收支计划的编制

现金收支计划是根据前 2 月的历史资料,结合目前的收支情况来预计未来一定时期企业现金的收支状况,并进行现金平衡的计划,是企业财务管理的一个重要工具。

现金收支计划的编制方法很多,不同的方法采用不同的计划表格形式。现以现金全额收支法为例,现金收支计划的基本格式中主要包括以下内容。

（一）现金收入

现金收入包括经营现金收入和非经营现金收入两部分。

(1) 经营现金收入主要指产品销售收入,其数额可从销售计划中取得。

(2) 非经营现金收入是指除经营范围外的现金收入，通常包括设备租赁收入、证券投资的利息收入、股利收入等。

(二) 现金支出

现金支出主要包括经营现金支出和非经营现金支出。

(1) 经营现金支出主要有材料采购支出、工资支出和其他支出。

(2) 非经营现金支出，主要包括固定资产投资支出、偿还债务的本金和利息的支付、所得税支出、股利支出或分派利润等。

(三) 净现金流量

$$净现金流量 = 现金收入 - 现金支出$$

(四) 现金余额

现金余缺是指计划期末现金余额与最佳现金余额（或称理想现金余额）之间的差额。如果期末现金余额大于最佳现金余额，说明现金过多，应设法进行投资或归还债务；如果期末现金余额小于最佳现金余额，则说明现金不足，应筹资予以补足。

期末现金余缺额的计算公式为：

$$现金余缺额 = 期末现金余额 - 最佳现金余额 =$$
$$期初现金余额 + 净现金流量 - 最佳现金余额$$

例如，现金收支计划如表 8-1 所示。

表 8-1 现金收支计划　　　　　　　　　　　　　　单位：元

序 号	现金收支项目	上月实际	本月计划
1	(一) 现金收入		
2	(1) 营业现金收入		
3	现销和当月应收账款的收回		1 000
4	以前月份应收账款的收回		600
5	营业现金收入合计		1 600
6	(2) 其他现金收入		
7	固定资产变价收入		100
8	利息收入		80
9	租金收入		50
10	股利收入		70
11	其他现金收入合计		300
12	(3) 现金收入合计(3)=(1)+(2)		1 900
13	(二) 现金支出		
14	(4) 营业现金支出		
15	材料采购支出		700

(续表)

序号	现金收支项目	上月实际	本月计划
16	当月支付的采购材料支出		450
17	本月支付款的以前月份采购材料支出		250
18	工资支出		100
19	管理费用支出		80
20	销售费用支出		80
21	财务费用支出		40
22	营业现金支出合计		1 000
23	(5) 其他现金支出		
24	厂房、设备投资支出		400
25	税款支出		50
26	利息支出		50
27	归还债务		60
28	股利支出		100
29	证券投资		40
30	其他现金支出合计		700
31	(6) 现金支出合计(6)=(4)+(5)		1 700
32	(三) 净现金流量		
33	(7) 现金收入减现金支出(7)=(3)-(6)		200
34	(四) 现金余缺		
35	(8) 期初现金余额		100
36	(9) 净现金流量		200
37	(10) 期末现金额(10)=(8)+(9)=(8)+(3)-(6)		300
38	(11) 最佳现金余额		160
39	(12) 现金多余或短缺(12)=(10)-(11)		140

三、最佳现金余额的确定

基于交易、预防、投机等动机的需要,企业必须保持一定数量的现金余额。在财务管理中,确定最佳现金余额的方法很多,现介绍比较常用的几种方法。

(一) 成本分析模式

成本分析模式是根据现金有关成本,分析预测其总成本最低时现金持有量的一种方法。

运用成本分析模式确定现金最佳持有量,只考虑因持有一定量的现金而产生的机会成本及短缺成本,而不考虑管理费用和转换成本。

机会成本即因持有现金而丧失的再投资收益,是与现金持有量成正比例变动关系,用公式表示即:

$$机会成本＝现金持有量×有价证券利率(或报酬率)$$

短缺成本与现金持有量呈反方向变动的关系。

成本分析模式的最佳现金持有量是持有现金而产生的机会成本与短缺成本之和最小时的现金持有量。

实际工作中运用该模式确定最佳现金持有量的具体步骤为:① 根据不同现金持有量测算并确定有关成本数值。② 按照不同现金持有量及其有关成本资料编制最佳现金持有量测算表。③ 在测算表中找出总成本最低时的现金持有量,即最佳现金持有量。

【例 8-1】 最佳现金持有量测算——成本分析模式

某企业现有 ABCD 四种现金持有方案,有关成本资料,如表 8-2 所示。

表 8-2 现金持有量备选方案表　　　　　　　　　　　　　　单位:元

项　　目	A	B	C	D
现金持有量	100 000	200 000	300 000	400 000
机会成本率	10%	10%	10%	10%
短缺成本	48 000	25 000	10 000	5 000

根据表 8-2,可采用成本分析模式编制该企业最佳现金持有量测算表,如表 8-3 所示。

表 8-3 最佳现金持有量测算表　　　　　　　　　　　　　　单位:元

方案及现金持有量	机会成本	短缺成本	总成本
A(100 000)	10 000	48 000	58 000
B(200 000)	20 000	25 000	45 000
C(300 000)	30 000	10 000	40 000
D(400 000)	40 000	5 000	45 000

通过分析比较上表中各方案的总成本可知,C 方案的相关总成本最低,因此企业持有 300 000 元的现金时,各方面的总代价最低,300 000 元为现金最佳持有量。

(二) 存货模式

确定现金最佳余额的存货模式来源于存货的经济批量模型。在存货模式中,假设收入是每隔一段时间发生的,而支出则是在一定时期内均衡发生的。在此时期内,企业可通过转换有价证券获得现金。现以图 8-2 加以说明。

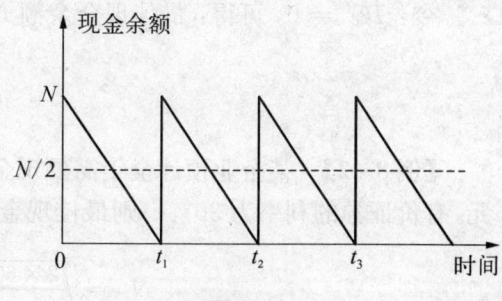

图 8-2

在图8-2中，假定公司的现金支出需要在一定期间内是稳定的。公司原有 N 元现金。当这笔现金在 t_1 时用掉之后，出售 N 元有价证券补充现金；随后当这笔现金用到 t_2 时，没有现金了，再出售 N 元有价证券补充现金。如此不断重复。

存货模式的目的是要求出使总成本最小的 N 值。在这些成本中管理费用因其相对稳定，同现金持有量的多少关系不大，因此在存货模式中将其视为决策无关成本而不予考虑。由于现金是否会发生短缺、短缺多少、概率多大以及各种短缺情形发生时可能的损失如何，都存在很大的不确定性和无法计量性。因而，在利用存货模式计算现金最佳持有量时，对短缺成本也不予以考虑。在存货模式中，只对机会成本和转换成本予以考虑。前已述及，如果现金余额大，则持有现金的机会成本高，但转换成本可减少。如现金余额小，则持有现金的机会成本低，但转换成本要上升。两种成本合计最低条件下的现金余额即为最佳现金余额。

假设：TC——总成本；

b——现金与有价证券的转换成本；

T——特定时间内的现金需求总额；

N——理想的现金转换数量（最佳现金余额）；

i——短期有价证券利息率。

则

$$TC = \frac{N}{2}i + \frac{T}{N}b$$

年总成本、持有成本和转换成本的关系如图8-3所示。

图8-3中，TC 是一条凹形曲线，可用导数方法求出其最小值。

$$TC' = \left[\frac{N}{2}i + \frac{T}{N}b\right] = \frac{i}{2} - \frac{Tb}{N^2}$$

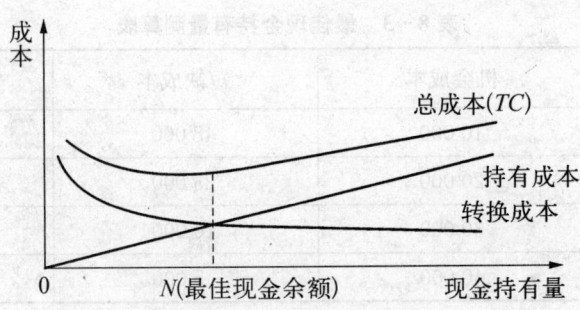

图8-3 总成本、持有成本和转换成本的关系

令：$TC' = 0$，可得：最佳现金余额 N^*。

$$N^* = \sqrt{\frac{2Tb}{i}}$$

【例8-2】某企业预计全年需要现金600 000元，现金与有价证券的转换成本为每次100元，有价证券的利率为30%。则最佳现金余额为：

$$N^* = \sqrt{\frac{2 \times 600\,000 \times 100}{30\%}} = 20\,000(元)$$

最佳现金余额为 20 000 元,这就意味着公司从有价证券转换为现金的次数为 30 次(即 600 000/20 000)。

存货模式可以精确地测算出最佳现金余额和变现次数,表述了现金管理中基本的成本结构,它对加强企业的现金管理体制有一定作用。但是这种模式以货币支出均匀发生、现金持有成本和转换成本易于预测,以及不存在现金短缺为前提条件。因此,只有在上述因素比较确定的情况下才能使用此种方法。

(三) 因素分析模式

因素分析模式是根据上年现金占用额和有关因素的变动,来确定最佳现金余额的一种方法。其计算公式为:

$$最佳现金余额 = \left[\begin{array}{c}上年现金\\平均占用额\end{array} - \begin{array}{c}不合理\\占用额\end{array}\right] \times \left[1 + \begin{array}{c}预计销售收入\\增长的比率\end{array}\right]$$

【例 8-3】 某企业 2004 年平均占用现金为 1 000 万元,经分析其中有 100 万元的不合理占用额,2005 年销售收入预计较 1998 年增长 10%,则 2005 年最佳现金余额为:

$$(1\,000 - 10) \times (1 + 10\%) = 990(万元)$$

因素分析模式考虑了影响现金余额高低的最基本因素,计算也比较简单。但是这种模式假设现金需求量与营业量呈同比例增长,但有时情况并非完全如此。

四、现金的日常控制

企业在确定了最佳现金持有量后,还应采取各种措施,加强现金的日常管理,控制以保证现金安全、完整,最大限度地发挥其效用。现金日常控制的基本内容主要包括以下几个方面。

(一) 控制现金回收

为了提高现金的使用效率,加速现金周转,企业应尽量加速账款的收回。一般来说,企业账款的收回需经过四个时点,即客户开出付款票据、企业收到票据、票据交存银行和企业收到现金。这个过程如图 8-4 所示。

企业账款收回的时间包括票据邮寄时间、票据在企业停留时间以及票据结算的时间。前两个阶段所需时间的长短不但与客户、企业、银行之间的距离有关,而且与收款的效率有关。在实际工作中,缩短这两段时间的方法一般有邮政信箱法、银行业务集中法等。

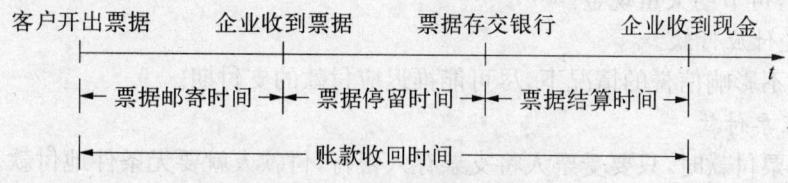

图 8-4 企业账款收回流程

1. 邮政信箱法

邮政信箱法,又称锁箱法,是西方企业加速现金流转的一种常用方法。企业可以在各主要城市租用专门的邮政信箱,并开立分行存款户,授权当地银行每日开户信箱,在取得客户票据后立即予以结算,并通过电汇再将货款拨给企业所在地银行。在锁箱法下,客户将票据直接寄给客户所在地的邮箱而不是企业总部,不但缩短了票据邮寄时间,还免除了公司办理收账、货款存入银行等手续,因而缩短了票据邮寄以及在企业的停留时间。但采用这种方法成本较高,因为被授权开启邮政信箱的当地银行除了要求扣除相应的补偿性余额外,还要收取办理额外服务的劳务费,导致现金管理成本增加。因此,是否采用邮政信箱法,需视提前回笼现金产生的收益与增加的成本的大小而定。

2. 银行业务集中法

这是一种通过建立多个对外收款中心来加速现金流转的方法。在这种方法下,企业指定一个主要开户行(通常是总部所在地)为集中银行,并在收款额较集中的若干地区设立若干个收款中心;客户收到账单后直接汇给当地收款中心,中心收款后立即存入当地银行;当地银行在进行票据交换后立即转给企业总部所在银行。这种方法可以缩短客户邮寄票据所需时间和票据托收所需时间,也就缩短了现金从客户到企业的中间和票据托收所需时间,也就缩短了现金从客户到企业的中间周转时间。但是,采用这种方法须在多处设立收账中心,从而增加了相应的费用支出。

因此,企业应在权衡利弊得失的基础上,作出是否采用银行业务集中法的决策,这需要计算分散收账收益净额。

分散收账收益净额=(分散收账前应收账款投资额-分散收账后应收账款投资额)×
企业综合资金成本率-因增设收账中心每年增加费用额

除上述方法外,还可以采取电汇、大额款项专人处理、企业内部往来多边结算,集中冲抵、减少不必要的银行账户等方法加速现金回收。

(二) 控制现金支出

与控制现金收入的管理相反,现金支出管理的主要任务是尽可能延缓现金的支出时间。当然这种延缓必须是合理合法的,否则企业延期支付账款所得到的收益将远远低于由此而遭受的损失。延期支付账款的方法一般有以下几种。

1. 合理利用"浮游量"

所谓现金的浮游量,是指企业账户上现金余额与银行账户上所示的存款余额之间的差额。有时,企业账户上的现金余额已为零或负数,而银行账上的该企业的现金余额还有很多,这是因为有些企业已经开出的付款票据尚处在传递中,银行尚未付款出账。如果能正确预测浮游量并加以利用,可节约大量现金。

2. 推迟支付应付款

企业可在不影响信誉的情况下,尽可能推迟应付款的支付期。

3. 采用汇票付款

在使用支票付款时,只要受票人将支票存入银行,付款人就要无条件地付款。但汇票不是"见票即付"的付款方式,在受票人将汇票送达银行后,银行要将汇票送交付款人承兑,并由付款人将一笔相当于汇票金额的资金存入银行,银行才会付款给受票人,这样就有可能合法地延期付款。

4. 改进工资支付主式

有的企业在银行单独开设一个账户专供支付职工工资。为了最大限度地减少这一存款金额。企业可预先估计出开出支付工资票据到银行兑现的具体时间。例如,某企业在每月5日支付工资,根据经验,5日、6日、7日以后的兑现率分别为20%、25%、30%和25%。这样,企业就不需在5日存足支付全部工资所需要的工资额。而可将节余下的部分现金用于其他投资。

(三) 控制闲置现金投资

企业在筹资和经营时,会取得大量的现金,这些现金在用于资本投资或其他业务活动之前,通常会闲置一段时间。这些现金头寸可用于短期证券投资以获得利息收入或资本利得,如果管理得当,可为企业增加如相当可观的净收益。

企业现金控制的目的首先是保证日常生产经营业务的现金需求,其次才是使这些现金获得最大的收益。这两个目的要求企业把闲置资金投入到流动性高、风险性低、交易期限短的金融工具中,以期获得较多的收入。在货币市场上,财务人员通常使用的金融工具主要有国库券、可转让大额存单、回购协议等。

第二节 应收账款管理

这里所说的应收账款是指外销产品、材料、供应劳务及其他原因,应向购货单位或接受劳务的单位及其他单位收取的款项,包括应收销货款、其他应收款、应收票据等。随着我国市场经济的发展,商业信用的推行,企业应收账款数额明显增多,已成为流动资产管理中的一个日益重要的问题。

一、应收账款的功能和成本

(一) 应收账款的功能

应收账款的功能是指它在企业生产经营中所具有的作用。应收账款的主要功能如下。

1. 促进销售

企业销售产品时可以采取两种基本销售方式,即现销方式与赊销方式。现销方式最大的优点是应计现金流入量与实际现金流入量完全吻合,既能避免呆坏账损失,又能及时地将收回的款项投入再增值过程,因而是企业最期望的一种销售结算方式。然而,在竞争激烈的市场经济条件下,完全依赖现销方式往往是不现实的。由于赊销方式下,企业在销售产品的同时,向买方提供了可以在一定期限内无偿使用的资金,即商业信用资金,其数额等同于商品的售价,这对于购买方而言具有极大的吸引力。因此,赊销是一种重要的促销手段,对于企业销售产品、开拓并占领市场具有重要意义。在企业产品销售不畅、市场萎缩、竞争不利的情况下,或者在企业销售新产品、开拓新市场时,为适应市场竞争的需要,适时地采取各种有效的赊销方式,就显得尤为必要。

2. 减少存货

赊销可以加速产品销售的实现,加快产成品向销售收入的转化速度,从而对降低存货中的产成品数额有着积极的影响。这有利于缩短产成品的库存时间,降低产成品存货的管理费用、仓储费用和保险费用等各方面的支出。因此,当产成品存货较多时,企业可以采用较为优惠的信用条件进行赊销,尽快地实现产成品存货向销售收入的转化,变持有产成品存货为持有应收账款,以节约各项存货支出。

(二) 应收账款的成本

企业在采取赊销方式促进销售的同时,会因持有应收账款而付出一定的代价,这种代价即为应收账款式的成本。其内容如下。

1. 机会成本

应收账款的机会成本是指因资金投放在应收账款上而丧失的其他收入,如投资于有价证券便会有利息收入。这一成本的大小通常与企业维持赊销业务所需要的资金量(即应收账款投资额)、资金成本率有关。其计算公式为:

$$应收账款机会成本 = 维持赊销业务所需要的资金 \times 资金成本率$$

式中资金成本率一般可按有价证券利息率计算;维持赊销业务所需要的资金数量可按下列步骤计算。

(1) 计算应收账款平均余额:

$$应收账款平均余额 = \frac{年赊销额}{360} \times 平均收账天数$$

即

$$应收账款平均余额 = 平均每日赊销额 \times 平均收账天数$$

(2) 计算维持赊销业务所需要的资金:

$$\frac{维持赊销业务}{所需要的资金} = \frac{应收账款}{平均余额} \times \frac{变动成本}{销售成本}$$

即

$$维持赊销业务所需要的资金 = 应收账款平均余额 \times 变动成本率$$

在上述分析中,假设企业的成本水平保持不变(即单位变动成本不变,固定成本总额不变),因此随着赊销业务的扩大,只有变动成本随之上升。

【例 8-4】 假设某企业预测的年度赊销额为 3 000 000 元,应收账款平均收账天数为 60 天,变动成本率为 60%,资金成本率为 10%,则应收账款机会成本可计算如下:

$$应收账款平均余额 = \frac{3\ 000\ 000}{360} \times 60 = 500\ 000(元)$$

$$维持赊销业务所需要的资金 = 500\ 000 \times 60\% = 300\ 000(元)$$

$$应收账款机会成本 = 300\ 000 \times 10\% = 30\ 000(元)$$

上述计算表明,企业投放 300 000 元的资金可维持 3 000 000 元的赊销业务,相当于垫支资金的 10 倍之多。这一较高的倍数在很大程度上取决于应收账款的收账速度。在正常情况下,应收账款收账天数越少,一定数量资金所维持的赊销额就越小;应收账款收账天数越多,维持相同赊销额所需要的资金数量就越大。而应收账款机会成本在很大程度上取决于企业维持赊销业务所需要资金的多少。

2. 管理成本

应收账款的管理成本是指企业对应收账款进行管理而耗费的开支。主要包括对客户的资信调查费用、收账费用和其他费用。

3. 坏账成本

应收账款基于商业信用而产生,存在无法收回的可能性,由此而给应收账款持有企业带来用资料的一种方法。直接调查能保证搜集资料的准确性和及时性,但若不能得到被调查单位的合作,则会使调查资料不完整。

2. 间接调查

间接调查是以被调查单位以及其他单位保存的有关原始记录和核算资料为基础,通过加工整理获得被调查单位信用资料的一种方法。这些资料主要来自如下几个方面:

(1) 财务报表。有关单位的财务报表,是信用资料的重要来源。通过财务报表分析,基本上能掌握一个企业的财务状况和盈利状况。

(2) 信用评估机构。许多国家都有信用评估的专门机构,定期发布有关企业的信用等级报告。例如,杜恩和布瑞德思特公司(DUN AND BUADSTREET)就是美国一家著名的信用评估机构。

我国的信用评估机构目前有三种形式:第一种是独立的社会评估机构,它们只根据自身的业务吸收有关专家参加,不受行政干预和集团利益的牵制,独立自主地开办信用评估业务;第二种是政策银行负责组织的评估机构,一般由银行的有关人员和各部门专家进行评估;第三种是商业银行组织的机构。由商业银行组织专家对其客户进行评估。

在评估等级方面,目前主要有两种:第一种采用三类九级制(即把企业的信用情况分为AAA、AA、A、BBB、BB、B、CCC、CC、C 九级,AAA 为最优等级,C 为最差等级)。第二种采用三级制(即分成 AAA、AA、A)。专门的信用评估部门通常评估方法先进,评估调查细致,评估程度合理,可信度较高。

(3) 银行。银行是信用资料的一个重要来源,因为许多银行都设有信用部,为其顾客提供服务。但银行的资料一般仅愿意在同业之间交流,而不愿向其他单位提供。因此,如外地有一笔较大的买卖,需要了解顾客的信用状况,最好通过当地开户银行,向其征询有关信用资料。

(4) 其他。例如财税部门、消费者协会、工商管理部门、企业的上级主管部门、证券交易部门等。另外,书籍、报刊、杂志等也可提供有关顾客的信用情况。

(二) 客户的信用评估

搜集好信用资料后,要对这些资料进行分析,并对顾客信用状况进行评估。信用评估的方法很多,这里介绍两种常见的方法:5C 评估法和信用评分法。

1. 5C 评估法

所谓 5C 评估法,是指重点分析影响信用的五个方面来评价顾客信用的一种方法。这五个方面英文的第一字母都是 C,故称为 5C 评估法。这五个方面是品德(character)能力(capacity)、资本(capital)、抵押品(collateral)和情况(conditions)。现分述如下:

(1) 品德是指顾客愿意履行其付款义务的可能性。顾客是否愿意尽自己最大努力来归还货款,直接决定着账款的回收速度和数量。品德因素在信用评估中是最重要的因素。

(2) 能力是指顾客偿还货款的能力。这主要根据顾客的经营规模和经营状况来判断。

(3) 资本是指一个企业的财务状况,这主要根据有关的财务比率进行判断。

(4) 抵押品是指顾客能否为获取商业信用提供担保资产。如有担保资产,则对顺利收回货款比较有利。

(5) 情况是指一般的经济情况对企业的影响,或某一地区的一些特殊情况对顾客偿还能力的影响。

通过以上五个方面的分析,便基本上可以判断顾客的信用状况,为最后决定是否向顾客提供商业信用做好准备。

2. 信用评分法

信用评分法是先对一系列财务比率和信用情况指标进行评分,然后进行加权平均,得出顾客综合的信用分数,并以此进行信用评估的一种方法。进行信用评分的基本公式是:

$$Y = a_1x_1 + a_2x_2 + \cdots + a_nx_n = \sum_{i=1}^{n} a_ix_i$$

式中:Y——某企业的信用评分;

a_i——事先拟定的对第 i 种财务比率和信用品质进行加权的权数($\sum a_i = 1$);

x_i——第 i 种财务比率或信用品质的评分。

现以表 8-11 来说明这种方法。

表 8-11 综合评分表

项 目	财务比率和信用品质	分 数	预计权数	加权平均分数
流动比率	1.9	90	0.20	18.00
资产负债率(%)	50	90	0.10	9.00
销售净利率(%)	10	85	0.10	8.50
信用评估等级	AA	85	0.25	21.25
付款历史	好	85	0.25	21.25
企业未来预计	尚好	75	0.05	3.75
其他因素	好	85	0.05	4.25
合计	—	—	100%	86.00

表 8-11 中,财务比率和信用品质栏是根据收集来的资料及对其分析后确定的;分数栏是根据财务比率和信用品质栏的资料确定的;预计权数栏是根据财务比率和信用品质的重要程度确定的。

使用信用评分法进行信用评估时,得分 80 分以上者,说明其信用状况良好;得分在 60~80 分,信用状况一般,得分在 60 分以下,则说明信用状况较差。

(三) 收账的日常管理

收账是企业应收账款管理的一项重要工作。收账管理应包括如下两个方面的内容。

1. 确定合理的收账程序

催收账款的程序一般是:信函通知→电话催收→派员面谈→法律行动。当顾客拖欠账款时,一般先给顾客一封有礼貌的付款通知函;接着,可寄出一封措辞直率的信件;进一步则可通过电话催收;若再无效,企业的收账员可直接与顾客面谈,协商解决;如果谈判不成,就只好交给企业的律师采取法律行动。

2. 确定合理的讨债方法

顾客拖欠的原因可能比较多,但可概括为两类:无力偿付和故意拖欠。

无力偿付是指顾客因经营不善,财务出现困难,没有资金偿付到期债务。对这种情况要进的损失,即为坏账成本。这一成本一般与应收账款数量同方向变动,即应收账款越多,坏账成本也越多。基于此,为规避发生坏账成本给企业生产经营活动的稳定性带来不利影响,企业应合理提取坏账准备。

二、应收账款政策的制定

应收账款政策也叫信用政策,是企业财务政策的一个重要组成部分。企业要管好应收账款,必须事先制定合理的信用政策。应收账款政策主要包括信用标准、信用条件和收账政策的内容。

(一) 信用标准

信用标准是企业同意向顾客提供商业信用而提出的基本要求。通常以预期的坏账损失率作为判别标准。如果企业的信用标准较严,只对信誉好、坏账损失率低的顾客给予赊销,则会减少坏账损失和应收账款的机会成本,但这可能不利于扩大销售量,甚至会使销售量减少;反之,如果信用标准较宽,虽然会增加销售,但会相应增加坏账损失和应收账款的机会成本。企业企业应根据具体情况进行权衡。

【例 8-5】 大华公司现在的经营情况和信用政策如表 8-4 所示。

表 8-4 大华公司现在的经营情况和信用政策

项 目	数 据
现在信用政策情况的销售收入(元)(全部为赊销)	100 000
现在信用政策情况下的应收账款投资(元)	12 500
现在利润(元)	2 000
销售利润率(%)	20
信用标准[预期坏账损失率(%)的限制]	10
平均坏账损失率(%)	6
信用条件	30 天付清
平均收现期(天)	45
应收账款的机会成本(%)	15

假设大华公司要改变信用标准,提出 A、B 两个方案,信用标准变化情况如表 8-5 所示。

表 8-5 大华公司不同信用标准下的有关数据

A 方案(较紧的信用标准)	B 方案(较松的信用标准)
信用标准:只对那些预计坏账损失率低于 5%的企业提供商业信用	信用标准:只对那些预计坏账损失率低于 15%的企业提供商业信用
由于标准变化减少销售额 10 000 元	由于标准变化而增加销售额 15 000 元
减少的销售平均收现期为 90 天,其余 90 000 元的平均收现期降为 40 天	增加销售额的平均收现期为 75 天,原 100 000 元的平均收现期仍为 45 天
减少的销售额平均的坏账损失率为 8.7%,其中 9 000 元的平均坏账损失率由 6%降为 5%	新增加销售额平均的坏账损失率为 10%,原 100 000 元销售额的平均坏账损失率仍为 6%

为了评价两个可选择的信用标准孰优孰劣,必须计算两个方案各自带来的利润和成本,在这种情况下,应测算如下几个项目的变化:

(1) 销售量变化对销售利润的影响。
(2) 应收账款机会成本的变化。
(3) 坏账成本的变化。
(4) 管理成本的变化(在本例中这项成本变化略而不计)。

现分别对两个方案进行测算。如表 8-6 所示。

表 8-6 大华公司不同信用标准下的利润和成本分析

项 目	A 方案	B 方案
信用标准变化对销售利润的影响	$-100\,000 \times 20\% = -20\,000$	$15\,000 \times 20\% = 3\,000$
信用标准变化对应收账款机会成本的影响	$(90/360) \times (-100\,000) \times 15\% + [(40-45)/360] \times (1\,000\,000 - 10\,000) \times 15\% = -563$	$\dfrac{75}{360} \times 15\,000 \times 15\% = 469$
信用标准变化对坏账成本的影响	$-10\,000 \times 8.7\% + (100\,000 - 10\,000) \times (5\% - 6\%) = -1\,770$	$15\,000 \times 10\% = 1\,500$
信用政策变化带来的净利润	$(-2\,000) - (-563) - (-1\,770) = 333$	$3\,000 - 469 - 1\,500 = 1\,031$

以上计算说明,采用较松的信用标准(B方案),能使该企业增加较多利润,而较严的信用标准(A方案)会使利润增加较少,故应采用 B 方案。

(二) 信用条件

信用条件是指企业要求顾客支付赊销款项的条件,包括信用期限、折扣期限和现金折扣。信用期限是企业为顾客规定的最长付款时间,折扣期限是为顾客规定的可享受现金折扣的付款时间,现金折扣是在顾客提前付款时给予的优惠。如账单中的"2/10,n/30"就是一项信用条件,它规定如果在发票开出后10天内付款,可享受2%的现金折扣;如果不想取得折扣,这笔货款必须在30天内付清。提供比较优惠的信用条件能增加销售量,但也会带来额外的负担,如会增加应收账款的机会成本、坏账成本和现金折扣成本等。

现以表 8-1 大华公司的资料为例,说明信用条件的选择。

【例 8-6】 设大华公司要改变信用条件,可供选择 A、B 两种方案如表 8-7 所示。

表 8-7 大华公司不同信用条件下的有关数据

信用条件 A	信用条件 B
信用条件:45 天付清,无现金折扣	信用条件:"2/10,n/30"
增加销售额 40 000 元	增加销售额 60 000 元
全部销售额的平均坏账损失率为 8%	全部销售额的平均坏账损失率为 4%
需付现金折扣的销售额占总销售额的百分比为 0%	需付现金折扣的销售额占总销售额的百分比为 50%
平均收现期为 60 天	平均收现期为 30 天

根据表 8-4 和表 8-7 的有关资料,两种信用条件对销售利润和各种成本的影响,如表 8-8 所示。从表 8-8 可知,B方案能带来更多的收益,应采服 B 方案。

表 8-8 大华公司不同信用条件下的利润和成本分析   单位：元

项　目	A方案	B方案
信用条件变化对销售利润的影响	40 000×20%=8 000	60 000×20%=12 000
信用条件变化对应收账款机会成本的影响	{[(60−45)÷360]×100 000+(60÷360)×40 000}×15%=1 625	{[(30−45)÷360]×100 000+(30÷360)×60 000}×15%=125
现金折扣成本的变化情况	—	(100 000+60 000)×50%×2%=1 600
信用条件变化对坏账损失的影响	40 000×8%+(8%−6%)×10 000=5 200	60 000×4%+(4%−6%)×100 000=400
信用政策变化带来的净利润	8 000−1 625−0−5 200=1 175	12 000−125−1 600−400=9 875

（三）收账政策

收账政策是指信用条件被违反时，企业采取的收账策略。企业如果采用较积极的收账政策，可减少应收账款投资和坏账损失，但将会增加收账成本。如果采用较消极的收账政策，可节约收账费用，但会增加应收账款投资和坏账损失。在实际工作中，可参照信用标准、信用条件的确定方法来制定收账政策。

一般来说，收账费用支出越多，坏账损失就越少，但这两者之间的变动并不是线性关系。通常情况是：① 开始花费一些收账费用，应收账款占用和坏账损失有小部分减少。② 收账费用继续增加，应收账款占用和坏账损失明显减少。③ 收账费用达到某一限度之后，应收账款占用和坏账损失的减少就不再明显了，在制定收账政策时，应权衡增加收账费用与减少应收账款的机会成本和坏账损失之间的得失，以便做出正确的选择。

【例 8-7】 某公司现行收账政策的年收账费用、应收账款平均收现期和坏账损失率分别为 10 000 元、60 天和 4%。建设收账政策的年收账费用、应收账款平均收现期和坏账损失率分别为 15 000 元、30 天和 2%。该公司当年赊销额为 1 800 000 元，收账政策对销售收入的影响忽略不计。该公司应收账款的机会成本为 10%。

根据以上资料计算的结果如表 8-9 所示。

表 8-9 大华公司不同收账政策下的有关数据

项　目	现行收账政策	建议收账政策
(1) 年销售收入	1 800 000	1 800 000
(2) 应收账款周转率	6	12
(3) 应收账款平均占有额	300 000	150 000
(4) 建议收账政策节约的机会成本	—	15 000
(5) 坏账损失	72 000	36 000
(6) 建议收账政策减少坏账成本	—	36 000
(7) 建议收账政策增加收账费用	—	5 000
(8) 建议收账政策可获得收益 (8)=(4)+(6)−(7)	—	46 000

根据上表的计算可知：建议收账政策比现行收账政策多获收益 46 000 元，故应采用建议收账政策。

（四）综合信用政策

以上我们讨论的是单项的信用政策，但要制定最优的信用政策，应把信用标准、信用条件、收账政策结合起来，考虑信用标准、信用条件、收账政策的综合变化对销售额、应收账款机会成本、坏账成本和收账成本的影响。这里决策的原则仍是赊销的总收益应大于因赊销带来的总成本。综合决策的计算相当复杂，计算中的几个变量都是预计的，有相当大的不确定性。因此，信用政策的制定并不能仅靠数量分析，在很大程度上要由管理的经验来判断决定。制定综合信用政策时应考虑的基本模式如表 8-10 所示。

表 8-10 综合信用政策的基本模式

信用标准：预计坏账损失率(%)	信用条件	收账政策
0～0.5	从宽信用条件	消极收账政策
0.5～1	（60 天付款）	（拖欠 20 天不催收）
1～2	一般信用条件	一般收账政策
2～5	（45 天付款）	（拖欠 10 天不催收）
5～10	从严信用条件	积极收账政策
10～20	（30 天付款）	（拖欠立即催收）
20 以上	不予赊销	—

企业信用政策确定后，便可根据信用政策和预计的销售收入等指标来计算确定应收账款占用资金的数额。

【例 8-8】 中实公司 1998 年计划销售收入 3 600 万元，预计有 50％的赊销，应收账款的平均收现期为 40 天，则 1998 年度该公司应收账款平均占用资金的数额为：

$$\frac{3\,600 \times 50\% \times 40}{360} = 200(万元)$$

企业应根据应收账款占用资金的情况，合理安排资金来源，保证生产经营对资金的需求。

三、应收账款的日常控制

信用政策建立以后，企业要做好应收账款的日常控制工作，进行信用调查和信用评价，以确定是否同意顾客赊欠货款，当顾客违反信用条件时，还要做好账款催收工作。

（一）客户的信用调查

对顾客的信用进行评价是应收账款日常管理的重要内容。只有正确地评价顾客的信用状况，才能合理地执行企业的信用政策。要想合理地评价顾客的信用，必须对顾客信用进行调查，搜集有关的信息资料。信用调查以下有两类。

1. 直接调查

直接调查是指调查人员与被调查单位接触，通过当面采访、询问、观看、记录等方式获取信行具体分析,如果顾客确实遇到暂时困难,经过努力可以东山再起,企业应帮助顾客渡过难关,以便收回较多的欠款。如果顾客遇到严重困难,已达破产界限,不可能起死回生,那就要及时向法院起诉,以期在破产清算时得到债权的较多清偿。

故意拖欠是指顾客虽有能力付款,但为了其利益,想方设法拖延付款。遇到这种情况,则需要确定合理的讨债方法,以便收回欠款。常见的讨债方法有如下几种:

（1）讲理法。讨债人要有礼貌地说明理由,坚持说理,以理服人,无故拖欠货款是不应该的,已对债权人产生不利影响,造成经济损失,若不及时付款,引起法律纠纷,对双方都不利。

（2）恻隐术法。讨债人应讲清自己的困难,说明本身的危险处境,以打动债务人的恻隐之心,使债务人良心发现,按时付款。

（3）疲劳战法。抓住欠债企业的一两个领导人（如厂长、总会计师、财务科长）长期软磨硬泡,坚持打持久战,直至该领导人意志瓦解,同意付款。

（4）激将法。用语言刺激债务人,使其懂得不及时付款将损害其形象和尊严。债务人为了面子,不得不及时付款。

（5）软硬术法。软硬兼施。由两人讨债,一人态度强硬,寸步不让;另一人态度和蔼,以理服人。若两人配合得好,会收到较好效果。

第三节 存货管理

存货是指企业在日常生产经营过程中为生产或销售而储备的物资。

企业持有充足的存货,不仅有利于生产过程的顺利进行,节约采购费用与生产时间,而且能够迅速地满足客户各种订货的需要,从而为企业的生产与销售提供较大的机动性,避免因存货不足带来的机会损失。然而,存货的增加必然要占用更多的资金,将使企业付出更大的持有成本（即存货的机会成本）,而且存货的储存与管理费用也会增加,影响企业获利能力的提高。因此,如何在存货的功能（收益）与成本之间进行利弊权衡,在充分发挥存货功能的同时降低成本、增加收益、实现它们的最佳组合,成为存货管理的基本目标。

一、存货的功能与成本

（一）存货功能

存货功能是指存货在企业生产经营过程中所具有的作用,主要表现在以下几方面。

1. **防止停工待料**

适量的原材料存货和在制品、半成品存货是企业生产正常进行的前提和保障。就企业外部而言,供货方的生产和销售往往会因某些原因而暂停或推迟,从而影响企业材料的及时采购、入库和投产。就企业内部而言,有适量的半成品储备,能使各生产环节的生产调度更加合理,各生产工序步调更为协调,联系更为紧密,不至于因等待半成品而影响生产。可见,适量的存货能有效防止停工待料事件的发生,维持生产的连续性。

2. **适应市场变化**

存货储备能增强企业在生产和销售方面的机动性以及适应市场变化的能力。企业有了足够的库存产品,能有效地供应市场,满足顾客的需要。相反,若某种畅销产品库存不足,将会坐失目前的或未来的推销良机,并有可能因此而失去顾客。在通货膨胀时,适当地储存原材料存货,能使企业获得因市场物价上涨而带来的好处。

3. 降低进货成本

很多企业为扩大销售规模,对购货方提供较优厚的商业折扣待遇,即购货达到一定数量时,便在价格上给予相应的折扣优惠。企业采取批量集中进货,可获得较多的商业折扣。此外,通过增加每次购货数量,减少购货次数,可以降低采购费用支出。即便在推崇以零存货为管理目标的今天,仍有不少企业采取大批量购货方式,原因就在于这种方式有助于降低购货成本,只要购货成本的降低额大于因存货增加而导致的储存等各项费用的增加额,便是可行的。

4. 维持均衡生产

对于那些所生产产品属于季节性产品,生产所需材料的供应具有季节性的企业,为实行均衡生产,降低生产成本,就必须适当储备一定的半成品存货或保持一定的原材料存货。否则,这些企业若按照季节变动组织生产活动,难免会产生忙时超负荷运转,闲时生产能力得不到充分利用的情况,这也会导致生产成本的提高。其他企业在生产过程中,同样会因为各种原因导致生产水平的高低变化,拥有合理的存货可以缓冲这种变化对企业生产活动及获利能力的影响。

（二）存货成本

为充分发挥存货的固有功能,企业必须储备一定的存货,但也会由此而发生各项支出,这就是存货成本。包括以下内容：

1. 进货成本

进货成本是指存货的取得成本,主要由存货进价和进货费用两个方面构成。其中,存货进价,又称购置成本,是指存货本身价值,等于采购单价与采购数量的乘积。在一定时期进货总量既定的条件下,无论企业采购次数如何变动,存货的进价成本通常是保持相对稳定的(假设物价不变且无采购数量折扣),因而属于决策无关成本。进货费用,又称订货成本,是指企业为组织进货而开支的费用,如与材料采购有关的办公费、差旅费、邮资、电话电报费、运输费、检验费、入库搬运费等。进货费用与进货次数成正比例变动,这类变动性进货费用属于决策的相关成本；另一部分与订货次数无关,如专设采购机构的基本开支等,这类固定性进货费用则属于决策的无关成本。

2. 储存成本

企业为持有存货而发生的费用即为存货的储存成本。主要包括存货资金占用费(以贷款购买存货的利息成本)或机会成本(以现金购买存货而同时损失的证券投资收益等)、仓储费用、保险费用、存货残损霉变损失等。与进货费用一样,储存成本可以按照与储存数额的关系分为变动性储存成本和固定性储存成本两类。其中,固定性储存成本与存货储存数额的多少没有直接的联系,如仓库折旧费、仓库职工的固定月工资,这类成本属于决策的无关成本；而变动性储存成本则随着存货储存数额的增减成正比例变动关系,如存货资金的应计利息、存货残损和变质损失、存货的保险费用等,这类成本属于决策的相关成本。

3. 缺货成本

缺货成本是因存货不足而给企业造成的损失,包括由于材料供应中断造成的停工损失、成品供应中断导致延误发货的信誉损失及丧失销售机会的损失等。如果生产企业能够以替代材料解决库存材料供应中断之急的话,缺货成本便表现为替代材料紧急采购的额外开支。缺货成本能否作为决策的相关成本,应视企业是否允许出现存货短缺的不同情形而定。若允许缺货,则缺货成本与存货数量反向相关,即属于决策相关成本;反之,若企业不允许发生缺货情形,此时缺货成本为零,也就无需加以考虑。

二、存货数量的确定

经济批量是指一定时期储存成本和订货成本总和最低的采购批量。从前述存货成本构成中可知,这两种成本高低与订货批量多少的关系是相反的。订购的批量大,储存的存货就多,会使储存成本上升,但由于订货次数减少,则会使订货成本降低;反之,如果降低订货批量,可降低储存成本,但由于订货次数增加,会使订货成本上升。也就是说,随着订购批量大小的变化,这两种成本是互为消长的。存货控制,就是要寻找这两种成本合计数最低的订购批量,即经济订购批量。

(一) 基本模型

经济批量基本模型以如下假设为前提:① 企业一定时期的进货总量可以较为准确地予以预测。② 存货的耗用或者销售比较均衡。③ 存货的价格稳定,且不存在数量折扣,进货日期完全由企业自行决定,并且每当存货量降为零时,下一批存货均能马上一次到位。④ 仓储条件及所需现金不受限制。⑤ 不允许出现缺货情形。⑥ 所需存货市场供应充足,不会因买不到存货而影响其他方面。

为了确定经济批量,可采用逐批测试法、图示法或公式法来进行计算。现举例说明如下:

【例 8-9】 时代公司全年需要甲零件 1 200 件,每订购一次的订货成本为 400 元,每件年储存成本为 6 元。问最优经济订购批量是多少?

1. 逐批测试法

为了计算上的方便,现假设有关符号如下:

A——全年需要量;

Q——每批订货量;

F——每批订货成本;

C——每件年储存成本。

那么,

订购批数 $= \dfrac{A}{Q}$;

平均库存量 $= \dfrac{Q}{2}$;

全年订货成本 $= F \cdot \dfrac{A}{Q}$;

全年储存总成本 $= \dfrac{Q}{2} \cdot C$;

全年总成本$(T) = \dfrac{Q}{2} \cdot C + \dfrac{A}{Q} \cdot F$。

为了确定经济批量,现分别采用不同的订货量逐批测试,详见表8-12。

表8-12 经济批量逐批测试表

项 目	各 种 批 量					
订购批数 $\dfrac{A^*}{Q}$	1	2	3	4	5	6
订购批量(Q)(件)	1 200	600	400	300	240	200
年储存成本 $\left(\dfrac{Q}{2}\cdot C\right)$(元)	3 600	1 800	1 200	900	720	600
年订货成本 $\left(\dfrac{A}{Q}\cdot F\right)$(元)	400	800	1 200	1 600	2 000	2 400
年总成本合计(T)(元)	4 000	2 600	2 400	2 500	2 720	3 000

* 全年需要量 $A = 1\,200$ 件。

从表8-12中可见,每批订货为400件,一年订货3次时,全年总成本最低(2 400元),故400件为最优订货批量,即经济批量。

2. 图示法

现根据前例资料,把有关数据描绘在直角坐标系中,便形成图8-5。

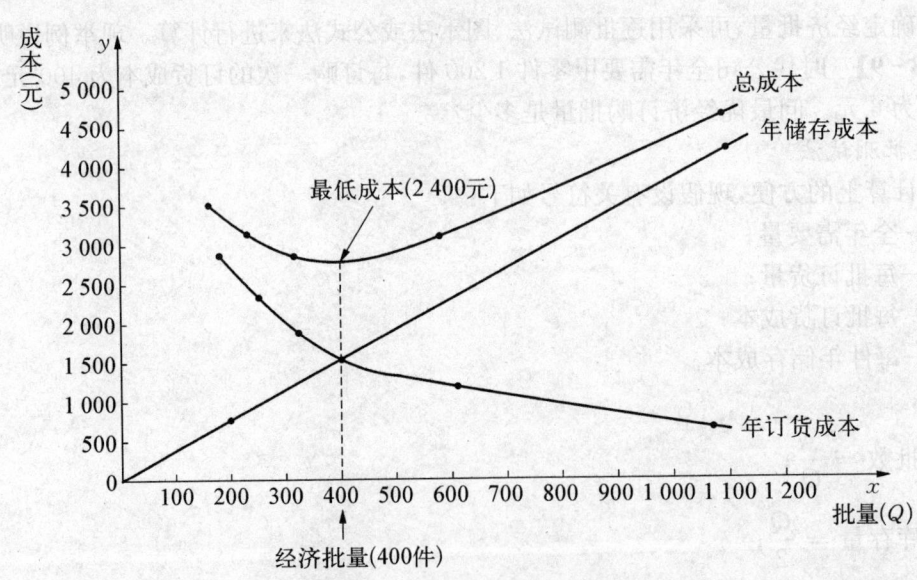

图8-5 确定经济批量的图示法

从图8-5中可以看出,经济批量也就是总成本曲线的最低点时的订货量,总成本最低点正好是订货成本线和储存成本线相交处,即经济批量应为400件,此时总成本最低为2 400元。

3. 公式法

经济批量还可以用公式法来确定,下面就介绍利用导数来推导计算经济批量的公式。

因为
$$T = \frac{CQ}{2} + \frac{AF}{Q}$$

求 T 对 Q 的导数得：

$$T' = \left(\frac{CQ}{2} + \frac{AF}{Q}\right)' = \frac{C}{2} - \frac{AF}{Q^2}$$

令：$T' = 0$，则：$\frac{C}{2} - \frac{AF}{Q^2} = 0$，

$$\frac{C}{2} = \frac{AF}{Q^2}$$

$$Q^2 = \frac{2AF}{C}$$

经济批量$(Q) = \sqrt{\frac{2AF}{C}}$ ……………………………………………………式(1)

另外，由(1)式得：

$$\frac{A}{Q^2} = \frac{C}{2F} \qquad \frac{A^2}{Q^2} = \frac{AC}{2F}$$

经济批数 $\left(\frac{A}{Q}\right) = \sqrt{\frac{AC}{2F}}$ ……………………………………………………式(2)

将公式(2)代入：

$$T = \frac{1}{2}C\sqrt{\frac{2AF}{C}} + \frac{AF}{\sqrt{\frac{2AF}{C}}} = \frac{1}{2}C\sqrt{\frac{2AF}{C}} = \frac{1}{2}C\sqrt{\frac{2AF}{C}} = C\sqrt{\frac{2AF}{C}} = \sqrt{2AFC}$$ ……式(3)

把前面举例中的数字代入公式(1)(2)(3)得：

$$Q = \sqrt{\frac{2AF}{C}} = \sqrt{\frac{2 \times 1\,200 \times 400}{6}} = 400(件)$$

$$\frac{A}{Q} = \sqrt{\frac{AC}{2F}} = \sqrt{\frac{1\,200 \times 6}{2 \times 400}} = 3(批)$$

$$T = \sqrt{2AFC} = \sqrt{2 \times 1\,200 \times 400 \times 6} = 2\,400(元)$$

（二）基本模型的拓展

在上述经济批量分析中，假定价格不随批量而变动。在西方，许多企业在销售时都有批量折扣，即对大批量采购在价格上给予一定的优惠。在这种情况下，除了考虑订货成本和储存成本外，还应考虑采购成本。

【例 8-10】 假设前举的实例中每件价格为 10 元，但如果一次订购超过 600 件，可给予 2% 的批量折扣，问应以多大批量订货？

此时如果确定最优订购批量，就要按以下两种情况分别计算三种成本的合计数。

（1）按经济批量采购，不取得数量折扣。在不取得数量折扣，按经济批量采购时的总成本

合计应为：

$$总成本 = 年订货成本 + 年储存成本 + 年采购成本 = \frac{1\,200}{400} \times 400 + \frac{400}{2} \times 6 + 1\,200 \times 10 = 14\,400(元)$$

(2) 不按经济批量采购，取得数量折扣。如果想取得数量折扣，必须按600件来采购，此时三种成本的合计为：

$$总成本 = 年订货成本 + 年储存成本 + 年采购成本 = \frac{1\,200}{600} \times 400 + \frac{600}{2} \times 6 + 1\,200 \times 10 \times (1 - 2\%) = 14\,360(元)$$

将以上两种情况进行对比可知，订购量为600件时成本最低。

(三) 订货点

为了保证生产和销售正常进行，工业企业必须在材料用完之前订货，商品流通企业必须在商品售完之前订货。那么，究竟在上一批购入的存货还有多少时，订购下一批货物呢？这就是订货点的控制问题。所谓订货点，就是订购下一批存货时本批存货的储存量。确定订货点，必须考虑如下因素：

(1) 平均每天的正常耗用量，用 n 来表示。
(2) 预计每天的最大耗用量，用 m 来表示。
(3) 提前时间，指从发出订单到货物验收完毕所用的时间，用 t 来表示。
(4) 预计最长提前时间，用 r 来表示。
(5) 保险储备，是指为防止耗用量突然增加或交货误期等进行的储备，用 S 来表示。

保险储备 S 可用下式计算：

$$S = \frac{1}{2}(mr - nt)$$

订货点 R 可用下式计算：

$$R = nt + S = nt + \frac{1}{2}(mr - nt) = \frac{1}{2}(mr + nt)$$

【例 8-11】 大华公司每天正常耗用某零件为10件，订货的提前期为20天，预计最大耗用量为每天12件，预计最长提前期为25天。

$$保险储备\ S = \frac{1}{2}(mr - nt) = \frac{1}{2} \times (12 \times 25 - 10 \times 20) = 50(件)$$

订货点：

$$R = nt + S = \frac{1}{2}(mr + nt) = 10 \times 20 + 50 = \frac{1}{2} \times (12 \times 25 + 10 \times 20) = 250(件)$$

另外，假设订购批量为500件，那么，订货点和储存量变动情况可如图8-6所示。

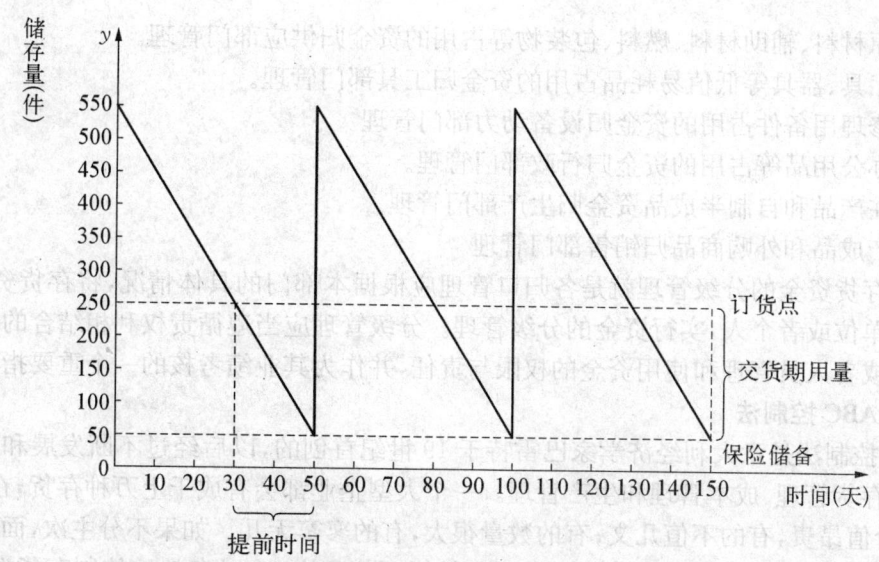

图 8-6 订货点图

三、存货的日常控制

(一) 存货的归口分级控制

存货归口分级管理是企业实行存货奖金管理责任制的一个重要方法。企业的存货以各种实物形态分布在企业生产经营的每个环节,由从事生产经营活动的各有关职能部门和生产部门掌握和使用,只有每个职能部门的参与,才能真正管理好企业的存货。企业的存货管理,应当在财务部门牵头进行集中管理的前提下,实行存货的归口分级管理。实行存货归口分级管理,有利于调动各职能部门、各级单位和员工管好用好存货的积极性和主动性,把存货管理同企业的生产经营结合起来,贯彻责权利相结合的原则。

存货归口分级管理的基本做法是在企业总经理的领导下,财务部门对企业的存货资金实行集中统一管理,财务部门应该掌握整个企业存货资金的占用、耗费和周转情况,实现企业资金使用的综合平衡,加速资金周转。

财务部门集中管理存货资金,应当负责以下具体工作:

(1) 根据企业财务通则、财务制度的规定和企业的具体情况,统一制定并组织执行企业存货管理制度。

(2) 核定并平衡各项存货资金定额,编制存货资金计划。

(3) 将各项存货资金计划指标进行分解,并分配落实到各有关职能部门。

(4) 统筹调度各项存货资金的使用,实现资金收支平衡,保证生产经营所需要的资金。

(5) 统一办理企业对外结算,加速企业存货资金周转。

(6) 对各单位的资金运用情况进行检查和分析,统一考核资金的使用情况。

实行存货资金的归口管理要根据使用资金与管理资金相结合、物资管理和资金管理相结合的原则,将存货管理落实到各个部门。每项存货资金由哪个部门使用,就归口给哪个部门负责管理,各项资金归口管理的分工如下:

（1）原材料、辅助材料、燃料、包装物等占用的资金归供应部门管理。
（2）工具、器具等低值易耗品占用的资金归工具部门管理。
（3）修理用备件占用的资金归设备动力部门管理。
（4）办公用品等占用的资金归行政部门管理。
（5）在产品和自制半成品资金归生产部门管理。
（6）产成品和外购商品归销售部门管理。

实行存货资金的分级管理就是各归口管理应根据本部门的具体情况，将存货资金定额分配给所属单位或者个人，实行资金的分级管理。分级管理应当遵循责权利相结合的原则，明确各个单位或者人员管理和使用资金的权限与责任，并作为其业绩考核的一个重要指标。

（二）ABC 控制法

ABC 控制法是意大利经济学家巴雷特于 19 世纪首创的，以后经过不断发展和完善，现已广泛用于存货管理、成本管理和生产管理。一个大型企业都会有成千上万种存货，在这些存货中，有的价值昂贵，有的不值几文；有的数量很大，有的寥寥无几。如果不分主次，面面俱到，对每一种存货都进行周密的规划，严格的控制，就抓不住重点，难以有效地控制存货资金。ABC 控制法正是针对这一问题而提出来的，分类基础上的重点管理方法。ABC 控制法控制存货资金，一般有以下几个步骤：

（1）计算每一种存货在一定时间内（一般为一年）的资金占用额。
（2）计算每一种存货资金占用额占全部资金占用额的百分比，并按大小顺序排列，编成表格。
（3）根据事先测定好的标准，把最重要的存货归为 A 类，把一般存货归为 B 类，把不重要的存货归为 C 类。
（4）对 A 类存货进行重点规划和控制，对 B 类存货进行次重点管理，对 C 类存货只进行一般管理。

把存货分成 A、B、C 三大类，目的是对存货占用资金进行有效的管理。A 类存货品种虽然较少，但占用资金多，应集中主要力量管理，对其经济批量要进行认真规划，对这类存货的收入、发出要进行严格控制；C 类存货虽然种类很多，但占用资金不多，这类存货的经济批量可凭经验确定，不必耗费大量的人力、物力和财力去管理；B 类存货介于 A 类和 C 类之间，也应予以相当的重视，但不必像 A 类那样进行非常严格的控制。

【本章小结】

财务上的营运资金管理着重于投资，即企业在流动资产上的投资额。营运资金一般包括现金、银行存款等货币资金和短期投资、应收及预付款项以及原材料、低值易耗品、包装物、在产品和产成品等存货。不同的营运资金，其流动性不同，管理要求也不同，企业应根据营运资金的不同特点，采用相适应的管理方法，合理有效地利用营运资金，加速营运资金周转，努力以较少的资金占有，完成更多的生产经营活动。

企业现金管理的目标就是在保证企业正常生产经营的前提下，尽可能地降低现金占用，减少现金成本，快速收取和延迟付现金，并及时将剩余现金进行短期证券投资等。

企业对应收账款的管理，就是要对其在应收账款上的投资进行成本收益及风险的分析，制定出最佳的信用政策，并对信用政策的实施进行控制，实现企业股东财富最大化的经营目标。

存货管理的主要目的是要合理地控制存货水平,充分发挥存货在企业生产经营中的作用,就是既要保证生产经营活动的正常进行,又要尽可能地降低存货资金占用和各项开支,以最低的总成本提供维持企业正常生产经营活动所需的存货。

【关键术语】

流动资产　交易性动机　预防性动机　投机性动机　最佳现金余额　成本分析模式　机会成本　管理成本　短缺成本　存货模式　随机模式　现金周转期模型　信用标准　信用政策　经济批量法　再订货点　ABC管理法

【思考题】

1. 简述企业持有现金的动机。
2. 简述现金管理的目的和内容。
3. 现金收入包括哪些内容?
4. 现金支出包括哪些内容?
5. 试述如何制定应收账款政策。
6. 简述应收账款的功能和成本。
7. 如何应用5C评估法对顾客的信用进行评估?
8. 简述存货的功能和成本。
9. 试述ABC控制法采取的步骤。

【练习题】

一、单项选择题

1. 在采用5C评估法进行信用评估时,最重要的因素是(　　)。
   A. 品德　　　　　　B. 能力　　　　　　C. 资本　　　　　　D. 抵押品
2. 经济批量是指(　　)。
   A. 采购成本最低的采购批量
   B. 订货成本最低的采购批量
   C. 储存成本最低的采购批量
   D. 存货总成本最低的采购批量
3. 下列对信用期限的描述中正确的是(　　)。
   A. 缩短信用期限,有利于销售收入的扩大
   B. 信用期限越短,企业坏账风险越大
   C. 信用期限越长,表明客户享受的信用条件越优越
   D. 信用期限越短,应收账款的机会成本越高
4. 信用的5C评估法中的"能力"是指(　　)。
   A. 顾客愿意履行其付款义务的可能性
   B. 顾客的经营规模和经营状况,表明顾客可能偿还货款的能力
   C. 企业流动负债的数量和质量以及与流动负债的比例
   D. 顾客能否为获取商业信用提供担保资产
5. 在下列各项中,属于应收账款机会成本的是(　　)。

A. 坏账损失
B. 收账费用
C. 对客户信用进行调查的费用
D. 应收账款占用资金的应计利息

6. 信用条件"1/10, n/30"表示（　　）。
A. 信用期限为 10 天,折扣期限为 30 天
B. 如果在开票后 10~30 天内付款可享受 10％的折扣
C. 信用期限为 30 天,现金折扣为 10％
D. 如果在 10 天内付款,可享受 1％的现金折扣,否则应在 30 天内全额付款

7. 在对存货采用 ABC 法进行控制时,应当重点控制的是（　　）。
A. 数量较大的存货
B. 占用资金较多的存货
C. 品种多的存货
D. 价格昂贵的存货

8. 当预期利率上升,有价证券的价格将要下跌时,投机的动机就会鼓励企业（　　）。
A. 将现金投资于有价证券
B. 暂时持有现金,直到利率停止上升为止
C. 将现金投资于短期证券
D. 将现金投资于长期证券

9. 下列关于现金管理的目的说法,不正确的是（　　）。
A. 现金管理的目的,是尽量节约使用资金,并从暂时闲置的现金中获得最多的利息收入
B. 现金管理应使企业的现金非常充足,不出现短缺的情况
C. 现金管理应做到保证企业交易所需的资金
D. 现金管理应不使企业有过多的闲置现金

10. 下列关于信用标准的说法,不正确的是（　　）。
A. 信用标准是企业同意向顾客提供商业信用而提出的基本要求
B. 信用标准主要是规定企业只能对信誉很好,坏账损失率很低的顾客给予赊销
C. 如果企业的信用标准较严,则会减少坏账损失,减少应收账款的机会成本
D. 如果信用标准较宽,虽然会增加销售,但会相应增加坏账损失和应收账款的机会成本

11. 应收账款的功能是（　　）。
A. 增强竞争力,减少损失
B. 向顾客提供商业信用
C. 加强流动资金的周转
D. 增加销售,减少存货

12. 某企业预计存货周转期为 60 天,应收账款周转期为 30 天,应付账款周转期为 20 天,预计全年需要现金 360 万元。则最佳现金余额为（　　）万元。
A. 90　　　　　B. 70　　　　　C. 100　　　　　D. 20

二、多项选择题

1. 确定建立保险储备量时的订货点,需要考虑的因素有（　　）。
A. 交货时间
B. 平均库存量
C. 保险储备量
D. 平均日需求量
E. 预计日最大需求量

2. 提供比较优惠的信用条件,可增加销售量,但也会付出一定的代价,主要有（　　）。
A. 应收账款机会成本
B. 坏账损失
C. 收账费用
D. 现金折扣成本
E. 顾客信用调查费用

3. 评估顾客信用的 5C 评估法中的"5C"包括（　　）。
A. 品德　　　B. 能力　　　C. 利润　　　D. 资本
E. 情况

4. 预防动机所需要现金的多少取决于（　　）。
A. 利率和有价证券价格水平
B. 现金收支预测的可靠程度

C. 企业日常支付的需要
D. 企业临时借款能力
E. 企业愿意承担的风险程度

5. 应收账款的管理成本主要包括（　　）。
A. 调查顾客信用情况的费用
B. 收集各种信息的费用
C. 账簿的记录费用
D. 应收账款的坏账损失
E. 收账费用

6. 信用条件是指企业要求顾客支付赊销款项的条件，包括（　　）。
A. 信用期限
B. 现金折扣
C. 折扣期限
D. 机会成本
E. 坏账成本

7. 现金折扣是在顾客提前付款时给予的优惠，"2/10，n/30"的含义是（　　）。
A. 如果在发票开出 10 天内付款，可以享受 2% 的折扣
B. 如果在发票开出 10 天内付款，可以享受 20% 的折扣
C. 如果不想取得折扣，这笔货款必须在 30 天内付清
D. 如果不想取得折扣，这笔货款必须在 20 天内付清
E. 如果不想取得折扣，这笔货款必须在 20 天内付清，且利率另议

8. 按照收账费用与坏账损失的关系，可以得出（　　）。
A. 收账费用支出越多，坏账损失越少，两者成反比例关系
B. 开始花费一些收账费用，应收账款和坏账损失有小幅度降低
C. 收账费用继续增加，应收账款和坏账损失明显减少
D. 达到饱和点时，应收账款和坏账损失的减少就不再明显了
E. 随着收账费用的增加，坏账损失呈递减变化

9. 确定订货点，必须考虑的因素是（　　）。
A. 平均每天的正常耗用量
B. 预计每天的最大耗用量
C. 提前时间
D. 预计最长提前时间
E. 保险储备

三、计算分析题

1. 最佳现金余额的确定
某企业预计全年需要现金 8 000 元，现金与有价证券的转换成本为每次 400 元，有价证券的利息率为 25%。
要求：
试求该企业的最佳现金余额。

2. 现金周转期的确定
某企业预计存货周转期为 90 天，应收账款周转期 50 天，应付账款周转期为 30 天，预计全年需要现金 1 080 万元该企业第 12 月期初的现金余额为 300 万元，第 12 月的现金为 100 万元，现金支出为 80 万元。
要求：
试求该企业的现金周转期、最佳现金余额和现金余缺额。

3. 应收账款占用资金的确定
东方公司 1998 年计划销售收入为 7 200 万元，预计有 60% 为赊销，应收账款的平均收现期为 60 天。
要求：
试求 1998 年度该公司应收账款平均占用资金的数额。

4. 存货资金占用额的确定
某企业的存货平均每天周转额为 80 万元，资金的周转日数为 30 天。

要求：
试用周转期计算法计算该企业的存货资金占用额。

5. 最佳订货次数的确定

某企业全年需用A材料3 600吨，每次订货成本为500元，每吨材料年储存成本为20元。

要求：
试求该企业的每年最佳订货次数为多少？

第九章 股利分配管理

学习目的与要求：

(1) 了解利润分配的原则。
(2) 熟悉利润分配的程序和股利支付的方式。
(3) 理解和掌握股利政策的概念、四种股利政策及优缺点。
(4) 理解"股利相关论"和"股利无关论"。
(5) 掌握影响股利政策的因素。

重点：

(1) 四种股利政策。
(2) 股利政策的相关理论。
(3) 影响股利政策的因素。

难点：

股利政策的决策

导读：

利润分配，是将企业实现的净利润，按照国家财务制度规定的分配形式和分配顺序，在国家、企业和投资者之间进行的分配。利润分配的过程与结果，是关系到所有者的合法权益能否得到保护，企业能否长期、稳定发展的重要问题，为此，企业必须加强利润分配的管理和核算。股利分配属于利润分配内容的一部分，因此了解股利分配内容还必须了解利润分配的有关内容。

第一节 利润分配

一、利润分配的原则

利润分配是对企业利润的所有权和占有权进行划分，保证其合理归属与运用的管理过程。

企业利润分配直接影响着国家、企业和个人等各方面的利益,因此,必须正确组织企业的利润分配,以充分调动各方面的积极性。企业在进行利润分配时,必须遵循以下原则:

1. 依法分配原则

利润分配涉及种种利益关系,为处理好各种财务关系,企业进行利润分配时,必须遵守国家的有关财经法规,做到依法纳税,依法向投资者分配利润。这样一方面可确保国家财政收入的稳定增长,另一方面也可公平地面对每一位投资者。

2. 盈利分配原则

盈利分配原则要求企业进行利润分配的当年必须要有可确认实现的利润总额,或企业弥补当年亏损后仍有历年未分配利润结余及留存利润。凡在当期会计核算中没有实现利润的或没有留存利润的企业不得分配利润。

3. 资本保全原则

资本保全原则要求企业进行利润分配时必须确保所有者权益的完整。企业绝不能在亏损、无利润可分的情况下用资本金向投资者分配利润,这是企业产权制度的客观要求。随着企业的所有权与经营权分离,只要存在所有者与经营者之分,就必须确保所有者权益不受侵犯。资本保全原则是在盈利分配原则的基础上对企业利润分配的进一步限制。

4. 注重积累原则

注重积累原则要求企业进行利润分配时,要注重提高企业的发展后劲,协调好企业的近期利润和发展的关系,使企业不但要做到资本保值,而且还要做到资本增值。对企业提出的具体要求是合理确定税后留利比例。确定留利比例时应防止两种倾向:一是积累的比例过大,企业职工得不到实惠,生活条件得不到改善,这样会挫伤职工的积极性,影响企业生产;二是积累比例偏低,消费比例过大,企业丧失投资机会,自我发展受阻,抵御风险的能力降低,这样职工虽得到实惠,但实质上损害了职工的长期利益,因此企业应处理好积累与消费的关系。

二、利润分配的程序

按照我国《公司法》与《企业财务通则》的规定,企业缴纳所得税后的利润,除国家另有规定外,应按以下顺序分配。

1. 弥补企业以前年度亏损

企业发生的年度亏损,可以用下一年度实现的税前利润弥补;下一年度税前利润不足弥补的,可以在5年内延续弥补;5年内不足弥补的,应当用税后利润弥补。企业发生的年度亏损以及超过用利润抵补期限的也可以用以前年度提取的盈余公积金弥补。

2. 提取法定盈余公益金

法定盈余公益金按照税后利润扣除弥补企业以前年度亏损后的10%提取。盈余公积金已达注册资金50%时可不再提取。法定盈余公益金用于弥补企业亏损,扩大企业生产经营或转增企业资本金。但转增资本金后,企业的法定盈余公积金一般不得低于注册资金的25%。

3. 提取公益金

公益金通常按照税后利润扣除弥补企业以前年度亏损后的5%～10%提取。公益金主要用于企业职工集体福利设施建设。

4. 向投资者分配利润

企业弥补亏损和提取法定盈余公积金、公益金后所余利润,才是可供分配给投资者的利润。企业利润按照股东的出资比例或按照股东持有的股份比例分配。企业向投资者分配多少利润,取决于企业的利润分配政策,企业应按照法律规定、股东要求以及企业经营需要等因素加以确定。

需要指出的是,企业以前年度亏损未弥补完,不得提取法定盈余公积金和法定公益金。在提取法定盈余公积金和法定公益金之前,不得向投资者分配利润。

不同所有制形式和经营形式的企业都应遵循上述分配顺序。但股份有限公司有其特殊性,股份有限公司在提取了法定盈余公积和法定公益金之后,应按照下列顺序进行分配:支付优先股股利;提取任意盈余公积金。任意盈余公积金按照公司章程或者股东会决议提取和使用;支付普通股股利。股份有限公司当年无利润时,不得向股东分配股利,但在用盈余公积金弥补亏损后,经股东大会特别决议,可以按照不超过股票面值6%的比例用盈余公积金分配股利,在分配股利后,企业法定盈余公积金不得低于注册资本金的25%。

第二节 股利政策

▶ 一、股利政策理论

股利政策是关于公司是否发放股利、发放多少股利及如何发放股利等方面的方针和策略。长期以来,人们一直在探究股利政策对普通股东财富——公司价值有无影响的问题,对这个问题的不同看法形成不同的股利政策理论,主要有以下几种。

1. 股利无关论

这种理论认为,公司的股利政策对公司股票价格不产生影响。1961年,美国财务学专家米勒(Miller)和莫迪格莱尼(Modigliani)在他们的著名论文《股利政策、增长和股票价值》中首先作此断言,因而这一理论被称为MM理论。MM假设认为:① 不存在任何个人或企业所得税。② 不存在股票的发行和交易费用。③ 公司的投资政策独立于其股利政策。④ 关于未来投资机会,投资者和管理者能公平地获得相同的信息。⑤ 企业的未来利润已明确知道(这一假设后来被删掉了)。在这些假设的基础上,MM认为,投资者不会关心公司股利的分配情况,公司股票价格由公司投资方案和获利能力所确定。公司较多留存利润用于投资使公司股票价值升高,投资者可以出售部分股票来换取现金;公司较多发放股利,投资者会寻求新的投资机会。假若公司有理想的投资机会,即便公司支付了较高的股利,公司仍可以招募同等金额的新股;新的投资者对公司的投资机会也将予以认可。

2. 股利相关论

持这一理论的人认为,公司的股利政策同股票的价格不是无关的,而是有关的。该理论在解释分派股利的正确性时,由于关注点不同,又形成了不同的理论分支:

(1) 不确定感消除论(一鸟在手论)。这部分学者认为,股利收入比股票价格上涨产生的资本收益更为稳定。公司现时的股利是有把握取得的,而股票价格的升降并不完全由公司决定,具有很大的不确定性,即资本收益的风险要高于股利收入的风险。即便公司承诺在未来支付较高的股利,但其支付期距现实越远,投资者对其支付的不确定感也越强。在此种条件下,投资者愿意以较高价格购买能支付较多股利的股票,股利政策将对股票价格产生实际的影响。这种理论被戏称为"在手之鸟"论,即"双鸟在林,不如一鸟在手"。

(2) 信息传播论。这种理论同不确定感消除论密切相关。信息论者认为,股利给投资者传播了企业收益状况的信息,如果某公司改变方针和策略,就等于给投资者传递了企业收益情况发生变化的信息,从而会影响股票的价格。股利提高可能给投资者传递公司创造未来现金能力增强的信息,该公司股票价格就会上涨;反之,股利下降可能给投资者传递公司经营状况变坏的信息,该公司股票的价格就会下跌。

(3) 假设排除论。持这种观点的人认为,MM 理论的假设在现实经济生活中是不存在的,首先,即使非常完善、成熟的资本市场,也不具备强式效率性,因此 MM 理论的完善市场理论假设实际上是不存在的;其次,在资本市场上,不可能没有筹资费用,也不可能没有个人或公司所得税的存在;再者,公司的投资决策有时是与股利政策相关的,投资决策由于对资金的需求,可能会影响到公司的股利政策。基于此,MM 理论在现实生活中是站不住脚的。

股利相关论的几种观点都只是从某一角度来解释股利政策和股价的相关性,不足之处在于没有同时考虑多种因素影响。在不完全资本市场上,股利政策效应受许多因素的影响,如所得税负担、筹资成本、市场效率、公司本身因素等。因此,作为科学合理的股利理论,应将这些因素都考虑进去,而不仅仅只是从某一角度来解释。

二、股利政策类型

股利政策的变化对股票价值具有双重影响:一方面,根据股票价值模型可知,股利发放的数额越多,股票价格就越高;另一方面,较高的股利意味着公司只能留用少量利润用于再投资,从而限制企业的增长速度,压低股票价格。因而,公司在制定股利政策时,应兼顾公司未来发展的需要和股东对本期收益的要求,促使公司实现股票价格最大化。股利政策有以下几种。

1. 剩余股利政策

剩余股利政策就是指公司在分配税后利润,确定股利支付率时,要考虑盈利性投资项目的资金需要,将可供分配的税后利润先用于满足投资项目所需的权益性资金,若还有剩余,才将剩余的税后利润用于发放股利;若没有剩余,就不发股利。

采用剩余股利政策时,应遵循的步骤是:① 确认可以利用的投资机会。② 确定投资所运用的资金预算。③ 根据公司目标资本结构确定所需权益资金。④ 尽可能地使用留存收益来供应投资所需的权益资金。⑤ 留存收益在满足投资所需的权益资金后还有剩余时,则分派股利。当公司有收益较高的良好投资机会或扩大生产经营规模,需要筹措权益资本时,适用剩余股利政策。投资机会、资金成本和资本结构是选择剩余股利政策的重要依据。

这种政策将留存收益优先满足于再投资的需要,有助于降低再投资的资本成本,实现利益的长期性和最大化。但缺点是股利支付与否及支付比率完全要根据投资机会的多少及其对资金的需求量来决定,并由此导致股利支付的经常性变动。因此,只有在投资者能接受这种股利无常变化情况下,这种股利政策才会是最合适的股利政策,一般适用于公司初创阶段。

【例 9-1】 某公司提取了公积金与公益金税后利润为 1 000 万元,下年度投资计划需要资金 1 200 万元,公司的目标资本结构是权益资本与债务资本比例为 3∶2,那么,所需权益资本数额为 1 200×60%＝720(万元)，则公司除满足投资所需权益资金 720 万元外，还有 280 万元可用于发放股利。

2. 固定股利额政策

固定股利额政策，又称稳定的股利政策，或定额股利政策，即不论经济情况如何，也不论公司经营状况好坏，每期均按固定的每股股利额支付给股东。采用这种政策的目的是为了向市场传递公司在任何情况下都经营正常的信息，有利于树立公司良好的形象，增强投资人对公司的信心，稳定公司股票价格，避免了因经营不善而造成削减股利发放额的可能。即使公司的盈利减少，由于支付的股利额仍维持不变。因此，投资者仍然会对公司有信心，认为公司的经营状况未来会好转的。对于一些重视股利收入以便安排其现金收支计划的股东来说，稳定的股利政策更受欢迎。

但是这种股利政策的重大缺点是：股利的分配与公司盈利状况相脱节。不考虑公司现金流量的实际情况，不考虑公司发展对内部积累资金的需求，不利于降低公司筹资成本，尤其在公司盈利很少的年份，若仍要维持较高的股利，则容易造成资金短缺，使公司财务状况恶化。

【例 9 - 2】 某公司净资产 200 万元，发行在外的普通股共 100 万股，今年每股支付股利 1 元。预计未来 3 年需要追加的资本投资和税后净利如表 9 - 1 所示。

表 9 - 1 某公司预计未来 3 年需要追加的资本投资和税后净利表　　　　单位：万元

	1	2	3
税后净利	150	250	200
资本支出	50	400	200

假设公司资产负债率不超过 30%，当前无借款，筹资顺序依次为留存收益、长期借款、发行股票(每股面值 1 元，发行价 2 元，当年不支付股利，下年开始发放股利)。不考虑所得税影响。若公司采用固定股利额政策，计算每年需要增加的借款和股权资本。如表 9 - 2 所示。

表 9 - 2 某公司借款与股权资本分析　　　　单位：万元

	1	2	3
1. 需要资本支出	50.00	400.00	250.00
税后净利	150.00	250.00	200.00
发放股利	100.00	100.00	100+55÷2＝127.50
2. 留存收益补偿资金	50.00	250－100＝150.00	200－127.5＝72.50
需要外部筹资	0.00	400－150＝250.00	250－72.5＝177.50
长期资本总额	200+50＝250.00	250+400＝650.00	650+250＝900.00
累计借款上限		650×0.3＝195.00	900×0.3＝270.00
3. 增加长期借款	0.00	195.00	75.00
4. 需要增加股权资本	0.00	55.00	102.5
流通在外的普通股	100.00	127.50	178.75

3. 固定股利支付率政策

固定股利支付率政策又称变动的股利（额）政策，或定率股利政策，是指公司确定一个股利支付率，每年按此固定的比率从税后利润中支付股利，使公司的股利支付与盈利状况保持稳定的比例，而股利额却随税后利润的变动而变动，呈现出不稳定的变动状态。经营状况好，税后利润大时，股利额高，有利于股票价格的稳定和上升；一旦经营受挫，出现相反情况时，股票价格将出现波动和下降。在市场经济中，公司的经营状况不可能绝对稳定，每年的税后利润不可能均相等，那么，股利额的频繁变动，将会在市场上传递"公司经营不稳定"的不良信息，这不利于树立公司良好的形象，不利于实现公司股票价格最大化目标。因此，这种股利政策为那些盈利相对比较稳定的公司所采用。

4. 低正常股利加额外股利政策

这是一种折中政策。即公司在一般情况下每年只支付固定的、数额较低的股利。当公司盈利有较大幅度增加时，再根据实际情况向股东发放额外股利。这种股利政策使公司具有较大的灵活性，尤其是为那些各年利润水平波动较大的公司提供了较为理想的股利支付模式。当公司盈余较少或投资需用较多资金时，可维持设定的较低但正常的股利，股东不会有股利下跌的感觉；而当盈利大幅增加时，则通过适当增发股利使股东分享一部分利益，增强投资者对公司的信心。可见，这种政策既可保持股利的稳定性，又能实现股利与盈余之间的较好配合，从而被广泛采用。

【例 9-3】 某公司流通在外的普通股为 100 万股，公司采用低正常股利加额外股利政策，每股正常股利 0.3 元，若税后净利超过 150 万元，额外股利为超过部分的 30%，假设公司当年实现净利 200 万元，则正常股利总额 $= 0.3 \times 100 = 30$（万元）；额外股利总额 $= (200 - 150) \times 0.3 = 45$（万元）；每股股利 $= (30 + 45) \div 100 = 0.48$（元）。

上述股利政策各有利弊，公司可借鉴其中的基本决策思想，结合自身情况，制定合适的股利政策。在实践中，固定股利额政策和低正常股利加额外股利政策应用较为普遍。

三、影响股利政策的因素

公司的股利政策受到许多因素的影响，主要有以下几个方面。

1. 法律因素

为保护公司债权人和股东的利益，我国《公司法》、《证券法》等有关法规对公司股利的分配要进行一定的限制，这些限制主要有：

（1）资本保全。即规定公司不能用募集的经营资本发放股利，其目的是要求公司必须保有充分的权益资本以维护债权人利益。

（2）公司积累。即规定公司的年度税后利润必须提取 10% 的法定盈余公积金，法律还鼓励公司提取任意盈余公积金。

（3）净利润。即规定公司账面累计税后利润必须是正数时才可以发放股利。以前年度的亏损必须足额弥补。

（4）偿债能力。即规定公司如果要发放股利，就必须保有充分的偿债能力。公司如果没有充分的现金准备以支付到期债务，即便经营能够获利，要支付股利就得变卖现有资产，这样做除影响公司经营外，债权人利益也会受到严重威胁。

2. 公司因素

影响股利分配政策的公司因素,主要包括公司资产的流动性、举债能力、投资机会、资本成本等。

(1) 盈利稳定性。盈利是公司支付股利的前提。盈利稳定的公司往往选择股利政策时比较灵活,而盈利不稳定的公司一般只能采取低股利政策以减少股价大幅波动的风险。

(2) 资产的流动性。在公司财务管理中,为维持适当的支付能力,要设定一定的资产流动性目标,即保持现金及其他适当的流动资产,较多地支付现金股利会减少公司的现金持有量,使资产的流动性降低。

(3) 举债能力。不同的公司在资本市场上举借债务的能力有一定的差别(在健全的资本市场上举债能力跟公司流动性相关)。举债能力较强的公司往往采取较为宽松的股利政策;举债能力较弱的公司,为维持经营能力就不得不留滞利润,因而常采取较紧的股利政策。

(4) 投资机会。股利政策同公司的资金需求密切相关,公司的投资项目要求有坚强的资金支持。公司有良好的投资机会时,将会把大部分利润用于再投资而宁愿放弃发放股利;如果公司暂时缺乏良好的投资机会,将倾向于向股东支付股利。正是基于此种原因,许多成长中的公司,往往采取低股利政策,而许多处于经营收缩期的公司,却往往采取高股利政策。

(5) 资本成本。如前所述,留存收益是公司内部筹集的一种重要方式,同发行新股或举借债务相比不但成本较低,而且具有很强的隐蔽性。正确的股利政策的实质是要解决怎样合理留用利润的问题。一方面大量发放股利,另一方面又以支付高额资本成本为代价筹集其他资本,无论如何是不恰当的,甚至也有损于股东利益,因而从资本成本考虑,如果公司要选择筹资渠道,采用留存收益方式在内部筹集在财务上是比较经济的。

3. 股东因素

影响股利政策的股东方面的因素主要有:

(1) 稳定的收入。依赖公司发放股利维持生活的股东,往往要求公司能够支付稳定的股利,他们甚至要求公司不是每年支付一次股利,而是每半年或每季支付一次股利,公司欲留用较多的利润,将首先招致这部分股东的反对。另外,有些股东认为公司留用利润带来新收益或股票交易价格上升产生资本收益有很大的不确定性,对他们来说,与其为不确定的未来所困惑,不如得到实实在在的现有股利。

(2) 控制权稀释。公司举借新的债务除要付资金成本外,还会加大公司的财务风险。如果通过增募股本的方式筹集资金,公司的原有股东虽然有优先认股权,但必须拿得出可观的现金,否则公司的控制权就有被稀释的危险。控制公司的大股东们是不愿意看到自己的持股比例降低的,当他们拿不出足够的现金认购新股时,宁可公司不分配股利而要对增加新股投反对票。

(3) 避税。政府对公司利润在征收所得税以后,还要对股东征收个人所得税。许多国家的个人所得税采用累进税率,且边际税率很高。高收入阶层的股东为了避税往往反对公司发放较多的股利,低收入阶层的股东因税负较轻,欢迎公司多多分红。

4. 其他因素

影响股利政策的其他因素还有债务契约约束和通货膨胀等。

(1) 债务契约约束。公司的债务契约,特别是在涉及公司长期债务时,往往限制公司现金股利的支付,限制的目的是保障债权人利益不受侵害。这种限制常常包括:① 未来股息只能用贷款协议签订以后的新的收益支付(即限制动用以前的留存收益)。② 营运资本低于一定标准时不得支付股利。③ 利息保障倍数低于一定标准时不得支付股利。

(2) 通货膨胀。由于通货膨胀使公司资金的购买力下降,如计提的折旧不足以重置固定资产,公司往往不得不考虑留用一定的利润以应付物价的持续上涨。因而在高通货膨胀时期,公司倾向于采取偏紧的股利政策。但由于货币购买力的下降,股东也要求得到更多的货币补偿,往往对公司施加发放更多股利的压力。

第三节 股利支付的方式与程序

一、股利支付方式

(一) 股利支付形式

股份有限公司的股利发放一般采用现金股利和股票股利两种方式。除了这两种方式之外,还有财产股利、负债股利等分配方式。

1. 现金股利

现金股利是以现金支付的股利,它是股利支付的主要方式。投资者之所以投资于股票,很大程度上希望得到较一般投资更多的现金股利。现金股利发放得多少,直接影响到公司的股票价格。但发放现金股利需要有充足的现金储备,往往给公司带来资金压力。当公司的现金存量不足以支付股利时,就会考虑用其他方式来发放股利。

2. 股票股利

股票股利是公司以增发的股票作为股利的一种支付方式。股票股利通常都是按现有股东持有股份的比例来分派的。公司发放股票股利必须具备两个条件:一是必须有可分配的盈余。无盈余而分派新股,实质是一种欺诈行为,为法律所禁止;二是必须股东大会做出决议决定,并报有关部门批准。因为发放股票股利实质上是一种增资行为,而股份公司增资须经股东大会决定,并报请有关部门批准,同时修改公司章程。

股票股利不直接增加股东的财富。它既不影响公司的资产与负债,也不影响公司的股东权益总额,不过是在股东和留存收益之间重新进行分配而已。发行股票股利后,如果盈利总额不变,会由于股票流通数的增加引起每股盈余和每股市价的下降。但由于股东持股比例不变,股东所持股票的价值总额没有变化。

【例 9-4】 某公司发放股票股利前的所有者权益各项目资料如表 9-3 所示。

表 9-3 所有者权益 单位:万元

普通股股本(每股面值 5 元,100 万股)	500
资本公积	200
留存收益	850
所有者权益合计	1 550

公司股票现行市价每股 20 元,假定公司决定按每 20 股送 1 股的方案发放股票股利,股票股利按现行市价计算。计算发放股票股利后所有者权益各项目的金额。

股票面值不变,发放股票股利的比例为 5%,共发放 100×5%=5(万股)股票,应从留存收益项目中转出资金为 5×20=100(万元),普通股股本项目应增加 25 万元(5×5),其余的 75 万元转到资本公积金项目中,公司所有者权益总额不变。

发放股利后各项目的构成,如表 9-4 所示。

表 9-4 发放股利后各项目的构成　　　　　　　　　　　　　　单位:万元

普通股股本(每股面值 5 元,105 万股)	525
资本公积	275
留存收益	750
所有者权益合计	1 550

可见,公司发放股票股利不会对所有者权益产生影响,但影响所有者权益各项目之间的资金分配。

发行股票股利的意义在于:① 可使股东分享公司的盈利而无需分配现金,有助于保证公司资产的流动性和进行再投资的能力。② 有助于公司把股票价格控制在预期的范围内,避免因股价过高而降低股票的吸引力和流动性。③ 发放股票股利会向社会传递公司继续发展的信息,能够提高投资者的信心,树立良好的形象。④ 对股东而言,股票股利不增加其实际财富,但由于股价一般不随股数的增加而成正比例地下降,往往使股东得到相对升值的好处。

但发放股票股利的费用较高,会增加公司的负担。而且在某些情况下股票股利也会被当作公司资金周转不灵的征兆,引起股价的下跌。

3. 财产股利

财产股利是以现金以外的资产支付的股利。具体有:

(1) 实物股利。发给股东实物资产,多用于额外股利的股利形式。这种方式不增加货币资金支出,多用于现金支付能力不足的情况,减少公司的资产净值,不经常采用。

(2) 证券股利。最常见的资产股利是以其他公司的证券代替货币资金发放给股东的股息。由于证券的流动性较好,仅次于货币资金,股东愿意接受。对企业来说,把证券作为股利发给股东,既发放了股利,又保留了对其他公司的控股权,可谓一举两得。

4. 负债股利

公司用自己的债权分发给股东作为投资报酬,股东成为公司的债权人。公司资产总额不变,负债增加,资产净值减少。发行公司债券和本公司开出票据,票据为带息的票据,并有一定的到期日。对股东来说,到期还本收到现金股利的时间要很长,但可获得额外的利息收入。对公司来说,增加了支付利息的财务压力。所以,它只是公司已宣布并必须立即发放股息而现金不足时采用的一种权宜之策。

财产股利和负债股利实际上是现金股利的替代,这两种股利支付方式目前在我国公司实务中很少使用,但非法律禁止。实践中,我国公司通常采取现金股利和股票股利两种形式。

(二)股票分割、股票合并、股票购回

1. 股票分割

股票分割是指将面额较高的股票交换成面额较低的股票的行为。例如,将原来的一股股票交换成两股股票。股票分割不属于某种股利方式,但其所产生的效果与发放股票股利近似。股票分割时,发行在外的股数增加,使得每股面额降低,每股盈余下降;但公司价值不变,股东权益总额、权益各项目的金额及其相互间的比例也不会改变。这与发放股票股利时的情况既有相同之处,又有不同之处。

股票分割可以降低股票市价,提高投资者兴趣,有利于股票流通,常为新股发行和公司兼并或合并作准备。有的公司认为自己的股票价格过低,还可以通过反分割方式提高股票价格。例如,某公司股票市价5元,公司为提高股票市价,决定采用4股换1股新股的反分割行动,结果将股价由每股5元提高为每股20元。

2. 股票合并

与股票分割相反,股票合并是将原来面额较小的若干股票合并成为一股面额较大的新股票的行为。企业进行股票合并的直接原因主要是两个方面:一是尽管企业获利状况较好,但由于原发股票数量过多而影响每股收益从而影响市价的上涨,以致被错误低估;二是企业获利状况欠佳,每股收益过低,需要借助股份合并措施相对提高每股收益,以期刺激股票市价上涨。毫无疑问,如果股票合并的目的能够达到的话,必然对提高股东的经济收益以及对企业的市场价值产生积极影响。就投资者的经验来讲,采取股票合并是企业承认自己处于财务困境的标志。投资者从这种经验判断的惯性出发,在多数情况下会对企业进行股票合并的举措做出不良反应。在实践中,这种方式很少采用。

3. 股票购回

股票购回是现金股利的一种替代方式,即公司通过购回股东所持股份的方式将现金分配给股东。股票购回使发行在外的流通股减少,因而能够促使股价上涨。对不少公司而言,与其确定没有把握长期维持的高股利政策,不如把暂时过剩而无适当投资机会的现金以回购的方式分配给股东。但采取回购行动前必须把购回股票的方案公告股东,购回的价格要合理,否则,股票购回后股价下降,会使因故未出售股票的股东发生损失。

在西方国家,公司购回的股票一般作为库藏股票处理。我国法律规定,除非公司因减少其注册资本的目的或者谋求与持有本公司股票的公司合并,不得购回发行在外的股份,因而购回股票必须注销。

二、股利支付的程序

股利的支付前后有一个过程,何时发放股利体现在股利支付的程序中,最终由公司董事会将支付股利的事项向股东宣告,股利支付过程中要经历以下几个重要日期,包括股利宣告日、股权登记日、除息日与股利发放日。

(1)股利宣告日。股利宣告日是指董事会将股利支付情况予以公告的日期。公司将宣布每股支付的股利、股权登记日和股利支付日。在这一天,公司财务对于股利的宣告应予以反映,登记股利负债。

(2)股权登记日。股权登记日是指规定获得此项股利的股东登记股权的最后截止日期,

它规定股东能否取得股利的日期界限。凡在这一日期之前列入公司股东名册上的股东,均可享受股利,而在这一日期之后列入股东名册的股东,则不享受此次股利,其股利仍归原股东所有。

(3) 除息日。除息日是指除去股利的日期。凡在除息日当天或以后购买股票的股东将不能领取此次股利。这是因为股票买卖的交易日和办理股东过户的手续需要数天的时间,因此,只有在公司规定的股权登记日数天前列入股东名册的股东才享有股利。一般规定,股权登记日之前的第四天(若逢节假日顺延)为除息日,自此日起(含除息日),公司股票的交易为无息交易,其股票称为无息股票。可见,一个新股东要想取得本期股利,必须在股权登记日的4天之前购入股票。

除息日对股票的价格有明显的影响,除息日之前的股票价格中含有应得的股利收入,股票价格较高;除息日之后的股票价格中则不含应得的股利收入,其股票价格会降低。

(4) 股利发放日。股利发放日是指支付给股东股利的日期,即付息日。

【例 9-5】 某公司董事会于 2001 年 12 月 15 日举行董事会会议,并发布公告:"公司董事会于 2001 年 12 月 15 日会议上规定,本年度发放股利为每股 6 元;2002 年 1 月 15 日公司在册股东有权取得股利,公司将于 2002 年 2 月 1 日支付股利。"

从上述公告可看出,该公司的股利宣告日为 2001 年 12 月 15 日;股权登记日为 2002 年 1 月 15 日;除息日为 2002 年 1 月 11 日;股利发放日为 2002 年 2 月 1 日。

【本章小结】

企业实现的利润如何分配,关系到国家、企业、投资者和职工几方面的利益。企业在进行利润分配时必须遵循以下原则:依法分配原则、盈利分配原则、资本保全原则、注重积累原则。

股利政策是关于公司是否发放股利、发放多少股利及如何发放股利等方面的方针和策略。因而,公司在制定股利政策时,应兼顾公司未来发展的需要和股东对本期收益的要求,促使公司实现股票价格最大化。股利政策有以下几种:固定股利额政策、固定股利支付率政策、剩余股利政策、正常股利加额外股利政策。

公司的股利政策主要受到以下几个因素的影响:法律因素、公司因素、股东因素、债务契约约束、通货膨胀等。我国公司通常采取现金股利和股票股利两种形式。

股利支付形式有现金股利、股票股利、财产股利和负债股利。财产股利和负债股利实际上是现金股利的替代,目前在我国公司中很少使用实践,我国公司通常采取现金股利和股票股利两种形式。

股利支付过程中要经历股利宣告日、股权登记日、除息日与股利发放日。

【关键术语】

股利相关论 股利无关论 资本保全 股利政策 现金股利 股票股利 股票分割 股票合并 股票购回

【思考题】

1. 利润分配应遵循哪些原则?
2. 利润分配的程序如何?应注意哪些问题?

3. 影响股利分配的因素有哪些?
4. 什么是股利政策？企业为什么要制定股利政策？
5. 股利理论有哪几种观点？其主要论点是什么？
6. 企业目前常见的股利政策有哪几种,各自的优缺点是什么？
7. 股利支付的程序与方式如何？
8. 什么是股票分割、股票合并和股票购回？

【练习题】

一、单项选择题

1. 下列各项目中,不能用于分配股利的有( )。
   A. 盈余公积金　　　B. 资本公积金　　　C. 上年未分配利润　　　D. 税后利润
2. 下列各项目在利润分配中优先的是( )。
   A. 法定盈余公积金　　B. 公益金　　　C. 优先股股利　　　D. 任意盈余公积金
3. 按照我国《公司法》的规定,法定盈余公积金应按照税后利润的( )来提取。
   A. 5%　　　　　B. 10%　　　　　C. 50%　　　　　D. 25%
4. 在通货膨胀时期,企业一般采用的收益分配政策是( )。
   A. 很紧　　　　　B. 很松　　　　　C. 偏紧　　　　　D. 偏松
5. 有利于公司保持理想的资本结构,使综合资金成本最低的股利政策是( )。
   A. 剩余股利政策　　　　　　　　B. 固定股利额政策
   C. 固定股利支付率政策　　　　　D. 正常股利加额外股利政策
6. 能体现各年股利额与公司经营业绩的紧密联系,但容易使股东产生公司发展不稳定的感觉,不利于股价稳定的股利政策是( )。
   A. 剩余股利政策　　　　　　　　B. 固定股利额政策
   C. 固定股利支付率政策　　　　　D. 正常股利加额外股利政策
7. 有利于公司灵活掌握资金的调配,有利于维持股价稳定,有利于吸引那些依靠股利度日的股东的股利政策是( )。
   A. 剩余股利政策　　　　　　　　B. 固定股利额政策
   C. 固定股利支付率政策　　　　　D. 正常股利加额外股利政策
8. 公司采用固定股利额政策发放股利的好处主要表现为( )。
   A. 降低资金成本　　B. 维持股价稳定　　C. 提高支付能力　　D. 实现资本保全
9. 公司以股票形式发放股利,可能带来的结果是( )。
   A. 引起公司资产减少　　　　　　B. 引起公司负债减少
   C. 引起股东内部权益结构变化　　D. 引起股东权益与负债同时变化
10. 股利支付与公司盈利能力相脱节的股利分配政策是( )。
    A. 剩余股利政策　　　　　　　　B. 固定股利额政策
    C. 固定股利支付率政策　　　　　D. 正常股利加额外股利政策
11. 领取股利的权利和股票相互分割的日期为( )。
    A. 股利宣告日　　　B. 股利登记日　　　C. 除息日　　　D. 股利发放日
12. ( )之后的股票交易,其交易价格可能有所下降。
    A. 股利宣告日　　　B. 除息日　　　C. 股权登记日　　　D. 股利发放日

二、多项选择题

1. 税后可以作为弥补亏损的资金来源有( )。

A. 注册资本　　　　　B. 资本公积　　　　　C. 盈余公积　　　　　D. 未分配利润
2. 股东决定公司股利政策时,通常考虑的主要因素有(　　)。
A. 规避风险　　　　　B. 稳定股利收入　　　C. 防止公司控制权旁落　D. 避税
3. 下列各项中属于税后利润分配项目的有(　　)。
A. 法定公积金　　　　B. 法定公益金　　　　C. 股利支出　　　　　D. 资本公积金
4. 影响股利政策的法律因素包括(　　)。
A. 资本保全约束　　　B. 资本积累约束　　　C. 净利润约束　　　　D. 偿债能力约束
5. 影响股利分配政策的公司自身因素有(　　)。
A. 公司举债能力　　　B. 未来投资机会　　　C. 资产流动性　　　　D. 筹资成本
6. 剩余股利政策具有(　　)的优点。
A. 能最大限度地满足投资方案对权益资本的需要
B. 有利于向市场传递公司正常发展的信息
C. 有利于公司保持理想的资本结构,使综合资金成本降至最低
D. 有利于体现"多盈多分、少盈少分、不盈不分"的原则
7. 低正常股利加额外股利政策具有(　　)优点。
A. 有利于公司灵活掌握资金的调配　　　　　B. 有利于稳定股价
C. 有利于吸引依靠股利度日的股东　　　　　D. 有利于公司保持最优资本结构
8. 采用固定股利额政策的好处有(　　)。
A. 有利于投资者安排收入和支出　　　　　　B. 有利于公司树立良好形象
C. 有利于稳定股票价格　　　　　　　　　　D. 有利于保持理想的资金结构
9. 对股份公司来说,股票股利的优点有(　　)。
A. 可以避免由于采用现金分配股利而导致的公司支付能力下降、财务风险加大的缺点
B. 当公司现金紧缺时,发放股票股利可起到稳定股利的作用,维护了公司的市场形象
C. 可以避免发放现金股利后再筹集资本发生的筹资费用
D. 可增加公司股票的发行量和流动性,从而提高公司的知名度
10. 股份有限公司向股东分配股利涉及的重大日期有(　　)。
A. 股利宣告日　　　　B. 股利登记日　　　　C. 除息日　　　　　　D. 股利发放日

三、计算分析题

1. 某公司采用剩余股利政策,公司的目标资本结构为权益资本与债务资本各占50%,公司当年的税后利润为500万元,预计公司来年的总资产要达到1 200万元,现有的权益资本为250万元(不含当年税后利润)。

要求:
(1) 计算来年所需的权益资本。
(2) 计算从当年的税后利润中应补增的权益资本。
(3) 计算当年的股利支付率。

2. 按照剩余股利政策,假定某公司目标资金结构为自有资金与借入资金之比为5∶3,该公司下一年度计划投资600万元,今年年末实现的净利润为1 000万元。

要求:
股利分配时,应从税后净利中保留多少用于投资需要,再将剩余利润发放股利?

3. 某公司去年税后净利为500万元,今年由于经济不景气,税后盈余降为475万元,目前公司发行在外普通股为100万股。该公司对未来仍有信心,决定投资400万元设立新厂,其60%将来自举债,40%来自权益资金。此外,该公司去年每股股利为3元。

要求:
(1) 若该公司维持固定股利支付率政策,则今年应支付每股股利多少元?

（2）若依剩余股利政策，则今年应支付每股股利多少元？

4. 某股份有限公司的董事会在 2001 年 12 月 22 日宣告发放股票股利，发放前有关股东权益的情况为：发行在外的普通股 500 000 股，每股面值 10 元。普通股股本为 5 000 000 元，资本公积为 3 000 000 元。盈余公积金为 2 500 000 元，未分配利润为 3 800 000 元。股票股利的发放比率为 20%，该公司股票当时的市价为每股 25 元，当年公司实现的税后净利润为 1 800 000 元。

要求：

（1）计算发放股票股利后所有者权益各项目的金额及所有者权益总额。

（2）发放股票股利后，假设股票价格下降的比例与股票数量增加的比例相同，计算发放股票股利后所持股票的市场价值总额，并与发放股票股利前的股票市场价值总额进行比较。

第十章 企业税务管理

学习目的与要求：

（1）了解税务管理的意义。
（2）理解税务管理的原则及内容。
（3）掌握企业筹资中的税务管理。
（4）掌握企业投资的税务管理。
（5）掌握企业营销的税务管理。
（6）掌握企业薪酬福利的税务管理。

重点：

企业筹资中的税务管理，企业投资的税务管理，企业营销的税务管理，企业薪酬福利的税务管理。

难点：

企业筹资中的税务管理，企业投资的税务管理。

导读：

税收是国家赖以实现其职能的物质基础，是国家凭借政治权力，按照税法的规定对一部分社会产品和国民收入强制征收，以取得财政收入的一种方式。它是执行国家职能必不可少的重要经济杠杆，是一种强制性的收入再分配行为。俗称为"赋税"或"捐税"，简称为"税"。

尽管税收是"取之于民，用之于民"，但毕竟存在"个体"与"整体"的利益矛盾。为保障社会公共服务需要，税收必然要采取强制征收的方式，不可能像慈善募捐一样靠自愿捐款。正因为如此，税收征纳双方的矛盾就不可避免。代表社会公共利益一方的政府税收征管部门，必然要通过各种措施来强化征管，而纳税人也必然会千方百计的希望少交或不交税，以尽可能保全自身利益。为此，前者就形成了宏观意义上的税务管理，即税收征管部门的征收管理；后者就形成了微观意义上的纳税人自身的税务管理。因为纳税人包括自然人和企业法人，且企业税务是微观税务管理的主体。

初级财务管理

第一节 税务管理概述

一、企业税务管理的意义

企业税收成本由三部分组成：一是企业税收负担，即企业实际缴纳的税款；二是企业纳税成本，即企业执行和遵从税法所负担的管理成本；三是企业税收效率成本，即税制对企业选择造成的扭曲。第三部分的成本主要应由优化税制来解决，按照主流经济学的基本理论假设，企业追求的目标是利润最大化。因此，企业追求税收成本最小化符合理性原则。企业有两种途径使其税收成本最小化，一种是非法途径，另一种是合法途径。非法途径包括偷税、避税、抗税等形式，企业采取非法途径一旦被税务部门查实，必然受到法律制裁，故非法途径的特点是可逆的。合法途径是指企业通过税务管理减少其税收成本，其特点是不可逆的。人们一般认为税务管理属于政府行为，实际上企业同样需要税务管理。

企业税务管理是指企业通过税务决策、计划、组织实施、控制和创新等环节使其税收成本最小化的管理活动。企业税务管理主要关注税务筹划和组织环节，控制和创新环节与一般企业管理活动具有相同的性质。企业税务管理应将企业成长与减轻企业税收负担结合考虑，企业税务管理的最终目标是通过减轻企业税收负担使企业利润最大化。依据彭罗斯的资源决定论，企业为依据一个管理框架结合在一起的资源聚合体，其边界由管理协调范围及权威沟通决定。企业成长的内部诱因主要来源于企业存在着剩余生产性服务、资源和特别知识，企业成长的内部障碍主要是缺乏足够的扩张所必需的专业化服务，尤其是缺乏规则，实施一个新项目所必需的管理能力与技术时，扩张就受到限制。企业税务管理可以视为企业的一种特别知识，当它从企业的总体目标入手时，能使企业获得范围经济效果。企业进行税务管理应分析外部因素与内部因素两方面。外部因素主要分析税制变化的动向、经济形势等。在税制一定的条件下，企业使用适当方法可减轻税收负担，但如果税制发生变化，这种方法不一定有效。比如，目前中国在企业所得税制方面实行内外两套不同税制，按企业性质不同给予企业不同的税收待遇，企业可以根据这种外部税制环境，采取与外资合作成立中外合资企业获取优于国有企业、私营企业的税收优惠，但中国企业所得税税制未来的发展趋势是内外两套税制合并。企业必须考虑这种变化趋势并做出相应调整，从产业方面上而不是从企业性质方面进行税务筹划。再比如，依据中国目前的房产税制（自有自用房产不征房产税），企业可以投资于房地产，如果中国未来对自有自用房产也征房产税，则企业应考虑改变投资方向。内部分析主要包括企业自身竞争优势、企业目前所处行业、企业发展前景、企业研发能力等因素。

此外，企业在税务管理活动中还应考虑税务管理的重点。比如，目前中国共有 29 种税，主要分为 7 类。一是流转税，包括增值税、消费税、营业税和关税 4 种。这些税种通常是在生产、流通或者服务领域中，按照纳税人取得的销售收入、营业收入或者进出口货物的价格（数量）征收的。二是所得税类，包括企业所得税（适用于国有企业、集体企业、私营企业、联营企业、股份制企业等各类内资企业）、外商投资企业和外国企业所得税、个人所得税 3 种。这些税种是按照生产、经营者取得的利润或者个人取得的收入征收的。三是资源税类，包括资源税和城镇土地使用税 2 种。这些税种是对从事资源开发或者使用城镇土地者征收的，可以体现国有资源的有偿使用，并对纳税人取得的资源级差收入进行调节。四是财产税类，包括房产税、城市房地产税和遗产税（其中遗产税没有立法开征）3 种。五是特定目的税类，包括城市维护建设税、耕地占用税、固定资产投资方向调节税（固定资产投资方向调节税目前暂停征收）、土地增值税、车辆购置税、燃油税和社会保障税（社会保障税没有立法开征）7 种。这些税种是为了达到特定目的，对特定对象进行调节而设置的。六是行为税类，包括车船税、车船使用牌照税、船舶吨税、印花税、契税、证券交易税（证券交易税没有立法开征）、屠宰税和宴席税 8 种。这些税种是对特定行为征收的。七是农牧业税类，包括农业税（含农业特产税）和牧业税 2 种。这些税种是对取得农业收入或者牧业收入的企业、单位和个人征收的。对工业企业、加工修理等企业、商业企业而言，其税务管理的重点应放在增值税和企业所得税上。

企业税务管理组织是指企业在税务管理活动中确定所要完成的任务、由谁完成任务以及如何管理和协调这些任务的过程。企业可以通过组织活动实现税制遵从或执行成本。企业在组织环节主要考虑两方面的选择：一是在企业组织内部是否单独设立税务部门负责企业税务事宜。现在不少企业所有的税务事宜全部交由财务部门负责。企业究竟采取哪种组织结构主要应根据企业自身资源而定。二是在与税务部门打交道时是否交由税务中介组织办理，如果由企业自己办理，又有多种选择，比如是上门办理纳税申报，还是邮寄申报纳税等方法。

企业税务管理活动除使其税收成本最小化外，还有另一个目标就是如何使其税收风险值降为零。企业采取非法途径减轻其税收成本存在潜在税收风险，一旦被查实，将面临处罚，有的企业还因税务问题破产。从长远看，企业应通过科学的税务管理活动减少税收成本，同时又使税收风险值降为零。

二、税务管理的原则

企业税务管理的原则是指税务管理中应遵循的基本准则。这些基本准则是有企业税务管理的地位和特性决定的。一般来说，企业税务管理应遵循如下几大原则。

（一）依法管理原则

相对于企业经营管理而言，企业税务管理主要不是依据企业自身规章制度来进行，而是依据国家税法来进行的，企业的任何涉税事务都必须依据法律的相关规定来办，所以，依法管理是企业税务管理的第一原则。当企业的经营决策、管理措施、客观需要或规章制度等与国家的相关税收法律规定的要求相抵触或不一致时，必须按法律的要求修正自身的行为和安排，这是企业税务管理的基本准则。纳税人依法纳税的基础是依法涉税，如果失去了依法涉税的基础，依法纳税就是一句空话。而且，不能依法涉税就必然要受到惩处，也就必然会加重自身税负。

（二）事先筹划原则

所谓事先筹划原则，是指企业所有涉税行为都应当在事先整体谋划和计划安排的前提下进行，既要避免盲目行事，更要避免事后补救。企业的涉税业务，如果盲目行事，就很难做到充分利用国家税收优惠政策和选取最佳涉税方案，自然也就做不得税负最低。如果事后补救，就极可能出现"做手脚"或心存侥幸等情况，不可能做到涉税零风险。所以，只有在事先经过精心筹划、认真研究的前提下，才有可能做到税负最低和风险最小，也才有可能在客观条件发生改变的情况下从容应变，不至于因忙中出错而加重自身税负。

（三）全员参与原则

企业税负是由企业的涉税业务经营而产生的，在某种意义上，它与企业每一位员工的工作都有联系。只有是企业的每一位员工都懂得如何依法节税，怎样做才不会违反税法规定，企业才能最大限度的节税，才能最大限度地避免涉税违规事项的发生。比如，企业的薪酬福利政策与每一个员工都有关，企业要想节税而采取某些变通措施，必须取得每一个员工的理解和支持，否则极可能因在实施中遇到障碍而夭折。企业税务管理的全员参与原则，是确保企业在阳光下节税的基本准则之一。这是企业税务管理不同于以往任何减轻税负手段的最大区别。过去，企业经理人普遍都有一个"潜规则"，即企业税务属企业的财务机密之一，知道的人越少越好。那是因为企业不是在心中坦荡的情形下"设法"减轻税负，多多少少总有见不得阳光的地方，所以，为减少麻烦和避免风险起见，尽量保密，但企业税务管理不同，它需要做的是明明白白缴税，大大方方节税，不是靠"小动作"和关系、技巧等来减轻税负，而是靠政策、法律水平、严格管理等来节税，所以，它不仅可以而且需要全员参与。它就像企业节约成本一样，需要每一位员工做好本职工作，做到尽可能依法涉税，都能结合自身的工作需要和体察给企业提出依法减轻税负的合理化建议。只有这样，依法纳税才能深入人心，企业才能最大限度地挖掘节税潜力。

（四）全过程管理原则

所谓全过程管理，包括两层含义：一是从企业生命周期来说，从筹划企业成立开始一直到企业清算结束，整个过程中都需要对涉税事项进行管理；二是指企业具体涉税业务从头到尾都需要进行税务监控，不能有任何一个涉税环节处于税务管理的"真空"状态。只有这样，企业税务管理才能真正落到实处。这类似于企业产品生产的全面质量管理，任何环节出错，都可能导致产品不合格或报废。企业税务也如此，涉税业务的任何一个环节出错，都可能带来企业税负成本的增加。比如，一笔购销业务，可能由于合同签订时某些约定的条款欠考虑，而使企业垫支税款或不能及时抵扣，或是直接或间接加重自身税负，也可能由于发票开出或取得不当而导致税负受损，也可能由于费用处理不当而加重税负，还可能由于出口退税、抵免中出现差错或单证不全而受阻等。涉税业务过程中管理难度最大的是：许多业务经办人员不熟悉税务，没有明确的节税意识，更不清楚节税的技巧和思路，所以，常常会凭经验办事或是怕麻烦、图省事等，结果导致税负加重或该节省的没能节省。由此可见，全过程管理原则与全员参与原则是企业最大限度节税的基本保障。离开了这两点，企业节税潜力和节税空间就要大打折扣。

（五）整体最优和整体协调原则

所谓整体最优，是指整体效益最佳是管理的根本。所以，税负最低要服从于效益优先原则。比如，在交易定价决策中，何种价格最优不是以税负最低位依据，而是以效益最大为依据的。在局部和整体的税负相关联的交易中，则是以整体的效益最佳为原则，即使局部税负加大也要服从整体利益最佳的需要。企业税务管理是一个系统管理，所以，整体最优是系统管理的基本要求。所谓整体协调，是指企业税务管理不能顾此失彼，不能彼此矛盾，更不能就事论事，朝令夕改或是只顾眼前而不顾今后，否则，可能事与愿违。不管是企业税务管理流程，还是企业税务管理制度，都需要有延续性和连贯性，更需要有整体协调性。不仅前后环节要协调，部门与部门之间要协调，上级与下级之间要协调，内部制度和规定与法律规定要协调，而且企业内部管理与企业外部管理也要协调等。

三、税务管理的内容

国家的税务管理，其内容包括：税收法规管理、税款征收管理、税源管理、税务行政管理、税务稽查管理等。企业税务管理管什么？这是学习企业税务管理首先必须弄明白的问题。企业税务管理的内容主要有两个方面：一是企业涉税活动管理；二是企业纳税实务管理。从企业生产经营活动与税务的联系来看，企业税务管理的内容大致包括以下内容。

（一）税务信息管理

税务信息管理包括企业外部和内部的税务信息收集、整理、传输、保管，以及分析、研究、教育与培训。政府税收政策、法规等信息的采集、研究对企业依法节税的作用是不言而喻的。而企业内部税务信息的归集、整理、分析与报告等也是相当重要的。比如，随着企业生产经营活动的变化，企业税负是增加了还是降低了？这些信息对决策者和管理者的行为调整和部署都是很有作用的，遗憾的是目前对大多数企业对此比较忽视。而有关税负信息的传输、宣传、教育与培训等，企业更是欠缺。试想想，如果仅办税员等个别人知道税法的相关规定、纳税实务的程序和要求，而多数企业管理者和业务人员并不知道，企业涉税业务能不出差错吗？所以，企业税务管理的一个重要理念是要强调企业全员参与税务管理，这是企业税务信息管理的一项重要内容和任务。

（二）税务计划管理

企业的税务计划管理包括企业节税筹划、企业重要经营活动或重大项目的税负测算、企业纳税方案的优化和选择、企业年度纳税计划的制订、企业税负成本的分析与控制等。这些对于企业科学制定节税策略、合理安排纳税资金计划以及严格控制税负成本等都是至关重要的。比如，税负对企业来说是一种纯现金流出，缴税必然要影响企业的资金周转，如果没有相应的计划安排，在企业周转资金紧张的情况下，就免不了要么使生产经营受影响，要么造成延期纳税而违规受罚。所以，企业税务管理的第二个重要理念是强调筹划先行、整体协调、预防为主、有计划的管理和控制。切忌盲目决策、投机取巧和事后被动处理。

（三）涉税业务的税务管理

企业的生产经营活动几乎都与"税"有关，所以，涉税业务的税务管理就必不可少。否则，要到纳税过程中去消除涉税活动中形成的税务隐患或税务风险，几乎是不可能的或是相当困难的。所以，强化涉税业务的税务管理是控制税负成本和降低涉税风险最好的管理措施之一。就企业生产经营的一般情况而言，涉税业务的税务管理大致包括以下几方面：企业经营决策税务管理、企业投资的税务管理、企业营销的税务管理、企业筹资的税务管理、企业技术开发的税务管理、商务合同的税务管理，企业税务会计管理、企业薪酬福利的税务管理等。因此，企业税务管理的第三个重要理念是强调对涉税业务的全过程管理和全面监控，切忌挂一漏万、顾此失彼或厚此薄彼。

（四）纳税实务管理

企业纳税实务包括税务登记、纳税申报、税款缴纳、发票管理、税收减免申报、出口退税、税收抵免、延期纳税申报、非常损失报告等。其中任何一项业务都有相应的规定和要求，企业必须严格遵守，稍有差错，就可能使企业蒙受损失或违规受罚。因此，企业纳税实务的管理是一项重要工作，企业应当予以高度重视。大多数企业都有办税员，且办税员要经税务机关培训，领取上岗证方能操作。但相当多的企业将其视为一件跑腿的事,往往安排一个素质不高的普通办事员去应付,有的甚至安排出纳人员去兼管,只管交钱,不问是否合理,也不管是否有节约的可能,即使交了"冤枉钱",企业也无从察觉,其实这是相当不明智的。所以,企业税务管理要明确减轻税负靠"内功",节税靠管理,且要树立"税无小事"的办税理念,规范化和精细化管理是必由之路。

(五)税务行政管理

企业税务行政管理一般包括税务证照保管、税务检查应对、税务行政复议申请与跟踪、税务行政诉讼、税务行政赔偿申请和办理、税务司法诉讼、税务公关、税务咨询等,它是企业税务行政事务处理全过程的管理,同时还应包括企业自身的税务管理组织和协调等内部事务。所以,企业税务管理旨在兼顾权利和义务,既要严格依法办税,也要依法维权,两者不可偏废。依法治税不能光靠政府,必须依靠自身,若每一个企业都懂得依法节税、依法办税,全社会的依法治税环境也就自然形成了。所以,依法治税、依法行政是一个政府和企业互动的过程,绝不是单方面可以达成的。

总之,企业税务管理不仅内容庞杂,且专业性、技巧性很强,企业没有专门的部门和高素质的人才是难以奏效的。从某种意义上说,企业税务管理是企业经营管理系统中的一个重要子系统,该子系统健全与否很大程度上体现了企业的管理水准。

第二节　企业财务活动中的税务管理

一、企业筹资中的税务管理

筹资,即资金筹集,也叫资金筹措。对于任何一个企业来讲,筹资是其生存和发展的必由之路,甚至是其进行一系统经营活动的先决条件。不能筹集到一定数量的资金,也就可能无法正常经营和取得预期的效益。筹资作为一个相对独立的行为,既影响企业资本结构和投资风险,又影响资本收益。因此,在筹资活动中应重点考察以下几个方面的内容:不同的筹资活动会使资本结构有何变化?资本结构的变动会对企业业绩及税负产生何种影响?企业应当选择怎样的筹资方式?如何优化资本结构配置才能在节税的同时实现所有者税后利益最大化目标?

(一)企业资金成本与税负

资金成本是指企业使用资金必须付出的成本。从理论上说,资金属于稀缺资源,所以使用资金就必然会产生机会成本、分析成本以及直接的融资成本。

1. 资金使用的机会成本

所谓资金使用的机会成本,是指资金有多重用途。比如建工厂、买股票、存银行等,如果一笔资金选择其中某一种用途,就必须放弃其他的用途,也就意味着放弃了这些用途可能带来的预期收益。这种被放弃的预期收益的最大值就是使用这笔资金的机会成本。这好比一个人可以选择去公司上班,每月获得2 000元的工资,也可以选择自由职业,每月预期可以挣得3 000元收入,还可以选择自己开店,每月可以赚到5 000元收入。那么,如果这个人的精力和时间是无限的,它可以每个机会都不放弃。但恰恰因为他的时间和精力都不允许(即稀缺),所以这个人职能选择其中一项。于是,他选择预期收益最高的机会,即自己开店,每月赚 5 000 元。但他放弃了挣工资和挣自由职业收入的机会。所以,他开店所付出的代价,也就是机会成本,是他放弃的机会中预期收益最高的自由职业收入每月 3 000 元。换句话说,如果他不开店,他每月就可以挣到这 3 000 元。

企业的资金也是如此,每一笔资金都有它的机会成本。使用资金如果不考虑其机会成本,其决策可能就是错误的。比如,假如当期银行定期存款的利率是 5‰,如果企业有 1 000 万元资金,放在银行每年可获得 50 万元利息。如果企业拿这 1 000 万元去做贸易,一年下来,赚了 20 万元。假如不考虑机会成本,做贸易是赚钱的,毕竟赚了 20 万元。但如果考虑机会成本,做贸易是亏本的。因为放弃了 50 万元的利息收入才赚了 20 万元是不合算的。由此可见,资金使用决策应当考虑机会成本。但现实中,问题并不是这么简单。许多机会的预期收益是不确定的,所以,资金使用的准确的机会成本是难以求证的。但这并不意味着使用资金可以忽略机会成本。通常可借助行业平均收益率、市场融资的平均成本、社会资本平均收益率等指标来大致确定企业资金的机会成本水平。

2. 资金使用的分析成本

所谓风险成本,是指使用资金需要承担的风险可能带来的支付代价。理论上,资金使用还必须考虑风险成本。风险与收益是一对孪生兄弟,要想获得收益就必然要冒风险。投资可能亏本,借款到期还不上可能要罚息,甚至要以资产廉价抵债,资金周转不灵时债权人可能逼债而导致雪上加霜等,这都是使用资金可能付出的代价。不过,这种风险成本只能是一种理论概念,实践中很难度量。所以,现实中资金使用者通常只能定性地估计或主观判断风险成本的高低。

3. 资金的融资及使用成本

所谓资金的融资或使用成本,是指资金筹措过程中发生的各种费用,包括在筹集资金过程中支出的手续费、评估费、担保费、中介代理服务费、咨询顾问费、代办费等各种筹资费用,还包括资金使用需要支付的股息、红利、利息和各种形式的资金占用费。资金的融资及使用成本是实践中大家所熟知的资金成本,它是一种最直接、最便于计量的显示成本。所以,许多经济分析和财务核算中所指的也就仅限于资金的这种现实成本。

(二) 企业资本结构与税负

企业资金主要来源于两大方面:股东资本投入和从债权人处借入。股东投入的属于资本金和资本公积,外部借入的属于负债。股东的股权资本流入和债权人的负债资金流入在税收待遇上是不同的。给债权人支付的利息等费用列入经营成本,可在所得税前扣除,而支付给股东的属于税后利润分配。所以,两者对企业税负的影响是不同的。正因为如此,企业股权资本与负债资金的比例不同,即企业资本结构的不同,会导致企业税负产生差异。

负债融资具有节税和提高权益资本收益率的这一效果在理论上称为财务杠杆效应。其中,节税功能反映在负债利息计入财务费用,从而相对减少了应税所得额,降低了应纳所得税额。在息税前收益率高于负债利息率的情况下,负债比率越高,其节税效果就越显著,且其提高权益资本收益率的杠杆效应也越显著。这一点对于上市企业来说,其作用更为重要。因为,如果通过负债融资提高了权益资本的收益率,则企业净资产收益率会提高,企业市场形象自然更好。而如果是通过股权扩张来融资,则可能摊薄权益资本收益率,使企业净资产收益率下降,进而导致股价下跌或企业市场形象变坏。

负债具有节税和提高权益资本收益率的功能,但并不意味着负债越多越好。一方面,随着企业负债比率的提高,其偿债风险也就越来越高,债权人自然会越来越担心企业能否偿还债务,因此必然会提高融资条件,进而使企业融资成本逐渐提高,其节税的效应可能逐渐被融资成本的提高所抵消。另一方面,负债具有风险放大效应,即当企业经营的盈利水平下降时,如果其息税前的盈利率低于负债利息率时,会加大企业亏损程度或降低权益资本收益率。且一旦企业经营陷入困境,债权人的逼债会导致企业"雪上加霜"。比如,金融资本出于安全性的考虑,通常总是"嫌贫爱富"的,企业资金越充裕时,银行总希望贷款给企业,而一旦企业资金周转不灵,银行通常会考虑收回贷款或停止放款,进而导致企业经营风险放大。

理论上分析企业资本结构通常使用企业长期负债与权益资本的比例来表示,但实践中应用更多的是产权比例(总负责/净资产总额)和资产负债率(总负债/总资产)。企业的产权比率或资产负债率应保持在什么水平合适?这没有既定的标准,需视企业的具体情况而定。但有一点是可以肯定的,只要企业息税前收益率高于负债利率,则负债增加对企业是有利的。

(三)企业发行债券的节税筹划

企业筹集资金的一个重要方式就是发行企业债券。债券可以等价发行,也可以溢价发行或折价发行。在溢价或折价发行时,必选在发行期内进行摊销。溢价或折价摊销进入财务费用,冲减利息费用或增加利息费用。利息费用作为扣除项目,在计算应税所得时可以从所得里扣除,纳税人利息费用的多少直接影响纳税人应纳所得税额的多少。

利息费用的摊销方法有直线摊销法和实际利率摊销法两种,两种方法计算出来各年的摊销额是不同的。债券利息费用的摊销方法不同,不会影响利息费用总和,但会影响各年度的利息费用摊销额。如果采用实际利率法,前几年的溢价摊销额少于直线法的摊销额,前几年的利息费用则大于直线法的利息费用。公司前期缴纳税款较少,后期缴纳税款较多。

1. 债券溢价发行费用的直线摊销法

所谓债券溢价发行,是指债券以高于其票面价值的价格发行。一般因为债券的票面利率较高,或是债券的信用评级较好,估计市场比较受欢迎,所以发行人决定以高于票面价值的价格发售。

直线摊销法是指将债券的溢价按债券年限平均分摊于各年,将其转化为各年利息费用的方法。具体按下列公式计算:

实付利息=债券面值×票面利率
利息费用=实付利息-溢价摊销
溢价摊销=溢价总额/摊销年限
未摊销溢价=期初未摊销溢价-本期溢价摊销
账面价值=期初账面价值-本期溢价摊销

【例 10-1】 某公司 1994 年 1 月 1 日发行债券 100 000 元,期限为 5 年,票面利率为 10%,每年支付一次利息。公司按溢价 108 030 元发行,市场利率为 8%。该债券溢价发行的费用直线摊销如表 10-1 所示。

表 10-1　公司债券溢价直线摊销法　　　　　　　　　　　　　　　　单位：元

付息日期	实付利息	利息费用	溢价摊销	未摊销溢价	账面价值
1994.1.1	—	—	—	8 030	108 030
1994.12.31	10 000	8 394	1 606	6 424	106 424
1995.12.31	10 000	8 394	1 606	4 818	104 818
1996.12.31	10 000	8 394	1 606	3 212	103 212
1997.12.31	10 000	8 394	1 606	1 606	101 606
1998.12.31	10 000	8 394	1 606	0	100 000
合　计	50 000	41 970	8 030	—	—

从[例 10-1]可以看出，债券溢价发行的利息费用采用直线法摊销，使每期的摊销额相等，这类似于固定资产的直线法折旧，从资金时间价值的角度说，这种摊销方法似乎对节税不利。但实际上不一定是这样的，要视企业的具体情况而定。如果处于减免税期，则前期多摊销也就等效于减少了前期应税所得，从而减少了税收减免额。而平均摊销就克服了"前多后少"的弊端，因而对企业是有利的。

2. 债券折价发行的实际利率摊销法

所谓折价发行，也就是以低于债券面值的价格发行。为了省去支付利息的麻烦，发行时即将利息折算成现值从面值里扣除形成发行价，即折价部分也就是发行期需要支付给投资者的利息额现值。

所谓实际利率摊销法，是以应付债券的现值乘以实际利率算出来的利息与名义利息比较，将其差额作为溢价或折价摊销额。其特点是摊销溢价，使负债递减，利息也随之递减，溢价摊销额则相应逐年递增。摊销折价，使负债递增，利息也随之递增，折价摊销额则相应逐年递增。

实际利率摊销法的利息及摊销额计算公式为：

$$实际付息 = 债券面值 \times 票面利率$$
$$利息费用 = 账面价值 \times 市场利率$$
$$折价摊销 = 利息费用 - 实付利息$$
$$未摊销折价 = 期初未摊销折价 - 本期折价摊销$$
$$账面价值 = 期初账面价值 + 本期折价摊销$$

【例 10-2】某公司 1994 年 1 月 1 日发行债券 100 000 元，期限为 5 年，票面利率为 6%，每年付息一次。公司按 92 058 元的价格折价发行，市场利率为 8%。该公司债券折价发行的利息费用摊销等如表 10-2。

表 10-2　公司债券折价发行表　　　　　　　　　　　　　　　　单位：元

付息日期	实付利息	利息费用	折旧摊销	未摊销折旧	账面价值
1994.1.1	—	—	—	7 942.00	92 058.00
1994.12.31	6 000	7 364.60	1 364.60	6 577.40	93 422.60
1995.12.31	6 000	7 473.80	1 473.80	5 103.60	94 896.40

(续表)

付息日期	实付利息	利息费用	折旧摊销	未摊销折旧	账面价值
1996.12.31	6 000	7 591.70	1 591.70	3 511.90	96 488.10
1997.12.31	6 000	7 719.00	1 719.00	1 792.90	98 207.10
1998.12.31	6 000	7 792.69	1 792.90	0	100 000.00
合　计	30 000	37 942.00	7 942.00	—	—

从[例10-2]可以看出,在实际利率摊销法中,债券利息逐期增加,摊销额也逐年增加。在总收益相同的情况下,实际利率法的应税收益是前期少后期多,一般情况下有利于合理避税,因此应尽量选用此方法。但如果企业处于减免税期,则情况正好相反。

企业采用债券筹资时,节税筹划主要考虑的是其利息费用怎样摊销对减轻税负有利。实践中,企业发行债券时大多与企业重要投资或技术改造、大型项目上马等有关,这时除考虑利息摊销外,从节税角度来说,侧重考虑的是利息资本化问题。应当根据企业具体享受的税收待遇情况来酌情选择。

(四) 可转换债券筹资的节税筹划

1. 可转换债券的概念

可转换债券是上市的公众公司依据法定程序发行的一种可以在一定时期内的将来某一时刻按约定的转化条件转换为公司股票的公司债券。因此,可转换债券兼有债券的特征和股票的特征,转换前是债券,转换后则成为股份。

2. 可转换债券的转化价值

理论上,可转换债券可以看成是"一般债券+选择期权"。直接债务价值与选择期权的价值同风险变动的方向是相反的,所以,两者结合起来形成证券组合的价值就有利于降低其风险的敏感度。比如,可转换债券发行后,公司的股票市场表现很差,股价一直不涨,这时可转换债券筹资比纯债券筹资更有利。因为一般前者的票面利率要低于后者,而且这时持有人一般不愿意将其转化成股票,所以发行者降低了债券成本。而对持有人来说,持有可转换债券比持有股票的风险要小得多,损失一点点利息但拥有了转换成股票的选择权,一旦股市向好,则立刻可以将其转换成股票去赚取牛市的股价差异。两者之间的价值关系可用下面的公式来表达:

转化比率=债券面值/转换价格
转换价值=转化比率×股票市场价值-转换价格

式中的转换价格是根据预先确定的转化比率计算确定的,而转换价值则取决于股票市场价值与转换价格的差异。如果股票市场价格上涨,价差增大则转化价值随之上涨;反之,则转化价值下降。这种转换价值也就是选择期权的价值。所以,可转换债券具有三种不同的价值:纯债券的价值、转换价值和市场价值。

3. 发行可转换债券的财务处理与税负差异

对可转换债券的发行,有两种会计处理方法:一种是认为转换权有价值,而且将此价值作为资本公积来处理;另一种方法是不确认转换权的价值,而将全部发行收入作为发行债券所得,其理由是可转化权的价值极难确定,且转换权和债券不可分离,要保留转换权,必须持有债券,行使转换权,则必须放弃债券。处理方法不同,会导致企业最终的税负大不相同。

【例 10 - 3】 某公司于 1998 年 1 月 1 日发行 50 000 万元可转换债券,每张债券面值 50 000 元,票面利率 8%,2002 年 12 月 31 日到期,每年 6 月 30 日及 12 月 31 日各付息一次(若不附转换权,市场利率为 10%,售价 46 139 元,折价 3 861 元)。因市场同类可转换债券市场利率 7%,故此债券的市场吸引力较好,决定溢价发行。债券售价 52 079 元,转换权价值为 5 940 元(52 079－46 139)。

用上述两种方法,可分别作分录如下。

方法一,确认转换权价值:

借:银行存款　　　　　　　　　　　　　　　　　　　　　　　52 079
　　应付债券折价　　　　　　　　　　　　　　　　　　　　　 3 861
　　贷:应付债券　　　　　　　　　　　　　　　　　　　　　　50 000
　　　　资本公积　　　　　　　　　　　　　　　　　　　　　　 5 940

方法二,不确认转换权价值:

借:银行存款　　　　　　　　　　　　　　　　　　　　　　　52 079
　　贷:应付债券　　　　　　　　　　　　　　　　　　　　　　50 000
　　　　应付债券溢价　　　　　　　　　　　　　　　　　　　　 2 079

可见,两种方法对同一业务的处理结果是大相径庭的。

首先是确认结果不同。在确认转换权价值下,既确认了不可转换债券价格为长期负债,又确认了期权价格为所有者权益,即资本公积账户;而不确认转换权价值下,则漠视不可转换债券价格和期权价格之间差别的存在,将可转换债券发行价格全部确认为不可转换债券价格,即长期负债。

其次是记录后果不同。确认转换权价值时,借方有 3 861 万元的债券折价和贷方有 5 940 万元的资本公积;而不确认转换权价值时,贷方有 2 079 万元的债券溢价。

再次是摊销以及由此而导致的利息费用不同。在采用直线摊销法下,确认转换权价值时,每年摊销 772 万元(3 861÷5)的债券折价,并在每年支付 4 000 万元利息基础上,再增加 772 万元的债券折价摊销。企业实际上每年承担 4 772 万元的利息费用。而在不确认转换权价值时,每年摊销 415.8 万元(2 079÷5)的债券溢价,并在每年支付 4 000 万元利息基础上减少了 415.8 万元的债券溢价摊销,企业实际承担 3 584.2 万元的利息费用。即两者相差 1 188 万元的利息费用差异,其比例达到利息费用的 1/4。如果所得税税率为 25%,则每年的税负相差就达 297 万元。由此可见,确认转换权价值的会计处理过程会导致企业年实际承担的利息增多,企业所得额从而减少,起到了合理避税的作用。因此,从有利于企业节税的角度出发,应该选用确认转换权价值方法进行会计处理。

对可转换债券的转换会计处理也有两种方法可供选择,即账面价值法和市价法。采用账面价值法时,将被转换债券的账面价值作为转换股票的价值,不确认转换损益。采用市价法时,换得股票的价值基础,是其市价或被转化债券的市价中较可靠者,并确认转换损益。处理方法不同,企业税负就不同。

假设[例 10 - 3]中债券允许在发行两年后按每 1 000 元债券面值转化成该公司普通股 50 股,每股面值 10 元,债券于 2000 年 6 月 30 日全部转换为普通股 2 500 万股(50 000/1 000×50),当时市价每股 25 元。该公司用实际利率法摊销溢价,至 2000 年 6 月 30 日尚有未摊销额

1 034 万元,其账面价值为 51 034 万元,则在两种方法下,转换成股票会计分录如下。

方法一,账面价值法:

借:应付债券 　　　　　　　　　　　　　　　　　　　　　　　　　50 000
　　　应付债券溢价 　　　　　　　　　　　　　　　　　　　　　　　 1 034
　　贷:股本 　　　　　　　　　　　　　　　　　　　　　　　　　　25 000
　　　　资本公积 　　　　　　　　　　　　　　　　　　　　　　　　26 034

方法二,市价法:

借:应付债券 　　　　　　　　　　　　　　　　　　　　　　　　　50 000
　　　应付债券溢价 　　　　　　　　　　　　　　　　　　　　　　　 1 034
　　贷:股本 　　　　　　　　　　　　　　　　　　　　　　　　　　25 000
　　　　资本公积 　　　　　　　　　　　　　　　　　　　　　　　　37 500

采用账面价值法使企业不能因为发行债券而产生损益,即使有损益也只作为资本公积。而且发行可转换债券旨在把债券转化成股票,转换股票和发行债券两者是一笔完整的交易,而非两笔独立的交易,转换时不应确认损益。但采用市价法时,债券转换成股票是企业重要理财活动,而且市价可靠,从而单独确认转换损益。所以,从企业避税角度出发,选择市价法有利。本例"债券转换损失"11 466 万元,按所得税税率 25% 计算,可节约所得税税负支出 2 866.5 万元。

作为公众公司,税前收益减少数千万也许不是一件小事,因为这可能导致企业每股收益显著降低,进而带来股价的走低。本例仅只是为了说明财务处理方法不同而导致的税负差异,借以表明发行可转换债券时节税筹划的重要性。2007 年 1 月 1 日起实行的新《会计准则》更强化了"公允价值计量"原则,在这一前提下,"市价法"更能体现"公允价值"。

二、企业投资中的税务管理

企业的投资行为与企业的命运休戚相关,许许多多的企业都是因为某一项投资而发生命运逆转,从巅峰走向低谷,因"一招不慎"而"满盘皆输"的惨痛教训比比皆是。所以,投资行为最能体现企业家的眼光和胆识。投资方向的确定、投资项目的选定、投资伙伴的选择、投资规模及投资方案的选择等,都是投资行为管理中与决策者的管理素质紧密关联的。所以,企业家的个人素质通常会决定一个企业的发展态势。

一项成熟的投资决策,在决定是否投资和怎样投资之前,一般要经过三个投资研究阶段,即投资机会研究、初步可行性研究和详细可行性研究。其中,投资机会研究是最粗略的,但却是带方向性的分析与研究。这就像走路,方向对了,走得越快则到达目的地就越快;如果方向错了,则走得越快,离目标就越远,损失就越惨重。因此,投资机会研究对决定一项投资的成败具有十分重要的作用。

从企业税务管理的角度说,企业投资的机会研究中侧重比较和分析拟投资项目的税收待遇,对未来企业的税负起着十分重要的决定性影响。企业投资行为的税务管理是指从企业节税的事前筹划出发,对投资从支付到回收的全过程进行整体筹划,寻找整体税负最低的投资方案的决策优化和计划管理过程。这一过程对投资企业或项目的未来税负起着决定性的作用。

(一) 投资前期的税务谋划

在投资机会研究阶段,通常投资人主要考虑的问题有:哪些地区是最适合投资的地区?包括投资地区的投资硬环境和软环境比较和分析等;哪些行业是最有前景的行业?包括行业的发展空间和竞争态势等;现有的可供选择的投资机会中,哪些投资机会是最具吸引力的;在备选的投资机会中,哪些是投资人最有条件投资和最有把握的;对于投资人最感兴趣的投资机会,需要对哪些问题进一步研究和分析比较;面对拟投资的机会,投资人需要做好哪些方面的谋划。诸如此类的问题,投资人需要进行各方面的分析比较和深入研究。其中,有关地区、行业及不同投资主体的税收待遇是投资机会研究中必不可少的内容,因为税负的轻重会直接影响投资的最终效益。所以,投资人在投资机会研究中需着重考虑以下几个方面的税务谋划。

1. 区域税收优惠政策筛选

备选投资区域中,哪些区域的税收优惠政策最多?投资人选择在哪里投资能获得最大的税收优惠待遇?地区的优惠政策多只是为投资人利用这些优惠政策提供了可能性,投资人并不一定能享受到这些优惠,所以,只有确信投资人可以享受到的优惠政策才是最实际的。这就需要投资人在充分了解和掌握备选投资区域的各项税收优惠政策基础上进行分析比较后,才能做出可靠地判断。有的投资人往往只是在投资前期粗略地了解拟投资地区的所得税优惠政策后便做出投资决策,待投资实施后,如果自身条件达不到享受优惠政策条件,享受不到税收优惠时就觉得上当受骗,后悔莫及。其实这是自身的问题,政策是公开的,投资人事先没弄清楚,只能怪自己。所以,在投资机会研究阶段做好区域税收优惠政策筛选是非常重要的,对企业税负的减轻有着"事半功倍"的效果。

从节税的角度讲,投资区域的选择实质上就是纳税地税负的选择。但区域是一个很模糊的概念,或者说区域有大小之分,比如说经济特区与内陆地区,就是一种大的区域概念,其税负差异是相对显著的。还有一种是小区域的概念,那就是具体的厂址、纳税地点等。比如在同一个城市,大政策差不多,但小的政策差异依然存在。如高新技术开发、保税区、新城区与老城区、市区与郊区等往往存在税收优惠政策的差异。将厂房建在市区还是郊区,其土地使用税、房产税的征收标准大不一样。同理,将公司注册在开发区还是非开发区,其可能享受的税收优惠政策也会不同。所以,投资区域的选择不仅要考虑大的区域选择,也要考虑小的区域选择。

2. 行业税收优惠政策筛选

备选的投资领域里,哪些行业的税收政策最优惠?行业税收优惠政策多的行业,往往是鼓励优先发展的行业,也往往是国家或地区最薄弱的产业,投资这类行业发展空间和可能存在的风险是成正比的,投资人必须慎重。在行业政策筛选中,有一点是可以肯定的,那就是凡属政策严格限制的行业,其发展前景可能是不乐观的。比如,由于我国近年来电力供应紧张以及资源消耗过度过快,国家对电解铝、铁合金、磷矿等高能耗、高污染的资源性初级产品生产投资给予严格限制,取消其出口退税且加征出口调节税,使得这类行业的投资前景立刻变得黯淡起来。这是税收政策对宏观经济发展的市场调控功能。

产业政策对行业发展的导向作用是投资者必须高度重视的,这就是说,当投资人拟涉足某一产业或准备向某一产业投资时,必须先了解这一产业的税收政策导向是属于"鼓励型"还是"抑制型",如果该产业在税收政策上有许多优惠,那么该产业一定属于优先鼓励发展的产业,各方面的政策就会相对宽松。反之,如果税收政策对该产业收紧或给予了各种限制,则该产业发展前景一定不容乐观。所以,投资税务管理的产业选择在这个意义上能起到方向性把握的作用。在行业税收优惠政策的筛选中,需要注意的是对拟投资行业的关联产业优惠政策的关注和利用。社会发展到这样的水平,即:一方面行业分工越来越细,另一方面是行业之间的关联度越来越大和越来越宽,使得企业在从事某一行业的经营时,往往会涉足多个关联行业。其中的税收优惠政策可能存在贯通和利用的余地。比如,国家对软件产业的发展给予了许多优惠政策,而在许多其他行业的经营过程中,如系统集成、大型专用设备的研制和生产、技术咨询和技术服务等,都有可能涉及专用软件产品的研发,这样的企业就有可能利用软件产业的优惠政策。所以,投资前的税务谋划应当把眼光放宽,不能仅仅盯在一处。

行业税收优惠政策的差异主要集中在税率高低、减免税规定和退税政策上。相对于区域税收优惠政策而言,其筛选难度较小,且透明度更高。

3. 拟投资行为的节税途径分析

对已一个备选的投资项目或企业而言,节税筹划还为时偏早,只有等到投资决策确定之后,才有筹划的必要和意义。所以,在投资机会研究阶段主要是分析节税的可能性和可能的途径。因此,节税途径分析是税务谋划的前提和基础。不清楚能从哪些方面去想办法,谋划就是一句空话。

值得指出的是,投资行为的节税与投资项目的节税是有区别的。对于一个拟进行的投资行为而言,节税途径分析要从两方面着手:一方面投资人自身需要承担的税负,不同的资源投入和不同的投资回收方式可能造成投资人本身承担的税负不同。比如用无形资产或不动产投入,投资人就需要承担相应的营业税。而且,投资人在投资前必须考虑投资回收方式及收益获取方式不同可能带来的税负差异。如用利润分配的方式、利息或租金的方式获取投资收益要承担所得税,而用转让定价或利润转移的方式获取投资收益就可能规避所得税负担。另一方面是拟投资项目的税负减轻途径问题,也就是你投资项目未来可能享受的税收待遇如何,可以从哪些方面去设法减轻其税负。这就是投资项目的节税问题。围绕这两个方面去分析每一种税负的可能节税途径,就能判定投资行为的优劣。

(二) 企业类型的选择

我国企业按投资来源分类,可分为内资企业和外资企业。内资企业包括国有企业、集体企业、私营企业、联营企业、股份制企业等。外资企业包括中外合资经营企业、中外合作经营企业、外商独资企业等。企业按组织形式分,又可分为个人独资、合伙及公司三种,而公司组织又主要包括有限责任公司及股份有限公司两种。对于跨国公司的附属机构,又可分为子公司或分公司等。由于税制设计上不仅存在内外不尽一致的差别税制,而且同一类型的企业因内部组织形式不同,其使用的政策及税负的高低也有不同。因此,投资者通过对企业类型的选择,可以达到减轻税负的目的。

投资者在投资兴办企业时,往往需要考虑利用企业组织形式来进行节税筹划。由于税法对不同企业组织形式的税收待遇不完全相同,所以投资者必须注意到税收利益是纳税人整体利益的组成部分,节税筹划也只有与企业整体管理工作相结合,才能尽可能多的获得真正的经济利益,否则就可能在不知不觉中丧失整体利益。

(三) 企业出资方式的选择

按投入资源的性质不同,一般可将出资方式分为三类,即现金出资、无形资产投资和有形资产投资。对投资人而言,出资方式不同,企业设立的程序和手续就不一样,享受的实际税收待遇也不相同,有的甚至存在很大差别。出资方式选择的必要性便在于此。

现金出资方式是指以货币进行投资,现金出资是最常见的出资方式。一是由于它的简便性,现金出资不需要评估价值,不需要任何价格谈判过程,手续简便易行。二是不需要增加投资人的任何税负,现金转移不会产生新的纳税义务。三是现金出资最能体现投资人之间的公平性,公司的各位股东均以现金出资,不会因为资产作价等问题出现谁占便宜谁吃亏的不公平现象。对于外商投资企业而言,现金出资的另一种选择是用自有资金还是用被投资企业利润分配的资金再投资,后者可以获得退还所得税的好处,而前者则没有。

有形资产出资,也就是以实物资产作价投入到新企业或新项目中。从税务角度考虑,有形资产出资既有有利的一面,也有不利的一面。首先,以有形资产出资通常要进过评估确认,其价值一般会有人为调控的因素,高估的设备投资价值其相应的折旧费可在税前扣除,从而达到消减所得税税基的节税效果。其次,由于评估方法选择不同,如果导致高估资产价值,这样自然可节省投资人的投资成本,相对而言对投资人有利。如果无形资产的评估价值低于投资人的原账面价值,则这种跌价损失可以在投资人的税前扣除,减少其所得税税基,且有利于盘活资产。再次,我国现行税法规定:按中外合资经营企业中外双方所签合同中规定作为外方出资的机械设备、零部件及其他物件,合营企业以投资总额内的资金进口的机械设备、零部件及其他物件,以及经审批合营企业以增加资本新进口的国内不能保证供应的机械设备、零部件及其他物件,可以免征关税和进口环节的增值税。这种规定是国家为了鼓励中外合资经营企业引进国外先进机械设备而制定的,其同时也可用来作为一种节税的出资方式。换句话说,这些设备及零配件作为投资可以免税,作为专门进口则未必免税。最后,如果用来出资的有形资产属于不动产,则在资产的产权变动时,投资人无需缴纳相应的营业税。如果投资人属于房地产开发商,则用增值幅度较大的房产作为投资时,暂不征收土地增值税,这样不仅可调节整体的增值幅度,还可以收到延期纳税的效果。所以,对这种有形资产出资方式的选择,在于对企业自身具体情况以及相关税法规定的具体分析和把握。

无形资产不具备有形资产的实物形态,但同样也能为企业带来经济效益。无形资产一般是指企业长期使用而不具备实物形态的资产。它包括专利权、商标权、著作权、非专利技术、土地使用权、商誉等。以无形资产作为出资,不仅可以获得一定的超额利润,还能达到节税的目的。同样,无形资产出资要经过评估确认,手续跟有形资产一样。无形资产可以通过逐年摊销而在税前扣除,且摊销期限可以自主选择,因而可以起到调节和减少所得税税基的作用。

总之,在出资方式的选择过程中,应充分考虑自身特点,以达到减轻税负,降低投资风险,提高投资收益的目的。

(四)企业投资方式和方案的选择

企业投资方式多种多样,也有不同的分类方法。比如直接投资和间接投资、集中投资和分散投资、独立投资和联合投资、内部技改投资和外延扩张投资、项目投资和股权投资等。不同的投资方式,会导致不同的投资关系和投资结构,从而导致不同的收益和税负。比如,相对于独立投资而言,联合投资常常会为减轻税负带来某些便利。如横向联合,是指企业之间为了共同的利益而组建的紧密型或松散型的相互渗透的经济复合体。从避税的角度看,横向联合有时不仅使得企业与企业相互提供产品或劳务可以避开交易外表,消除营业额,从而也就消除了因交易而产生的税负,有时通过横向经济联合的转让定价还可以转移收入或利润,以达到减轻纳税负担的目的。比如利用与民族自治区企业的联合,以高进低出的方式转移所得,以享受民族自治地区企业的所得税减免,减少应缴的所得税。在我国企业所得税暂行条例中明确规定,对民族自治地区企业免征企业所得税,因此纳税人就可以在不违背现行税收政策的前提下,利用对民族自治地区企业的税收优惠政策,达到减轻纳税负担的目的。

选择什么样的投资方式对投资者有利?怎样合理选择投资方式?可以坦率地说,没有既定的方式方法,更没有"放之四海而皆准"的法则。只能具体情况具体分析。关键在于决策者和具体投资经办人员脑子里有这样的节税意识,明白不同的方式可能带来不同的税负,然后依据具体情况分析即可。实质上,投资方式的选择也是投资方案选择的内容之一。

投资方案选择的另一个普遍性问题是所需的投资总额中注册资本的比例选择。从被投资企业今后的融资和经营信用等角度考虑,注册资本越大,融资相对越方便,因为在负债额既定的前提下,注册资本越大则资产负债率越低。且注册资本越小,在其他的企业利益关系人看来,其经济实力越弱,市场信用程度就越低,会给经营带来不便。因此,不少企业往往会采取虚增注册资金的办法来掩盖其"庐山真面目"。但从企业节税的角度来看,这是一种很不合算的"愚蠢"做法。因为,在项目投资总额既定的情况下,注册资本越大意味着负债比例越小,相应的可在税前扣除的利息支出就越小,企业应税所得就越大,从而导致所得税负加重。因此,从节税的角度看,应尽可能压缩注册资本。压缩投资总额中注册资本的比例,即意味着增加运营资金总额中的负债比例。而增加贷款所支付的借款利息,可以列入被投资企业的期间费用,节省所得税支出,同时可以减少投资风险,便于获取财务杠杆利益。

无论哪种投资,其目的只有一个,即利用有限的资金取得最大的投资效益,使自有资本尽快地增值。有时,由于税负的差异,投资者的最终获益会大不相同。由此可见,投资时的资本结构选择也是节税筹划必须考虑的问题之一。

三、企业营销的税务管理

企业营销在企业经营管理中占有非常重要的地位,企业的兴衰往往与营销直接关联。所以,企业的营销人员往往集中了企业的业务精英,从工资待遇到业务提成、费用补贴等,营销人员大多享有某些内部政策倾斜。企业营销人员的特殊地位往往导致企业营销管理的灵活性和规范性产生矛盾,企业营销的税务管理往往会成为其中的矛盾集中点,且营销人员大都对税务似懂非懂,因此企业营销的税务管理经常会处于比较尴尬的境地。究其原因,主要是企业经理人对营销过程中的节税问题缺乏认识。

(一)企业营销模式选择

企业营销有许多种模式,比如,从传统的自产自销模式发展到今天的专卖店销售、区域经销商或代理商销售、加盟连锁销售、直销或会员制销售、租赁式营销、网络营销等,不同的营销模式适应不同的产品或服务,往往会产生不同的营销效果和税负。

1. 营销模式及其税负特征

企业营销模式不同,产品和服务的定价及收入实现形式就不同,且营销过程的费用承担和收益分配也就不同,因而最终的税负就有差别。这是企业营销税务管理首先要考虑的问题。

1)商场专柜销售或专卖店销售模式

这种营销模式与传统的自产自销模式没有实质性区别。专柜货专卖店的投资和经营大多是由生产商选定的客户来操办的,生产商直接管理的不多。所以,生产商与专柜货专卖店之间的商品交易属于买断关系,商品的推介、广告宣传、进场费等通常由生产商承担。由于生产商承担的销售费用比例较大,所以商品的出厂价与零售价之间的差异相对较小。

在这种模式下生产商对市场的调控力度较大,对局部市场变化的信息反映较快。但是,货款回笼相对较慢,且由于销售价格相对偏高,产品的销项税额增大,而销售费用等大多没有进项税额抵扣,所以生产商税负较重。而专柜或专卖店经营商则由于进项税额较大,进销差价相对较小,且零售可能采取定税或其他措施使得销项税额不高,因此税负相对较轻。

2) 区域经销商或区域代理商销售模式

这是目前大多数新产品拓展市场的主要方式。生产商通过广告宣传等招募区域经销商或代理商,双方通过协议约定双方的权利义务关系,生产商给予经销商或代理商局部市场的独家经销权和一定的价格折扣,经销商交给生产商一定的信誉保证金,双方大多采用现款结算或酌情给予信用期和信用额的分批结算制度,产销双方属于买断关系。生产商货款回笼较快,因折扣销售而使流转税负相对减轻。但因经销商享有局部市场的较大调控权,所以生产商对市场的调控力度减弱。商品推介、广告宣传等销售费用由双方约定,针对产品或品牌的同一宣传大多主要由生产商负担,但针对局部市场的销售费用大多由经销商负担。所以,经销商由于进销差价较大,且局部市场销售费用没有进项税抵扣等原因,使得经销商的税负相对加重。所以,经销商往往会采取各种各样的措施转嫁税负。

3) 特许经营和连锁加盟营销模式

作为法律概念,特许经营和连锁加盟有很大区别,但从税务或经济的角度去考察,两者区别不大,有许多共同的特性。连锁加盟更多地用在产品加服务的联合营销,主要着眼于品牌营销价值的挖掘。所有加盟店采用统一的品牌、店面形象、统一的产品价格、服务和管理模式等。品牌运营商向加盟者收取一定的加盟费和管理费,并以折扣价向加盟商提供商品和营销指导等服务。特许经营同样也是一种营销商品和服务的方法,它包括商标使用许可协定、指定商品的特许分销商以及经营模式的特许经营等。尤其是经营模式的特许经营,不单纯涉及对产品商标和服务标记的使用特许权,还包括成功经营业务的一整套"商务计划",如选择业务经营地点的标准、独特的服务方式、产品处理方法、技术秘诀、营销服务模式等。特许人向受许人收取一定的特许费用,并为受许人的开业和经营提供必要的指导与帮助。两者的共同出发点都是为了挖掘无形资产的利用价值,以最小的投入占领尽可能大的市场。其中最核心的就是品牌运营的价值提升。

品牌运营商收取的加盟费收入和管理费收入属于营业税的应税收入,税率相对较低;而产品以相对较低的价格销售给加盟商,增值税和消费税的计税基础显著降低,因而税负相对减轻。且品牌运营商与加盟商属于相互独立的利益共同体,品牌价值越大,加盟费用越高,加盟商营销的成功概率也就越大,反之亦然。加盟店多不属于一般纳税人,所以其税负几乎不受加盟行为的影响。因此,这种模式近年来发展十分迅速。

4) 直销或会员制营销模式

直销商品通常只限于向"会员"销售,且不向"会员"收取信用保证金,也不给参与销售产品的会员发工资,而按会员销售产品的金额或数量等级给以高比例的现金"返佣"。这种高价销售产品后再高额现金返利的方式,给生产商带来了高额的销项税负。有的直销产品现金返利的比例高达 40%~60%,而这一部分是没有进项税抵扣的,所以,生产商实际上等于虚增了一倍左右的销售额,如果实实在在地照章纳税,其税负自然就人为地虚增了一倍或更多。假定生产者销售 100 万元(不含税)的产品,其中 60 万元用于现金返利,销售净收入仅 40 万元,但要

发生17万元的销项税金,增值税税负达42.5%。即使用其中的50万元用于返利,其税负也会高达34%。直销者是否真的愿意承担如此高比例的税负?答案不言自明。况且,现金返利部分是否代扣了个人所得税也是一大疑问。所以,在有关的直销法规出台之前,这种模式的税务违规风险是显而易见的。直销法规出台以后,大多数公司改变了原有的"现金返佣"政策,其市场营销也因此大受影响。

由于昂贵的广告费用支出及公关费用支出,营销实践中许多商品的销售费用比例高达销售额的30%~50%,且这些费用同样没有进项税可抵扣。所以,直销只是把这类中间销售费用转变为对经销者个人的现金返利。因此,生产商自身的利益并不见得因为承担高税负而损失很大,事实上真正吃亏的是最终的消费者,因为消费者是这一高税负的真正承担者。

对于高尔夫球会、文化体育服务机构(如健身中心)、美容保健、婚姻介绍、休闲娱乐及汇源酒店等,也有不少采用会员制销售的,其方式方法大同小异,都是在收取一定数额的"入会费"后,以会员优惠价提供服务。这种方式在服务项目的适应税率高于"会费"收入的适应税率时,可能会给经营者带来节税的好处,因为它事实上是把一部分分次实现的服务收入转化成了"会费"收入。

5) 租赁式营销模式

所谓租赁式营销就是把产品销售转化为产品租赁经营,也叫经营租赁。产品的所有权不转移,只将产品的使用权租赁出去,通过收取高额的租金来回收投资,比如贵重的医疗器械、汽车、钢琴、高级办公设备、工程机械等。这种方式对于那些短期需要使用但缺乏资金投入的需求者来说很受欢迎。

这种方式对于出租方而言,避免了产品销售带来的高额增值税负(17%),代之以相对较低的租赁业务的营业税负(5%),显然这有助于降低整体税负。但这种方式要冒资金回收慢、设备闲置率偏高、无形磨损导致的设备贬值等风险,所以,一般仅限于小规模经营者采用。

2. 企业营销模式选择

企业营销模式选择要考虑多种因素,包括企业产品或服务的特点、营销的规模、市场竞争的格局、贷款回收的速度以及客户定位和市场覆盖面等。从企业税务管理的角度来说,营销模式的选择主要考虑其对税负的影响,亦即收入实现形式与适应税率的关系,以及定价水平对税负的影响。

不管是企业整体的营销模式,还是针对某一具体客户的营销模式,模式的改变会带来企业税负的改变。这与营销双方讨价还价的利益争夺不同,定价的高低只是营销双方的利益此消彼长的结果,而营销模式的改变,可能给双方都带来利益。所以,企业经理人在选择企业的营销模式时就需要权衡不同模式对企业的税负影响。从节税的角度讲,凡是虚增企业收入的营销模式对企业都不利,凡是适应税率存在差异的营销模式都需要详细测算税负的变化,以便选择最佳的营销模式。

(二) 企业营销组织与节税

1. 企业外设销售机构选择与节税

工业企业为进一步扩大销售,提高产品的市场覆盖面,常常需要在外地设立销售机构。外设销售机构一般有三种形式,即外设临时办事处、设立非独立核算的分公司、设立独立核算的子公司。三种形式的税务管理及其税收待遇均不同。纳税人应结合本企业经营的特点,酌情选择。

1) 设立临时办事处或销售代表处

外设办事处或销售代表处主要涉及流转税的管理,如果不办理"外出经营活动税收管理证明",就必然会增加企业税负,而如果办理税收管理证明,则不仅要受"有效期"的限制,还会增加许多手续上的麻烦和不便。所以,不少企业采取外设办事处只联系业务,一切手续和货物发运等均由机构所在地办理的方式处理。外设办事处一律不留存货物,避免出现异地销售的"物证"而惹出麻烦。有的企业不注意这一点,既不办理外出经营的税收管理证明,又在异地存放货物就地销售,一经查出,便要遭到查封货物和接受税收处罚的结果。

2) 设立非独立核算的分公司

分公司作为常设分支机构向经营地工商管理部门办理营业执照,向经营地税务机关办理税务登记。按规定,企业总机构已被认定为增值税一般纳税人的,其分支机构可持总机构为增值税一般纳税人证明,向主管税务机关申请认定为一般纳税人,按规定在经营地申请领购发票,在经营地申报纳税。非独立核算的分公司采取报账制,销售收入全额上缴总机构,人员工资及其相关费用均由总机构支付。非独立核算的分公司不具备企业所得税纳税人的资格,实现的利润并入总机构利润总额,如发生亏损,总机构按照抵消分公司亏损后的净收益缴纳企业所得税。

从节税的角度说,非独立核算的分公司,除企业所得税应并入总机构缴纳外,其余各项税费均在经营地缴纳。当地区之间存在税率差异时,总机构可以利用转让定价方式节约流转税税负支出。且当分公司经营亏损,而总机构经营盈利时,盈亏互抵后则有利于降低所得税税负。

3) 设立独立核算的子公司

子公司具有法人资格,在经营地工商管理部门办理营业执照,向经营地主管税务机关申请办理税务登记,可按规定申办一般纳税人资格,自主经营,独立核算。子公司成为企业所得税纳税人,独立处理所得税及其他各项涉税事宜。

独立核算的子公司独立缴纳所得税,既不能用子公司的利润弥补总机构以前年度的亏损,也不能用总机构的利润弥补子公司的亏损。当地区之间的税率和税收优惠政策存在明显差异时,这种方式显然不利于整体节税。

2. 交易方式选择与节税

从营销税务管理的角度说,企业营销的交易方式选择主要包括三大内容:一是货物交易方式;二是交易定价方式;三是交易结算方式。不同的交易方式可能对税负产生影响。

1) 货物交易方式与税负

从交易的时间来看,常见的有现货交易和期货交易方式。从货物交易的具体方式来看,通常有现金交易方式、以旧换新方式、还本销售方式、以货易货方式。

无论企业采用何种方式交易,其计税价格都是依据新品的售价来确定的,所以通过货物交易方式的选择不大可能达到节税的目的。即使以旧换新、以货易货的双方都愿意降低售价来节约税负,但可能调节的价格幅度很小,否则会面临纳税调整的可能。如果企业采取还本销售方式,由于还本支出的影响,企业必然要适当提高售价来获取资金的时间价值,这势必会增加销售方的销项税金。

2) 交易定价方式与税负

在许多情况下,企业与企业之间的商品交易定价方式是多种多样的,有较大的选择余地。

定价方式的不同,实质上涉及的是商品出厂价之外的相关费用负担问题。这些费用的负担者不同,则价格也不同。这种费用与商品一起整体定价和分别定价,在税负上通常会有较大差异,这就为节税提供了一定空间。

商品价外费用与商品销售价款应尽可能分别进行合同约定,因为混在一起就属于一项混合销售行为,职能按一种适应税率纳税,而如果分开约定,就有可能分别适应税率,并且也方便企业财务部门分别核算和分别计缴税款,否则,既有可能无形中增加税负,也有可能在税务检查中带来不必要的麻烦和损失。

3) 交易结算方式与税负

交易结算通常采用现款现货即时结算、期票现货即时结算、委托银行收款、托收承付结算方式等几种方式。许多人以为不同的结算方式只是资金时间价值及收款风险的差别,其实这其中还包括纳税义务产生的时间差异,以及推迟收款导致商品价格提高而带来的税额增加等影响。比如买货方以为期三个月的银行承兑汇票支付货款,卖货方用承兑汇票去银行贴现时要支付贴现利息和手续费用,那么,卖货方可能会考虑在价格上略微提高来回收贴现成本,然而售价的提高又会导致销项税额的增加,但大多数业务人员都会忽略这样的影响。虽然这种影响比较轻微,但当交易数额较大时,却不能不考虑。

现行税法对货物销售和应税劳务的纳税义务产生时间与款项结算方式的关系做了明确规定:

(1) 采取直接收款方式销售货物,不论货物是否发出,均为收到货款或获得索取货款凭证,并将提货单交给买方的当天。

(2) 采取托收承付和委托银行收款方式的,为发出货物并办妥托收手续的当天。

(3) 采取赊销和分期收款方式的,为按合同约定的收款日期的当天。

(4) 采取预收货款方式销售货物,为货物发出的当天。

(5) 视同销售货物行为的,为货物移送的当天。

(6) 销售应税劳务,为提供劳务同时收讫款项或取得收款凭据的当天。

上述规定表明,如果不注意纳税义务发生时间与款项支付的时间关系,则可能发生货款没收到但却产生了企业卖了货没收到钱却要垫支税款,或是企业买了货也付了钱但进项税却暂时不能抵扣等情况,进而加重企业税负。

3. 促销手段选择与节税

企业促销手段可以说"五花八门",大有"八仙过海,各显神通"的感觉。不同的方式不仅促销效果不同,而且对企业税负的影响也是不同的。目前最常见的方式有以下几种。

1) 折扣销售

折扣销售,俗称"打折",是指销售货物或提供劳务时,因为购货方信誉好、即时付现、购买量大等而给予一定价格上的优惠销售形式。折扣销售需注意以下三点:

首先,根据税法规定,采取折扣销售方式,如果销售额和折扣额在同一张发票上体现,那么可以以销售额扣除折扣额后的余额为计税金额;如果销售额和折扣额不在同一张发票上体现,那么无论企业财务上如何处理,均不得将折扣额从销售额中扣除。

其次,折扣销售仅限于销售价格的折扣,如果销货方将实物用于折扣,则该实物的价款不仅不能从货物销售额中减除,而且应视同该货物一同销售而增加销售额,一并计征增值税。

最后,折扣销售与销售实现同时发生。凡是不同时发生的,都属于销售折让。

销售折让,就是在货物售出后,因其品种、质量或性能等原因导致购货方虽不退货,但要求销售方给予一定的价款折让。因这种折让并未导致销售数量的变化,而是直接导致销售额的减少,故税法规定这种情况可以按折让后的价款计征增值税。

总之,对商品销售方来说,折价促销不会影响企业税负,而销售折让或是实物折扣销售等,如果处理不当,则可能加重企业税负。

2) 返利促销

返利,俗称"扣点"或返点,包括现金返利和实物返利。企业为了促销,采用给经销商返利的办法来激励经销商扩大销售规模。且随着销售规模的增大其返利的比例是递增的。比如,月销售额 100 万元则返利 5%,月销售 200 万元则返利 8%,月销售 300 万元则返利 10% 等。这种递增的返利措施对提高经销商的销售动力无疑是有效的,但随之而来的是加重了企业的税负!这是因为:如果是现金返利,则返利的现金部分不能递减销售额,只能作为销售费用处理,所以相对于折价销售而言,虚增了销售额进而增加了销项税金负担。如果是实物返利,实物返利部分视同销售,则返利的实物部分也需缴纳增值税,则增加的税负更大。由此可见,从节税的角度讲,返利促销措施不如折价促销有利。

3)"买一赠一"促销

"买一赠一",是指纳税人在销售商品时采取的"既售又送"的方式。"买一赠一"方式销售商品,除了对售出商品按规定征税外,对外赠送的商品应"视同销售",按同期同类商品的售价计征增值税。因此,这种方式必然要加重企业税负。

四、企业薪酬福利的税务管理

员工的工作满意分为薪资满意和非薪资满意,薪酬管理在人力资源管理中具有十分重要的作用。但劳资双方在利益分配上往往具有"此消彼长"的对立关系,如何才能缓解这一内在矛盾呢?正确处理员工薪酬福利的节税筹划问题也许是有效的措施之一。因此,管理者必须熟悉个税扣缴的相关政策规定,了解不同薪酬福利方式的税负差异,掌握个税节税的基本思路。薪酬税务管理的基本要求就是在尽可能让员工得到实惠的同时,降低企业的人力资源成本,即员工和企业实现双赢。

(一) 员工薪酬待遇与税负差异

1. 工资、薪金所得与劳务报酬所得的税负差异

工资、薪金所得,是指个人因任职或者受雇而取得的工资、薪金、奖金、年终加薪、劳动分红、津贴、补贴以及与任职或者受雇有关的其他所得。一般来说,工资、薪金所得属于非独立个人劳动所得。非独立劳动,是指个人所从事的是由他人指定、安排并接受管理的劳动,工作或服务于公司、工厂、行政、事业单位的人员均为非独立劳动者。他们从上述单位所取得的劳动报酬,是以工资、薪金的形式体现的。在这类报酬中,工资和薪金的收入主体略有差异。通常情况下,把直接从事生产、经营或服务的劳动者(工人)的收入称为工资,即所谓"蓝领阶层"所得,而将从事社会公职或管理的劳动制(公职人员)的收入称为薪金,即所谓"白领阶层"所得。但在实际立法过程中,各国都从简便易行的角度考虑,将工资、薪金合并为一个项目计征个人所得税。

劳务报酬所得是个人独立从事某种技艺,独立提供某种劳务而取得的所得。工资、薪金所

得则是个人从事非独立劳动，从所在单位领取的报酬。后者存在雇佣与被雇佣关系，而前者则不存在这种关系。如果从事某项劳务活动取得的报酬是以工资、薪金形式体现的，如演员从剧团领取工资，教师从学校领取工资，就属于工资、薪金项目，而不属于劳务报酬范围。如果从事某项劳务活动取得的报酬不是来自聘用、雇佣或工作单位，如演员自己"走穴"或与他人组合"走穴"演出取得的报酬，教师无须经政府有关部门批准举办学习班、培训班取得的办班收入或讲课报酬收入，就属于劳务报酬的范围。

工资、薪金所得适用的是5%~45%的九级超额累进税率，劳务报酬所得适用的是20%的比例税率，而且对于一次收入畸高的，可以加成征收。由此可见，相同数额的工资、薪金所得与劳务报酬所得适用的税率不同，同时，工资、薪金所得和劳务报酬所得分开，而在有些时候将这两种收入合并就会节约个人所得税，因而对其进行合理的筹划就具有一定的可能性。

将劳务报酬转化为工资、薪金所得，这种节税方法原理在于应纳税所得额较少时，工资、薪金所得适用的税率比劳务报酬所得适用的税率低，因此，可以在可能的时候将劳务报酬所得转化为工资、薪金所得。关键在于取得的收入必须属于工资、薪金收入，而划分的标准一般是个人和单位之间是否有稳定的雇佣关系，是否签订有劳动合同。

2. 雇员与非雇员的税收待遇差异

雇员有两种形式：一种是具有"雇佣关系"的员工（以下称雇员），通常是指企业长期或季节性聘用的一些从事生产经营的人员；另一种属于"非雇佣关系"的临时人员（以下称非雇员），通常是指企业接受企业以外的人员提供劳务。一些企业由于操作上的失误，其雇员往往被税务机关认定为非雇员，导致税收上的损失。

由于"非雇员"为企业临时提供劳务，属于营业税的纳税人，在提供劳务后，应到税务机关开具发票，并按规定缴纳营业税、城市维护建设税和教育费附加。企业凭税务机关开具的正式发票，作为原始凭证入账，并支付劳务费。在计算企业所得税时，这部分劳务支出，按规定可以获得税前扣除。

企业的雇员，按照《营业税暂行条例实施细则》的规定，单位或个人经营者聘用的员工为本单位或雇主提供应税劳务，不属于营业税提供应税劳务的范畴，不征营业税。由于存在雇佣关系，企业对员工的工资支出，可以凭自制凭证作为合法原始凭证入账。当员工的月工资超过了税法规定的免征额时，企业应按"工资薪金所得"项目代扣代缴个人所得税。在计算企业所得税时，也将签有劳务雇佣合同的临时人员作为计算计税工资职工人数的范围。

3. 工薪支出与福利待遇的税负有差异

对职工个人而言，企业给职工增加工资，需要缴纳个人所得税；而企业提高职工的福利待遇，多数情况下享受免税待遇。所以，提高福利可使职工得到更多实惠。对企业而言，在规定标准以内的工资和福利开支，都可以在税前扣除，税负没有差异。问题是许许多多的福利开支与日常经营性支出是难以区分的。如公车私用、公共福利设施的建造和维护使用、职工制服的提供等。这样一来，企业完全可能"鱼目混珠"，将部分福利开支列入经营性支出，进而使职工获得实惠，且企业税负也可获得相应减轻。

但职工福利不是没有任何限制的扣除项目。税法对福利费方面的开支是有严格规定的。个人所得税法规定，福利费免征个人所得税。免征个人所得税的福利费，是指根据国家有关规定，从企业、事业单位、国家机关、社会团体提留的福利费或者工会经费中支付给个人的生活补助费。同时，税法对福利费的免税范围有严格界定，而且个人取得的工资、薪金收入包括现金、实物和有价证券，以及通过"应付福利费"给职工发现金、发实物的做法不能起到节税的作用。但是，企业人可以通过其他途径来提高职工的福利待遇。通常做法包括：提供交通便利、提供免费午餐、为单身职工提供宿舍、参加社会保险、提供教育福利、增加带薪假期和免费出游等。

通过提高多种形式的福利，让职工得到更多的实惠，不但减少了职工应纳的个人所得税，而且也提高了企业的凝聚力，有利于稳定企业职工队伍，留住优秀人才，增强发展后劲。

(二) 企业薪酬节税的主要思路

1. 对高收入员工试行年薪制可节税

所谓年薪制，是指企业经营者平时只按规定领取基本工资，年度结束后，根据其经营业绩的考核结果，再确定其效益收入。按有关规定，对实行年薪制的企业经营者取得的工资、薪金所得应纳的税款，可以试行按年计税、分月预缴的方式计征，即企业经营者按月领取的基本收入，应在减除相应的费用之后，按适用税率计算应纳税款并预缴，年度终了领取效益收入后，合计其全年基本收入和效益收入，再按12个月平均计算实际应纳的税款。计算公式为：

$$应纳税额＝[(年终领取的收入额－当期费用扣除差额)/12×适用税率]×12－速算扣除数$$

上式说明，对年薪制个人所得税的计算方法实际上是将经营者个人的全年收入总额按12个月平均分摊计算，这样可以有效地避免超额累进税率带来的高税负。

2. 工资、奖金均衡发放可节税

《个人所得税法》第九条第二款规定：特定行业的工资、薪金所得应纳税款，可以实行按年计算、分月预缴的方式计征。这些行业是采掘业、远洋运输业、远洋捕捞业以及财政部确定的其他行业。因此，这些行业的纳税人可以利用这项政策使其收入平均化达到降低税负的目的。但是，在实际生活中并不仅仅是这些行业的工资起伏比较大，因此，当纳税人在其他行业遇到每月工资变化幅度较大的情况时，就可以借鉴该项政策的做法，即将每月收入平均分摊，这样就可以相应降低适应税率档次，避开高税负，减少应缴税款，获得一定的经济利益。

3. 年终奖金发放需注意税率临界点

根据国家税务总局国税发[2005]9号文件《关于调整个人取得全年一次性奖金等计算征收个人所得税方法问题的通知》规定：从2005年1月1日起，个人当月取得的全年一次性奖金(包括年终加薪、实行年薪制和年终绩效挂钩的年底考核兑现收入等)，除以12个月，按其商数确定适应税率和速算扣除数，亦即年终奖金单独作一个月工薪所得计算纳税。其计算公式为：

$$应纳个税额＝[(年终奖金－当月费用扣除差额)/12×适应税率]×12－速算扣除数$$

但需要注意的是：上式中的"当月费用扣除差额"指获得年终奖金的当月工资收入不足以扣除法定费用扣除标准的差额部分。对于每一个纳税人，该计算办法1年之内只能使用一次。由于个人所得税实行的是超额累进税率，每档税率级差5%，如果年终奖金除以12的商数靠近不同税率的临界点，就可能出现奖金数多而税后收入少的情况。出现这一问题的原因在于规定的奖金计税办法实质已演变成了"全额累进税率"，而不是薪酬计税部分中的"超额累进税率"了。因此，临界点出现税率跳档会在一定区间引起"得不偿失"的结果。

【本章小结】

企业税务管理的原则是指税务管理中应遵循的基本准则。这些基本准则是由企业税务管理的地位和特性决定的。一般来说，企业税务管理应遵循依法管理原则、事先筹划原则、全员参与原则、全过程管理原则、整体最优和整体协调原则。

企业税务管理的内容主要有两个方面：一是企业涉税活动管理；二是企业纳税实务管理。从企业生产经营活动与税务的联系来看，企业税务管理的内容大致包括税务信息管理、税务计划管理、涉税业务的税务管理、纳税实务管理、税务行政管理。

企业筹集资金的一个重要方式就是发行企业债券。债券可以等价发行，也可以溢价发行或折价发行。在溢价或折价发行时，必选在发行期内进行摊销。溢价或折价摊销进入财务费用，冲减利息费用或增加利息费用。利息费用的摊销方法有直线法和实际利率法两种，两种方法计算出来各年的摊销额是不同的。债券利息费用的摊销方法不同，不会影响利息费用总和，但会影响各年度的利息费用摊销额。

企业投资行为的税务管理是指从企业节税的事前筹划出发，对投资从支付到回收的全过程进行整体筹划，寻找整体税负最低的投资方案的决策优化和计划管理过程。投资人在投资机会研究中需看重考虑区域税收优惠政策筛选、行业税收优惠政策筛选、拟投资行为的节税途径分析等几个方面的税务谋划。

企业营销有许多种模式，比如，从传统的自产自销模式发展到今天的专卖店销售、区域经销商或代理商销售、加盟连锁销售、直销或会员制销售、租赁式营销、网络营销等，不同的营销模式适应不同的产品或服务，往往会产生不同的营销效果和税负。

企业薪酬节税的主要思路：对高收入员工试行年薪制可节税、工资、奖金均衡发放可节税、年终奖金发放需注意税率临界点。

【关键术语】

税务管理　准则　涉税活动　纳税实务　企业筹资　企业债券　可转换债券　企业投资　税收优惠　节税　税务谋划　企业营销

【思考题】

1. 什么叫资金的机会成本？筹资决策为什么要考虑资金的机会成本？

2. 谢先生有100万元的闲置资金，现有两种投资机会可供选择，其一是购买国债，年利率3%，另一种是购买某企业电力建设债券，年利率3.5%。如果不考虑风险因素，你觉得谢先生应该选择何种投资机会？为什么？

3. 某商家中秋节后还有许多月饼没有销售完，请为其设计一个促销方案，既能使月饼尽快卖出去，又不会加重商家税负。

4. 小刘和小杨是刚毕业的大学生，来到甲公司应聘，经试用公司觉得满意，这时公司提出：如果与公司签订3年的用工合同，则公司提供免费住宿条件，月薪1 500元；如果不与公司签用工合同，则公司不提供免费住宿条件，但可享受公司员工的其他福利，月薪2 000元，按临时工处理。小刘觉得外面租房估计400元一月足够，认为不签用工合同合算；而小杨则觉得签用工合同合算。如果你是小刘或小杨，你将如何选择？为什么？

【练习题】

一、单项选择题

1. 在企业税务管理中，应遵循的第一原则是（　　）。

A. 依法管理原则　　B. 事先筹划原则　　C. 全员参与原则　　D. 全过程管理原则

2. 下面（　　）种营销模式生产商对市场的调控力度较大，对局部市场变化的信息反映较快。

A. 商场专柜销售模式　　　　　　　　B. 区域代理商销售模式
C. 特许经营模式　　　　　　　　　　D. 租赁式营销模式

3. 以下几种促销方式比较，从企业节税角度考虑，（　　）对企业更有利。

A. 折价促销　　　　　　　　　　　　B. 实物折扣销售
C. 返利促销　　　　　　　　　　　　D. "买一赠一"促销

4. 从企业生产经营活动与税务的联系来看，下列活动属于纳税实务的税务管理的有（　　）。

A. 企业技术开发税务管理　　　　　　B. 企业税务登记
C. 企业薪酬福利税务管理　　　　　　D. 税务行政诉讼

5. 某集团是国家大型企业，对该集团来说，税收筹划空间最大的是（　　）。

A. 利用银行借款筹资　　　　　　　　B. 发行债券筹资
C. 设立财务公司利用企业间资金借用筹资　　D. 利用租赁方式筹资

二、多项选择题

1. 企业税务管理的内容税务计划管理，还包括（　　）。

A. 税务信息管理　　　　　　　　　　B. 税务行政管理
C. 涉税业务的税务管理　　　　　　　D. 纳税实务管理

2. 从营销税务管理的角度说，企业营销的交易方式选择主要包括（　　）。

A. 货物交易方式　　　　　　　　　　B. 现货交易方式
C. 交易定价方式　　　　　　　　　　D. 期货交易方式

3. 下列财务决策中，受税收因素影响的有（　　）。

A. 筹资决策　　　　　　　　　　　　B. 投资决策
C. 生产经营决策　　　　　　　　　　D. 利润分配决策

4. 下列有关税务管理的说法正确的有（　　）。

A. 税务管理指的是税收筹划
B. 税务管理是实现企业财务管理目标的有效途径
C. 企业税务管理是现代企业财务管理的重要内容
D. 税务管理贯穿于企业财务决策的各个领域

5. 下列筹资方式中，融资成本可以降低税负的有（　　）。

A. 融资租赁　　　　　　　　　　　　B. 发行债券
C. 吸收直接投资　　　　　　　　　　D. 直接借款

第十一章 财务预算

学习目的与要求：

(1) 了解财务预算的含义、作用及财务预算编制的步骤。
(2) 掌握财务预算编制方法。
(3) 掌握现金预算的编制。
(4) 掌握利润表和资产负债表预算的编制。

重点：

财务预算的编制方法，现金预算的编制。

难点：

现金预算的编制。

导读：

企业财务预算作为企业内部控制的重要方式，直接影响到企业战略的执行和企业绩效的提升。近年来，许多企业通过加强财务预算来明确工作目标，建立一套切合本企业实际的以财务管理为中心的企业经济运行新机制，把企业全面预算控制制度作为贯彻落实以财务管理为中心的基本制度优化资源配置，协调经营管理，通过加强财务预算，规范企业生产经营活动和提高经济效益，最终实现企业的健康快速发展。

第一节 财务预算概述

一、财务预算的含义

预算是用货币形式表现的，用于控制企业未来经济活动的计划，是企业经营决策所确定的目标的货币表现。

财务预算是一系列专门反映企业未来一定预算期内预计财务状况和经营成果，以及现金收支等价值指标的各种预算的总称,具体包括现金预算、财务费用预算、预计利润表、预计资产负债表和预计现金流量表等内容。财务预算的编制主要是由财务部门利用各业务、职能部门传递来的各项经营预算和资本支出预算资料来完成的,财务预算必须服从决策目标的要求,使决策目标具体化、系统化、定量化。

财务预算有广义和狭义之分。广义的财务预算是站在企业商品经营和资本运营的高度,全面规划和安排企业现金流入与现金流出,以保证实现企业的经营目标和达到理想的财务状况。广义的财务预算按其执行期分为短期财务预算和长期财务预算。短期财务预算是指企业的年度财务预算、季度财务预算以及月度财务预算;长期财务预算是指企业涉及长期投资以及重大经营举措的财务预算,故又称资本预算(或专门决策预算)。长期投资及重大经营举措的偶发性使得很多企业在编制财务预算时较少接触,因而将主要精力放在编制短期财务预算上。狭义的财务预算是针对预算期企业的经营活动而编制的财务预算,当企业的资本预算对该预算期的财务活动产生直接影响时,短期财务预算也必须将相关因素考虑进去,以使其所编制的财务预算保持全面性和完整性。

二、财务预算的作用

(一)明确工作目标

企业的各种经营活动都要有目标,它不仅要指明人们行动的方向,而且要说明对行动结果的数量要求,否则就无法实现对生产经营活动的有效机制。预算是目标的具体化,它不仅能够帮助人们更好地明确整个企业的奋斗目标,而且能够使人们清楚地了解自己部门的任务,同时,使管理阶层在制订经营计划时更具有前瞻性。预算加强了计划目标的可比性,使计划目标进一步明确化、具体化。在计划执行过程中作为依据即时明确地提供偏差信息,以便企业采取有效措施,扩大收益或减少损失。同时财务预算作为一种以价值尺度编制的计划,规定了企业一定时期的总目标以及各级各部门的具体财务目标,可使各个部门明确各自的职责,从自身角度努力完成企业总体战略目标,从而加强了计划目标的指导性和激励性。

(二)优化资源分配

企业管理的重要特征之一就是将各种不同的资源,通过内部化来节约交易成本,优化配置资产结构,从而取得规模经营效益。财务预算的制定过程也就是财务资源的配置过程,编制财务预算,有助于在合理决策的基础上,围绕财务目标的实现,将有限的财务资源,在各部门、各环节、各层次进行合理配置,分清轻重缓急,使有限的资金发挥最大的使用效用,提高企业的经济效益,确保财务目标的实现;通过财务预算可以将资源整合优化,分配给获利能力相对较高的相关部门或项目、产品,使资源浪费最小化而利用效率最大化。

(三)调动职工达成目标的积极性

职工是预算的最直接执行者,他们的工作对达成各预算指标,达到预定的总体目标有决定性影响,因此,在预算的编制过程中要有职工的参与,以保证各项指标更加科学、符合实际,同时可以调动职工工作的积极性,使他们对企业的生产经营目标更加明确,自觉地将具体工作标准与企业的整体目标相结合。

(四)协调经营管理

在经营管理过段中,企业各部门之间及各部门与企业整体之间,存在着密切的联系。企业的总体经营目标,如利润,必须层层分解为企业内各部门、人员和经营环节上的具体目标才能

够得到落实,如销售部门的销售量和销售收入目标,生产部门的生产量、质量和成本目标等,这就要求各部门必须紧密配合,相互协调,综合平衡,共同完成企业总体目标。通过预算编制可以把各组织层次、部门、个人和环节的目标有机地结合起来,明确他们之间的数量关系,促使企业内部各部门的预算相互协调,环环紧扣,形成统一的行动,在保证总体目标实现的情况下,组织各自的生产经营活动。

(五) 规划战略管理

财务战略管理是企业管理的核心,是对企业未来进行的规划。财务预算本质上是对未来的一种管理,它通过规划未来的发展指导目前的实践,因而具有战略性、前瞻性。

(六) 加强营运控制

在日常经营活动中,各项经济活动的进展如何,是否符合预定进程,能否实现计划目标,都需要根据一定的标准进行分析和判断,以便及时采取措施。财务预算一经制定,就必须付诸实施。筹资、投资、用资及资金分配,都要依据财务预算来执行,各部门各层次都要以预算为依据来开展工作,以保证目标的实现。从某种意义上说,财务预算是控制财务活动的依据。同时,财务预算是一种控制机制,通过这种机制,使预算主体和预算单位的行为调和到"自我约束"和"自我激励"层面,将实际经营成果与预算相比较,让管理者找出差异,分析原因,改善管理。

(七) 合理评估业绩

预算是目标的具体化,同时也是评价企业生产经营各个方面工作成果的基本尺度。以预算作为考核的依据比以过去实际成绩作为考核的依据效果更好。因为预算已经经过有关部门的充分讨论,本身已经把过去不合理的因素剔除了,因此具有先进性和可行性。预算在确立组织内部各部门、环节、个人行动目标的同时,也进一步明确了他们所承担的经济责任,使之能够被客观评价并具有可考核性,即通过实际数与预算数的比较分析,可以检查评估各部门、个人和环节的经济责任和计划任务的完成情况。在生产经营过程中,企业各职能部门根据预算的要求,有步骤地安排日常工作,组织生产经营活动,通过预算建立绩效评估体系,既可以考核各部门或有关人员的工作业绩,又有助于促进各方面及时采取措施,消除薄弱环节,保证预定目标更好地完成。

三、财务预算编制的步骤

财务预算的编制应在充分预测的基础上进行,编制时采取自上而下及自下而上相结合的方法反复修订、协调,最后交由财务部门进行综合平衡,报请领导或董事会批准后下达执行。在预算执行过程中应严格控制与考核预算执行情况,预算的修订要严格履行有关程序。具体编制步骤如下。

1. 目标下达

每年9月底以前,企业最高领导机构或公司董事会根据企业发展战略和预算期经济形势作出初步预测,在预测的基础上,提出下一年度企业财务预算目标,并确定财务预算编制的政策,下达有关控制指标,由财务委员会传达至各预算执行单位。预算目标包括销售或营业目标、成本费用目标、利润目标和现金流量目标。

2. 预算上报

各预算执行单位接到企业财务预算委员会下达的财务预算目标规划和有关指标计划后,

结合自身的特点以及预测的执行条件,编制出详细的本单位财务预算草案。于10月底前上报企业财务管理部门。

3. 审查修正

企业财务管理部门或预算委员会对各预算执行单位上报的财务预算草案进行审查、汇总,提出综合平衡的建议,并编制总预算草案,将总预算方案下发讨论,进行进一步的讨论并反馈给有关预算执行单位予以修正。

4. 审议批准

企业财务管理部门在有关预算执行单位修正调整的基础上,编制出企业财务预算方案,报财务预算委员会讨论。在讨论、协调、反复调整的基础上,企业财务管理部门正式编制企业年度财务预算草案,形成总预算报请领导机构批准。

5. 下达执行

一般在次年3月底以前,企业财务管理部门对董事会或经理办公会审议批准的年度预算,分解成一系列的指标体系,逐级下达各预算执行单位执行,并将企业财务预算报送主管财政机关备案。

第二节 财务预算的编制

一、财务预算的编制方法

财务预算编制方法按不同的方式可以分为不同的类型。

(一)按编制业务量基础的数量特征不同分

1. 固定预算方法

1) 固定预算方法的含义

固定预算方法简称固定预算,又称静态预算,是指在编制预算时,只根据预算期内正常的、可实现的某一固定业务量(如生产量、销售量)水平作为唯一基础来编制预算的一种方法。这种预算不考虑企业预算期内生产经营活动可能发生的变化,一般来说,固定预算方法只能适用于那些业务量水平较为平稳的企业或非营利组织编制预算时采用。

【例11-1】 某企业生产甲产品,预计销量为10 000台,预计销售价格为157元/台,预计销售成本为销售收入的60%,销售费用为销售收入的5%。则按上述已定资料编制的销售利润预算表,如表11-1所示。

表11-1 销售利润预算表 单位:元

项 目	金 额
销售收入	$157 \times 10\,000 = 1\,570\,000$
销售成本	$1\,570\,000 \times 60\% = 942\,000$
销售费用	$1\,570\,000 \times 5\% = 78\,500$
销售利润	549 500

固定预算的基本特征是:

(1) 不考虑预算期内业务活动水平可能发生的变动,仅以预算期内预定的某一共同的活动水平为基础确定相应的数据。

(2) 将实际结果与按预算期内计划预定的某一共同的活动水平为基础所确定的预算数进行比较分析,并据以进行业绩评价、考核。

2) 固定预算的缺点

固定预算是根据预算期内一种可能达到的预计业务量水平编制的预算。一旦预计业务量与实际业务量水平相差甚远时,必然导致有关成本费用及利润的实际水平与预算水平因基础不同而失去可比性,不利于开展控制和考核。在此法下,不论未来预算期内实际业务量水平是否发生变动,都只按事先预计的某一个确定的业务量水平作为编制预算的基础。而在实际中,由于市场行情变化或季节性等原因,各月份的实际业务水平常常与预算产生差异,致使无法准确地评价和考核费用预算的执行情况,从而也就难以对其实施预算控制。因此对于那些未来业务量不稳定,其水平经常发生波动的企业来说,如果采用固定预算方法,就可能对企业预算的业绩考核和评价产生扭曲甚至误导作用。

2. 弹性预算方法

1) 弹性预算方法的含义

弹性预算方法简称弹性预算,又称变动预算或滑动预算,是针对固定预算的缺点而设计的,是固定预算的对称。它以业务量、成本和利润之间的依存关系为依据,根据预算期内一系列可能达到的预计业务量水平而编制的能适应多种情况的预算。弹性预算的基本原理是将成本费用按照成本习性划分为固定成本和变动成本两大部分。编制弹性预算时对固定成本不予调整,只对变动成本进行调整。弹性预算能随业务量的变动而变动,使预算执行情况的评价和考核建立在更加客观可比的基础上,可以充分发挥预算在管理中的控制作用。由于未来业务量的变动会影响到成本、费用、利润等各个方面,因此,弹性预算方法从理论上讲适用于编制全面预算中所有与业务量有关的各种预算。但在实际工作中,主要用于编制弹性成本费用预算和弹性利润预算等。

编制弹性预算所依据的业务量可以是产量、销售量、直接人工工时、机器工时、材料消耗量和直接人工工资等。

2) 弹性预算的编制步骤

(1) 选择和确定业务量的计量单位。业务量计量单位应根据企业的具体情况选择,一般来说,生产单一产品的部门,可选用产品实物量;生产多品种产品的部门,可以选用人工工时、机器工时等;以手工操作为主的企业应选用人工工时;机械化程度较高的企业应选用机器工时。

(2) 根据预测确定业务量变动的范围。业务量变动的范围应根据企业的具体情况而定,一般来说,可定在正常生产能力的 70%~120% 之间,或以历史上最高业务量和最低业务量为其上下限。

(3) 按成本性态分析方法将总成本费用划分为变动成本和固定成本两个类别。

(4) 用公式法或列表法确定在各种业务量水平下的预算数额。

方法一:公式法。

公式法是指通过确定成本公式 $y_i = a_i + b_i x_i$ 中的 a_i 和 b_i 来编制弹性预算的方法。当 a_i 为零时,$y_i = b_i x_i$ 为变动成本;当 b_i 为零时,$y_i = a_i$ 为固定成本;当 a_i 和 b_i 均不为零时,y_i 为混合成本;x_i 可以为多种业务量指标,如产销量、直接人工工时等。

【例11-2】 某企业按公式法编制弹性成本预算,如表11-2所示。

表11-2 预算期生产成本弹性预算
产量变动范围:40 000~55 000个
单位:元

项目	a_i	b_i
直接材料		100
直接人工		50
间接材料		20
间接人工		40
动力费		15
其他		5
办公费	700 000	
折旧费	2 500 000	
合计	3 200 000	230

根据表11-2,可利用 $y_i = 3\ 200\ 000 + 230 x_i$,计算出产量在40 000个到55 000个的范围内,任一产量基础上的生产成本预算总额;如产量为40 000个,则由公式可知,预算总额为 $3\ 200\ 000 + 40\ 000 \times 230 = 12\ 400\ 000$。

方法二:列表法。

列表法是指通过列表的方式,在相关范围内每隔一定业务量范围计算相关数值预算,来编制弹性成本预算的一种方法。

【例11-3】 某企业按列表法编制弹性成本预算,如表11-3所示。

表11-3 预算期生产成本弹性预算
单位:元

预计生产量/个	40 000	45 000	50 000	55 000
直接材料	4 000 000	4 500 000	5 000 000	5 500 000
直接人工	2 000 000	2 250 000	2 500 000	2 750 000
变动性制造费用	3 200 000	3 600 000	4 000 000	4 400 000
其中:间接材料	800 000	900 000	1 000 000	1 100 000
间接人工	1 600 000	1 800 000	2 000 000	2 200 000
动力费	600 000	675 000	750 000	825 000
其他	200 000	225 000	250 000	275 000
固定性制造费用	3 200 000	3 200 000	3 200 000	3 200 000
其中:办公费	700 000	700 000	700 000	700 000
折旧费	2 500 000	2 500 000	2 500 000	2 500 000
生产成本合计	12 400 000	13 550 000	14 700 000	15 850 000

实际工作中,公式法和列表法可结合运用。

根据上述弹性预算编制的步骤和实例不难发现,在编制预算时它与固定预算的区别在于:弹性预算将所有的成本费用划分为变动成本和固定成本两部分,变动成本按单位成本预算和控制,固定成本按总额预算和控制;固定预算对成本费用总额不按成本性态进行划分,而按完全成本预算和控制。

在实际工作中,一般企业可采用固定预算和弹性预算组成的混合预算制度,以适应管理的需要。

3) 弹性预算方法的优点

根据弹性预算的基本特征可以看出其具有自身的优点。一方面弹性预算方法能够适应不同经营活动情况的变化,扩大了预算的适用范围,避免了在实际情况发生变化时对预算作频繁的修改;另一方面弹性预算方法能够使预算对实际执行情况的评价与考核,建立在更加客观可比的基础之上,可以更好地发挥预算的控制作用。

弹性预算适用于企业不断变化的情况,能够真实、准确地反映一系列特定生产经营规模和业务量水平上所应当发生的费用开支和取得的利润,预算控制和差异分析更有意义和说服力。因此,弹性预算比固定预算更便于落实任务,区分责任,并使预算执行情况的评价和考核建立在更加客观而可比的基础上,在预算管理工作中能发挥更大的作用。

(二) 按编制成本费用预算出发点的特征不同分

1. 增量预算方法

1) 增量预算方法的含义

增量预算方法简称增量预算,又称调整预算方法,是指以基期成本费用水平为基础,结合预算期业务量水平及有关影响成本因素的未来变动情况,通过调整有关原有费用项目而编制预算的一种方法。传统的预算编制方法基本上采用的是增量预算方法,即以基期的实际预算为基础,对预算值进行增减调整。

2) 增量预算方法的假定

这种方法的基本假定是:

第一,现有的业务活动是企业所必需的。只有保留企业现有的每项业务活动,才能使企业的经营过程得到正常发展。

第二,原有的各项开支都是合理的。既然现有的业务活动是必需的,那么原有的各项费用开支就一定是合理的,必须予以保留。

第三,增加费用预算是值得的,未来预算期的费用变动是在现有费用的基础上调整的结果。

3) 增量预算方法的缺点

增量预算方法比较简单,但它以过去的水平为基础,实际上是承认过去发生的一切是合理的,无需改进,因循沿袭下去。这样一方面可能使原来不合理的费用开支继续存在下去,造成预算的浪费;另一方面也可能造成预算的不足,不利于企业未来的发展,同时,也会滋长预算中的"平均主义"和"简单化"。采用此预算方法,容易鼓励预算编制人员凭主观臆断按成本项目平均削减预算或只增不减,不利于调动各部门减低费用的积极性。

2. 零基预算方法

1) 零基预算方法的含义

零基预算方法简称零基预算,又称零底预算,是指在编制成本费用预算时,不考虑以往会计期间所发生的费用项目或费用数额，而是将所有的预算支出均以零为出发点，一切从实际需要与可能出发，像对待决策项目一样，逐项审议各项费用的内容及开支标准是否合理，在综合平衡的基础上编制费用预算的一种方法。该预算方法特别适用于产出较难辨认的服务性部门费用预算的编制。

零基预算方法是为克服增量预算法的不足而设计的。它是由美国德州仪器公司彼得·派尔在20世纪70年代提出来的，现已被西方国家广泛采用，成为管理间接费用的一种新的有效方法。

零基预算方法打破了传统的编制预算观念，它要求对各个业务项目需要多少人力、物力和财力逐个进行估算并说明其经济效果，在此基础上，按项目的轻重缓急性质分配预算经费，这种预算不再以历史资料为基础修修补补，而是一切以零为出发点，一切推倒重来，零基预算方法即因此而得名。

2）零基预算的编制程序

（1）确定预算单位。预算单位有时称为"基本预算单位"，也可以定义为主要的基本建设项目、专项工作任务或者是主要项目。在实践中，通常由高层管理者来确定哪一级机构、部门或者项目为预算单位。

（2）提出相应预算方案。预算单位针对企业在预算年度的总体目标以及由此确定的各预算单位的具体目标和业务活动水平，提出相应的费用预算方案，并说明每一项费用开支的理由与数额。

（3）进行成本和效益分析。比较每一项费用及相应的效益，评价每项费用开支计划的重要程度，区分不可避免成本与可延缓成本。

（4）决定预算项目资金分配方案。将预算期可动用的资金在预算单位内各项目之间进行分配，对不可避免成本项目优先安排资金，对可延缓成本项目根据可动用资金情况，按轻重缓急、收益大小分配资金。

（5）编制明细费用预算。预算单位经协调后具体规定有关指标，逐项下达费用预算。

3）零基预算方法的优点

零基预算方法的优点是：① 不仅能够压缩经费开支，而且能切实做到把有限的经费用在最需要的地方。② 不受过去老框框的制约，能够充分调动企业各部门人员降低费用的积极性，可以充分发挥各级管理人员的积极性、主动性和创造性，促进各预算部门精打细算，量力而行，合理使用资金，提高资金的利用效率，有助于企业未来发展。这种方法以零为出发点，对一切费用一视同仁，有利于企业面向未来发展考虑预算问题。

4）零基预算方法的缺点

零基预算方法的缺点是一切从零开始，需要对企业现状和市场进行大量研究，对现有资金使用效果和投入产出关系进行定量分析等，这势必耗费大量的人力、物力和财力，预算编制工作量大，其花费的时间和代价远比不太精确的预算过程高，有时甚至得不偿失。有的企业每隔若干年进行一次零基预算，以后几年内略作适当调整，这样既简化了预算编制的工作量，又能适当控制费用。

【例11-4】 某企业可用于下一年度的管理费用的资金总额为200 000元，经与有关各方的协商，提出费用计划如下：房屋租金80 000元，办公费用50 000元，水电费8 000元，培训费用40 000元，差旅费用70 000元，其他费用5 000元。

预算审核小组对上述项目,按性质和重要程度排列,分成三个等级。第一等级:房屋租金、水电费,总额为 88 000 元。第二等级:办公费用、差旅费用和其他费用,总额为 125 000 元。第三等级:培训费用,金额为 40 000 元。第一等级的管理费用为企业管理部门必不可少的开支,在资金来源允许的情况下,必须全部予以保证。扣除第一等级的费用后,资金尚余 112 000 元。第二等级的管理费用虽不是必不可少的,但也是必需的支出,它们支出的多少,决定着企业管理水平的提高与否,因此应尽量保证,同时可考虑适当节约有关开支。所以,权衡后决定将第二等级管理费用的 80% 予以满足,即 100 000 元。第三等级的管理费用是为提高管理人员素质而支付的,可考虑较大幅度削减甚至暂缓,这样,将尚有的 12 000 元用于这部分开支,不足部分通过部门内提高工作效率、精打细算、量入而出的方法予以解决。

最后,落实各项预算,编制下一年度管理费用各项目开支预算,如表 11-4 所示。

表 11-4 管理费用各项目开支预算表 单位:元

费用顺序	项 目	计划开支数	级 别	预算落实比例(%)	预算落实数
1	房屋租金	80 000	第一等级	100	80 000
2	水电费	8 000	第一等级	100	8 000
3	办公费用	50 000	第二等级	80	40 000
4	差旅费	70 000	第二等级	80	56 000
5	其他费用	5 000	第二等级	80	4 000
6	培训费用	40 000	第三等级	30	12 000
合 计		253 000			200 000

(三)按预算期的时间特征不同分

1. 定期预算方法

1)定期预算方法的含义

定期预算方法简称定期预算,是指在编制预算时以不变的会计期间(如日历年度)作为预算期的一种编制预算的方法。

2)定期预算方法的优点

定期预算方法的唯一优点是能使预算期与会计年度一致,便于实际数与预算数的比较,有利于预算执行情况和执行结果的分析和评价。

3)定期预算方法的缺点

按照定期预算方法编制预算的主要缺点有:远期指导性差,不利于对生产经营活动的考核与评价;灵活性差,可能造成预算滞后过时,使之成为虚假预算;连续性差,不能适应连续不断的经营过程,从而不利于企业的长远发展。

2. 滚动预算方法

1)滚动预算方法的含义

滚动预算方法简称滚动预算,又称连续预算或永续预算,是指在编制预算时,将预算期与会计年度脱离,随着预算的执行,不断延伸补充预算,逐期向后滚动,使预算期永远保持为一个固定期间的一种预算编制方法。

滚动预算方法的理论依据是：第一，根据企业会计中持续经营的时间观，企业的生产经营活动是延续不断的，因此，企业的预算也应该全面地反映这一延续不断的过程，使预算方法与生产经营过程相适应；第二，企业的生产经营活动是复杂的，随着时间的变迁，它将产生各种难以预料的变化。

滚动预算的基本做法是：每过一个季度（或月份），立即根据前一个季度（或月份）的预算执行情况，对以后季度（或月份）进行修订，并增加一个季度（或月份）的预算。这样以逐期向后滚动、连续不断的预算形式规划企业未来的经营活动。

2）滚动预算的方式及其特征

滚动预算按其预算编制和滚动的时间单位不同，可分为逐月滚动、逐季滚动和混合滚动三种方式。

逐月滚动方式是指在预算编制过程中，以月份为预算的编制和滚动单位，每个月调整一次预算的方法；逐季滚动方式是指在预算的编制过程中，以季度为预算的编制和滚动单位，每个季度调整一次预算的方法；混合滚动方式是指在预算编制过程中，同时使用月份和季度作为预算的编制和滚动单位的方法，它是滚动预算的一种变通方式，这种预算方法的理论依据是：人们对未来的把握程度不同，对近期的预计把握较大，对远期的预计把握较小。为了做到长计划短安排，远略近详，在预算编制过程中，可以对近期预算提出较高的精度要求，使预算内容相对详细，对远期预算提出较低的精度要求，使预算内容相对简单，这样就可以减少预算的工作量。

逐月滚动编制的预算比较精确，但工作量太大；逐季滚动编制的预算比逐月滚动的工作量小，但预算精度较差；混合滚动预算克服了以上两种滚动预算方式的不足，是一种较理想的滚动预算编制方法。在实际工作中，采用哪一种滚动预算方式应视企业的实际需要而定。

3）滚动预算方法的优缺点

与传统的定期预算方法相比，滚动预算方法具有自己的优点：首先，保持了预算的连续性和完整性，滚动预算在时间上不再受日历年度的限制，能够连续不断地规划未来的经营活动，不会造成预算的人为间断；同时可以使企业管理人员了解未来预算内企业的总体规划与近期预算目标，能够确保企业管理工作的完整性和稳定性，能够从动态预算中把握企业的未来。其次，使各级管理人员始终保持对未来12个月甚至更远的生产经营活动作周详的考虑和全盘规划，保证企业的各项工作有条不紊地进行。再次，透明度高，编制预算不再是预算年度开始之前几个月的事情，而是与日常管理紧密衔接，让管理人员始终能从动态的角度把握住企业近期的规划目标和远期的战略布局，使预算具有较高的透明度，便于外界对企业经营状况的了解。最后，及时性强，滚动预算能根据前期预算的执行情况，结合各种因素的变动影响及时调整和修订近期预算，从而使预算更加切合实际，能够充分发挥预算的领导和控制作用。

采用滚动预算方法编制预算的主要缺点是预算工作量较大。

二、现金预算

（一）编制现金预算的依据

现金预算是以日常业务预算和特种决策预算为基础的，概括地反映企业在整个预算期内现金收入、现金支出、现金余缺和融通资金状况的预算。这里的现金是指企业的库存现金和银行存款等货币资金。编制现金预算的目的在于合理地处理现金收支业务,正确地调动资金,有目的地加强控制,根据现金收入和现金支出可以知道现金是结余还是不足。在现金不足时筹措资金,现金多余时及时处理现金余额,并提供现金收支的控制限额,以充分发挥现金管理的作用,保证企业资金的正常、合理的流转。

现金收支差额与期末余额均要通过协调资金筹措及运用来调整。应当在保证各项支出所需资金供应的前提下,注意保持期末现金余额在合理的上下限度内波动。因为现金储备过少会影响周转,现金过多又会造成浪费,所以现金余额既不是越多越好,也不是越少越好。因此,企业不仅要定期筹措到抵补收支差额的现金,还必须保证有一定的现金储备。当收支差额为正值时(称为现金节余),在偿还了利息和借款本金之后仍超过现金余额上限时,就应该拿出一部分钱用于有价证券投资;但一旦发现还本付息之后的收支差额低于现金余额下限,就应该抛出一部分有价证券来补足现金短缺;如果现金收支差额为负值(即现金短缺),可采取暂缓还本利息、抛售有价证券或向银行借款等措施。

现金预算一般由现金收入、现金支出、现金多余或不足、资金的筹集与运用以及期末现金余额五个部分构成。

1. 现金收入

它包括预算期的期初现金余额加上本期预计可能发生的现金收入,其主要来源是销售收入和应收账款的收回。期初现金余额是在编制预算时预计的,预计现金收入的数据可以从销售预算中取得。

2. 现金支出

它包括预算期内预计可能发生的全部现金支出,如支付材料采购成本、直接人工成本、制造费用、销售及管理费用等,这些数据可以从相关业务预算中取得。此外,还包括购置设备、支付所得税及股利分配等现金支出,这些数据可以从相关特种决策预算中取得。

3. 现金多余或不足

它反映现金收入合计与现金支出合计的差额,如果差额为正数,说明现金收入大于现金支出,现金出现多余,可用于偿还借款或进行短期投资;如果差额为负数,说明现金收入小于现金支出,现金出现不足,需向银行借款或采取其他方式筹措资金。

4. 资金的筹集与运用

它是对预算期出现现金多余或不足时所作的具体安排,包括向银行借款、偿还借款及利息、对外进行短期投资、收回投资及利息等。对预算期资金预作安排可以避免在需要时因资金短缺而陷入麻烦,也可以有效利用多余的资金进行投资以获取收益。

5. 期末现金余额

它是将计划期的现金收入总额减去现金支出总额,再减去现金投放或归还总额或加上资金筹措总额,即可求得期末现金余额。这些数据绝大部分可从前述业务预算中获得。

在完成初步的预算以后,我们就可以知道企业在计划期间需要多少经营资金,财务主管人员就可以据以预先安排和筹措,来满足各个时期的资金需要。

由此可见,为了有计划地安排和筹措资金,编制期间越短越好。西方国家有不少以星期为单位,逐周编制预算,但最常见的还是年度分季或季度分月进行编制。

现金预算需要根据经营现金收入预算表、直接材料采购现金支出预算、应缴税金及附加预算、直接人工预算、制造费用现金支出预算、销售费用现金支出预算以及管理费用现金支出预算等相关数据资料编制。

（二）现金预算的编制流程

1. 销售预算的编制

销售预算是指为规划一定预算期内因组织销售活动而引起的预计销售收入而编制的一种日常业务预算。销售预算是整个预算的编制起点，其他预算的编制都以销售预算作为基础。销售预算需要在销售预测的基础上，根据企业年度目标利润确定的预计销售量和销售价格等参数进行编制。销售预算通常还包括预计现金收入的计算，其目的是为编制现金预算提供必要的资料。表 11 – 5 所示的是某企业 2006 年的销售预算。其中假设每季度销售收入的 60％在本季度收回，另外的 40％现金要到下季度才能收回。

表 11 – 5　销售预算

季　　度	一	二	三	四	全　年
预计销售量(件)	100	150	200	180	630
预计单价(元)	200	200	200	200	200
销售收入(元)	20 000	30 000	40 000	36 000	126 000
预计现金收入(元)					
上年应收款	6 200				6 200
一季度销售	12 000	8 000			20 000
二季度销售		18 000	12 000		30 000
三季度销售			24 000	16 000	40 000
四季度销售				21 600	21 600
现金合计	18 200	26 000	36 000	37 600	117 800

2. 生产预算的编制

生产预算是指为规划一定预算期内预计生产量水平而编制的一种日常业务预算。该预算是所有日常业务预算中唯一使用实物计量单位的预算，可以为进一步编制有关成本和费用预算提供实物量数据。生产预算是在销售预算的基础上编制的，其主要内容有销售量、期初和期末存货、生产量。由于企业的生产和销售不能做到"同步同量"，必须设置一定的存货，以保证均衡生产。因此，预算期间除必须备有充足的产品以供销售外，还应考虑预计期初存货和预计期末存货等因素。表 11 – 6 所示的是某企业 2006 年的生产预算。其中原始数据来源：预计销售量(销售预算)；预计年初存货(10 件)；预计年末存货(20 件)；期末库存率(下期销售的 10％)。各种数据之间的关系为：

预计期末库存＝下期销售量×期末库存率

预计期初存货＝上期期末存货

预计生产量＝预计销售量＋预计期末存货－预计期初存货

表 11-6 生产预算　　　　　　　　　　　　　　　　　　　　　　　　　　　单位：件

季　度	一	二	三	四	全　年
预计销售量	100	150	200	180	630
加：预计期末存货	15	20	18	20	20
合　计	115	170	218	200	650
减：预计期初存货	10	15	20	18	10
预计生产量	105	155	198	182	640

3. 直接材料预算的编制

直接材料预算是指为规划一定预算期内因组织生产活动和材料采购活动预计发生的直接材料需用量、采购数量和采购成本而编制的一种经营预算。本预算以生产预算、材料消耗定额和预计采购单价等信息为基础,并考虑期初、期末材料存货水平。表 11-7 所示的是某企业 2006 年的直接材料预算。

表 11-7 直接材料预算

季　度	一	二	三	四	全　年
预计生产量(千克)	105	155	198	182	640
单位材料消耗定额(千克)	10	10	10	10	10
生产需用量(千克)	1 050	1 550	1 980	1 820	6 400
加：预计期末材料存量(千克)	310	396	364	400	400
合　计(千克)	1 360	1 946	2 344	2 220	6 800
减：预计期初材料存量(千克)	300	310	396	364	300
预计材料采购量(千克)	1 060	1 636	1 948	1 856	6 500
单价(元)	5	5	5	5	5
预计采购金额(元)	5 300	8 180	9 740	9 280	32 500
预计现金支出(元)					
上年应付账款	2 350				2 350
第一季度(采购 5 300)	2 650	2 650			5 300
第二季度(采购 8 180)		4 090	4 090		8 180
第三季度(采购 9 740)			4 870	4 870	9 740
第四季度(采购 9 280)				4 640	4 640
合　计	5 000	6 740	8 960	9 510	30 210

"预计生产量"的数据来源于生产预算,"单位材料消耗定额"的数据来源于标准成本资料或消耗定额资料,"生产需用量"是上述两项的乘积。年初和年末的材料存货量是根据当前生产情况和长期销售预测估计的。各季度"期末材料存量"根据下季度生产量的一定百分比确

定,表11-7按20%计算。各季度"期初材料存量"是上季度的期末存货。预计各季度"采购量"根据下式计算确定。

某种材料预计采购量＝该种材料的预计生产需用量＋该种材料的预计期末材料存量
－该种材料预计期初材料存量

为便于编制现金预算,通常要预计材料采购各年度的现金支出。每个季度的现金支出包括偿还上期应付账款和本期应支付的采购货款。表11-7中假设材料采购的货款有50%在本季度内付清,另外50%在下季度付清。具体的比例根据企业实际经验来确定。预计期末应付账款余额可根据下式计算确定。

预计期末应付账款余额＝预计期初应付账款余额＋该期预计采购金额
－某预算期采购现金支出

4. 直接人工预算的编制

直接人工预算是指为规划一定预算期内人工工时的消耗水平和人工成本水平而编制的一种经营预算。直接人工成本包括直接工资和按直接工资的一定比例计算的其他直接费用(应付福利费等)。编制直接人工预算的主要依据是已知的标准工资率、标准单位直接人工工时、其他直接费用计提标准和生产预算中的预计生产量等资料。由于人工工资都需要使用现金支付,可直接参加现金预算的汇总。某企业2006年的直接人工预算如表11-8所示。

表11-8 直接人工预算

季　　度	一	二	三	四	全　年
预计生产量(件)	105	155	198	182	640
单位产品工时(小时)	10	10	10	10	10
人工总工时(小时)	1 050	1 550	1 980	1 820	6 400
每小时人工成本(元)	2	2	2	2	2
人工总成本(元)	2 100	3 100	3 960	3 640	12 800
预计人工现金支出(元)	2 100	3 100	3 960	3 640	12 800

5. 制造费用预算的编制

制造费用预算是指为规划一定预算期内除直接材料和直接人工预算以外预计发生的其他生产费用水平而编制的一种日常业务预算。当以变动成本法为基础编制制造费用预算时,可按变动性制造费用和固定性制造费用两部分内容分别编制。变动性制造费用以生产预算为基础来编制。当有完善的标准成本资料时,可直接用产品的单位标准成本与产量相乘,计算得出相应的预算金额;如果没有标准成本资料,就需要逐项预计计划产量需要的各项制造费用。固定制造费用需要逐项预计,通常与本期产量无关,按每季度实际需要的支付额预计,然后算出全年数。为了便于编制现金预算,需要预计现金支出。在制造费用中,除折旧费外都必须支付现金,将制造费用数额扣除折旧费后,就可得出现金支出的费用。表11-9所示的是某企业2006年的制造费用预算。

表 11-9 制造费用预算

	季　　度	一	二	三	四	全　年
变动制造费用(元)	间接材料	105	155	198	182	640
	间接人工	105	155	198	182	640
	维修费	210	310	396	364	1 280
	水电费	105	155	198	182	640
	小　计	525	775	990	910	3 200
变动制造费用分配率						0.5
固定制造费用(元)	管理人员工资	200	200	200	200	800
	折旧费	1 000	1 000	1 000	1 000	4 000
	办公费	1 000	1 140	900	900	3 940
	保险费	75	85	110	190	460
	其　他	100	100	100	100	100
	小　计	2 375	2 525	2 310	2 390	9 600
固定制造费用分配率						1.5
合　计(元)		2 900	3 300	3 300	3 300	12 800
减：折旧费(元)		1 000	1 000	1 000	1 000	4 000
现金支出的费用(元)		1 900	2 300	2 300	2 300	8 800

为便于以后编制产品成本预算，需计算以下两项。

变动制造费用分配率＝(3 200/6 400)元/小时＝0.5元/小时

固定制造费用分配率＝(9 600/6 400)元/小时＝1.5元/小时

6. 产品成本预算的编制

产品成本预算是指为规划一定预算期内每种产品的单位成本、生产成本、销售成本等内容而编制的一种日常业务预算。本预算需要在生产预算、直接材料预算、直接人工预算和制造费用预算的基础上编制，为编制预计利润表和预计资产负债表提供数据。生产量、期末存货量来自生产预算，销售量来自销售预算。某企业的产品成本预算如表11-10所示。

表 11-10 产品成本预算

项　　目	单 位 成 本			生产成本 (元)(640件)	期末存货 (元)(20件)	销售成本 (元)(630件)
	价格标准	投入量	成本(元)			
直接材料	5(元/千克)	10(千克)	50	32 000	1 000	31 500
直接人工	2(元/小时)	10(小时)	20	12 800	400	12 600

（续表）

项 目	单位成本			生产成本 （元）（640件）	期末存货 （元）（20件）	销售成本 （元）（630件）
	价格标准	投入量	成本（元）			
变动制造费用	0.5（元/小时）	10（小时）	5	3 200	100	3 150
固定制造费用	1.5（元/小时）	10（小时）	15	9 600	300	9 450
合　计			90	57 600	1 800	56 700

7. 销售费用及管理费用预算的编制

销售费用预算是指为规划一定预算期内企业在销售阶段组织产品销售预计发生各项费用水平而编制的一种日常业务预算。它以销售预算为基础，在草拟销售费用预算时，要对过去的销售费用进行分析，考察过去销售费用支出的必要性和效果。管理费用预算是指为规划一定预算期内因管理企业预计发生各项费用水平而编制的一种日常业务预算。在编制管理费用预算时，要分析企业的业务成绩和一般经济状况，务必做到费用合理化。管理费用多属于固定成本，一般以过去的实际开支为基础，按预算期内可预见的变化来调整。某企业的销售费用及管理费用预算如表 11-11 所示。

表 11-11　销售费用及管理费用预算　　　　　　　　　　单位：元

销售费用	销售人员工资	2 000
	广告费	5 500
	包装、运输费	3 000
	保管费	2 700
	小　计	13 200
管理费用	管理人员工资	4 000
	福利费	800
	保险费	600
	办公费	1 400
	小　计	6 800
合　计		20 000
每季度支付现金（20 000/4）		5 000

8. 现金预算

根据上述某企业的销售预算（表 11-5）、直接材料预算（表 11-7）、直接人工预算（表 11-8）、制造费用现金支出预算（表 11-9）、销售费用及管理费用预算（表 11-11）编制某企业 2006 年的现金预算表。假定每季末企业需要保留的现金余额为 6 000 元，不足此数时需要向银行借款。向银行借款额＝最低现金余额＋现金不足额。假设银行借款的金额要求是 1 000 元的倍数，年利率为 10%。超过企业需要保留的现金余额时可以偿还过去所借的银行借款及利息。借款利息一般按"每期期初借入，每期期末归还"来预计利息。某企业 2006 年的现金预算如表 11-12 所示。

表 11-12 现金预算 单位:元

季　度	一	二	三	四	全　年
期初现金余额	8 000	8 200	6 060	6 290	8 000
加:销货现金收入	18 200	26 000	36 000	37 600	117 800
可运用现金合计	26 200	34 200	42 060	43 890	125 800
减:各项支出					
直接材料	5 000	6 740	8 960	9 510	30 210
直接人工	2 100	3 100	3 960	3 640	12 800
制造费用	1 900	2 300	2 300	2 300	8 800
销售及管理费用	5 000	5 000	5 000	5 000	5 000
预交所得税	4 000	4 000	4 000	4 000	16 000
购买设备		10 000			10 000
预分股利		8 000		8 000	16 000
支出合计	18 000	39 140	24 220	32 450	113 810
现金多余或不足	8 200	-4 940	17 840	11 440	11 990
加:向银行借款		11 000			11 000
减:还银行借款本金			11 000		11 000
借款利息(年利率10%)			550		550
期末现金余额	8 200	6 060	6 290	11 440	11 440

编制现金预算的目的在于资金不足时筹措资金,资金多余时及时处理现金余额,并且提供现金收支的控制限额,发挥现金管理的作用。

三、利润表和资产负债表预算

(一) 预计利润表

预计利润表是指以货币形式综合反映预算期内企业经营活动成果(包括利润总额、净利润)计划水平的一种财务预算。该预算需要在销售预算、产品成本预算、销售费用及管理费用预算等日常业务预算的基础上编制。某企业 2006 年的预计利润表如表 11-13 所示。

表 11-13 预计利润表 单位:元

销售收入(表 11-5)	126 000.0
减:销售成本(表 11-10)	56 700.0
毛　利	69 300.0

(续表)

减：销售费用(表 11-11)	13 200.0
管理费用(表 11-11)	6 800.0
财务费用(表 11-12)	550.0
利润总额	48 750.0
减：所得税(33%)	16 087.5
净利润	32 662.5

其中,"销售收入"的数据来源于销售收入预算(表 11-5);"销售成本"来源于销售成本预算(表 11-10);"销售费用"及"管理费用"的数据来源于销售费用及管理费用预算(表 11-11);"财务费用"的数据来源于现金预算(表 11-12)里的利息项目。

预计利润表的格式和实际利润表的格式基本相同,只不过数据是面向预算期的,该表可以了解企业预期的赢利水平。

(二) 预计资产负债表

预计资产负债表是指用于总括反映企业预算期末财务状况的一种财务预算。预计资产负债表与实际的资产负债表结构相同,只不过数据是反映预算期末的财务状况。预计资产负债表中除上年期末数是已知的外,其余项目均是根据前述各项日常业务预算来分析填列的。根据上述预算表及相关信息编制某企业 2006 年年末的预计资产负债表,如表 11-14 所示。

表 11-14 预计资产负债表 单位：元

资 产			权 益		
项 目	年 初	年 末	项 目	年 初	年 末
现金(表 11-12)	8 000.0	11 440.0	应付账款(表 11-7)	2 350.0	4 640.0
应收账款(表 11-5)	6 200.0	14 000.0	应交所得税	0	87.5
直接材料(表 11-7)	1 500.0	2 000.0	长期借款	9 000.0	9 000.0
产成品(表 11-10)	900.0	1 800.0	普通股	20 000.0	20 000.0
土 地	15 000.0	15 000.0	未分配利润	16 250.0	32 912.5
房屋及设备	20 000.0	30 000.0			
累计折旧(表 11-9)	4 000.0	8 000.0			
资产总额	47 600.0	66 640.0	权益总额	47 600.0	66 640.0

编制预计资产负债表的目的在于判断预算反映的财务状况的稳定性与流动性。在分析预计资产负债表时,发现某些财务比率不佳,必要时可修改相关预算。

【本章小结】

财务预算是企业全面预算体系的重要组成部分,它是一系列以价值形式表示的、专门用于反映企业在预算期内财务状况和经营成果的预计报表以及关于预算期内资金筹措和使用等方面的各种预算的总称。财务预算编制方法按不同的方式可以分为不同的类型。按其业务量基础的数量特征,可分固定预算方法和弹性预算方法两类;按其编制出发点的特征,可分为增量预算方法与零基预算方法两类;按其预算期的时间特征,可分为定期预算方法与滚动预算方法两类。财务预算具体编制分为现金预算的编制和预计财务报表的编制两部分。

【关键术语】

财务预算　全面预算　财务状况　财务报表　资金筹措　编制　固定预算　弹性预算　增量预算　零基预算　定期预算　滚动预算　现金预算

【思考题】

1. 财务预算的作用有哪些?
2. 财务预算的具体编制步骤包括哪些?
3. 定期预算和滚动预算其优缺点各有哪些?
4. 现金预算由哪几个部分构成?如何编制现金预算?
5. 如何进行资产负债表预算的编制?

【练习题】

一、单项选择题

1. 能克服传统定期预算缺点,可以保持预算的连续性和完整的预算方法是(　　)。
   A. 零基预算　　　B. 固定预算　　　C. 滚动预算　　　D. 弹性预算
2. 定期预算的优点是(　　)。
   A. 透明度高　　　　　　　　　　　B. 能使预算期间与会计年度相配合
   C. 及时性强　　　　　　　　　　　D. 稳定性突出
3. 零基预算的缺点是(　　)。
   A. 过于机械呆板　B. 可比性差　　　C. 工作量大　　　D. 导致保护落后
4. 固定预算方法的致命缺点是(　　)。
   A. 过于机械呆板　　　　　　　　　B. 可导致保护落后
   C. 不利于企业未来的发展　　　　　D. 可比性差
5. 下列各项中,在现金预算中没有直接得到反映的是(　　)。
   A. 期初期末现金余额　B. 现金收入　C. 预算期产量和销量　D. 现金支出

二、多项选择题

1. 弹性预算所依据的业务量可以是(　　)。
   A. 机器工时　　　B. 销售量　　　　C. 材料消耗量　　D. 直接人工工资
2. 滚动预算按其预算编制和滚动的时间单位不同可分为(　　)。
   A. 逐月滚动　　　B. 逐季滚动　　　C. 逐年滚动　　　D. 混合滚动
3. 编制成本费用预算的方法,按其出发点的特征不同,可分为(　　)。
   A. 固定预算　　　B. 增量预算　　　C. 零基预算　　　D. 弹性预算
4. 现金预算的编制基础是(　　)。
   A. 财务预算　　　　　　　　　　　B. 日常业务预算
   C. 特种决策预算　　　　　　　　　D. 固定预算
5. 增量预算的基本假定有(　　)。

A. 原有的各项开支都是合理的   B. 现有的业务活动是企业必需的
C. 现有的开支是不合理的   D. 增加的费用预算是值得的

三、计算分析题

星光公司 2004 年有关预算资料如下：

(1) 预计该公司 5～9 月份的销售收入分别为 400 万元、500 万元、600 万元、700 万元、800 万元，每月销售中，当月收到现金 30%，下月收到现金 70%。

(2) 各月材料采购陈本按一个月销售收入的 60% 计算，所购材料款于当月支付现金 50%，下月支付现金 50%。

(3) 预计该企业 6～8 月份制造费用分别为 40 万元、45 万元、42 万元，每月生产设备的折旧费为 10 万元。

(4) 6 月份将购置固定资产需现金 150 万元。

(5) 预计该企业在现金不足时，向银行借款为 10 万元的倍数，现金有剩余时归还借款（为 10 万元的倍数），借款在期初，还款在期末，借款利率为 12%。

(6) 预计该企业期末现金余额最低为 60 万元。其他资料如表 11-15 所示。

表 11-15   现金预算   单位：万元

月 份	6月	7月	8月
(1) 期初现金余额	70.0		
(2) 经营现金收入			
(3) 材料采购支出			
(4) 直接工资支出	20.0	35.0	28.0
(5) 制造费用支出			
(6) 其他付现费用	8.0	9.0	7.5
(7) 预交所得税			80.0
(8) 购置固定资产			
(9) 现金余款			
(10) 向银行借款			
(11) 归还银行借款			
(12) 支付借款利息			
(13) 期末现金余额			

要求：

完成星光公司 6～8 月现金预算的编制工作。

第十二章 财务控制

学习目的与要求：

(1) 了解财务控制的含义及特征。
(2) 了解财务控制的种类及财务控制程序。
(3) 掌握财务控制的方法及内部控制的关系、责任中心有关内容。
(4) 理解内部转移价格的含义及制定原则，掌握内部转移价格的类型。

重点：

财务控制的方法及责任中心的有关内容。

难点：

责任中心的财务控制。

导读：

钢铁行业是多流程、大批量生产的行业，由于生产过程的高度计划性决定了必须对生产流程各个工艺环节实行高度集中的管理模式。为了严格成本管理，一般依据流程将整个生产线划分为不同的作业单元，在各个作业单元之间采用某些锁定转移价格的办法。在成本管理方面率先引入市场竞争手段，依据市场竞争力为导向分解内部转移成本，再以此为控制指标，落实到人和设备上，将指标责任与奖罚挂钩，使责、权、利相统一，使每个单位、每个职工的工作都与市场挂起钩来，经受市场的考验，形成纵横交错的目标成本管理体系。同时，还建立起严格的奖惩机制为实现成本目标保驾护航，达到系统总合最优。

这种用以市价为基础的内部成本倒推分解法，把产品成本、质量、资金占用、品种结构等因素纳入完整的考核体系之中，给了成本中心更大的责任和压力，使各单位在有限的决策权之下，有了除降低成本以外的增利手段。采用项目成本倒推分解方法，从根本上改变了各个流程成本控制与总成本控制之间的关系，使个人将自己对总成本控制的贡献相关联，个人的晋升与发展也与这些贡献相关联，从而形成了良性循环。

第一节 财务控制的意义和种类

一、财务控制的意义

(一) 财务控制的含义

财务控制是指按照一定的程序和方法,影响与调节企业的财务活动,确保企业及其内部机构和人员全面落实及实现财务预算的过程。在企业的经济控制系统中,财务控制系统是最具有连续性、系统性和综合性的子系统。

财务管理包括财务预测、财务决策、财务预算、财务控制等各个环节。其中财务预测、财务决策、财务预算为财务控制指明了方向,提供了依据。而财务控制则是保证实现财务管理目标的关键,如果没有了财务控制,其他财务管理环节都将失去意义。

(二) 财务控制的特征

财务控制是财务管理的重要环节,具有如下特征:

(1) 以价值形式为控制手段。这是财务控制区别于其他控制的本质特征。财务控制以财务管理目标和财务预算为主要依据,以实现财务预算为目标,通过价值的形式表达。财务预算所包括的现金预算、预计利润表和预计资产负债表,都是以价值形式予以反映的。这就决定了财务控制必须利用财务信息,依据价值标准,借助价值手段,针对价值对象进行管理控制。

(2) 以综合经济业务为控制对象。财务控制作为实现财务目标、财务预算的手段,所关注的是企业财务成果的扩大和财务目标的实现,以及各责任中心的经营活动及相互关系的调控;财务控制以价值为手段,可以将不同岗位、不同部门、不同层次的业务活动综合起来进行控制。

(3) 以控制日常现金流量为主要内容。由于日常的财务活动过程表现为组织现金流动的过程,因此,控制现金流量成为日常财务控制的主要内容。在财务控制过程主要以现金预算为依据,通过编制现金流量表来考核评价现金流量运行状况。

二、财务控制的种类

财务控制可以按以下不同的标志进行分类。

(一) 按照财务控制的主体分类

财务控制按照实施控制的主体可分为出资者财务控制、经营者财务控制、财务部门的财务控制和责任中心的财务控制。

(1) 出资者财务控制是资本所有者对经营者财务收支活动进行的控制。目的是为实现资本保全和资本增值而对企业的重大财务决策和重要财务活动进行的控制。

(2) 经营者财务控制是为了实现财务预算目标而对企业及各责任中心的财务收支活动所进行的控制。这种控制是通过经营者制定财务决策目标,并促使这些目标被贯彻执行而实现的,如企业的筹资、投资、资产运用、成本支出决策及其执行等。

(3) 财务部门的财务控制是财务部门为了有效地组织现金流动,通过编制现金预算,执行

现金预算,对企业日常财务活动所进行的控制,其目的是保证企业现金的供给。如对各项货币资金用途的审查等。

（4）责任中心的财务控制是指企业内部各责任中心以责任预算为依据,对本中心的活动所实施的控制,如责任成本控制、责任利润控制等。

通常认为出资者财务控制是一种外部控制,而经营者、财务部门和责任中心的财务控制是一种内部控制。

（二）按照财务控制的内容分类

按照财务控制的内容可将财务控制分为一般控制和应用控制两类。

（1）一般控制也称基础控制或环境控制,是指对企业财务活动赖以进行的内部环境所实施的总体控制。它包括组织控制、人员控制、财务预算、业绩评价、财务记录等内容。这类控制的特征,是并不直接地作用于企业的财务活动,而是通过应用控制对企业活动产生影响。

（2）应用控制也称业务控制,是指直接作用于企业财务活动的具体控制。如业务处理程序中的批准与授权、审核和复核以及为保证资产安全而采用的限制接近等控制。这类控制的特征,在于它们构成了业务处理程序的一部分,并都具有防止和纠正一种或几种错弊的作用。

（三）按照财务控制的时间分类

财务控制按控制的时间可划分为事先财务控制、事中财务控制和事后财务控制三类。

（1）事先财务控制也称防护性控制,指财务收支活动尚未发生之前所进行的财务控制,把可能产生的差异予以排除。例如,财务收支活动发生之前的申报审批制度、产品设计成本的规划等。

（2）事中财务控制也称过程控制,指财务收支活动发生过程中所进行的控制,如按财务预算、制度、定额、标准的要求控制各项收入和支出,对各项收入的去向和支出的用途进行监督,对产品生产过程中发生的成本进行约束等,预测可能出现的偏差,在差异尚未出现时就予以消除。

（3）事后控制也称结果控制,是指对财务收支活动的结果所进行的分析、评价、考核及其相应的奖罚,进一步完善财务控制。如按财务预算的要求对各责任中心的财务收支结果进行评价,并以此实施奖罚标准,在产品成本形成之后进行综合分析与考核,以确定各责任中心和企业的成本责任。

（四）按控制的依据分类

财务控制按控制的依据分为财务目标控制、预算控制和制度控制。

（1）财务目标控制是以企业的财务目标为依据,对企业以及各责任中心的财务活动进行约束、指导和干预,使之符合财务目标要求的控制形式。

（2）预算控制是以企业财务预算为依据,对预算执行主体的财务收支活动进行监督、调整的一种控制形式,使企业的财务活动符合预算的目标。

（3）制度控制是指通过制定企业内部财务制度,并以此为依据约束企业和各责任中心财务收支活动的一种控制形式。制度控制通常规定只能做什么,不能做什么。与预算控制相比较,制度控制具有防护性的特征,而预算控制主要具有激励性的特征。

（五）按照财务控制的对象分类

财务控制的对象是企业及其内部各责任中心,更具体的讲,是企业及其各责任中心的财务收支和货币资金流动活动。故财务控制按控制的对象分为收支控制和货币资金控制。

（1）收支控制是按照财务预算和财务计划，对企业和各责任中心的财务收入活动和财务支出活动所进行的控制。收支控制旨在提高收入、减少支出，实现企业利润最大化。

（2）货币资金控制是对企业和各责任中心的货币资金流入和货币资金流出活动所进行的控制，目的是力求实现货币资金流入流出的基本平衡，既要防止因现金短缺而可能出现的支付危机，也要防止因现金闲置而可能出现的机会成本增加。

（六）按照财务控制的手段分类

财务控制按控制的手段可分为定额控制和定率控制。

（1）定额控制也称绝对控制，是指对企业和责任中心的财务指标采用绝对额指标进行控制。通常对激励性指标确定最低控制标准，对约束性指标确定最高控制标准。

（2）定率控制又称相对控制，是指对企业和责任中心采用相对比率指标进行控制。一般而言，定率控制具有投入与产出对比、开源与节流并重的特征。

比较而言，定额控制没有弹性，定率控制具有弹性。

三、财务控制的程序

财务控制的基本过程包括以下三个步骤：

（1）确定控制的标准，分解和落实指标。要保证预算目标的完成，对财务活动进行控制，必须有相应的标准作为依据。财务控制首先要做的工作就是把预算任务，按照责、权、利相结合的原则，以标准和指标的形式进行分解，然后落实到相应的责任中心。这样企业内部的每一个单位甚至每一个员工，都有明确的任务要求，便于落实责任，检查考核业绩。

（2）实施追踪控制，及时调整误差。控制的标准确定以后，按照标准的要求，运用各种手段，对财务预算的实施过程进行追踪控制。把实际指标与标准进行比较，及时发现差异，确定差异的程度，并分析差异形成的原因和责任归属，采取切实可行的措施，及时纠正实际过程或调整标准，以便消除差异，确保预算指标的顺利实现。

（3）进行业绩考核，搞好奖惩。对于各项财务指标的执行结果进行考核，运用激励机制，实行奖优罚劣。对于有利的差异，要肯定成绩，予以奖励；对于不利的差异，除分析原因，采取措施外，还要进行相应的惩罚，以调动各责任中心的积极性。

第二节 内部责任控制

一、责任中心的含义

（一）责任中心的含义

责任中心是企业内部在一定范围内控制成本发生、收益实现和资金使用的组织单位。企业为了能够进行有效的控制及内部协调，通常按统一领导、分级管理的原则在其内部合理划分责任单位，明确各责任单位应承担的经济责任、应有的权利义务和利益，促使各责任单位尽其责任协同配合。

（二）责任中心的特征

责任中心的基本特征是权、责、利的结合，具体来说，责任中心具有如下特征：

（1）拥有与企业总体管理目标相协调、且与其管理职能相适应的经营决策权。分权管理的主要目的是提高管理的效率。从企业的角度看，能在最恰当的时刻对企业遇到的问题做出最恰当的决策。为保证做到这一点，就应在系统思想的指导下，对一些日常的经营决策权直接授予负责该经营活动的部门，使其能针对具体情况及时做出处理，以避免因层层汇报、延误决策时机而造成损失。所以，责任中心的第一特征是被授予与其管理职能相适应的经营决策权。

（2）承担与其经营决策权相适应的经济责任。责任中心应拥有并能行使一定的权利即一定范围、一定程度的决策权、指挥权和控制权，能够控制其可控范围内的责任指标。有什么样的决策权力，就有什么样的经济责任，每个责任中心只对其责权范围可以控制的成本、收入、利润和投资负责，在责任预算和业绩考核中也只包括它们能控制的项目。所以当一个部门被授予其经营决策权时，就必须对其决策的"恰当性"承担经济责任，这也是对有效的使用其权力的一种制约，所以每一个责任中心，必须根据授予其经营决策权的范围承担相应的经济责任。

（3）建立与责任相配套的利益机制。为了保证企业各个部门管理人员都能有效行使其权力并勇于承担责任，就必须建立与其责任相配套的利益机制，以使各个管理人员的个人利益与其管理业绩联系起来。

（4）责任中心应能够进行责任会计核算或单独核算，以真实、正确地反映责任中心预算责任执行情况，并为财务控制提供信息。责任中心不仅要划清责任而且要单独核算，划清责任是责任中心完成目标和任务的基础，单独核算则是保证。只有既划清责任又能单独核算的企业内部单位才能作为一个责任中心。

（5）各个责任中心的目标与企业整体目标是协调一致的。无论是集中管理还是分权管理，其最终目的都是为实现企业的整体目标。因此，将经营决策权授予各级管理人员时，实际上是将企业的整体目标分解成各个责任中心的具体目标。

二、成本中心

（一）成本中心的含义

成本中心是对成本或费用承担责任的责任中心。成本中心不对收入、利润或投资负责。

因为成本中心往往没有收入，比如生产车间，没有销售的职能，它的产品或半成品不由自己出售，没有货币收入。即使有的车间可能有少量的收入，也不是其考核的主要内容。成本中心一般包括负责产品生产的生产部门、劳务提供部门和给予一定费用指标的管理部门。

成本中心的应用范围最广泛。一般来说，凡是有成本发生、需要对成本负责、并能实施成本控制的内部单位都可以成为成本中心。例如企业的分厂、车间、部门、工段、班组、个人都有可能成为成本中心，大的成本中心可能是一个分厂，小的成本中心可能是个人。可见，成本中心有规模大小和层次高低之分。一个大的成本中心由各个较小的成本中心组成，层次较高的成本中心可以统驭层次较低的成本中心，较低层次的责任中心对较高层次的责任中心负责。这样就形成一个逐级控制、层层负责的成本中心体系。成本中心的职责是用一定的成本完成规定的具体任务。

（二）成本中心的类型

成本中心可分为技术性成本中心和酌量性成本中心。

（1）技术性成本中心（或标准成本中心）是指发生的成本数额通过技术分析可以相对可靠的估算出来的成本。如产品生产过程中发生的直接材料、直接人工、间接制造费用等。其特点是这种成本的发生可以为企业提供一定的物质成果，在技术上投入量与产出量之间有着密切的联系。技术性成本可以通过弹性预算予以控制。

（2）酌量性成本中心（或费用中心）是指是否发生以及发生数额的多少是由管理人员的决策所决定的或者投入和产出之间没有密切联系的责任单位。它主要包括各种管理费用和某些间接成本项目，例如广告宣传费用、研究开发费用、职工培训费用等内容。这种费用发生主要是为企业提供一定的专业服务。酌量性成本的控制亦着重于预算总额的审批上。

（三）成本中心的特点

相对于利润中心和投资中心而言，成本中心主要表现出如下特点：

（1）成本中心只考评成本费用而不考评收益。成本中心一般不具备经营权和销售权，其经营活动的结果不会形成可以用货币计量的收入；有的成本中心可能有少量的收入，但是从整体上看，其产出与投入之间不存在密切的对应关系，因而，这些收入不作为主要的考核内容，也不必计算这些货币收入。概括地说，成本中心只以货币形式计量投入，不以货币形式计量产出。

（2）成本中心只对可控成本负责任。成本费用依其责任主体是否能够控制可以分为可控成本和不可控成本。凡是责任中心能够控制其发生及其数量的成本称为可控成本；不能够控制其发生及其数量的成本称为不可控成本。可控成本必须具备以下四个条件：一是可以预计。即成本中心能够事先知道将发生哪些成本以及何时发生；二是可以计量。即能够对发生的成本进行计量。三是可以施加影响。即成本中心可以通过自身的行为来调节成本。四是可以落实责任。凡是不具备以上四个条件就是不可控成本。

成本的可控与否是相对而言的，这与责任中心所处管理层次的高低、管理权限及控制范围的大小和经营期间的长短有直接关系。对于一个企业整体而言，几乎所有的成本都是可控的。而对于企业下属各层次、各部门乃至个人来说，则既有各自的可控成本，又有各自的不可控成本。某项成本就某一责任中心看是不可控的，而对于另一个责任中心则可能是可控的，这不仅取决于该责任中心的业务内容，也取决于该责任中心所管辖的业务内容的范围。

（3）成本中心只对责任成本进行考核和控制。责任成本是各成本中心当期确定或发生的各项可控成本之和。它可分为预算责任成本和实际责任成本。前者是指由预算分解确定的；后者是指各责任中心从事业务活动实际发生的。对成本费用进行控制，应以各个成本中心的预算责任成本为依据，确保实际责任成本不会超过预算责任成本；对成本中心进行考核，应当通过各成本中心的实际责任成本与预算责任成本进行比较，确定其成本控制的绩效，并采取相应的奖惩措施。

（四）成本中心的考核指标

成本中心的考核指标主要采用相对指标和比较指标，包括成本（费用）变动额和变动率两个指标。其计算公式为：

$$成本（费用）变动额 = 实际责任成本（费用） - 预算责任成本（费用）$$

$$成本（费用）变动率 = [成本（费用）变动额 / 预算责任成本（费用）] \times 100\%$$

其中：

$$预算责任成本 = 预算单位成本 \times 实际产量$$

在进行成本中心考核时，如果预算产量与实际产量不一致，应注意按弹性预算的方法先行调整预算指标，然后再按上述公式计算。

【例 12－1】 中兴公司内部 A 车间为成本中心，专门生产甲产品，预算产量 5 000 件，单位成本 200 元；实际产量 4 900 件，单位成本 190 元。可以计算该成本中心的成本变动额和变动率为：

$$成本变动额 = 4\ 900 \times 190 - 5\ 000 \times 200 = -69\ 000（元）$$
$$成本变动率 = -[69\ 000/(200 \times 4\ 900)] \times 100\% = -7.04\%$$

计算结果表明，该成本中心的成本降低额为 6 900 元，降低率为 7.04%。

三、利润中心

（一）利润中心的含义

成本中心的决策权力是有限的。一个责任中心，如果能够同时控制生产和销售，既要对成本负责又要对收入负责，但没有责任或没有权力决定该中心资产投资的水平，因而可以根据其利润的多少来评价该中心的业绩，那么，该中心称为利润中心。即利润中心是指既对成本负责又对收入和利润负责的区域，它有独立或相对独立的收入和生产经营决策权。

利润中心往往处于企业内部的较高层次，一般具有独立的收入来源和独立的经营权。利润中心对成本的控制是联系着收入进行的，它强调相对成本的节约。

（二）利润中心的类型

利润中心可以分为自然利润中心与人为利润中心两种。

（1）自然利润中心是面向市场可以直接对外销售产品并取得收入的利润中心。这种利润中心本身直接面对市场，具有产品销售权、价格制定权、材料采购权和生产决策权。其功能同独立企业相近。最典型的形式就是公司内部的事业部。

（2）人为利润中心是指只对内部责任单位提供产品或劳务，而取得"内部销售收入"的利润中心。这种利润中心一般不直接对外销售产品。

工业企业的大多数成本中心都可以转化为人为利润中心。人为利润中心一般也应具备相对独立的经营权，即能自主决定本利润中心的产品和劳务的种类、产品或劳务的质量、作业方法、人员调配等。

（三）利润中心的考核指标

利润中心的考核指标主要是利润。通过比较一定期间实际实现的利润与责任预算所确定的利润，可以评价其责任中心的业绩。但是由于成本计算方式不同，各利润中心的利润指标的表现形式也不相同。

在评价利润中心业绩时，至少有四种选择，即边际贡献、可控边际贡献、部门边际贡献和税前部门利润。其计算公式为：

边际贡献＝部门销售收入－部门变动成本
可控边际贡献＝部门边际贡献－部门可控固定成本
部门边际贡献＝部门可控边际贡献－部门不可控固定成本
税前部门利润＝部门边际贡献－部门管理费用

【例 12 - 2】 中兴公司内部 B 部门为利润中心，当年实现销售收入为 55 000 元，已经销售的产品中各种变动成本为 42 000 元，B 部门可控固定成本为 3 000 元，不可控固定成本为 1 500 元，分配的公司管理费用为 1 000 元。则中兴公司 B 部门利润中心的各项指标计算如下：

收入	55 000
变动成本	42 000
① 边际贡献	13 000
可控固定成本	3 000
② 可控边际贡献	10 000
不可控固定成本	1 500
③ 部门边际贡献	8 500
公司管理费用	1 000
④ 税前部门利润	7 500

通过对以上例题的分析，可以发现以边际贡献作为业绩评价依据是不全面的，它可能导致部门管理尽可能多地支出固定成本以减少变动成本支出；以可控边际贡献作为业绩评价依据可能是最好的，它反映了部门经理在其权限和控制范围内有效使用资源的能力。部门经理可控制收入以及变动成本和部分固定成本，因而可以对可控边际贡献承担责任。但是，这一衡量标准的主要问题是可控固定成本和不可控固定成本的区别比较困难；以部门边际贡献作为业绩评价依据，不适合评价部门经理，可能更适合评价该部门对企业利润和管理费用的贡献；以税前部门利润作为评价业绩的依据通常是不合适的，因为公司总部的管理费用是部门经理无法控制的成本，这样由于公司分配的管理费用引起了部门利润的不利变化，不应该由部门经理来负责。

四、投资中心

(一) 投资中心的含义

投资中心是指某些分散经营的单位或者部门，其经理所拥有的自主权不仅包括制定价格、确定产品和生产方法等短期经营决策权，而且还包括投资规模和投资类型等投资决策权，它是既对成本、收入和利润负责，又对投资效果负责的责任中心。

投资中心是企业内部最高层次的责任中心，它在企业内部具有最大的决策权，也承担着最大的责任。其管理特征是较高程度的分权管理。一般而言，大型集团所属的子公司、分公司、事业部往往都是投资中心。在组织形式上来看，成本中心一般不是独立法人，利润中心可以是、也可以不是独立法人，而投资中心一般则是独立法人。

(二) 投资中心的考核指标

投资中心的考核指标不仅要衡量利润，还要衡量其资产并把利润与其所占用的资产联系起来。评价投资中心业绩的考核指标通常有投资利润率和剩余利润两种指标。

1. 投资利润率

投资利润率是最常见的考核投资中心业绩的评价指标,它是投资中心所获得的利润与投资额之间的比率。其计算公式为:

$$投资利润率=(利润/投资额)\times100\%$$

投资利润率指标,还可以进一步展开:

$$投资利润率=(销售收入/投资额)\times(成本费用/销售收入)\times(利润/成本费用)$$
$$=资本周转率\times销售成本率\times成本费用利润率$$

以上公式中投资额是指投资中心的总资产扣除负债后的余额,即投资中心的净资产。所以,该指标也可以称为净资产利润率,它主要说明投资中心运用公司的每一单位资产对整体利润贡献的大小,或投资中心对所有者权益的贡献程度。

为了考核投资中心的总资产运用状况,也可以计算投资中心的总资产息税前利润率。它是投资中心的息税前利润除以总资产占用额。其计算公式为:

$$总资产息税前利润率=(息税前利润/总资产)\times100\%$$

其中,总资产是指生产经营中占用的全部资产。因资金来源中包含了负债,相应分子也要采用息税前利润,它是利息加利润总额。投资利润率按总资产占用额计算,主要用于评价和考核由投资中心掌握、使用的全部资产的盈利能力。值得说明的是,由于利润或息税前利润是期间性指标,故上述投资额或总资产占用额应按平均投资额或平均占用额计算。

投资利润率具有能反映投资中心的综合盈利能力、将各投资中心的投入和产出进行比较并剔除了因投资额不同而导致的利润差异的不可比因素、优化资源配置和经营管理行为长期化等优点,因此,可以将投资利润率作为选择投资机会的依据和评价投资中心经营业绩的尺度。

总体来说,投资利润率的主要优点是能促使管理者像控制费用一样地控制资产占用或投资额的多少,综合反映一个投资中心全部经营成果。但是该指标也有其局限性,最为主要的表现就是:使用投资利润率往往会使投资中心只顾本身利益而放弃对整个企业有利的投资项目,造成投资中心的近期目标与整个企业的长远目标的背离。

2. 剩余收益

为了克服投资利润率本身的某些缺陷,可以采用剩余收益作为评价指标。剩余收益是指投资中心获得的利润扣减其最低投资收益后的余额。其计算公式为:

$$剩余收益=利润-投资额\times预期最低投资收益率$$

如果考核指标是总资产息税前利润率时,则剩余收益计算公式应作相应调整。计算公式为:

$$剩余收益=息税前利润-总资产占用额\times预期总资产息税前利润率$$

这里所说的预期的最低收益率和总资产息税前利润率通常是指企业为保证其生产经营正常、持续进行所必须达到的最低收益水平。

剩余收益的主要优点是可以使业绩评价与企业的目标协调一致,引导部门经理采纳高于企业资本成本的决策。

采用剩余收益指标还有一个好处,就是允许使用不同的风险调整资本成本。从现代财务理论来看,不同的投资有不同的风险,要求按照风险程度调整其资本成本。因此,不同行业部门的资本成本不同,甚至同一部门的资产也属于不同的风险类型。在使用剩余收益指标时,可以对不同部门或者不同资产规定不同的资本成本百分数,使剩余收益这个指标更加灵活。而投资利润率评价方法并不区别不同资产,无法分别处理风险不同的资产。

但是,剩余收益是绝对数指标,不便于不同部门之间的比较。规模大的部门容易获得较大的剩余收益,而它们的投资报酬率并不一定很高。因此,许多企业在使用这一方法时,事先建立与每个部门资产结构相适应的剩余收益预算,然后通过实际与预算的对比来评价部门业绩。

第三节 内部转移价格

一、内部转移价格的含义及确定原则

企业的各个责任中心在一定的范围内所发生的生产经营活动存在着错综复杂的联系,在各个责任中心内完全避免和清除其他部门的影响是不可能的,各责任中心只能在其生产经营活动中,尽可能地将责任归属划分清楚。而在责任会计制度下,为划清各责任中心的经济责任,引导责任中心正确进行生产经营决策,企业内部各责任中心之间相互提供产品或劳务,均应按一定的价格计价结算。因此,合理地制定内部转移价格是划清各责任中心经济责任,是对责任中心的考评建立在客观、可比的基础上的关键之一。

(一)内部转移价格的含义和作用

内部转移价格是指货物或者劳务从一个责任中心转移到另一个责任中心时所用的内部结算价格。从广义上讲,它包括间接费用的分摊和服务部门的分摊;从狭义上讲,内部转移价格是一个责任中心向另一个责任中心提供货物或劳务所选用的一种价格标准。

内部转移价格作为一种内部价格的计量标准,可以确定转移产品或劳务的价值量。这些价值量既可以用来衡量提供产品或劳务的责任中心的经营效果,也可以用以反映接受产品或劳务的责任中心的成本费用。因此,制定合理的内部转移价格,在企业的生产经营和责任会计制度中都具有重要的作用。其表现在以下三方面。

1. 合理落实经济责任

划分企业内部各责任中心之间的经济责任,是实行责任会计制度的重要前提。而制定合理的内部转移价格,又是划分经济责任不可缺少的手段。内部转移价格是利用价格的调节手段,通过内部交易的形式在各责任中心之间调节彼此的收入与费用,可使各责任中心的经济责任合理、明确,从而具体落实这些经济责任。只有合理地确定了各责任中心进行经济往来时所使用的结算价格,才能维护各责任中心的经济权益,明确划清其经济责任,从而充分调动各责任中心的积极性。

2. 建立客观考评各责任中心工作业绩的重要基础

内部转移价格是考评责任中心业绩的重要依据,有合理的内部转移价格,才能科学地衡量

企业内部各部门、各层次的工作业绩,准确、客观地计量各责任中心对责任预算的执行情况,使责任中心的业绩考评建立在客观、可比的基础之上。

3. 引导各责任中心正确进行生产经营决策

企业内部由于采用统一的内部转移价格进行各种产品或劳务的结算,使各责任中心的会计资料客观、可比,企业最高管理层和内部各业务职能部门的主管人员就能根据企业未来一定期间的经营目标和有关的成本、收入、利润以及资金情况,在分析比较的基础上,制定正确的经营决策,选取履行经济责任、完成责任预算、实现预定目标的最佳方案。

(二)内部转移价格的制定原则

为充分发挥内部转移价格的作用,制定内部转移价格时应遵循以下原则。

1. 科学性原则

内部转移价格必须在较大程度上反映产品或劳务的实际劳动消耗水平;必须在广泛收集和认真处理相关资料的基础上制定内部转移价格,预计和分析各责任中心的成本费用状况。

2. 目标一致性原则

在内部转移价格制定过程中,必须考虑企业总体利益和各责任中心的局部利益,并使之协调一致。当两者利益发生冲突时,企业应从整体利益出发,制定内部转移价格,保证企业利润最大化。

3. 公平性原则

企业制定的内部转移价格,必须确保转出产品或提供劳务的责任中心和接受产品或接受劳务的责任中心,使双方利益得到公平合理对待。

4. 独立自主原则

在企业整体利益的前提下,承认各责任中心的相对独立性,给予各责任中心相对独立的生产经营权,制定的内部转移价格必须为企业和各责任中心都接受。

二、内部转移价格的类型

合理的内部转移价格必须为受让双方自愿接受,对双方均有利,并能给企业整体带来较好经济效益。因此,制定内部转移价格,必须抓住两个基本前提:

第一,凡是成本中心相互之间提供产品或劳务,以及有关成本中心的责任成本结转,一般应按标准成本或预计分配率作为内部转移价格。以标准成本为依据制定的内部转移价格称为标准成本型内部转移价格。标准成本法的最大优点是将企业管理和会计核算工作结合起来,责任分明,能激励双方降低成本。

第二,凡企业内部产品或劳务的转移,以及责任成本的结转,涉及利润中心或投资中心,应尽可能采用市场价格、协商价格或双重价格和成本转移价格作为制定内部转移价格的基础。

按照所包含的内容或制定方式不同,内部转移价格可以分为以下四类。

(一)市场价格

市场价格简称市价,是根据产品或劳务的市场供应价格作为内部转移价格的计价基础。一般认为,以市场价格作为内部转移价格最符合责任会计的原则及利润中心和投资中心的概念。

企业各利润中心和投资中心为了取得较好的经济效益,就不会同意以低于市场价格的内部价格向其他利润中心和投资中心提供产品和劳务,或者按高于市场价格的内部转移价格接受其他责任中心提供的产品或劳务。市场唯一较客观的标准就是对交易双方无所偏袒。

企业采用市价作为内部转移价格，对内部产品或劳务的转移进行核算，对受让双方均较为有利，必定也会给整个企业带来较佳的经营效果。

但是各利润中心始终是企业的内部部门单位，从属于企业，必须以企业的整体利益为重。所以，在采用市场价格作为内部转移价格时，内部买卖双方通常要遵循以下三个原则：

（1）作为卖方的利润中心，其转出的产品或提供的劳务，应首先满足企业内部其他利润中心的需要，但有权拒绝以低于市价的转移价格对内转移。

（2）作为卖方的利润中心，其转出的产品或提供的劳务按照市价对内转移，要保质保量；而作为买方的利润中心，有购买的义务。但是内部转移价格高于市场价格，作为购买方的利润中心则有权拒绝购买，而改向市场购买。

（3）企业内部转移产品或劳务，不应影响利润中心履行其签订的对外供应合同。采用市场价格作为内部转移价格，在企业内部引进市场机制，营造一种竞争局面，使企业内各个利润中心实质上都成为独立的机构，自主经营，相互竞争，最后再通过利润指标来评价和考核它们的经营成果。

但以市场价格作为内部转移价格也存在一定的局限性。因为凡是属于内部转让的产品或劳务，往往是专门生产的，或具有特定的规格，在这样的情况下，很可能没有市价可以作为参考进行比较。另外，市场价格的变化往往较大，而且也很频繁，这给市场价格的确定带来一定的困难。

（二）协商价格

协商价格也可称为议价，是企业内部各个责任中心以正常的市场价格为基础，通过定期共同协商所确定的为双方所接受的价格。成功的协商价格依赖于两个条件：第一是要有一个某种形式的外部市场，两个部门的经理可以自由地选择接受或是拒绝某一价格。如果根本没有可能从外部取得或销售中间产品，就会使一方处于垄断状态，这样的价格不是协商价格，而是垄断价格。第二是当价格协商的双方发生矛盾不能自行解决，或双方谈判可能导致企业非最优决策时，企业的高级管理阶层要进行必要的干预。

协商价格的上限是市价，下限是单位变动成本，具体价格应由买卖双方在其上下限范围内协商议定，这是由于：① 外部售价一般包括销售费、广告费及运输费等，这是内部转移价格中所不包含的，因而内部转移价格会低于外部售价。② 内部转移的中间产品一般数量较大，故单位成本较低。③ 售出单位大多拥有剩余生产能力，因而议价只需略高于单位变动成本就行。

采用协商价格也存在一定的缺陷：在双方协商过程中，不可避免地要花费很多人力、物力和时间，当买卖双方的负责人协商相持不下时，往往需要企业高层领导进行裁定，这样，就丧失了分权管理的初衷，也很难发挥激励责任单位的作用。

（三）双重价格

双重价格是由针对责任中心各方面分别采用不同的内部转移价格所制订的价格。如对产品（半成品）的供应方，可按协商的市场价格计价；而对使用方则按照供应方的产品（半成品）单位变动成本计价，其差额由会计部门进行调整。之所以采用双重价格是因为内部转移价格主要是为了考核、评价各责任中心的业绩。因此，各个相关责任中心所采用的价格并不完全一致，对分别选用对不同责任中心最有利的价格为计价依据。

双重价格有两种形式：第一是双重市场价格，它是指当某种产品或劳务有多种市价时，供应方采用最高市价，使用方采用最低市价；第二是双重转移价格，它是指供应方按市价或议价计价，而使用方按照对方的单位变动成本计价的方法。

当内部产品或劳务有外界市场，供应方有剩余生产能力、而且其单位变动成本要低于市价，而采用单一的内部转移价格又不能调动各责任中心的积极性和确保责任中心与整个企业的经营目标实现时，可考虑采用双重价格。

双重价格可较好满足供应方和使用方的不同需要，能激励双方在经营上充分发挥其主动性和积极性。

（四）成本转移价格

成本转移价格是指以产品或劳务的成本为基础而制定的内部转移价格。包括标准成本价格、标准成本加成价格和标准变动成本价格三种。

1. 标准成本价格

标准成本价格是以产品或劳务的单位标准成本为基础的价格。适于成本中心之间转移的产品（半成品）的结算。其优点是可以将管理和核算工作结合起来，有利于避免转移供应方成本高低对使用方的影响，有利于调动供需双方降低成本的积极性。

2. 标准成本加成价格

标准成本加成价格是指以产品或劳务的单位标准成本加上一定的合理利润（按成本加成率计算）确定的内部转移价格。其优点是能分清相关责任中心的责任，但确定加成利润率时，也难免带有主观随意性。

3. 标准变动成本价格

标准变动成本价格是指以产品或劳务的单位标准变动成本为基础的内部转移价格。它符合成本性态，能够明确揭示成本与产量的关系，便于考核各责任中心的业绩，也利于经营决策。不足之处是产品（半成品）或劳务中不包含固定成本，不能反映劳动生产率变化对固定成本的影响，不利于调动各责任中心提高产量的积极性。

【本章小结】

财务控制是指按照一定的程序和方法，影响与调节企业的财务活动，确保企业及其内部机构和人员全面落实及实现财务预算的过程。财务控制具有以价值形式为控制手段、以综合经济业务为综合控制对象、以控制日常现金流量为主要内容等特征。

责任中心是企业内部在一定范围内控制成本发生、收益实现和资金使用的组织单位。责任中心的基本特征是权、责、利的结合，主要表现为：① 拥有与企业总体管理目标相协调且与其管理职能相适应的经营决策权。② 承担与其经营决策权相适应的经济责任。③ 建立与责任相配套的利益机制。④ 责任中心应能够进行责任会计核算或单独核算，以真实、正确地反映责任中心预算责任执行情况，并为财务控制提供信息。⑤ 各个责任中心的目标与企业整体目标是协调一致的。按照责任和控制范围的大小，可以将责任中心分为成本中心、利润中心和投资中心。对各中心考核的指标各不相同。

内部转移价格是指货物或者劳务从一个责任中心转移到另一个责任中心时所用的内部结算价格。按照所包含的内容或制定方式不同，内部转移价格可以分为以下四类：市场价格、协商价格、双重价格、成本转移价格。

第十二章 财务控制

【关键术语】
财务控制　财务活动　财务预算　控制手段　控制对象　现金流量　责任中心　收益　资金　经济责任　利益机制　会计核算　内部转移价格

【思考题】
1. 财务控制的程序是什么？
2. 成本中心的考核指标有哪些？如何进行计算？
3. 利润中心的考核指标包括哪些？如何进行计算？
4. 投资中心的考核指标包括哪些？如何进行计算？
5. 内部转移价格如何来进行确定？

【练习题】

一、单项选择题

1. 计算评价投资中心业绩的投资利润率所使用的"投资额"指的是（　　）。
   A. 平均投资额　　　B. 期初投资额　　　C. 期末投资额　　　D. 变现价值
2. 某投资中心资产周转率为4次，销售成本率为50%，成本费用利润率为30%，则投资利润率为（　　）。
   A. 30%　　　　　　B. 70%　　　　　　C. 50%　　　　　　D. 60%
3. 下列各项成本中，（　　）属于酌量性成本。
   A. 材料费　　　　　B. 研究开发费　　　C. 直接人工费　　　D. 间接制造费用
4. 财务控制按（　　）可分为预算控制和制度控制。
   A. 控制的主体　　　B. 控制的对象　　　C. 控制的依据　　　D. 控制的手段
5. 成本中心的业绩考核依据是（　　）。
   A. 投资利润率　　　B. 剩余收益　　　　C. 销售成本　　　　D. 责任报告
6. 某投资中心的投资额为200 000元，预期的最低投资报酬率为15%，剩余收益为15 000元，则该投资中心的利润为（　　）元。
   A. 50 000　　　　　B. 35 000　　　　　C. 45 000　　　　　D. 30 000
7. 制订内部转移价格的最好依据是（　　）。
   A. 协调价格　　　　B. 市场价格　　　　C. 双重价格　　　　D. 成本转移价格
8. 各责任中心相互提供的产品采用协商定价的方式确定内部转移价格时，其协商价格的上下限是（　　）。
   A. 单位成本和市价　　　　　　　　　　B. 市价和单位变动成本
   C. 单位成本和合理利润　　　　　　　　D. 单位变动成本和合理利润
9. 最适合作为企业内部利润中心业绩评价指标的是（　　）。
   A. 部门营业收入　　　　　　　　　　　B. 部门可控成本
   C. 部门可控边际贡献　　　　　　　　　D. 部门息税前利润
10. 在采用定额控制方式实施财务控制时，对激励性指标应选择的控制标准是（　　）。
    A. 弹性控制标准　　　　　　　　　　　B. 平均控制标准
    C. 最高控制标准　　　　　　　　　　　D. 最低控制标准

二、多项选择题

1. 责任中心的特征有（　　）。

A. 是一个责权利结合的实体 　　　　　　　　B. 承担经济责任
C. 具有相对独立的财务收支活动 　　　　　　D. 行使的权利是可控的

2. 根据企业内部责任中心权责范围及业务活动的特点不同,责任中心可分为(　　)。
A. 成本中心 　　　　　　　　　　　　　　　B. 利润中心
C. 投资中心 　　　　　　　　　　　　　　　D. 费用中心

3. 以成本转移价格作为内部转移价格常采用的形式有(　　)。
A. 标准成本 　　　　　　　　　　　　　　　B. 标准变动成本
C. 标准固定成本 　　　　　　　　　　　　　D. 标准成本加成

4. 投资中心的重点考核指标是(　　)。
A. 固定资产　　　B. 息税前利润　　　C. 剩余收益　　　D. 投资利润率

5. 内部转移价格的类型主要有(　　)。
A. 市场价格　　　B. 协商价格　　　C. 双重价格　　　D. 成本转移价格

6. 成本中心的考核指标主要采用相对指标和比较指标,具体包括(　　)。
A. 利润总额　　　B. 成本变动额　　　C. 边际贡献率　　　D. 成本变动率

7. 既对成本负责,又对收入负责的责任中心有(　　)。
A. 费用中心　　　B. 利润中心　　　C. 投资中心　　　D. 成本中心

8. 利润中心的类型有(　　)。
A. 自然利润中心 　　　　　　　　　　　　　B. 人为利润中心
C. 净利润中心 　　　　　　　　　　　　　　D. 边际利润中心

三、计算分析题

1. 某公司内部—投资中心的责任报告简表如表 12-1 所示。

表 12-1　投资中心责任报告

2002 年　　　　　　　　　　　　　　　　　　　　　　　　　　单位:万元

项　目	实　际	预　算	差　异
A 公司利润	2 100	2 000	100
B 公司利润	1 400	1 500	−100
小　计	3 500	3 500	0
总公司所得税(按 30%)	1 050	1 050	0
合　计	2 450	2 450	0
净资产平均占用额①	10 000	14 000	−4 000
投资利润率	24.5%	17.5%	7%
行业平均最低报酬率②	18%	15%	3%
剩余收益	650	350	300

注:① 净资产平均占用额是根据预计资产负债表和实际资产负债表所有者权益年初年末平均后求得。② 计算剩余收益时,最低报酬率可按行业或企业平均报酬率计算求得。

要求:
假设你为该企业负责人,试对该责任中心的业绩做出评价。

2. 甲企业下设 A 投资中心和 B 投资中心,要求的总资产息税前利润率为 10%。两投资中心均有一投资方案可供选择,预计产生的影响如表 12-2 所示。

表 12-2 投资中心投资方案   单位：万元

项 目	A 投资中心		B 投资中心	
	追加投资前	追加投资后	追加投资前	追加投资后
总资产	25	50	50	75
息税前利润	2	3.8	7.5	12
息税前利润率	8%		15%	
剩余收益	−0.5		+2.5	

要求：
(1) 计算并填列上表中的空白。
(2) 运用剩余收益指标分别就两投资中心是否应追加投资进行决策。

3. XYZ公司有三个业务类似的投资中心，使用相同的预算进行控制，其2002年的有关资料如表12-3所示。

表 12-3 XYZ公司业绩

项 目	预算数	实 际 数		
		X 部门	Y 部门	Z 部门
销售收入	300	270	315	300
变动成本	180	162	189	180
固定成本	93	79.5	96	93
总资产	150	135	150	150

在年终进行业绩评价时，董事会对三个部门的业绩评价发生争论：有人认为X部门业绩最佳，也有一部分人认为Y部门业绩最佳，还有一部分人认为Z部门业绩最佳。

该公司规定的最低息税前资产利润率为15%。

要求：
评价三个部门的业绩并排出优先次序。

附录

《初级财务管理》教学大纲

课程名称：财务管理

学　　时：72

学　　分：4.5

适用专业：会计、财管本科

一、编写说明

(一) 课程的性质

《财务管理》是会计和财务管理专业必修的一门专业课程。近年来，财务管理受到了我国企业前所未有的重视，而且对财务管理及其功能的发挥、作用的认识也不断更新和改进。本课程将现代财务管理的基本理论和方法应用于企业财务管理的实践中。通过本课程的学习，使学生掌握财务管理的基本原理，了解企业财务管理的通用业务，包括投资管理、筹资管理、营运资金管理、利润分配管理等。同时财务管理中的一些价值观念如货币时间价值、机会成本、净增效益、风险报酬等，不仅有助于学生了解企业理财的原则和方法，对其个人理财也能受益终身。

(二) 任务

通过本门课程的教学，学生应较为系统地了解企业财务管理工作的内容和组织形式，掌握价值分析与风险分析的基本方法，掌握企业理财中的筹资管理、投资决策、运营管理及利润的取得与分配管理等有关内容的基本理论和技术方法，具备一定的分析问题和解决问题的能力。

(三) 教学基本要求

1. 理解财务管理基本概念，理解财务管理中的价值观念，如货币时间价值，风险收益、机会成本、现值等；
2. 理解资金时间价值与风险分析的基本原理，能够运用其基本原理进行财务估价；
3. 了解财务报表分析的内容、依据、评价标准和局限性，掌握财务报表分析方法，能够对企业的财务报表进行偿债能力、营运能力、盈利能力、发展能力及综合趋势分析。
4. 了解财务管理中的筹资渠道和方法，了解企业股权筹资和长期债务筹资的种类和特点，理解筹资决策中的重要概念，如资金成本，资本结构，杠杆原理等；
5. 掌握证券估价方法，了解证券投资类型；
6. 掌握项目投资决策方法，重点理解项目净现值和内部受益率；
7. 了解营运资本投资政策的主要类型，掌握现金管理、存货管理和应收账款管理中的决策方法；
8. 了解利润分配的项目、程序和支付方式，掌握股利分配政策能进行股利决策；
9. 了解税务管理的意义、内容和原则，能够进行企业筹资、投资、营运和利润分配中的税务管理。
10. 了解财务预算编制程序，掌握编制方法。
11. 了解财务控制的程序，理解责任中心的含义，掌握内部转移价格的确定方法。

(四) 教学时间安排

教学内容	教学环节		总学时	备注
	课内讲授	课内实践		
财务管理总论	6		6	
货币时间价值的计算和风险估价	6	2	6	

(续表)

教学内容	教学环节		总学时	备注
	课内讲授	课内实践		
财务分析	4	2	6	
筹资管理	6	2	8	
资本成本与资本结构	6		6	
项目投资	6	2	8	
证券投资	4		4	
营运资金管理	6	2	8	
利润分配管理	4	2	6	
税务管理	4		4	
财务预算	4		4	
财务控制	4		4	
合计	60	12	72	

（五）本门课程与其他课程关系

其先修课程为基础会计、财务会计、管理学、统计学、西方经济学等，同时与成本会计、管理会计也有很大联系。

（六）主要教学方法、要求及考核方式

1. 教学方法与要求

本课程以讲授为主，辅以课内实践和案例分析，采用多媒体教学手段。教师以教材为主，参考国内同类课程的优秀教材，并以互联网为媒介，查阅最新的资料，搜索案例，向学生布置作业题。

2. 考核方式

本课程为考试课，闭卷。平时成绩占30%，其中考勤10%，作业10%，课堂表现10%；卷面成绩占考评的70%。

二、教学内容纲要

第一章 总　论

（一）基本要求与知识点

1. 基本要求

（1）理解财务管理基本概念，了解财务关系及财务管理的基本内容；

（2）理解财务管理目标的科学表达，掌握不同利益相关者之间的冲突及协调方法；

（3）了解财务管理管理体制和工作环节，熟悉财务管理环境。

（4）了解财务管理的重要理财原则。

2. 基本知识点

（1）财务管理概述；

（2）财务管理的目标；

（3）财务管理组织和体制；

（4）理财环境；

(5) 财务管理的重要理财原则。

(二) 要求学生掌握的基本概念、理论、原理

财务管理、财务活动、财务关系、财务管理目标、财务管理工作环节、财务管理体制、财务管理环境、金融市场、纯利率、通货膨胀补偿率、风险附加率。

(三) 教学重点与难点

重点：

1. 企业与其他主体的财务关系；
2. 财务管理的目标；
3. 金融市场的类型和功能；
4. 利率的构成。

难点：

财务管理目标企业价值最大化或股东财富最大化的理解。

(四) 实践教学安排

（无）

第二章 货币时间价值的计算和风险估价

(一) 基本要求与知识点

1. 基本要求

(1) 理解资金时间价值的含义，熟练掌握其应用；
(2) 掌握资金时间价值的计算方法；
(3) 理解风险与收益均衡的观念，掌握风险的度量方法。

2. 基本知识点

(1) 货币时间价值的计算；
(2) 风险和收益。

(二) 要求学生掌握的基本概念、理论、原理

资金时间价值、年金、现值、终值、复利终值系数、复利现值系数、年金终值系数、年金现值系数、风险、风险与收益均衡、系统风险、非系统风险、资本资产定价模型。

(三) 教学重点与难点

1. 重点

(1) 货币时间价值的计算、报价利率与有效年利率的换算和内插法的应用；
(2) 单项资产的风险和报酬的计量；
(3) 证券投资组合的原理；
(4) 资本资产定价模型。

2. 难点

年金终值、现值的计算；风险的度量；资本资产定价模型。

(四) 实践教学安排

选取某公司资料，练习资金时间价值的计算。

第三章 财务分析

(一) 基本要求与知识点

1. 基本要求

(1) 理解财务分析的目的，了解财务分析的依据，掌握财务分析的基本方法；

(2) 掌握企业偿债能力分析、营运能力分析、盈利能力分析和发展能力分析指标的计算和应用；
(3) 掌握现金流量表的分析和评价方法；
(4) 掌握财务报表的综合分析方法，能对企业财务状况和经营成果作出评价。
2. 基本知识点
(1) 财务分析概述；
(2) 企业综合绩效分析；
(3) 财务比率指标分析。
（二）要求学生掌握的基本概念、理论、原理
流动比率、速动比率、现金比率、资产负债率、产权比率、权益乘数、存货周转率、流动资产周转率、总资产周转率、营业利润率、总资产报酬率、利息保障倍数、应收账款周转率、净资产收益率、每股收益、每股股利、市盈率、市净率、股利支付率、每股净资产、杜邦财务分析体系、沃尔比重评分法。
（三）教学重点与难点
1. 重点
(1) 企业偿债能力分析、营运能力分析、盈利能力分析和发展能力分析指标的计算和应用；
(2) 财务报表的综合分析方法。
2. 难点
财务报表的综合分析方法。
（四）实践教学安排
选取某一上市公司相关资料，对其财务状况、盈利能力和现金流量进行评价。

第四章　筹　资　方　式

（一）基本要求与知识点
1. 基本要求
(1) 了解资金筹集的目的和要求，筹资的渠道和筹资方式的类型；
(2) 了解企业股权筹资和长期债务筹资的种类和特点；掌握普通股、长期借款、长期债券的筹资程序和方法；
(3) 掌握长期借款和长期债券筹资程序和方法；
(4) 理解租赁、优先股、认股权证和可转换债券的特征、筹资程序和优缺点，能够运用其进行有关筹资决策分析；
(5) 了解短期筹资方式的类型，掌握商业信用和短期银行借款的决策和控制方法。
2. 基本知识点
(1) 筹资概述；
(2) 权益性筹资方式；
(3) 长期债务性筹资方式；
(4) 短期筹资方式；
(5) 混合筹资方式。
（二）要求学生掌握的基本概念、理论、原理
筹资渠道、筹资方式、吸收直接投资、发行股票、留存收益、银行借款、发行债券、商业信用、融资租赁、普通股、优先股。
（三）教学重点与难点
1. 重点：
(1) 普通股、长期借款、长期债券的筹资程序和方法；
(2) 租赁、优先股、认股权证和可转换债券的特征、筹资程序和优缺点；

(3) 三种营运资本筹资政策的含义、特点；
(4) 商业信用和短期银行借款的决策和控制方法。
2. 难点
(1) 租赁、认股权证和可转换债券的特征、筹资程序；
(2) 三种营运资本筹资政策的含义；
(3) 商业信用和短期银行借款的决策。
(四) 实践教学安排
以上市公司筹资为例，进行筹资方式的决策。

第五章 资本成本与资本结构

(一) 基本要求与知识点
1. 基本要求
(1) 理解资本成本的含义，了解资本成本的用途；
(2) 掌握每种筹资方式资本成本的计算；
(3) 理解财务杠杆、经营杠杆、财务风险和经营风险，掌握财务杠杆、经营杠杆和复合杠杆的计量；
(4) 了解资本结构理论，理解资本结构的含义和影响因素，掌握最佳资本结构的计算方法。
2. 基本知识点
(1) 资本成本；
(2) 杠杆原理；
(3) 资本结构。
(二) 要求学生掌握的基本概念、理论、原理
个别资本成本，综合资本成本，边际资本成本、成本习性、息税前利润、财务杠杆、经营杠杆，财务风险，经营风险，复合杠杆，每股收益无差别点、最佳资本结构。
(三) 教学重点与难点
1. 重点
(1) 个别资本成本、综合资本成本和边际资本成本的计算；
(2) 经营杠杆和财务杠杆的含义和计量；
(3) 最佳资本结构的决策。
2. 难点
(1) 边际资本成本的计算；
(2) 财务杠杆的含义和计算；
(3) 每股收益无差别点法。
(四) 实践教学安排
无

第六章 项目投资

(一) 基本要求与知识点
1. 基本要求
(1) 了解投资和项目投资的涵义、分类、程序；
(2) 理解现金流量的含义；
(3) 掌握现金流量的计算；
(4) 掌握净现值、现值指数、内部收益率等投资评价指标的计算；
(5) 掌握项目投资评价指标的应用。

2. 基本知识点
(1) 投资概述；
(2) 项目投资的现金流量分析；
(3) 项目投资评价指标；
(4) 项目投资评价指标的运用。
(二) 要求学生掌握的基本概念、理论、原理
投资、项目投资、现金流量、折旧、所得税、投资决策、投资回收期、净现值、现值指数、内部收益率、固定资产更新决策。
(三) 教学重点与难点
1. 重点
(1) 项目现金流量的确定；
(2) 项目投资评价指标的计算及应用。
2. 难点
项目投资评价指标在固定资产更新决策中的应用。
(四) 实践教学安排
选取某一公司投资项目，利用本章所学评价指标对其投资项目进行评估。

第七章 证券投资

(一) 基本要求与知识点
1. 基本要求
(1) 了解证券投资的种类和证券市场的分类；
(2) 理解证券投资的风险；
(3) 掌握股票投资决策；
(4) 掌握债券投资决策；
(5) 熟悉证券投资基金分类及交易；
(6) 熟悉金融衍生工具的种类。
2. 基本知识点
(1) 证券投资概述；
(2) 债券投资；
(3) 股票投资。
(二) 要求学生掌握的基本概念、理论、原理
股票、债券、股票价值、股票价格、债券价值、债券价格、面值、票面利率、市场利率、到期收益率。
(三) 教学重点与难点
1. 重点
(1) 证券市场的风险；
(2) 股票投资决策；
(3) 债券投资决策；
2. 难点
债券到期收益率的计算；
(四) 实践教学安排
无

第八章 流动资产管理

(一) 基本要求与知识点

1. 基本要求

(1) 了解营运资金的含义,包括的项目,特点;
(2) 了解企业持有现金、存货、应收账款的目的;
(3) 理解现金管理、存货管理和应收账款管理的目标;
(4) 熟悉应收账款信用标准,熟悉存货成本的构成;
(5) 掌握最佳现金持有量的确定、最佳信用政策的确定和存货最佳经济批量的决策方法;
(6) 熟悉现金的日常管理、应收账款的日常管理和存货的日常管理;
(7) 理解营运资金的筹资组合政策。

2. 基本知识点

(1) 存货管理;
(2) 现金管理;
(3) 应收账款管理;
(4) 营运资金概述。

(二) 要求学生掌握的基本概念、理论、原理

营运资金、交易性动机、预防性动机、投机性动机、成本分析模式、机会成本、管理成本、短缺成本、存货模式、随机模式、现金周转期模型、信用标准、5C标准、信用政策、取得成本、储存成本、缺货成本、经济批量法、再订货点、ABC管理法、中庸政策、激进型政策、保守型政策。

(三) 教学重点与难点

1. 重点

(1) 最佳现金流量的确定方法;
(2) 存货最佳经济批量的决策;
(3) 应收账款信用政策的决策。

2. 难点

应收账款信用政策的决策。

(四) 实践教学安排

选取典型案例,通过案例分析,让学生理解提高企业资金的利用效果是每个企业必须面临的管理问题,掌握企业应收账款的管理系列过程,熟悉企业内部信用管理模式,了解并掌握ABC分类管理法在企业存货管理中的灵活应用。

第九章 股利分配管理

(一) 基本要求与知识点

1. 基本要求

(1) 了解利润分配的原则;
(2) 熟悉利润分配的程序和股利支付的方式;
(3) 理解和掌握股利政策的概念、四种股利政策及优缺点;
(4) 理解"股利相关论"和"股利无关论";
(5) 掌握影响股利政策的因素。

2. 基本知识点

(1) 利润分配概述;
(2) 股利理论与股利分配政策;

(3) 股票股利、股票分割和股票回购。
(二) 要求学生掌握的基本概念、理论、原理

股利相关论、股利无关论、资本保全、剩余股利政策、固定股利或稳定增长股利政策、固定股利支付率政策、低正常股利加额外股利政策、现金股利、股票股利、配股。

(三) 教学重点与难点

1. 重点

(1) 四种股利政策；

(2) 股利政策的相关理论；

(3) 影响股利政策的因素。

2. 难点

股利政策的决策。

(四) 实践教学安排

选取某一上市公司配股案例或利润分配案例。

第十章 企业税务管理

(一) 基本要求与知识点

1. 基本要求

(1) 了解税务管理的意义、原则和内容；

(2) 理解企业筹资、投资、资金营运和利润分配活动中进行税收筹划的意义，掌握税收筹划的方法。

2. 基本知识点

(1) 税务管理概述；

(2) 企业财务活动中的税务管理。

(二) 要求学生掌握的基本概念、理论、原理

税务管理、债务筹资的税收筹划、权益筹资的税收筹划、研发税收筹划、直接投资税收筹划、采购过程税收筹划、生产过程税收筹划、销售过程税收筹划、企业所得税税收筹划。

(三) 教学重点与难点

1. 重点

(1) 税务管理的意义和内容；

(2) 筹资活动、投资活动、采购过程、生产过程、销售过中和企业所得税的税收筹划。

2. 难点

投资活动中的税收筹划和所得税的税收筹划。

第十一章 财务预算

(一) 基本要求与知识点

1. 基本要求

(1) 了解企业全面预算体系及财务预算在其中的地位；

(2) 掌握财务预算的编制方法；

(3) 了解现金预算的内容，掌握现金预算的编制程序。

2. 基本知识点

(1) 财务预算的编制；

(2) 财务预算概述。

（二）要求学生掌握的基本概念、理论、原理

全面预算、财务预算、固定预算和弹性预算、增量预算和零基预算、定期预算和滚动预算、销售预算、生产预算、直接材料预算、直接人工预算、制造费用预算、产品成本预算、销售及管理费用预算、现金预算。

（三）教学重点与难点

1. 重点

财务预算的方法；现金预算的编制；责任中心考核指标的计量。

2. 难点

现金预算的编制。

（四）实践教学安排

无

第十二章 财务控制

（一）基本要求与知识点

1. 基本要求

(1) 了解财务控制的意义、种类和程序；

(2) 理解各责任中心的含义，掌握各责任中心的业绩评价方法；

(3) 掌握内部转移价格的确定方法。

2. 基本知识点

(1) 财务控制的意义和种类；

(2) 内部转移价格；

(3) 内部责任控制。

（二）要求学生掌握的基本概念、理论、原理

财务控制、业绩评价、责任中心、成本中心、利润中心、投资中心、部门边际贡献、内部转移价格。

（三）教学重点与难点

1. 重点

(1) 各责任中心的含义和业绩评价方法；

(2) 内部转移价格的确定

2. 难点

各责任中心的业绩评价。

（四）实践教学安排

无

三、参考书目、文献资料和作业习题或思考讨论题

（一）参考书目和文献资料

1. 中国注册会计师协会. 财务成本管理[M]. 北京：中国财政经济出版社，2011.3
2. 荆新等. 财务管理学[M]. 北京：中国人民大学出版社，2010.9
3. 胡旭微，张惠中. 财务管理[M]. 杭州：浙江大学出版社，2006.8
4. 王化成. 公司财务管理[M]. 北京：高等教育出版社，2007.11
5. 刘桂英. 财务管理案例实验教程[M]. 北京：经济科学出版社，2009.1

（二）作业习题或思考讨论题

1. 财务管理的内容包括哪些？
2. 财务管理的目标有哪些？优缺点各是什么？
3. 如何理解财务管理三大类十二个理财原则及其应用？
4. 财务分析的目的是什么？有哪些基本分析方法？

5. 杜邦财务体系各指标间有什么关系？
6. 现金流量分析在财务报表分析中起什么作用？
7. 练习财务比率指标的计算和应用；
8. 练习综合分析指标的计算和应用。
9. 练习复利终值、现值的计算，年金终值、现值的计算。
10. 练习外部融资额的计算。
11. 比较权益资金和债务资金筹资方式的优缺点。
12. 何谓经营杠杆？影响经营风险的因素有哪些？
13. 什么是财务杠杆？其经济后果表现在哪几个方面？
14. 练习资金成本的计算，财务杠杆的计算和最佳资本结构的确定。
15. 项目净现金流量如何计算？
16. 比较净现值、内部收益率评价指标的优缺点及其适用范围。
17. 练习净现值和内部收益率指标的计算，并对项目优劣进行评估。
18. 股票市场的平均收益率如何计算？
19. 简单比较我国各种债券的收益率？
20. 练习成本分析模式和存货模式下现金流量的确定。
21. 练习信用政策的选择。
22. 练习存货最佳经济批量的决策。
23. 什么是股利政策？企业为什么要制定股利政策？
24. 股利政策有哪几类？各有什么特点？
25. 企业税务管理的内容是什么？
26. 企业如何进行税收筹划？
27. 财务预算的方法有哪些？
28. 如何编制现金预算？
29. 什么是责任中心？责任中心有哪几个？如何对它们进行业绩评价？

编写人：郭琳琳
审核人：冯芙蓉
2012年4月10日

《初级财务管理》实训大纲

课程名称：财务管理实训
学　　时：16
适用专业：会计、财管本科
实训地点：校内

一、实训教学目的与要求

在《财务管理》理论部分讲完以后，为使学生更好的理解所学理论知识以及对知识活学活用，学期期末进行一周《财务管理》实践教学。在实践教学中，涉及财务管理重要的决策内容，如做筹资决策、投资决策等，引用典型案例，引导学生利用所学财务管理理论开展企业内部的财务管理工作，重点培养学生进行财务分析和财务决策的能力。可以加深学生对《财务管理》课程的理解，提高学生分析问题、解决问题的能力。

通过财务管理实践课程，要求学生：

(1) 具备对企业财务报表进行财务分析的能力，能从中发现问题，通过财务分析可以为管理者提供有价值的建议；
(2) 熟悉企业筹资的渠道和方式，能够为企业在资本市场筹资中降低资本成本，实现最佳资本结构；
(3) 掌握项目投资决策方法，树立财务管理中资产价值观念，理解现值含义；
(4) 树立风险价值观念，明白在证券投资中要选择价值被低估的资产；
(5) 明确企业营运资金管理目标，掌握最佳现金持有量、存货经济批量和应收账款信用政策确定的方法；
(6) 熟悉股利分配政策及其影响因素，能够针对不同类型企业选择合适的股利分配政策，从而增加企业价值。

二、实践教学课时安排

实践教学内容	课时分配
实训一　财务报表分析	2
实训二　筹资决策	4
实训三　项目投资	4
实训四　证券投资	2
实训五　营运资金管理	2
实训六　股利分配	2
合　　计	16

三、实训内容纲要

实训一　财务报表分析

(一) 实训目的

使学生熟悉财务报表的类别和报表项目，掌握财务报表分析的方法，理解财务比率指标的含义，能运用财务比率指标对企业的偿债能力、营运能力、盈利能力进行分析，并得出结论。能运用杜邦财务分析体系对企业的财务报表进行分析，指出企业存在的问题，并为企业相关利益各方的财务决策提供有价值的信息。

(二)实训内容

学生自己选择两家上市公司财务报表资料,应用财务比率指标分析其短期偿债能力、长期偿债能力、营运能力和盈利能力,并作出评价。运用杜邦财务分析体系对两家公司财务报表进行综合分析,指出存在的问题,并提出建议。

(三)实训成果

财务报表分析报告

实训二 筹资决策

(一)实训目的

通过各种筹资方式的比较,让学生明白筹资方式的选择对企业的影响。通过资本成本的计算,让学生理解资本结构对筹资的重要影响。理解筹资决策的内容和其重要性,使学生具备为企业在资本市场进行融资的实际操作能力。

(二)实训内容

练习资本成本的计算和最佳资本结构的决策,选择某一家公司,对其资本结构和资本市场进行分析,确定外部融资需求量,选择筹资方式和确定目标资本结构。

(三)实训结果

筹资计划书

实训三 项目投资决策

(一)实训目的

了解投资的分类、投资决策的程序,能够运用项目投资评估方法对项目进行评估;理解净现值法、内含报酬率法和投资回收期法的决策原理和准则,并进一步理解每一种的优缺点;熟悉项目现金流量,明白相关成本和机会成本对决策的影响;掌握企业固定资产更新项目的决策方法。

(二)实训内容

选择一个新产品开发项目和固定资产更新项目进行投资决策。对新产品开发项目估计其项目期内现金流量,使用投资回收期法、净现值法、内含报酬率分别进行评估,并作出决策。对固定资产更新项目采用差量现金流量法,作出是否更换的决策。

(三)实训成果

项目投资计划书

实训四 证券投资

(一)实训目的

使学生了解证券投资的种类,掌握股票投资和债券投资决策方法。能够熟练进行货币时间价值的计算,理解债券价值、股票价值的含义。了解和熟悉证券投资的基本常识、有关的法律知识,掌握证券投资方法,理解投资组合理论,提高学生对风险价值的理解和证券投资的操作能力。

(二)实训内容

校内、校外实训基地。选择不同行业的十家上市公司股票,运用所学知识对其投资价值进行分析,并进行投资组合决策。

(三)实训成果

证券投资情况分析报告

实训五 营运资金管理

(一)实训目的

使学生理解营运资金筹资政策,理解现金、存货、应收账款管理的目标,就是要在其资产的流动性和收益性之间进行权衡。熟悉三种营运资金管理决策时考虑的相关成本,掌握最佳现金持有量的决策方法,掌握存货经济批量和保险储备量的决策方法和应收账款信用政策的确定方法。理解营运资金日常管理工作的重要性。现金管理中决策的内容是确定最佳现金持有量,决策方法等营运资金在企业的作用及相关成本情况,了解加速营运资金周转的重要性。把握现金、存货和应收账款管理的办法和技巧。

(二)实训内容

选择某一上市资料,运用所学知识,分别用成本分析模式、存货模式确定其最佳现金持有量;为其制定应收账款信用政策,确定其存货经济批量和保险储备量;并指出在现金、应收账款和存货的日常管理中该公司存在的问题并提出相关建议。

(三)实训成果

分析报告

实训六　股　利　分　配

(一)实训目的

结合借鉴,理解股利分配的相关理论。熟悉股利分配的程序,熟悉影响股利分配因素,掌握每一种股利分配政策的内容、优缺点。并能够运用所学理论,为企业是否进行利润分配、采用何种方式进行利润分配提供决策建议。

(二)实训内容

让学生搜集我国股市近十年股利分配的数据资料,利用所学理论知识,指出我国企业在股利分配上存在的问题,并为管理当局提出相关建议。

(三)实训成果

分析报告

模拟试题(一)

一、单项选择题(20×1=20分) 在每小题列出的四个备选项中只有一个是符合题目要求的,请将其对应的字母写入小题的【 】内。

1. 企业与政府之间的财务关系体现为( )。
   A. 债权债务关系 B. 强制和无偿的分配关系
   C. 资金结算关系 D. 债务债权关系

2. 计算速动资产时,要扣除存货的原因是( )。
   A. 存货数量不稳定 B. 存货价格不稳定
   C. 存货品种较多   D. 存货变现能力差

3. 下列财务比率中,可以反映企业偿债能力的是( )。
   A. 平均收款期 B. 销售利润率
   C. 市盈率   D. 已获利息倍数

4. 下列因素引起的风险中,投资者可以通过证券组合予以分散化的是( )。
   A. 通货膨胀   B. 经济危机
   C. 企业经营管理不善 D. 利率上升

5. 在个别资本成本的计算中,不必考虑筹资费用影响因素的是( )。
   A. 长期借款成本 B. 债券成本
   C. 留存收益成本 D. 普通股成本

6. 如果其他因素不变,一旦贴现率提高,下列指标中数值会变小的是( )。
   A. 净现值 B. 内含报酬率 C. 会计收益率 D. 投资回收期

7. 某公司从本年度起每年年末存入银行一笔固定金额的款项,若按复利最简便算法计算第 n 年末可以从银行取出的本利和,则应选用的时间价值系数是( )。
   A. 复利终值数   B. 复利现值系数
   C. 普通年金终值系数 D. 普通年金现值系数

8. 企业在经营决策时对经营成本中固定成本的利用称作( )。
   A. 财务杠杆 B. 总杠杆 C. 联合杠杆 D. 经营杠杆

9. 某企业计划投资 10 万元建一生产线,预计投资后每年可获净利 1.5 万元,年折旧率为 10%,则投资回收期为( )年。
   A. 3 B. 5 C. 4 D. 6

10. 一般来说,在企业的各种资金来源中,资本成本最低的是( )。
    A. 普通股 B. 长期银行借款 C. 债券 D. 优先股

11. 在两个方案期望值相同的情况下,标准差越大的方案,其风险( )。
    A. 越大 B. 越小 C. 相等 D. 无法判断

12. 财务杠杆说明( )。
    A. 增加息税前利润对每股利润的影响 B. 企业经营风险的大小
    C. 销售收入的增加对每股利润的影响 D. 可通过扩大销售影响息税前利润

13. 下列哪些因素不会影响债券的价值( )。

A. 票面价值　　　　　　　　　　　　B. 票面利率
C. 市场利率　　　　　　　　　　　　D. 购买价格

14. 企业采用剩余股利政策进行收益分配的主要优点是(　　)。
A. 有利于稳定股价　　　　　　　　　B. 获得财务杠杆利益
C. 保持目标资本结构　　　　　　　　D. 增强公众投资信心

15. 某公司发行可转换债券,每张面值为1 000元,转换比率为20,则该可转换债券的转换价格为(　　)元。
A. 20　　　　　B. 50　　　　　C. 30　　　　　D. 25

16. 能使投资方案的净现值等于零的折现率是(　　)。
A. 净现值率　　B. 内部收益率　　C. 投资利润率　　D. 资金成本率

17. 某企业按年利率10%从银行借入款项1 000万元,银行要求企业按贷款额的20%保留补偿性余额,该借款的实际年利率为(　　)。
A. 10%　　　　B. 8%　　　　　C. 12%　　　　D. 12.5%

18. 能克服传统定期预算缺点,可以保持预算的连续性和完整的预算方法是(　　)。
A. 零基预算　　B. 固定预算　　C. 滚动预算　　D. 弹性预算

19. 某投资中心的投资额为200 000元,预期的最低投资报酬率为15%,剩余收益为15 000元,则该投资中心的利润为(　　)元。
A. 50 000　　　B. 35 000　　　C. 45 000　　　D. 30 000

20. 按照剩余股利政策,假设某公司资金结构是30%的负债资金,70%的股权资金,明年计划投资600万元,今年年末股利分配时,应从税后净利中保留(　　)用于投资需要。
A. 180万元　　　　　　　　　　　　B. 240万元
C. 360万元　　　　　　　　　　　　D. 420万元

二、多项选择题(5＊2＝10分)在每小题列出的四个备选项中至少有两个是符合题目要求的,请将其对应的字母写入小题的【】内,多选、少选或未选均无分。

1. 下列各项中,能够衡量风险的指标有(　　)。
A. 方差　　　B. 标准差　　　C. 期望值　　　D. 标准离差率

2. 按照资本资产定价模型,影响特定证券预期报酬率的因素有(　　)。
A. 无风险报酬率　　　　　　　　　　B. 平均风险证券的必要报酬率
C. 特定证券的贝塔系数　　　　　　　D. 特定证券在投资组合中的比重

3. 以下哪种情况引起的风险属于可分散风险(　　)。
A. 银行调整利率水平　　　　　　　　B. 公司劳资关系紧张
C. 公司诉讼失败　　　　　　　　　　D. 市场呈现疲软现象

4. 下列各项中,属于普通年金形式的项目有(　　)。
A. 零存整取储蓄存款的整取额
B. 定期定额支付的养老金
C. 年资本回收额
D. 偿债基金

5. 债券的发行价格可以(　　)。
A. 大于面值　　B. 等于面值　　C. 小于面值　　D. 无法确定

三、判断题(10＊1＝10分)
如果认为正确,请在小题的【】内填入"√";如果认为错误,请在小题的【】内填入"×";

1. 风险与报酬是对等的,高风险的项目必然会获得高报酬。　　　　　　　(　　)

2. 递延年金现值受递延期影响,递延期越长,现值越小。（　　）
3. 留存收益是企业利润形成的,所以留存收益没有资金成本。（　　）
4. 现金折扣是为了销售更多产品。（　　）
5. 机会成本是投资决策的无关成本。（　　）
6. 普通股筹资实际上不存在不能偿付的风险,所以与其他筹资方式相比,风险最小。（　　）
7. 补偿性余额的约束有助于降低银行贷款风险,但同时也减少了企业实际可动用借款额,提高了借款的实际利率。（　　）
8. 某个方案,其内含报酬大于资本成本率,则其净现值必然大于零。（　　）
9. 现金的短缺成本与企业现金持有量成正比。（　　）
10. 公司发放股票股利会使资产负债率下降。（　　）

四、简答题(本大题共 4 小题,每小题 5 分,共 20 分。)

1. 简述年金的种类和递延年金的含义。
2. 企业发行债券筹资的优缺点是什么?
3. 存货管理的成本包括哪些?在经济批量模型中的相关成本是什么?
4. 简述营运资本筹资政策。

五、计算综合题(本大题共 4 小题,第 1 小题 10 分,第 2 小题 10 分,第 3 小题 13 分,第 4 小题 15 分,共 48 分。)

1. 某公司拟购置一条生产线,供货方提出两种付款方案:
(1) 从现在起,每年年初支付 20 万元,连续支付 10 次,共 200 万元;
(2) 从第 3 年开始,每年年初支付 25 万元,连续支付 10 次,共支付 250 万元。
假设该公司的资金成本率(即最低报酬率)为 10%,你认为该公司应选择哪个方案。(10 分)
(P/A,10%,9)=5.759
(P/A,10%,10)=6.144 6
(P/F,10%,5)=0.751 3

2. 甲企业计划利用一笔长期资金投资购买股票。现有 A 公司股票和 B 公司股票可供选择,甲企业只准备投资一家公司股票。已知 A 公司股票现行市价为每股 9 元,上年每股股利为 0.15 元,预计以后每年以 6% 的增长率增长。B 公司股票现行市价为每股 7 元,上年每股股利为 0.60 元,股利分配政策将一贯坚持固定股利政策。甲企业所要求的投资必要报酬率为 8%。
要求:
(1) 利用股票估价模型,分别计算 A、B 公司股票价值。
(2) 甲企业该如何作出股票投资决策?(10 分)

3. 某企业拟于 2000 年初用自有资金购置设备一台,需一次性投资 100 万元。经测算,该设备使用寿命为 5 年,税法亦允许按 5 年计提折旧;设备投入运营后每年可新增利润 20 万元。假定该设备按直线法折旧,预计的净残值率为 5%;已知,(P/A,10%,5)=3.790 8,(P/F,10%,5)=0.620 9。不考虑建设安装期和公司所得税。
要求:
(1) 计算使用期内各年净现金流量;
(2) 计算该设备的静态投资回收期;
(3) 如果以 10% 作为折现率,计算其净现值。(10 分)

4. 某公司 2011 年销售商品 12 000 件,每件商品售价为 240 元,每件单位变动成本为 180 元,全年发生固定成本总额 320 000 元。该企业拥有总资产 500 万元,资产负债率为 40%,债务资金的利率为 8%,主权资金中普通股占 50%,普通股每股面值为 20 元。企业的所得税税率为 25%。分别计算:
(1) 边际贡献;(2) 息税前利润;(3) 净利润;(4) 经营杠杆系数;(5) 财务杠杆系数。(10 分)

模拟试题(二)

一、单项选择题(20*1=20分)

在每小题列出的四个备选项中只有一个是符合题目要求的,请将其对应的字母写入小题的( )内。

1. 下列关于财务管理目标的说法不正确的是( )。
   A. 利润最大化目标没有考虑利润的取得时间,不能体现资金的时间价值
   B. 股东财富可以用股东权益的市场价值来衡量
   C. 股东财富最大化目标就是企业价值最大化目标
   D. 主张股东财富最大化,也要考虑其他利益相关者的利益

2. 财务管理最主要的环节,即财务管理的核心是( )。
   A. 财务预测   B. 财务决策
   C. 财务计划   D. 财务控制

3. 预付年金终值系数与普通年金终值系数相比( )。
   A. 期数减1,系数加1   B. 期数减1,系数减1
   C. 期数加1,系数加1   D. 期数加1,系数减1

4. 已知(P/A,10%,10)=6.1446,若以10%的年利率借款50万元,投资于某项目,项目寿命期10年,为使该项目成为可行方案,每年至少应收回( )。
   A. 100 000元   B. 50 000元   C. 89 567元   D. 81 372元

5. 下列各项中,能够引起自有资金增加的筹资方式是( )。
   A. 吸收直接投资   B. 发行公司债券
   C. 利用商业信用   D. 留存收益转增资本

6. 可转换债券是指投资者可在一定时期内将其转换成( )。
   A. 优先股   B. 可赎回债券
   C. 有价证券   D. 普通股

7. 当折现率为10%时,某项目的净现值为500元,则说明该项目的内含报酬率( )。
   A. 低于10%   B. 高于10%   C. 等于10%   D. 无法界定

8. 财务杠杆说明( )。
   A. 增加息税前利润对每股利润的影响
   B. 企业经营风险的大小
   C. 销售收入的增加对每股利润的影响
   D. 可通过扩大销售影响息税前利润

9. 已知某种证券的β系数为2,则表明该证券( )。
   A. 基本没有风险
   B. 是市场上所有证券的平均风险的一半
   C. 投资风险很低
   D. 市场上所有证券平均风险的2倍

10. 某企业规定的信用条件是"3/10,2/20,n/30",一客户从该企业购入原价为10万元的原材料,并于第14天付款,该客户实际支付的货款是( )元。

A. 98 000　　　　　B. 99 000　　　　　C. 100 000　　　　　D. 95 000

11. 一般而言，在企业各种资金来源中，资金成本最高的是（　　）。
　　A. 债券　　　　B. 长期借款　　　　C. 普通股　　　　D. 优先股

12. 某公司股票的β系数为2，无风险利率为6%，市场上所有股票的平均报酬率12%，则该股票的报酬率为（　　）。
　　A. 6%　　　　　B. 12%　　　　　C. 16%　　　　　D. 18%

13. 企业采用剩余股利政策进行收益分配的主要优点是（　　）。
　　A. 有利于稳定股价　　　　　　　　B. 获得财务杠杆利益
　　C. 保持目标资本结构　　　　　　　D. 增强公众投资信心下

14. 一般认为，生产企业合理的流动比率应为（　　）。
　　A. 50%　　　　　B. 200%　　　　　C. 100%　　　　　D. 150%

15. 一定时期内每期期初等额收付的系列款项是（　　）。
　　A. 预付年金
　　C. 递延年金
　　B. 永续年金
　　D. 普通年金

16. 在股票的发行价格中被《公司法》明确禁止的价格是（　　）。
　　A. 溢价发行
　　C. 时价发行
　　B. 按面额发行
　　D. 折价发行

17. 下列项目中，属于现金持有动机中投资性动机的是（　　）。
　　A. 派发现金股利
　　C. 购买股票
　　B. 支付工资
　　D. 交纳所得税

18. 某企业拟发行1 000万元的企业债券。债券票面利率为10%，期限3年。若市场利率8%，则此债券需（　　）。
　　A. 折价发行　　　　B. 溢价发行　　　　C. 平价发行　　　　D. 不确定

19. 下列各项中，在现金预算中没有直接得到反映的是（　　）。
　　A. 期初期末现金余额　　B. 现金收入　　C. 预算期产量和销量　　D. 现金支出

20. 最适合作为企业内部利润中心业绩评价指标的是（　　）。
　　A. 部门营业收入
　　C. 部门可控边际贡献
　　B. 部门可控成本
　　D. 部门息税前利润

二、多项选择题(5*2=10分)

在每小题列出的四个备选项中至少有两个是符合题目要求的，请将其对应的字母写入小题的（　　）内，多选或未选均无分。

1. 下列经济活动中，属于企业财务活动的有（　　）。
　　A. 资金营运活动　　　　　　　　B. 利润分配活动
　　C. 筹集资金活动　　　　　　　　D. 投资活动

2. 递延年金具有（　　）的特点。
　　A. 年金的第一次支付发生在若干期以后　　B. 没有终值
　　C. 年金的现值与递延期无关　　　　　　　D. 年金的终值与递延期无关

3. 信用条件包括（　　）。
　　A. 现金折扣　　　　　　　　B. 折扣期限
　　C. 信用期限　　　　　　　　D. 商业折扣

4. 下列因素引起的风险中，投资者不可以通过资产组合予以消减的有（　　）。
　　A. 宏观经济状况变化　　　　B. 世界能源状况变化
　　C. 发生经济危机　　　　　　D. 被投资企业出现经营失误

5. 现金预算的编制基础是( )。
A. 财务预算　　　　　　　　　　　　B. 日常业务预算
C. 特种决策预算　　　　　　　　　　D. 固定预算

三、判断题(10＊1＝10分)

如果认为正确,请在小题的( )内填入"√";如果认为错误,请在小题的( )内填入"×"。
1. 企业与政府之间的关系体现为一种受资与投资的额关系。　　　　　　　　　( )
2. 利率＝纯利率＋通货膨胀附加率＋风险附加率。　　　　　　　　　　　　　( )
3. 在债券面值和票面利率一定的情况下,市场利率越高,则债券的价格越低。　( )
4. 从资金的借贷关系看,利率是一定时期运用资金资源的交易价格。　　　　　( )
5. 对企业投资者而言,企业的资产负债率越低越好。　　　　　　　　　　　　( )
6. 在存货模式下,现金的持有量与现金的机会成本成反比,与现金的交易成本成正比。( )
7. 机会成本不是实际的费用支出,而是失去的收益。　　　　　　　　　　　　( )
8. 企业投资时应尽量选择风险小的投资项目,因为风险小的投资对企业有利。　( )
9. 发行普通股没有固定的利息负担,所以,其资本成本较低。　　　　　　　　( )
10. 企业最佳资本结构是指在一定的条件下使企业权益资本成本最低的资金结构。( )

四、简答题(本大题共4小题,每小题3分,共12分)

1. 简述财务管理目标的代表性观点。
2. 企业持有现金的动机是什么?
3. 什么是信用政策?信用政策包括哪些内容?
4. 股份公司发放股利有几种政策。

五、论述与综合计算题。(本大题共4小题,每小题12分,共48分)

1. 甲公司持有 A,B,C 三种股票,在由上述股票组成的证券投资组合中,各股票所占的比重分别为50%、30%和20%,其β系数分别为2.0,1.0和0.5。市场收益率为10%,无风险收益率为5%。A 股票当前每股市价为12元,刚收到上一年度派发的每股1.2元的现金股利,预计股利以后每年将增长8%。
要求:
(1) 计算以下指标:
① 投资 A 股票的必要投资收益率。
② 甲公司证券组合的β系数。
③ 甲公司证券组合的必要收益率。
(2) 利用股票估价模型分析当前出售 A 股票是否对甲公司有利。(12分)

2. 某企业现金收支状况比较稳定,预计全年需要现金7 200 000元,一次交易成本为225元,有价证券收益率为10%。
要求:运用现金持有量确定的存货模型计算:
(1) 最佳现金持有量。
(2) 确定交易成本、机会成本。
(3) 最佳现金管理相关总成本。
(4) 有价证券交易间隔期。(12分)

3. 假定某公司的资本来源包括以下两种形式:
(1) 100万股面值为1元的普通股。假设公司下一年的预期股利是每股0.1元,并且以后将以10%的速度增长。该普通股目前的市场价格为1.8元;
(2) 按面值发行。票面利率为8%。期限为5年的债券50万元,目前该债券的市场价值等于其票面金额。
假设不考虑筹资费用,公司的所得税税率为25%。要求:

(1) 分别计算该公司普通股的资本成本和债券的资本成本。

(2) 以市场价值作为权数计算该公司的综合资本成本。(12分)

4. 甲公司2002年4月8日发行公司债券，债券面值1 000元，票面利率10%，5年期。要求：

(1) 假定每年4月8日付息一次，到期按面值偿还。乙公司于2006年4月8日按每张1 020元的价格购入该债券，并持有到期。求债券的到期收益率为多少？

(2) 假定该债券到期一次还本付息，单利计息。乙公司于2006年4月8日按每张1 380元的价格购入该债券并持有到期。则债券的到期收益率为多少？

(3) 假定该债券每年4月8日付息一次，到期按面值偿还。乙公司2004年4月8日计划购入该债券并持有到期，要求的必要报酬率为12%（可视为市场利率），则该债券的价格为多少时乙公司可以购入？

附表 1 复利终值系数表

计算公式：$f=(1+i)^n$

期数	1%	2%	3%	4%	5%	6%	7%	8%	9%	10%	11%	12%	13%	14%	15%	16%
1	1.0100	1.0200	1.0300	1.0400	1.0500	1.0600	1.0700	1.0800	1.0900	1.1000	1.1100	1.1200	1.1300	1.1400	1.1500	1.1600
2	1.0201	1.0404	1.0609	1.0816	1.1025	1.1236	1.1449	1.1664	1.1881	1.2100	1.2321	1.2544	1.2769	1.2996	1.3225	1.3456
3	1.0303	1.0612	1.0927	1.1249	1.1576	1.1910	1.2250	1.2597	1.2950	1.3310	1.3676	1.4049	1.4429	1.4815	1.5209	1.5609
4	1.0406	1.0824	1.1255	1.1699	1.2155	1.2625	1.3108	1.3605	1.4116	1.4641	1.5181	1.5735	1.6305	1.6890	1.7490	1.8106
5	1.0510	1.1041	1.1593	1.2167	1.2763	1.3382	1.4026	1.4693	1.5386	1.6105	1.6851	1.7623	1.8424	1.9254	2.0114	2.1003
6	1.0615	1.1264	1.1941	1.2653	1.3401	1.4185	1.5007	1.5869	1.6771	1.7716	1.8704	1.9738	2.0820	2.1950	2.3131	2.4364
7	1.0721	1.1487	1.2299	1.3159	1.4071	1.5036	1.6058	1.7138	1.8280	1.9487	2.0762	2.2107	2.3526	2.5023	2.6600	2.8262
8	1.0829	1.1717	1.2668	1.3686	1.4775	1.5938	1.7182	1.8509	1.9926	2.1436	2.3045	2.4760	2.6584	2.8526	3.0590	3.2784
9	1.0937	1.1951	1.3048	1.4233	1.5513	1.6895	1.8385	1.9990	2.1719	2.3579	2.5580	2.7731	3.0040	3.2519	3.5179	3.8030
10	1.1046	1.2190	1.3439	1.4802	1.6289	1.7908	1.9672	2.1589	2.3674	2.5937	2.8394	3.1058	3.3946	3.7072	4.0456	4.4114
11	1.1157	1.2434	1.3842	1.5395	1.7103	1.8983	2.1049	2.3316	2.5804	2.8531	3.1518	3.4785	3.8359	4.2262	4.6524	5.1173
12	1.1268	1.2682	1.4258	1.6010	1.7959	2.0122	2.2522	2.5182	2.8127	3.1384	3.4985	3.8960	4.3345	4.8179	5.3503	5.9360
13	1.1381	1.2936	1.4685	1.6651	1.8856	2.1329	2.4098	2.7196	3.0658	3.4523	3.8833	4.3635	4.8980	5.4924	6.1528	6.8858
14	1.1495	1.3195	1.5126	1.7317	1.9799	2.2609	2.5785	2.9372	3.3417	3.7975	4.3104	4.8871	5.5348	6.2613	7.0757	7.9875
15	1.1610	1.3459	1.5580	1.8009	2.0789	2.3966	2.7590	3.1722	3.6425	4.1772	4.7846	5.4736	6.2543	7.1379	8.1371	9.2655
16	1.1726	1.3728	1.6047	1.8730	2.1829	2.5404	2.9522	3.4259	3.9703	4.5950	5.3109	6.1304	7.0673	8.1372	9.3576	10.7480
17	1.1843	1.4002	1.6528	1.9479	2.2920	2.6928	3.1588	3.7000	4.3276	5.0545	5.8951	6.8660	7.9861	9.2765	10.7613	12.4677
18	1.1961	1.4282	1.7024	2.0258	2.4066	2.8543	3.3799	3.9960	4.7171	5.5599	6.5436	7.6900	9.0243	10.5752	12.3755	14.4625
19	1.2081	1.4568	1.7535	2.1068	2.5270	3.0256	3.6165	4.3157	5.1417	6.1159	7.2633	8.6128	10.1974	12.0557	14.2318	16.7765
20	1.2202	1.4859	1.8061	2.1911	2.6533	3.2071	3.8697	4.6610	5.6044	6.7275	8.0623	9.6463	11.5231	13.7435	16.3665	19.4608
21	1.2324	1.5157	1.8603	2.2788	2.7860	3.3996	4.1406	5.0338	6.1088	7.4002	8.9492	10.8038	13.0211	15.6676	18.8215	22.5745
22	1.2447	1.5460	1.9161	2.3699	2.9253	3.6035	4.4304	5.4365	6.6586	8.1403	9.9336	12.1003	14.7138	17.8610	21.6447	26.1864
23	1.2572	1.5769	1.9736	2.4647	3.0715	3.8197	4.7405	5.8715	7.2579	8.9543	11.0263	13.5523	16.6266	20.3616	24.8915	30.3762
24	1.2697	1.6084	2.0328	2.5633	3.2251	4.0489	5.0724	6.3412	7.9111	9.8497	12.2392	15.1786	18.7881	23.2122	28.6252	35.2364
25	1.2824	1.6406	2.0938	2.6658	3.3864	4.2919	5.4274	6.8485	8.6231	10.8347	13.5855	17.0001	21.2305	26.4619	32.9190	40.8742
26	1.2953	1.6734	2.1566	2.7725	3.5557	4.5494	5.8074	7.3964	9.3992	11.9182	15.0799	19.0401	23.9905	30.1666	37.8566	47.4141
27	1.3082	1.7069	2.2213	2.8834	3.7335	4.8223	6.2139	7.9881	10.2451	13.1100	16.7387	21.3249	27.1093	34.3899	43.5355	55.0004
28	1.3213	1.7410	2.2879	2.9987	3.9201	5.1117	6.6488	8.6271	11.1671	14.4210	18.5799	23.8839	30.6335	39.2045	50.0657	63.8004
29	1.3345	1.7758	2.3566	3.1187	4.1161	5.4184	7.1143	9.3173	12.1722	15.8631	20.6237	26.7499	34.6158	44.6931	57.5755	74.0085
30	1.3478	1.8114	2.4273	3.2434	4.3219	5.7435	7.6123	10.0627	13.2677	17.4494	22.8923	29.9599	39.1159	50.9502	66.2118	85.8499

附表1 复利终值系数表

期数	17%	18%	19%	20%	21%	22%	23%	24%	25%	26%	27%	28%	29%	30%
1	1.1700	1.1800	1.1900	1.2000	1.2100	1.2200	1.2300	1.2400	1.2500	1.2600	1.2700	1.2800	1.2900	1.3000
2	1.3689	1.3924	1.4161	1.4400	1.4641	1.4884	1.5129	1.5376	1.5625	1.5876	1.6129	1.6384	1.6641	1.6900
3	1.6016	1.6430	1.6852	1.7280	1.7716	1.8158	1.8609	1.9066	1.9531	2.0004	2.0484	2.0972	2.1467	2.1970
4	1.8739	1.9388	2.0053	2.0736	2.1436	2.2153	2.2889	2.3642	2.4414	2.5205	2.6014	2.6844	2.7692	2.8561
5	2.1924	2.2878	2.3864	2.4883	2.5937	2.7027	2.8153	2.9316	3.0518	3.1758	3.3038	3.4360	3.5723	3.7129
6	2.5652	2.6996	2.8398	2.9860	3.1384	3.2973	3.4628	3.6352	3.8147	4.0015	4.1959	4.3980	4.6083	4.8268
7	3.0012	3.1855	3.3793	3.5832	3.7975	4.0227	4.2593	4.5077	4.7684	5.0419	5.3288	5.6295	5.9447	6.2749
8	3.5115	3.7589	4.0214	4.2998	4.5950	4.9077	5.2389	5.5895	5.9605	6.3528	6.7675	7.2058	7.6686	8.1573
9	4.1084	4.4355	4.7854	5.1598	5.5599	5.9874	6.4439	6.9310	7.4506	8.0045	8.5948	9.2234	9.8925	10.6045
10	4.8068	5.2338	5.6947	6.1917	6.7275	7.3046	7.9259	8.5944	9.3132	10.0857	10.9153	11.8059	12.7614	13.7858
11	5.6240	6.1759	6.7767	7.4301	8.1403	8.9117	9.7489	10.6571	11.6415	12.7080	13.8625	15.1116	16.4622	17.9216
12	6.5801	7.2876	8.0642	8.9161	9.8497	10.8722	11.9912	13.2148	14.5519	16.0120	17.6053	19.3428	21.2362	23.2981
13	7.6987	8.5994	9.5964	10.6993	11.9182	13.2641	14.7491	16.3863	18.1899	20.1752	22.3588	24.7588	27.3947	30.2875
14	9.0075	10.1472	11.4198	12.8392	14.4210	16.1822	18.1414	20.3191	22.7374	25.4207	28.3957	31.6913	35.3391	39.3738
15	10.5387	11.9737	13.5895	15.4070	17.4494	19.7423	22.3140	25.1956	28.4217	32.0301	36.0625	40.5648	45.5875	51.1859
16	12.3303	14.1290	16.1715	18.4884	21.1138	24.0856	27.4462	31.2426	35.5271	40.3579	45.7994	51.9230	58.8079	66.5417
17	14.4265	16.6722	19.2441	22.1861	25.5477	29.3844	33.7588	38.7408	44.4089	50.8510	58.1652	66.4614	75.8621	86.5042
18	16.8790	19.6733	22.9005	26.6233	30.9127	35.8490	41.5233	48.0386	55.5112	64.0722	73.8698	85.0706	97.8622	112.4554
19	19.7484	23.2144	27.2516	31.9480	37.4043	43.7358	51.0737	59.5679	69.3889	80.7310	93.8147	108.8904	126.2422	146.1920
20	23.1056	27.3930	32.4294	38.3376	45.2593	53.3576	62.8206	73.8641	86.7362	101.7211	119.1446	139.3797	162.8524	190.0496
21	27.0336	32.3238	38.5910	46.0051	54.7637	65.0963	77.2694	91.5915	108.4202	128.1685	151.3137	178.4060	210.0796	247.0645
22	31.6293	38.1421	45.9233	55.2061	66.2641	79.4175	95.0413	113.5735	135.5253	161.4924	192.1683	228.3596	271.0027	321.1839
23	37.0062	45.0076	54.6487	66.2474	80.1795	96.8894	116.9004	140.8312	169.4066	203.4804	244.0538	292.3003	349.5935	417.5391
24	43.2973	53.1090	65.0320	79.4968	97.0172	118.2050	143.7880	174.6306	211.7582	256.3853	309.9483	374.1444	450.9756	542.8008
25	50.6578	62.6686	77.3881	95.3962	117.3909	144.2101	176.8593	216.5420	264.6977	323.0454	393.6344	478.9049	581.7585	705.6410
26	59.2697	73.9490	92.0918	114.4755	142.0425	175.9364	217.5364	268.5121	330.8722	407.0373	499.9157	612.9982	750.4685	917.3333
27	69.3455	87.2598	109.5893	137.3706	171.8719	214.6424	267.5704	332.9552	413.5903	512.8670	634.8929	784.6377	968.1044	1192.5333
28	81.1342	102.9666	130.4112	164.8447	207.9651	261.8637	329.1115	412.8641	516.9879	646.2124	806.3140	1004.3363	1248.8546	1550.2933
29	94.9271	121.5005	155.1893	197.8136	251.6377	319.4737	404.8077	511.9516	646.2349	814.2276	1024.0187	1285.5504	1611.0225	2015.3813
30	111.0647	143.3706	184.6753	237.3763	304.4816	389.7579	497.9129	634.8199	807.7936	1025.9267	1300.5038	1645.5046	2078.2196	2619.9956

附表 2 复利现值系数表

计算公式：$f = (1+i)^{-n}$

期数	1%	2%	3%	4%	5%	6%	7%	8%	9%	10%	11%	12%	13%	14%	15%	16%
1	0.990 1	0.980 4	0.970 9	0.961 5	0.952 4	0.943 4	0.934 6	0.925 9	0.917 4	0.909 1	0.900 9	0.892 9	0.885	0.877 2	0.869 6	0.862 1
2	0.980 3	0.961 2	0.942 6	0.924 6	0.907	0.89	0.873 4	0.857 3	0.841 7	0.826 4	0.811 6	0.797 2	0.783 1	0.769 5	0.756 1	0.743 2
3	0.970 6	0.942 3	0.915 1	0.889	0.863 8	0.839 6	0.816 3	0.793 8	0.772 2	0.751 3	0.731 2	0.711 8	0.693 1	0.675	0.657 5	0.640 7
4	0.961	0.923 8	0.888 5	0.854 8	0.822 7	0.792 1	0.762 9	0.735	0.708 4	0.683	0.658 7	0.635 5	0.613 3	0.592 1	0.571 8	0.552 3
5	0.951 5	0.905 7	0.862 6	0.821 9	0.783 5	0.747 3	0.713	0.680 6	0.649 9	0.620 9	0.593 5	0.567 4	0.542 8	0.519 4	0.497 2	0.476 1
6	0.942	0.888	0.837 5	0.790 3	0.746 2	0.705	0.666 3	0.630 2	0.596 3	0.564 5	0.534 6	0.506 6	0.480 3	0.455 6	0.432 3	0.410 4
7	0.932 7	0.870 6	0.813 1	0.759 9	0.710 7	0.665 1	0.622 7	0.583 5	0.547	0.513 2	0.481 7	0.452 3	0.425 1	0.399 6	0.375 9	0.353 8
8	0.923 5	0.853 5	0.789 4	0.730 7	0.676 8	0.627 4	0.582	0.540 3	0.501 9	0.466 5	0.433 9	0.403 9	0.376 2	0.350 6	0.326 9	0.305
9	0.914 3	0.836 8	0.766 4	0.702 6	0.644 6	0.591 9	0.543 9	0.500 2	0.460 4	0.424 1	0.390 9	0.360 6	0.332 9	0.307 5	0.284 3	0.263
10	0.905 3	0.820 3	0.744 1	0.675 6	0.613 9	0.558 4	0.508 3	0.463 2	0.422 4	0.385 5	0.352 2	0.322	0.294 6	0.269 7	0.247 2	0.226 7
11	0.896 3	0.804 3	0.722 4	0.649 6	0.584 7	0.526 8	0.475 1	0.428 9	0.387 5	0.350 5	0.317 3	0.287 5	0.260 7	0.236 6	0.214 9	0.195 4
12	0.887 4	0.788 5	0.701 4	0.624 6	0.556 8	0.497	0.444	0.397 1	0.355 5	0.318 6	0.285 8	0.256 7	0.230 7	0.207 6	0.186 9	0.168 5
13	0.878 7	0.773	0.681	0.600 6	0.530 3	0.468 8	0.415	0.367 7	0.326 2	0.289 7	0.257 5	0.229 2	0.204 2	0.182 1	0.162 5	0.145 2
14	0.87	0.757 9	0.661 1	0.577 5	0.505 1	0.442 3	0.387 8	0.340 5	0.299 2	0.263 3	0.232	0.204 6	0.180 7	0.159 7	0.141 3	0.125 2
15	0.861 3	0.743	0.641 9	0.555 3	0.481	0.417 3	0.362 4	0.315 2	0.274 5	0.239 4	0.209	0.182 7	0.159 9	0.140 1	0.122 9	0.107 9
16	0.852 8	0.728 4	0.623 2	0.533 9	0.458 1	0.393 6	0.338 7	0.291 9	0.251 9	0.217 6	0.188 3	0.163 1	0.141 5	0.122 9	0.106 9	0.093
17	0.844 4	0.714 2	0.605	0.513 4	0.436 3	0.371 4	0.316 6	0.270 3	0.231 1	0.197 8	0.169 6	0.145 6	0.125 2	0.107 8	0.092 9	0.080 2
18	0.836	0.700 2	0.587 4	0.493 6	0.415 5	0.350 3	0.295 9	0.250 2	0.212	0.179 9	0.152 8	0.13	0.110 8	0.094 6	0.080 8	0.069 1
19	0.827 7	0.686 4	0.570 3	0.474 6	0.395 7	0.330 5	0.276 5	0.231 7	0.194 5	0.163 5	0.137 7	0.116 1	0.098 1	0.082 9	0.070 3	0.059 6
20	0.819 5	0.673	0.553 7	0.456 4	0.376 9	0.311 8	0.258 4	0.214 5	0.178 4	0.148 6	0.124	0.103 7	0.086 8	0.072 8	0.061 1	0.051 4
21	0.811 4	0.659 8	0.537 5	0.438 8	0.358 9	0.294 2	0.241 5	0.198 7	0.163 7	0.135 1	0.111 7	0.092 6	0.076 8	0.063 8	0.053 1	0.044 3
22	0.803 4	0.646 8	0.521 9	0.422	0.341 8	0.277 5	0.225 7	0.183 9	0.150 2	0.122 8	0.100 7	0.082 6	0.068	0.056	0.046 2	0.038 2
23	0.795 4	0.634 2	0.506 7	0.405 7	0.325 6	0.261 8	0.210 9	0.170 3	0.137 8	0.111 7	0.090 7	0.073 8	0.060 1	0.049 1	0.040 2	0.032 9
24	0.787 6	0.621 7	0.491 9	0.390 1	0.310 1	0.247	0.197 1	0.157 7	0.126 4	0.101 5	0.081 7	0.065 9	0.053 2	0.043 1	0.034 9	0.028 4
25	0.779 8	0.609 5	0.477 6	0.375 1	0.295 3	0.233	0.184 2	0.146	0.115 9	0.092 3	0.073 6	0.058 8	0.047 1	0.037 8	0.030 4	0.024 5
26	0.772	0.597 6	0.463 7	0.360 7	0.281 2	0.219 8	0.172 2	0.135 2	0.106 4	0.083 9	0.066 3	0.052 5	0.041 7	0.033 1	0.026 4	0.021 1
27	0.764 4	0.585 9	0.450 2	0.346 8	0.267 8	0.207 4	0.160 9	0.125 2	0.097 6	0.076 3	0.059 7	0.046 9	0.036 9	0.029 1	0.023	0.018 2
28	0.756 8	0.574 4	0.437 1	0.333 5	0.255 1	0.195 6	0.150 4	0.115 9	0.089 5	0.069 3	0.053 8	0.041 9	0.032 6	0.025 5	0.02	0.015 7
29	0.749 3	0.563 1	0.424 3	0.320 7	0.242 9	0.184 6	0.140 6	0.107 3	0.082 2	0.063	0.048 5	0.037 4	0.028 9	0.022 4	0.017 4	0.013 5
30	0.741 9	0.552 1	0.412	0.308 3	0.231 4	0.174 1	0.131 4	0.099 4	0.075 4	0.057 3	0.043 7	0.033 4	0.025 6	0.019 6	0.015 1	0.011 6

附表2 复利现值系数表

期数	17%	18%	19%	20%	21%	22%	23%	24%	25%	26%	27%	28%	29%	30%
1	0.854 7	0.847 5	0.840 3	0.833 3	0.826 4	0.819 7	0.813	0.806 5	0.8	0.793 7	0.787 4	0.781 3	0.775 2	0.769 2
2	0.730 5	0.718 2	0.706 2	0.694 4	0.683	0.671 9	0.661	0.650 4	0.64	0.629 9	0.62	0.610 4	0.600 9	0.591 7
3	0.624 4	0.608 6	0.593 4	0.578 7	0.564 5	0.550 7	0.537 4	0.524 5	0.512	0.499 9	0.488 2	0.476 8	0.465 8	0.455 2
4	0.533 7	0.515 8	0.498 7	0.482 3	0.466 5	0.451 4	0.436 9	0.423	0.409 6	0.396 8	0.384 4	0.372 5	0.361 1	0.350 1
5	0.456 1	0.437 1	0.419	0.401 9	0.385 5	0.37	0.355 2	0.341 1	0.327 7	0.314 9	0.302 7	0.291	0.279 9	0.269 3
6	0.389 8	0.370 4	0.352 1	0.334 9	0.318 6	0.303 3	0.288 8	0.275 1	0.262 1	0.249 9	0.238 3	0.227 4	0.217	0.207 2
7	0.333 2	0.313 9	0.295 9	0.279 1	0.263 3	0.248 6	0.234 8	0.221 8	0.209 7	0.198 3	0.187 7	0.177 6	0.168 2	0.159 4
8	0.284 8	0.266	0.248 7	0.232 6	0.217 6	0.203 8	0.190 9	0.178 9	0.167 8	0.157 4	0.147 8	0.138 8	0.130 4	0.122 6
9	0.243 4	0.225 5	0.209	0.193 8	0.179 9	0.167	0.155 2	0.144 3	0.134 2	0.124 9	0.116 4	0.108 4	0.101 1	0.094 3
10	0.208	0.191 1	0.175 6	0.161 5	0.148 6	0.136 9	0.126 2	0.116 4	0.107 4	0.099 2	0.091 6	0.084 7	0.078 4	0.072 5
11	0.177 8	0.161 9	0.147 6	0.134 6	0.122 8	0.112 2	0.102 6	0.093 8	0.085 9	0.078 7	0.072 1	0.066 2	0.060 7	0.055 8
12	0.152	0.137 2	0.124	0.112 2	0.101 5	0.092	0.083 4	0.075 7	0.068 7	0.062 5	0.056 8	0.051 7	0.047 1	0.042 9
13	0.129 9	0.116 3	0.104 2	0.093 5	0.083 9	0.075 4	0.067 8	0.061	0.055	0.049 6	0.044 7	0.040 4	0.036 5	0.033
14	0.111	0.098 5	0.087 6	0.077 9	0.069 3	0.061 8	0.055 1	0.049 2	0.044	0.039 3	0.035 2	0.031 6	0.028 3	0.025 4
15	0.094 9	0.083 5	0.073 6	0.064 9	0.057 3	0.050 7	0.044 8	0.039 7	0.035 2	0.031 2	0.027 7	0.024 7	0.021 9	0.019 5
16	0.081 1	0.070 8	0.061 8	0.054 1	0.047 4	0.041 5	0.036 4	0.032	0.028 1	0.024 8	0.021 8	0.019 3	0.017	0.015
17	0.069 3	0.06	0.052	0.045 1	0.039 1	0.034	0.029 6	0.025 8	0.022 5	0.019 7	0.017 2	0.015	0.013 2	0.011 6
18	0.059 2	0.050 8	0.043 7	0.037 6	0.032 3	0.027 9	0.024 1	0.020 8	0.018	0.015 6	0.013 5	0.011 8	0.010 2	0.008 9
19	0.050 6	0.043 1	0.036 7	0.031 3	0.026 7	0.022 9	0.019 6	0.016 8	0.014 4	0.012 4	0.010 7	0.009 2	0.007 9	0.006 8
20	0.043 3	0.036 5	0.030 8	0.026 1	0.022 1	0.018 7	0.015 9	0.013 5	0.011 5	0.009 8	0.008 4	0.007 2	0.006 1	0.005 3
21	0.037	0.030 9	0.025 9	0.021 7	0.018 3	0.015 4	0.012 9	0.010 9	0.009 2	0.007 8	0.006 6	0.005 6	0.004 8	0.004
22	0.031 6	0.026 2	0.021 8	0.018 1	0.015 1	0.012 6	0.010 5	0.008 8	0.007 4	0.006 2	0.005 2	0.004 4	0.003 7	0.003 1
23	0.027	0.022 2	0.018 3	0.015 1	0.012 5	0.010 3	0.008 6	0.007 1	0.005 9	0.004 9	0.004 1	0.003 4	0.002 9	0.002 4
24	0.023 1	0.018 8	0.015 4	0.012 6	0.010 3	0.008 5	0.007	0.005 7	0.004 7	0.003 9	0.003 2	0.002 7	0.002 2	0.001 8
25	0.019 7	0.016	0.012 9	0.010 5	0.008 5	0.006 9	0.005 7	0.004 6	0.003 8	0.003 1	0.002 5	0.002 1	0.001 7	0.001 4
26	0.016 9	0.013 5	0.010 9	0.008 7	0.007	0.005 7	0.004 6	0.003 7	0.003	0.002 5	0.002	0.001 6	0.001 3	0.001 1
27	0.014 4	0.011 5	0.009 1	0.007 3	0.005 8	0.004 7	0.003 7	0.003	0.002 4	0.001 9	0.001 6	0.001 3	0.001	0.000 8
28	0.012 3	0.009 7	0.007 7	0.006 1	0.004 8	0.003 8	0.003	0.002 4	0.001 9	0.001 5	0.001 2	0.001	0.000 8	0.000 6
29	0.010 5	0.008 2	0.006 4	0.005 1	0.004	0.003 1	0.002 5	0.002	0.001 5	0.001 2	0.001	0.000 8	0.000 6	0.000 5
30	0.009	0.007	0.005 4	0.004 2	0.003 3	0.002 6	0.002	0.001 6	0.001 2	0.001	0.000 8	0.000 6	0.000 5	0.000 4

附表3 普通年金终值系数表

计算公式：$f = \dfrac{(1+i)^n - 1}{i}$

期数	1%	2%	3%	4%	5%	6%	7%	8%	9%	10%	11%	12%	13%	14%	15%	16%
1	1.0000	1.0000	1.0000	1.0000	1.0000	1.0000	1.0000	1.0000	1.0000	1.0000	1.0000	1.0000	1.0000	1.0000	1.0000	1.0000
2	2.0100	2.0200	2.0300	2.0400	2.0500	2.0600	2.0700	2.0800	2.0900	2.1000	2.1100	2.1200	2.1300	2.1400	2.1500	2.1600
3	3.0301	3.0604	3.0909	3.1216	3.1525	3.1836	3.2149	3.2464	3.2781	3.3100	3.3421	3.3744	3.4069	3.4396	3.4725	3.5056
4	4.0604	4.1216	4.1836	4.2465	4.3101	4.3746	4.4399	4.5061	4.5731	4.6410	4.7097	4.7793	4.8497	4.9211	4.9934	5.0665
5	5.1010	5.2040	5.3091	5.4163	5.5256	5.6371	5.7507	5.8666	5.9847	6.1051	6.2278	6.3528	6.4803	6.6101	6.7424	6.8771
6	6.1520	6.3081	6.4684	6.6330	6.8019	6.9753	7.1533	7.3359	7.5233	7.7156	7.9129	8.1152	8.3227	8.5355	8.7537	8.9775
7	7.2135	7.4343	7.6625	7.8983	8.1420	8.3938	8.6540	8.9228	9.2004	9.4872	9.7833	10.0890	10.4047	10.7305	11.0668	11.4139
8	8.2857	8.5830	8.8923	9.2142	9.5491	9.8975	10.2598	10.6366	11.0285	11.4359	11.8594	12.2997	12.7573	13.2328	13.7268	14.2401
9	9.3685	9.7546	10.1591	10.5828	11.0266	11.4913	11.9780	12.4876	13.0210	13.5795	14.1640	14.7757	15.4157	16.0853	16.7858	17.5185
10	10.4622	10.9497	11.4639	12.0061	12.5779	13.1808	13.8164	14.4866	15.1929	15.9374	16.7220	17.5487	18.4197	19.3373	20.3037	21.3215
11	11.5668	12.1687	12.8078	13.4864	14.2068	14.9716	15.7836	16.6455	17.5603	18.5312	19.5614	20.6546	21.8143	23.0445	24.3493	25.7329
12	12.6825	13.4121	14.1920	15.0258	15.9171	16.8699	17.8885	18.9771	20.1407	21.3843	22.7132	24.1331	25.6502	27.2707	29.0017	30.8502
13	13.8093	14.6803	15.6178	16.6268	17.7130	18.8821	20.1406	21.4953	22.9534	24.5227	26.2116	28.0291	29.9847	32.0887	34.3519	36.7862
14	14.9474	15.9739	17.0863	18.2919	19.5986	21.0151	22.5505	24.2149	26.0192	27.9750	30.0949	32.3926	34.8827	37.5811	40.5047	43.6720
15	16.0969	17.2934	18.5989	20.0236	21.5786	23.2760	25.1290	27.1521	29.3609	31.7725	34.4054	37.2797	40.4175	43.8424	47.5804	51.6595
16	17.2579	18.6393	20.1569	21.8245	23.6575	25.6725	27.8881	30.3243	33.0034	35.9497	39.1899	42.7533	46.6717	50.9804	55.7175	60.9250
17	18.4304	20.0121	21.7616	23.6975	25.8404	28.2128	30.8402	33.7502	36.9737	40.5447	44.5008	48.8837	53.7391	59.1176	65.0751	71.6730
18	19.6147	21.4123	23.4144	25.6454	28.1324	30.9057	33.9990	37.4502	41.3013	45.5992	50.3959	55.7497	61.7251	68.3941	75.8364	84.1407
19	20.8109	22.8406	25.1169	27.6712	30.5390	33.7600	37.3790	41.4463	46.0185	51.1591	56.9395	63.4397	70.7494	78.9692	88.2118	98.6032
20	22.0190	24.2974	26.8704	29.7781	33.0660	36.7856	40.9955	45.7620	51.1601	57.2750	64.2028	72.0524	80.9468	91.0249	102.4436	115.3797
21	23.2392	25.7833	28.6765	31.9692	35.7193	39.9927	44.8652	50.4229	56.7645	64.0025	72.2651	81.6987	92.4699	104.7684	118.8101	134.8405
22	24.4716	27.2990	30.5368	34.2480	38.5052	43.3923	49.0057	55.4568	62.8733	71.4027	81.2143	92.5026	105.4910	120.4360	137.6316	157.4150
23	25.7163	28.8450	32.4529	36.6179	41.4305	46.9958	53.4361	60.8933	69.5319	79.5430	91.1479	104.6029	120.2048	138.2970	159.2764	183.6010
24	26.9735	30.4219	34.4265	39.0826	44.5020	50.8156	58.1767	66.7648	76.7898	88.4973	102.1742	118.1552	136.8315	158.6586	184.1678	213.9776
25	28.2432	32.0303	36.4593	41.6459	47.7271	54.8645	63.2490	73.1059	84.7009	98.3471	114.4133	133.3339	155.6196	181.8708	212.7930	249.2140
26	29.5256	33.6709	38.5530	44.3117	51.1135	59.1564	68.6765	79.9544	93.3240	109.1818	127.9988	150.3339	176.8501	208.3327	245.7120	290.0883
27	30.8209	35.3443	40.7096	47.0842	54.6691	63.7058	74.4838	87.3508	102.7231	121.0999	143.0786	169.3740	200.8406	238.4993	283.5688	337.5024
28	32.1291	37.0512	42.9309	49.9676	58.4026	68.5281	80.6977	95.3388	112.9682	134.2099	159.8173	190.6989	227.9499	272.8892	327.1041	392.5028
29	33.4504	38.7922	45.2189	52.9663	62.3227	73.6398	87.3465	103.9659	124.1354	148.6309	178.3972	214.5828	258.5834	312.0937	377.1697	456.3032
30	34.7849	40.5681	47.5754	56.0849	66.4388	79.0582	94.4608	113.2832	136.3075	164.4940	199.0209	241.3327	293.1992	356.7868	434.7451	530.3117

附表3 普通年金终值系数表

期数	17%	18%	19%	20%	21%	22%	23%	24%	25%	26%	27%	28%	29%	30%
1	1.000 0	1.000 0	1.000 0	1.000 0	1.000 0	1.000 0	1.000 0	1.000 0	1.000 0	1.000 0	1.000 0	1.000 0	1.000 0	1.000 0
2	2.170 0	2.180 0	2.190 0	2.200 0	2.210 0	2.220 0	2.230 0	2.240 0	2.250 0	2.260 0	2.270 0	2.280 0	2.290 0	2.300 0
3	3.538 9	3.572 4	3.606 1	3.640 0	3.674 1	3.708 4	3.742 9	3.777 6	3.812 5	3.847 6	3.882 9	3.918 4	3.954 1	3.990 0
4	5.140 5	5.215 4	5.291 3	5.368 0	5.445 7	5.524 2	5.603 8	5.684 2	5.765 6	5.848 0	5.931 3	6.015 6	6.100 8	6.187 0
5	7.014 4	7.154 2	7.296 6	7.441 6	7.589 2	7.739 6	7.892 6	8.048 4	8.207 0	8.368 4	8.532 7	8.699 9	8.870 0	9.043 1
6	9.206 8	9.442 0	9.683 0	9.929 9	10.183 0	10.442 3	10.707 1	10.980 1	11.258 8	11.544 2	11.836 6	12.135 9	12.442 3	12.756 0
7	11.772 0	12.141 5	12.522 7	12.915 9	13.321 4	13.739 6	14.170 8	14.615 3	15.073 5	15.545 8	16.032 4	16.533 9	17.050 6	17.582 8
8	14.773 3	15.327 0	15.902 0	16.499 1	17.118 9	17.762 3	18.430 1	19.122 9	19.841 9	20.587 6	21.361 2	22.163 4	22.995 3	23.857 7
9	18.284 7	19.085 9	19.923 4	20.798 9	21.713 9	22.670 0	23.669 0	24.712 5	25.802 3	26.940 4	28.128 7	29.369 2	30.663 9	32.015 0
10	22.393 1	23.521 3	24.708 9	25.958 7	27.273 8	28.657 4	30.112 8	31.643 4	33.252 9	34.944 9	36.723 5	38.592 6	40.556 4	42.619 5
11	27.199 9	28.755 1	30.403 5	32.150 4	34.001 3	35.962 0	38.038 8	40.237 9	42.566 1	45.030 6	47.638 8	50.398 5	53.317 8	56.405 3
12	32.823 9	34.931 1	37.180 2	39.580 5	42.141 6	44.873 7	47.787 7	50.895 0	54.207 7	57.738 6	61.501 3	65.510 0	69.780 1	74.327 0
13	39.404 0	42.218 7	45.244 5	48.496 6	51.991 3	55.745 9	59.778 8	64.109 7	68.759 6	73.750 6	79.106 6	84.852 9	91.016 1	97.625 0
14	47.102 7	50.818 0	54.840 9	59.195 9	63.909 5	69.010 0	74.528 0	80.496 1	86.949 5	93.925 8	101.465 4	109.611 7	118.410 8	127.912 5
15	56.110 1	60.965 3	66.260 7	72.035 1	78.330 5	85.192 2	92.669 4	100.815 1	109.686 8	119.346 5	129.861 1	141.302 9	153.750 0	167.286 3
16	66.648 8	72.939 0	79.850 2	87.442 1	95.779 9	104.934 5	114.983 4	126.010 8	138.108 5	151.376 6	165.923 6	181.867 7	199.337 4	218.472 2
17	78.979 2	87.068 0	96.021 8	105.930 6	116.893 7	129.020 1	142.429 5	157.253 4	173.635 7	191.734 5	211.723 0	233.790 7	258.145 3	285.013 9
18	93.405 6	103.740 3	115.265 9	128.116 7	142.441 3	158.404 5	176.188 3	195.994 2	218.044 6	242.585 5	269.888 2	300.252 1	334.007 4	371.518 0
19	110.284 6	123.413 5	138.166 4	154.740 0	173.354 0	194.253 5	217.711 6	244.032 8	273.555 8	306.657 7	343.758 0	385.322 7	431.869 6	483.973 4
20	130.032 9	146.628 0	165.418 0	186.688 0	210.758 4	237.989 3	268.785 3	303.600 6	342.944 7	387.388 7	437.572 6	494.213 1	558.111 8	630.165 5
21	153.138 5	174.021 0	197.847 4	225.025 6	256.017 6	291.346 9	331.605 9	377.464 8	429.680 9	489.109 8	556.717 3	633.592 7	720.964 2	820.215 1
22	180.172 1	206.344 8	236.438 5	271.030 7	310.781 3	356.443 2	408.875 3	469.056 3	538.101 1	617.278 3	708.030 9	811.998 7	931.043 8	1 067.279 6
23	211.801 3	244.486 6	282.361 8	326.236 9	377.045 4	435.860 7	503.916 6	582.629 8	673.626 4	778.770 7	900.199 3	1 040.358 3	1 202.046 5	1 388.463 5
24	248.807 6	289.494 5	337.010 5	392.484 2	457.224 9	532.750 1	620.817 4	723.461 0	843.032 9	982.251 1	1 144.253 1	1 332.658 6	1 551.640 0	1 806.002 6
25	292.104 9	342.603 5	402.042 5	471.981 1	554.242 2	650.955 1	764.605 4	898.091 6	1 054.791 2	1 238.636 3	1 454.201 4	1 706.803 1	2 002.615 6	2 348.803 3
26	342.762 7	405.272 1	479.430 6	567.377 3	671.633 0	795.165 3	941.464 7	1 114.633 6	1 319.489 0	1 561.681 8	1 847.835 8	2 185.707 9	2 584.374 1	3 054.444 3
27	402.032 3	479.221 1	571.522 4	681.852 8	813.675 9	971.101 6	1 159.016 5	1 383.145 7	1 650.361 2	1 968.519 1	2 347.751 5	2 798.706 1	3 334.842 6	3 971.777 6
28	471.377 8	566.480 9	681.111 6	819.223 3	985.547 9	1 185.744 0	1 426.571 9	1 716.100 7	2 063.951 5	2 481.586 0	2 982.644 4	3 583.343 8	4 302.947 0	5 164.310 9
29	552.512 1	669.447 5	811.522 8	984.068 0	1 193.512 9	1 447.607 7	1 755.683 5	2 128.964 8	2 580.939 4	3 127.798 4	3 788.958 3	4 587.680 1	5 551.801 6	6 714.604 2
30	647.439 1	790.948 0	966.712 2	1 181.881 6	1 445.150 7	1 767.081 3	2 160.490 7	2 640.916 4	3 227.174 3	3 942.026 0	4 812.977 1	5 873.230 6	7 162.824 1	8 729.985 5

附表 4 普通年金现值系数表

计算公式：$f = \dfrac{1-(1+i)^{-n}}{i}$

期数	1%	2%	3%	4%	5%	6%	7%	8%	9%	10%	11%	12%	13%	14%	15%	16%
1	0.990 1	0.980 4	0.970 9	0.961 5	0.952 4	0.943 4	0.934 6	0.925 9	0.917 4	0.909 1	0.900 9	0.892 9	0.885	0.877 2	0.869 6	0.862 1
2	1.970 4	1.941 6	1.913 5	1.886 1	1.859 4	1.833 4	1.808	1.783 3	1.759 1	1.735 5	1.712 5	1.690 1	1.668 1	1.646 7	1.625 7	1.605 2
3	2.941	2.883 9	2.828 6	2.775 1	2.723 2	2.673	2.624 3	2.577 1	2.531 3	2.486 9	2.443 7	2.401 8	2.361 2	2.321 6	2.283 2	2.245 9
4	3.902	3.807 7	3.717 1	3.629 9	3.546	3.465 1	3.387 2	3.312 1	3.239 7	3.169 9	3.102 4	3.037 3	2.974 5	2.913 7	2.855	2.798 2
5	4.853 4	4.713 5	4.579 7	4.451 8	4.329 5	4.212 4	4.100 2	3.992 7	3.889 7	3.790 8	3.695 9	3.604 8	3.517 2	3.433 1	3.352 2	3.274 3
6	5.795 5	5.601 4	5.417 2	5.242 1	5.075 7	4.917 3	4.766 5	4.622 9	4.485 9	4.355 3	4.230 5	4.111 4	3.997 5	3.888 7	3.784 5	3.684 7
7	6.728 2	6.472	6.230 3	6.002 1	5.786 4	5.582 4	5.389 3	5.206 4	5.033	4.868 4	4.712 2	4.563 8	4.422 6	4.288 3	4.160 4	4.038 6
8	7.651 7	7.325 5	7.019 7	6.732 7	6.463 2	6.209 8	5.971 3	5.746 6	5.534 8	5.334 9	5.146 1	4.967 6	4.798 8	4.638 9	4.487 3	4.343 6
9	8.566	8.162 2	7.786 1	7.435 3	7.107 8	6.801 7	6.515 2	6.246 9	5.995 2	5.759	5.537	5.328 2	5.131 7	4.946 4	4.771 6	4.606 5
10	9.471 3	8.982 6	8.530 2	8.110 9	7.721 7	7.360 1	7.023 6	6.710 1	6.417 7	6.144 6	5.889 2	5.650 2	5.426 2	5.216 1	5.018 8	4.833 2
11	10.367 6	9.786 8	9.252 6	8.760 5	8.306 4	7.886 9	7.498 7	7.139	6.805 2	6.495 1	6.206 5	5.937 7	5.686 9	5.452 7	5.233 7	5.028 6
12	11.255 1	10.575 3	9.954	9.385 1	8.863 3	8.383 8	7.942 7	7.536 1	7.160 7	6.813 7	6.492 4	6.194 4	5.917 6	5.660 3	5.420 6	5.197 1
13	12.133 7	11.348 4	10.635	9.985 6	9.393 6	8.852 7	8.357 7	7.903 8	7.486 9	7.103 4	6.749 9	6.423 5	6.121 8	5.842 4	5.583 1	5.342 3
14	13.003 7	12.106 2	11.296 1	10.563 1	9.898 6	9.295	8.745 5	8.244 2	7.786 2	7.366 7	6.981 9	6.628 2	6.302 5	6.002 1	5.724 5	5.467 5
15	13.865 1	12.849 3	11.937 9	11.118 4	10.379 7	9.712 2	9.107 9	8.559 5	8.060 7	7.606 1	7.190 9	6.810 9	6.462 4	6.142 2	5.847 4	5.575 5
16	14.717 9	13.577 7	12.561 1	11.652 3	10.837 8	10.105 9	9.446 6	8.851 4	8.312 6	7.823 7	7.379 2	6.974	6.603 9	6.265 1	5.954 2	5.668 5
17	15.562 3	14.291 9	13.166 1	12.165 7	11.274 1	10.477 3	9.763 2	9.121 6	8.543 6	8.021 6	7.548 8	7.119 6	6.729 1	6.372 9	6.047 2	5.748 7
18	16.398 3	14.992	13.753 5	12.659 3	11.689 6	10.827 6	10.059 1	9.371 9	8.755 6	8.201 4	7.701 6	7.249 7	6.839 9	6.467 4	6.128	5.817 8
19	17.226	15.678 5	14.323 8	13.133 9	12.085 3	11.158 1	10.335 6	9.603 6	8.950 1	8.364 9	7.839 3	7.365 8	6.938	6.550 4	6.198 2	5.877 5
20	18.045 6	16.351 4	14.877 5	13.590 3	12.462 2	11.469 9	10.594	9.818 1	9.128 5	8.513 6	7.963 3	7.469 4	7.024 2	6.623 1	6.259 3	5.928 8
21	18.857	17.011 2	15.415	14.029 2	12.821 2	11.764 1	10.835 5	10.016 8	9.292 2	8.648 7	8.075 1	7.562	7.101 6	6.687	6.312 5	5.973 1
22	19.660 4	17.658	15.936 9	14.451 1	13.163	12.041 6	11.061 2	10.200 7	9.442 4	8.771 5	8.175 7	7.644 6	7.169 5	6.742 9	6.358 7	6.011 3
23	20.455 8	18.292 2	16.443 6	14.856 8	13.488 6	12.303 4	11.272 2	10.371	9.580 2	8.883 2	8.266 4	7.718 4	7.229 7	6.792	6.398 8	6.044 2
24	21.243 4	18.913 9	16.935 5	15.247	13.798 6	12.550 4	11.469 3	10.528 8	9.706 6	8.984 7	8.348 1	7.784 3	7.282 9	6.835 1	6.433 8	6.072 6
25	22.023 2	19.523 5	17.413 1	15.622 1	14.093 9	12.783 4	11.653 6	10.674 8	9.822 6	9.077	8.421 7	7.843	7.33	6.872 9	6.464 1	6.097 1
26	22.795 2	20.121	17.876 8	15.982 8	14.375 2	13.003 2	11.825 8	10.81	9.929	9.160 9	8.488 1	7.895 7	7.371 7	6.906 1	6.490 6	6.118 2
27	23.559 6	20.706 9	18.327	16.329 6	14.643	13.210 5	11.986 7	10.935 2	10.026 6	9.237 2	8.547 8	7.942 6	7.408 6	6.935 2	6.513 5	6.136 4
28	24.316 4	21.281 3	18.764 1	16.663 1	14.898 1	13.406 2	12.137 1	11.051 1	10.116 1	9.306 6	8.601 6	7.984 4	7.441 2	6.960 7	6.533 5	6.152
29	25.065 8	21.844 4	19.188 5	16.983 7	15.141 1	13.590 7	12.277 7	11.158 4	10.198 3	9.369 6	8.650 1	8.021 8	7.470 1	6.983	6.550 9	6.165 6
30	25.807 7	22.396 5	19.600 4	17.292	15.372 5	13.764 8	12.409	11.257 8	10.273 7	9.426 9	8.693 8	8.055 2	7.495 7	7.002 7	6.566	6.177 2

附表4 普通年金现值系数表

期数	17%	18%	19%	20%	21%	22%	23%	24%	25%	26%	27%	28%	29%	30%
1	0.8547	0.8475	0.8403	0.8333	0.8264	0.8197	0.813	0.8065	0.8	0.7937	0.7874	0.7813	0.7752	0.7692
2	1.5852	1.5656	1.5465	1.5278	1.5095	1.4915	1.474	1.4568	1.44	1.4235	1.4074	1.3916	1.3761	1.3609
3	2.2096	2.1743	2.1399	2.1065	2.0739	2.0422	2.0114	1.9813	1.952	1.9234	1.8956	1.8684	1.842	1.8161
4	2.7432	2.6901	2.6386	2.5887	2.5404	2.4936	2.4483	2.4043	2.3616	2.3202	2.28	2.241	2.2031	2.1662
5	3.1993	3.1272	3.0576	2.9906	2.926	2.8636	2.8035	2.7454	2.6893	2.6351	2.5827	2.532	2.483	2.4356
6	3.5892	3.4976	3.4098	3.3255	3.2446	3.1669	3.0923	3.0205	2.9514	2.885	2.821	2.7594	2.7	2.6427
7	3.9224	3.8115	3.7057	3.6046	3.5079	3.4155	3.327	3.2423	3.1611	3.0833	3.0087	2.937	2.8682	2.8021
8	4.2072	4.0776	3.9544	3.8372	3.7256	3.6193	3.5179	3.4212	3.3289	3.2407	3.1564	3.0758	2.9986	2.9247
9	4.4506	4.303	4.1633	4.031	3.9054	3.7863	3.6731	3.5655	3.4631	3.3657	3.2728	3.1842	3.0997	3.019
10	4.6586	4.4941	4.3389	4.1925	4.0541	3.9232	3.7993	3.6819	3.5705	3.4648	3.3644	3.2689	3.1781	3.0915
11	4.8364	4.656	4.4865	4.3271	4.1769	4.0354	3.9018	3.7757	3.6564	3.5435	3.4365	3.3351	3.2388	3.1473
12	4.9884	4.7932	4.6105	4.4392	4.2784	4.1274	3.9852	3.8514	3.7251	3.6059	3.4933	3.3868	3.2859	3.1903
13	5.1183	4.9095	4.7147	4.5327	4.3624	4.2028	4.053	3.9124	3.7801	3.6555	3.5381	3.4272	3.3224	3.2233
14	5.2293	5.0081	4.8023	4.6106	4.4317	4.2646	4.1082	3.9616	3.8241	3.6949	3.5733	3.4587	3.3507	3.2487
15	5.3242	5.0916	4.8759	4.6755	4.489	4.3152	4.153	4.0013	3.8593	3.7261	3.601	3.4834	3.3726	3.2682
16	5.4053	5.1624	4.9377	4.7296	4.5364	4.3567	4.1894	4.0333	3.8874	3.7509	3.6228	3.5026	3.3896	3.2832
17	5.4746	5.2223	4.9897	4.7746	4.5755	4.3908	4.219	4.0591	3.9099	3.7705	3.64	3.5177	3.4028	3.2948
18	5.5339	5.2732	5.0333	4.8122	4.6079	4.4187	4.2431	4.0799	3.9279	3.7861	3.6536	3.5294	3.413	3.3037
19	5.5845	5.3162	5.07	4.8435	4.6346	4.4415	4.2627	4.0967	3.9424	3.7985	3.6642	3.5386	3.421	3.3105
20	5.6278	5.3527	5.1009	4.8696	4.6567	4.4603	4.2786	4.1103	3.9539	3.8083	3.6726	3.5458	3.4271	3.3158
21	5.6648	5.3837	5.1268	4.8913	4.675	4.4756	4.2916	4.1212	3.9631	3.8161	3.6792	3.5514	3.4319	3.3198
22	5.6964	5.4099	5.1486	4.9094	4.69	4.4882	4.3021	4.13	3.9705	3.8223	3.6844	3.5558	3.4356	3.323
23	5.7234	5.4321	5.1668	4.9245	4.7025	4.4985	4.3106	4.1371	3.9764	3.8273	3.6885	3.5592	3.4384	3.3254
24	5.7465	5.4509	5.1822	4.9371	4.7128	4.507	4.3176	4.1428	3.9811	3.8312	3.6918	3.5619	3.4406	3.3272
25	5.7662	5.4669	5.1951	4.9476	4.7213	4.5139	4.3232	4.1474	3.9849	3.8342	3.6943	3.564	3.4423	3.3286
26	5.7831	5.4804	5.206	4.9563	4.7284	4.5196	4.3278	4.1511	3.9879	3.8367	3.6963	3.5656	3.4437	3.3297
27	5.7975	5.4919	5.2151	4.9636	4.7342	4.5243	4.3316	4.1542	3.9903	3.8387	3.6979	3.5669	3.4447	3.3305
28	5.8099	5.5016	5.2228	4.9697	4.739	4.5281	4.3346	4.1566	3.9923	3.8402	3.6991	3.5679	3.4455	3.3312
29	5.8204	5.5098	5.2292	4.9747	4.743	4.5312	4.3371	4.1585	3.9938	3.8414	3.7001	3.5687	3.4461	3.3317
30	5.8294	5.5168	5.2347	4.9789	4.7463	4.5338	4.3391	4.1601	3.995	3.8424	3.7009	3.5693	3.4466	3.3321

参 考 文 献

[1] 肯.兰登,艾伦·博纳姆.美国 公司财务[M].徐笑春,唐海东,译.上海:上海远东出版社,2003:19.

[2] 财政部会计资格评价中心.财务管理[M].北京:中国财政经济出版社,2010.

[3] 中国注册会计师协会.财务成本管理[M].北京:经济科学出版社,2011.

[4] 胡旭微,张惠中.财务管理[M].杭州:浙江大学出版社,2006.

[5] 刘桂英.财务管理案例实验教程[M].北京:经济科学出版社,2009.

[6] 邵天营,陈复昌.财务管理学[M].上海:立信会计出版社,2005.

[7] 钟新桥,刘荣英,杨洛新.现代企业财务管理[M].武汉:武汉理工大学出版社,2006.

[8] 谷祺,刘淑莲.财务管理[M].大连:东北财经大学出版社,2007.

[9] 刘淑莲.高级财务管理理论与实务[M].大连:东北财经大学出版社,2005.

[10] 王萍.财务报表分析[M].北京:清华大学出版社,2004.

[11] 贺拯.财务成本管理[M].北京:经济科学出版社,2005.

[12] 胡志勇.财务管理[M].北京:北京理工大学出版社,2009.

[13] 陈玉菁,等.财务管理[M].北京:清华大学出版社,2011.

[14] 张志宏. 财务管理[M].北京:中国财政经济出版社,2009.

[15] 荆新.财务管理学[M].北京:中国人民大学出版社,2009.

[17] 高珊.论财务杠杆对企业效益的影响[J].商业文化(学术版),2008(10).

[19] 汤谷良,王化成.企业财务管理学[M].北京:经济科学出版社,2000.

[20] 王庆成,郭复初.财务管理学[M].北京:高等教育出版社,2004.

[21] 王化成.财务管理教学案例[M].北京:中国人民大学出版社,2001.

[22] 汤谷良.汤博士点评中国财务案例[M].北京:中华工商联合出版社,1999.

[23] 魏刚,蒋义宏.中国上市公司股利分配问卷调查报告[M].北京:经济科学出版社,2001.

[24] 蒋义宏,魏刚.中国上市公司会计与财务问题研究[M].大连:东北财经大学出版社.2001.

[25] 王家贵.企业税务管理[M].北京:北京师范大学出版社,2009.

[26] 陈玉菁,陈经中.小企业税务实务[M].上海:立信会计出版社,2008.

[27] 樊玉洁,牛鲁鹏.纳税技巧[M].上海:立信会计出版社,2009.

[28] 张晓农.现代企业税务管理——面向企业 面向决策[M].天津:南开大学出版

社,2010.
- [29] 李敏.小企业税务管理[M].上海:上海财经大学出版社,2004.
- [30] 任寿根,周瑶.公司税务管理与筹划[M].北京:中国纺织出版社,2006.
- [31] 刘慧娟.财务管理[M].武汉:华中科技大学出版社,2007.
- [32] 李淑平,蒋葵.中级财务管理[M].武汉:武汉理工大学出版社,2007.
- [33] 张凤英.财务管理[M].北京:对外经济贸易大学出版社,2005.
- [34] 刘建民.财务管理[M].郑州:郑州大学出版社,2008.

图书在版编目(CIP)数据

初级财务管理/任俊杰主编. —上海:立信会计出版社,2012.8
高等院校财会专业应用技能特色规划系列教材
ISBN 978-7-5429-3578-6

Ⅰ.①初… Ⅱ.①任… Ⅲ.①财务管理—高等学校—教材 Ⅳ.①F275

中国版本图书馆CIP数据核字(2012)第188865号

策划编辑　　张巧玲
责任编辑　　徐小霞　何颖颖
封面设计　　周崇文

初级财务管理

出版发行	立信会计出版社			
地　　址	上海市中山西路2230号	邮政编码	200235	
电　　话	(021)64411389	传　　真	(021)64411325	
网　　址	www.lixinaph.com	电子邮箱	lxaph@sh163.net	
网上书店	www.shlx.net	电　　话	(021)64411071	
经　　销	各地新华书店			
印　　刷	常熟市梅李印刷有限公司			
开　　本	787毫米×1092毫米	1/16		
印　　张	20.75			
字　　数	503千字			
版　　次	2012年8月第1版			
印　　次	2015年8月第5次			
印　　数	10 401—13 500			
书　　号	ISBN 978-7-5429-3578-6/F			
定　　价	35.00元			

如有印订差错　请与本社联系调换